은둔의 미학

# 은둔의 미학

이은윤 지음

민족사

머
리
말

이 책의 저류를 이루는 기조는 은사 문화와 전원이다. 은사(隱士)와 전원은 오늘에도 좀처럼 우리 마음속을 떠나지 않는 '의사(擬似) 이상향'이다. 은사들의 상징 자본인 고상한 인품과 고궁절(固窮節)·세속 초월·정직성 등은 한·중·일 동아시아인들의 고급스러운 정신생활을 이끄는 향도적 역할을 해왔다. 은사들의 인품은 흔히 '고궁절'이라는 한마디로 요약된다. 가난을 기꺼이 감수하며 자기의 뜻을 굳게 지키는 은사들의 삶은 선비정신 속으로 녹아들었고 오늘의 지식인 문화에도 잠재한다고 볼 수 있다. 대만의 철학자이며 당대 석학인 남회근(1918~2012)은 "동아시아 문화에 심대한 영향은 유가·도가보다도 실제로는 은사사상의 영향이 더 컸다"고 했다.

은사 사상은 인간이 우주와 자연의 틀 속에서 삶을 영위한다는 깨달음을 바탕으로 해 전개된다. 《천자문》의 첫 구절이 "하늘은 아득하고 땅은 기름지며 우주는 넓고 크다(天地玄黃 宇宙洪荒)"는 우주론을 어릴 때부터 가르치는 것도 거슬러 올라가면 여기에 근원한다. 미국 중서부의 위스콘신주는 '신사들의 전원'이라 불린다. 많은 호

은둔의 미학

수와 넓은 초원 위에 떠 있는 뭉게구름은 위스콘신의 대표적 풍경이다. "만약 자녀들이 하루 종일 스마트폰만 들여다보고 있으면 위스콘신에 데리고 가서 며칠을 보내라"는 말이 있다고 한다. 디지털의 홍수에서 벗어나 자연을 보고 바람을 느끼며 생각할 수 있는 경험을 해 보라는 얘기다. 또 이곳의 여행에서 사람에 대한 신뢰·지성·남을 돕는 마음을 배우라고도 한다. 이곳 사람들은 특유의 근면성과 정직성, 예의와 친절을 갖추고 있다는 것이다.

책의 내용은 제1부에서 은사들의 일화를 중심으로 은사 문화의 윤곽을 살펴보고 새삼 부상하는 오늘의 전원생활과 은사 문화를 융합해 보았다. 전원생활은 필자가 나름 체험한 편린들을 나열해 은사 문화에 접목했다. 현대 과학기술 문명이 빚어낸 온갖 종말적 상황은 전 지구적인 생태계 혼란과 정치·경제적 위기를 백일하에 드러내고 있다. 상황의 저변 원인은 도덕성의 마비 때문이라는 서구 지성들의 고백에 주목할 필요가 있다. 동아시아 은사들의 높은 도덕성과 적게 가지고도 만족하는 소욕무위(少欲無爲)의 삶은 새로운 문명사적 변혁에 훌륭한 본보기가 될 수도 있을 것 같다.

옛 은사와 선비들이 즐겼던 망중한의 풍류를 통해 그들이 추구한 인간상도 엿보았다. '풍류'는 글자 그대로 바람(風)과 흐름(流 : 물)이다. 고정성과 경직성의 반대인 자유롭게 유동하는 삶의 모습을 상징한다. 인류 역사는 권위와 압제로부터의 자유로 요약될 수 있다. 옛 은사들은 벼슬을 탐하지 않고 전원에 살면서 '자유'를 만끽하는 삶으로 현실 속의 이상향을 건설하고자 했다. 자연과 예술이 만나고 각박한 현실을 벗어나는 '멋'의 총체인 풍류는 자유로운 은사 문화의 빠질 수 없는 양념이다. 그래서 별도의 장(제2부)으로 옛 풍류의 사례를 모아봤다.

제3부는 도연명의 〈귀거래사〉를 심정적으로 깊이 동경해 흉내라도 내보려 했다. 제4·5·6부의 전원만필은 노년의 관조라고 하기엔 좀 쑥스러운 노인네의 구시렁거림이다. 설익은 땡감 같기 때문이다.

지금은 초등학교 시절 같은 반 여학생이 일어나서 국어책을 읽을 때 느꼈던 감동적인 '떨림'이 없는 세대다. 전원생활에서 느낀 떨림을 적은 나의 구시렁거림도 역시 감동을 불러일으키지 못할 것 같다. 그러나 그 떨림이 미아리 고개 방울 도사가 복채 받고 흔들어대는 떨림과는 다르다고 생각한다.


은사들의 시는 은은하고 탈속한 삶에 대한 송가(頌歌)다. 나는 은사들의 송가에 매력을 느껴 퇴직 후의 독서·전원생활과 기억 창고를 뒤져 어릴 때의 선명한 농촌 풍경을 불러내 전원의 의미를 나름으로 되새김질해보았다. 혹시라도 마음이 육신의 부림을 당한 지친 삶을 달래볼까 해서였다.

은사 문화와 전원생활의 귀결점은 자연 회귀다. 다시 말해 자연과 공존하면서 그 운행과 질서를 롤모델로 삼는 삶이다. 여기서는 자연이 인간의 스승이다. 은사의 삶을 뜻하는 '은거'란 곧 산수와 더불어 사는 삶을 말한다. 자연의 또 다른 이름이기도 한 산수는 사람이 성정을 닦고 표현도 할 수 있는 공간이다. 은사들은 산수로 도를 체득하고 자연 속에서 자신이 추구하는 참된 뜻을 찾는다.

은둔의 미학

미국의 저명한 미래학자 제레미 리프킨은 최근의 저서《회복력 시대》에서 "역사의 중심축이 진보의 시대에서 회복력 시대로 이동한다"는 문명사의 대전환을 예고했다. 이제 우리는 소유권에서 접근권으로, 세계화에서 세방화(Glocallization : 世方化, 현지화)로 모든 삶의 축을 재고해야 한다는 것이다. 그는 '자연을 우리의 교실'로 생각하고 시간과 공간·경제생활·통치·자아에 대한 개념까지 다시 상상해야 지구를 구해낼 수 있다고 한다. 인간은 수천 년 동안 자연환경을 정복과 이용의 대상으로만 여기고 파괴(개발)한 결과 폭우·폭염·홍수 같은 '지구 멸종사건'을 야기했다. 그의 책은 지구 멸망을 구하기 위해 "진보의 효율성에 집중했던 시대를 넘어 회복력의 시대로 문명의 축이 이동하고 있다"고 썼다.

'회복력의 시대'는 곧 자연 회귀·자연 복원 시대다. 이제 자연은 정복의 대상이 아니라 공존하면서 인간이 그 섭리를 받들어야 할 스승이다. 원래가 그랬다. 리프킨이 제시하는 '회복력의 시대'는 태초의 우주 창조 원리에 가장 근접해 있던 은사 문화와 전원생활이 그 선조였다면 지나친 견강부회일까? 섣부른 단정은 못하지만 한 번 생각은 해본다.

이 책의 저술·출판을 지원해 준 조선일보 방일영문화재단과 난삽한 육필 원고를 정리, 편집해 책을 엮어 준 민족사 윤창화 사장님·사기순 주간에게 깊이 감사한다. 그리고 원고의 오자를 바로잡는 등의 도움을 준 내자에게 모처럼의 사랑이 담긴 고마움을 표한다.

2023. 신춘 만학유거(萬壑幽居)에서
저자 이은윤 씀

# 차례

# 1부

## 은사문화

김명국 은사도, 국립중앙박물관

# 들어가는 글

유가가 최고의 성군으로 손꼽는 중국 태곳적 황제 요 임금(기원전 2360년 전후)이 은사(隱士) 허유를 찾아가 임금 자리를 선양하고자 간곡히 청했다.

"선생께서 나서면 천하가 잘 다스려질 텐데 제가 아직도 임금 노릇을 하고 있습니다. 마음에 걸려 무거우니 부디 천하를 맡아 주소서."

허유 가로되,

"그대가 천하를 다스려 세상이 이미 안정되었소. 그런데도 날 보고 대신하라니 나더러 '명(名)'을 쫓으란 말이오? '명'이란 '실(實)'의 객에 불과할 뿐인데 나더러 어찌 객이 되라 하시오. 굴뚝새가 집을 짓는 데는 나뭇가지 몇 개면 되지 어찌 숲 전체를 원하겠으며, 두더지가 물 마시는 데 몇 모금이면 되지 강물 전체가 필요하겠소. 어서 돌아가 쉬소서! 나에게는 천하가 필요하질 않소이다."

《장자》〈소요유〉 편에 나오는 이야기다. 전해 내려오는 이야기일 뿐이지만 '은사'라는 존재가 선명하게 부각되어 있다. 요 임금과 은사 허유의 전설적인 대화는 세속과 탈속(脫俗), 인간 세상과 인간 세상 밖의 경계에서 이루어진 대화다. 허유라는 은사가 세상에 알려진 실존 인물이 아니라면 요 임금이 그를 찾아갈 이유가 없었을 것이다. 문헌상으로 전해오는 은사들은 사실상 세상에 알려진 인물들이다. 이처럼 은사의 세계는 세속이면서 탈속이고, 탈속이면서 세속인 성(聖)과 속(俗)이 하나로 통일된 이상적인 세계다. 이 세상 인간은 이같이 현실과 이상을 함께 안고 살 수밖에 없는 것 같다.

## 1) 산정일장(山靜日長)-고요한 산속 해가 긴 하루

송나라 시인 당경은 〈술에 취해 잠들다(醉眠)〉라는 시에서 시간의 지배를 받지 않고 유유자적하는 은사(隱士)의 삶을 다음과 같이 읊조렸다.

山靜似太古(산정사태고)
산은 태고인 양 고요하고
日長如小年(일장여소년)
하루해는 일 년만큼이나
길기만 하다

김희겸 산정일장도, 간송미술관

은둔의 미학

시의 수련(제1·2구)이다. 여기서 시구의 앞 두 글자씩을 이어 '산정일장(山靜日長)'이라는 성어가 생겨났다. 후대 시인들은 정(靜)자를 심(深)자로 점화(點化)해 '산심일장'이라 하기도 했다. 산정일장은 궁벽진 곳의 한적한 집(삶)을 뜻하는 유거(幽居)·형문(衡門 : 가로나무 문)·긴 휘파람 등과 함께 세상과 거리를 유지하며 사는 은일적 삶의 상징 용어가 됐다. 당경(1071~1121)은 '작은 소동파'라 불린 유명 문인이다. 시는 혼자서 술을 마신 후 한가롭게 낮잠을 한숨 자고 깨어나는 과정을 읊조렸다. 낮잠과 낮술은 시의 세계에서 능력을 발휘할 수 없는 실의에 빠진 비분강개나 마음에 일삼는 것도, 어떤 거리낄 것도 없는 한가롭고 무사(無事)한 은일의 삶을 상징한다. 은사의 즐거운 삶 가운데 압권의 하나는 시간과 장소에 구애받지 않는 낮잠이다. 은사들의 낮잠은 한가한 마음(心閑)과 무한 자유를 의미한다.

관직을 물러나 은거하는 은사들의 '산정일장'은 한가한 하루 같지만 역설적으로는 바쁜 하루를 보낸다. 하고 싶었지만 하지 못했던 일들이 너무 많기 때문이다. 예컨대 낮잠·마음 내키는 대로의 독서·산책·탁족·서화 감상과 실기·차 마시기·은사들끼리의 담소 등을 하다 보면 긴 하루해도 짧게 느껴진다. 중요한 것은 이러한 은일적 삶에서는 자족감과 자연현상에 대한 심미감이 저절로 생겨난다는 것이다. 자연과 인간이 합일하는 미적(美的) 경지에서 달이 뜨고 달이 비치는 물결의 고요함을 마주하면 사람의 마음도 고요해진다. 이럴 때 우리는 하루가 일년 같고 일년이 하루 같은 영원과 순간, 장수와 단명이 하나로 통일된 시간을 초월한 삶을 살 수 있게 된다. 시간의 지배를 받지 않는 은일자의 삶을 당경보다 한 세기 후의 인물인 나대경은 당경의 시 〈취면〉을 읽고 나서 다음과 같은 산문으로 더욱 구체화시켰다. 나대경의 산정일장한 은일적 삶은 그의 유명한 시론서이고 수필집이며 문집이기도 한 《학림옥로(鶴林玉露)》의 〈산정일장〉 조(條)에 실려 있다.

산은 태고인 듯 고요하고 하루해는 마치 일년처럼 길기만 하다. 집이 깊은 산중에 있어 매번 봄이 가고 여름이 올 무렵에는 푸른 이끼가 섬돌에 깔리고 떨어진 꽃잎 길바닥에 가득하다.

〈중략〉

낮잠을 자고 나서는 고명차를 달여 마신다. 정신을 가다듬어 《시경》·《주역》·《사기》와 도연명, 두보의 시를 읽는다. 조용히 산책하며 소나무·대나무를 어루만지고 새끼 사슴과 함께 풀밭을 뒹굴기도 한다.

흥이 나면 짧은 시를 읊거나 《옥로》(나대경 자신의 수필집 약칭) 한두 단을 쓴다. 이렇게 예술적 향유를 즐기고 나도 해가 중천에 떠 있다.

시냇가 친구 만나 농사 이야기 나누고 집에 돌아와 사립문 옆에서 지는 해를 구경한다. 목동은 소 타고 돌아오고 달은 시내에 또렷이 솟아오른다.

나대경은 "당경의 시구가 참으로 절묘함을 아는 자가 드물다"라면서 〈산정일장〉 단락을 이렇게 끝맺는다.

은둔의 미학

이 시구의 절묘함을 알면 소식의 시가 말하는 '하루가 이틀의 소용이 있어 70년을 살면 140년을 사는 셈이 될 것'이니 그 소득이 많지 않겠는가?

이때 순간의 삶이 천년, 만년의 삶과 같은 순간과 영원의 통일이 이루어진다. 형이상학적인 표현으로 바꾸면 순간이 곧 영원이고 영원이 곧 순간인 시간의 초월이다. 여기서 "800세를 산 팽조는 단명했고 일찍 요절한 상자(殤子)가 장수했다"라는 장자의 시간을 초월한 역설이 성립한다.

조선조 추사 김정희(1786~1856)는 고요한 가운데서 즐기는 '산정일장'의 향기로운 시간을 한층 멋지고 심오한 표현으로 읊조렸다.

靜坐處茶半香初(정좌처다반향초)
고요히 앉아 차를 반쯤 마시다 향을 처음 사른다
妙用時水流花開(묘용시수류화개)
자연의 오묘한 작용이 일어날 때 물이 흐르고 꽃이 피는구나

추사의 대련 시구다. 음다(飮茶)와 분향은 은일적 삶의 상징이다. 마음이 흔들리면 차의 맛과 향기를 제대로 느낄 수 없다. 마음이 고요해야 한다. 고요한 가운데서 즐기는 시간은 향기롭다. 추사는 이 같은 향기로운 시간을 멋지게 표현했다. 대련의 핵은 '정좌'와 '수류화개'다. 여기의 정좌(靜坐)는 단순한 몸가짐 차원이 아니다. 그 근본적인 의미는 한순간만이라도 세상의 걱정거리가 다 제거

되고 일삼는 것이 없는 마음에 깃든 고요함이다. 즉 무사(無事)·무심의 상태다. 이 같은 정좌의 자세로 자연을 관조하면 자연과 인간은 하나가 된다.

'수류화개(水流花開)'란 끊임없는 시간의 변화 속에서 누가 시키지 않아도 봄이 오면 얼음이 녹아 저절로 계곡물 흐르고 계절에 맞게 꽃이 피는 자연의 변화가 눈앞에 나타남을 말한 것이다. 이러한 오묘한 이치를 깨닫는 것이 해탈이고 초월이다. 즉 수류화개는 마음을 정좌하고 자연에 순응하는 만물의 행태를 살펴 때에 맞게 적응하는 만물의 생태학적 속성에 인간의 삶을 일치시키는 것을 말한다. 꽤나 형이상학적인 것 같지만 우리의 일상은 이 같은 평상심의 운행을 따라 흘러가고 있다. 참고로 '수류화개'는 당 사공도의 《이십사시품》〈진밀〉 편에 나오는 시구다. 선가(禪家)는 이 시구에 소동파의 시구 공산무인(空山無人)을 더한 '공산무인 수류화개'를 지극한 선적 경계의 하나로 손꼽아 참구하기도 한다.

시간을 초월한 은사들의 고요한 산정일장의 삶에서는 하루가 일 년 같은 긴 시간일 수도 있고 10년이 달리는 천리마가 문틈을 지나는 순간일 수도 있다. 달리 말하면 하루를 살아도 영겁의 영원을 산 삶일 수 있고 천년의 장수도 한순간일 수 있다. 추사의 대련은 이 같은 시간을 초월한 영원과 순간의 통일을 설파하고 있다. 선불교에서는 이러한 시간 초월의 법문을 당(唐) 숭혜 선사(?~779)의 순간 속에서 영원을 읽는 '만고장공 일조풍월(萬古長空 一朝風月)'이라는 화두 참구로 대신하기도 한다. 산정일장은 은일적 삶의 담담함과 고요함의 미학을 대표하는 시어(詩語)이며 영원과 순간을 하나로 통

은둔의 미학

일시킨 시간 초월을 뜻하는 은사 문화의 철학적 표현이다.

중국의 경우 한나라 말부터 확산되기 시작한 은일 기풍이 위진 남북조 시대 이후 사대부 계층의 보편적인 풍조가 됐다. 벼슬과 은일을 함께 겸하는 역관역은(亦官亦隱)의 은거는 사대부들에게 아주 매력적이었다. 사대부들의 이러한 여망을 충족시켜 주는 바쁘지도 한가하지도 않은 은일문화가 형성됐다. 이 같은 은일문화를 정립해 향유한 대표적 인물이 당(唐) 백거이(772~846)였다. 그가 강주(현 강서성) 사마로 있을 때 여산 초당에 은거하며 읊조린 〈군정(郡亭)〉이라는 시에 역관역은의 은일적 삶이 다음과 같이 묘사돼 있다.

**평일에는 아침에 일어나 일을 보고 낮에는 문을 닫아놓고 누워 있는다**
**공문서를 가까이 하는 일 외에 자주 거문고와 책 앞에 앉는다**
**〈중략〉**
**이렇게 그럭저럭 날을 보내니 바쁘지도 한가하지도 않네**
**산속은 너무 적막하고 조정과 대궐은 헛되이 시끄럽고 번잡하네**
**오직 이 고을 안에서 시끄러움과 고요함의 중간을 얻는다**

백거이는 은사들의 은일적 삶을 대은·중은·소은으로 분류해 생계유지를 위해 벼슬을 하면서 동시에 은일적 삶을 추구하는 '중은(中隱)'을 강조했다. 조선조 겸재 정선(1676~1759)의 그림 중에 백거이가 여산 초당에서 한가로운 중은의 은일적 삶을 즐기며 읊조린 시의(詩意)와 정경을 그린 〈여산초당도〉가 있다. 여산 폭포와 초가집 사이에 백거이가 조성한 대나무 숲·앞마당에 풍상을 겪은 노송·연꽃이 핀 연못·한

마리 학이 노닐고 있다. 바로 그가 지향했던 '마음의 정원[心園]'이다.

## 2) 만학유거(萬壑幽居)–만학의 한적한 집

'만학유거'는 나의 공주 시골집 옥호다. 만학은 나의 아호고 유거
는 은일적인 삶 또는 그러한 삶을 사는 거처를 말한다. 쉽게 풀어
만학의 한적한 집·시골집·산골집이라고 보면 된다. 유거는 산속이
나 전원에 살면서 세속과 거리를 두고자 하는 삶을 말한다. 2004
년 공주 생가를 수리할 때 조그만 괴목 통판에 음·양각한 이 옥호
를 서각해 안방 쪽 처마 밑에 걸고, 거실 쪽에는 '오수당(午睡堂)'이
라는 보다 큰 괴목 편액 당호를 만들어 걸었다.

　유거라는 말은 사전적으로는 "쓸쓸하고 궁벽한 곳의 집 또는 그
곳에 사는 것"을 뜻한다. '유'자에는 숨다, 깊다, 그윽하다, 고요하
다, 어둡다 등과 같은 다양한 뜻이 있다. 흔히 숨는다는 뜻을 가진
'은(隱)'자와 같은 뜻으로 쓰이며, 나타난다는 뜻의 '현(顯)'과 대(對)
가 되기도 한다. 어떤 친구는 유거라는 편액을 보고 죽은 자의 집
인 무덤을 뜻하는 '유택(幽宅)'을 떠올려 왜 그런 어두운 이미지의
옥호를 정했느냐고 하기도 한다.

만학유거 현판– 저자 소장

　은둔의 미학

유거는 은사들의 심원(心遠)한 삶과 미학적 삶의 상징이기도 하다. 심원한 은일적 삶의 대표적인 전형은 도연명이다. 그는 마음을 세속으로부터 멀리하는 심원의 방식으로 세속을 탈출한 심은(心隱)의 삶을 살았다. 도연명의 '심은'은 은사들과 문인 사대부들이 꿈꾸는 은일적 삶의 모델로 오늘에도 회자되고 있다.

結廬在人境(결려재인경)

**초가집 짓고 마을 근처 살아도**

而無車馬喧(이무거마훤)

**수레와 말소리 시끄럽지 않다**

問君何能爾(문군하능이)

**그대에게 묻노니 어찌 그럴 수 있는가**

心遠地自偏(심원지자편)

**마음 멀어지면 사는 곳도 자연 멀어진다오**

연명의 〈음주〉 시 제5수의 수련과 함련이다. 그는 마음이 고요하면 사는 곳이 아무리 시끄러워도 고요하고 조용할 수 있다고 역설한다. 일과 시간의 지배를 받는 '피로사회'를 탈출, 유거에 살면서 참된 자아의 향기를 누린 과거 많은 문인 사대부들의 지혜에 주목할 필요가 있다. 그들은 산림의 맑고 고요함과 계곡물이 흐르면서 보이는 변화무쌍한 경계를 사랑했다. 유거에 거처하는 은일적 삶은 곧 친자연적 삶이기도 하다.

대범함과 깨끗함, 고상함과 소박함이라는 독특한 풍격을 지닌 은사들은 벼슬하지 않는 것을 하나의 특징으로 삼고 산림이나 궁벽한 곳에 유거하면서 정신적 독립과 세속 초탈이라는 이상적 삶을 누리고자 했다. 위진남북조 시대 이후의 동아시아 문인들은 생계를 위해 벼슬살이를 하고는 있지만 본마음은 산림에 은거하고 싶어 했다. 그래서 그들은 마음속으로 '정신적 산림'을 조정이나 저잣거리로 옮겨 놓기도 하고 혹은 산수시·산수화를 짓고, 그리고, 감상하는 것으로 갈구하는 은일적 삶을 대신했다.

은사들의 산림 유거는 긴 휘파람과 나무 가로문 형문(衡門)을 트레이드 마크로 삼았다. 유거의 '유'자는 입신양명의 '명(明)'자나 현달(顯達)의 '현'자와 대비된다. 산림에 유거하는 은사들은 산에 올라 긴 휘파람 불길 좋아했고 방 안에서도 흥이 나면 휘파람을 불었다. 유가의 예법은 휘파람을 금기시한다. 그 대표적 사례의 하나가 죽림칠현의 좌장이었으며 위진남북조 시대의 전형적 은사인 휘파람의 명수 완적(210~263)이다.

## | 완적의 휘파람 일화

소문산에 갑자기 진인(眞人)이 나타났다고 해서 완적이 찾아갔다. 진인은 바위 위에 방약무인의 자세로 두 다리를 뻗고 앉아서 완적이 여러 질문을 해도 일체 유구무언이었다. 완적이 말이 소용없음을 알고 마주 앉아 한참 동안 휘파람을 불었다. 그제야 진인이 "한 번 더 불어 보라"고 말문을 열었다. 완적이 다시 긴 휘파람을 불고 나서 산 중턱을 내려오는데 고개 위에서 북 치고 피리를 부는 듯한 구슬픈 소리가 울려 퍼졌다. 고개를 들어 쳐다보니 그 진인이 휘파람을 부는 것이었다.

진인은 말보다는 휘파람이라는 행동 언어로 '참뜻'을 증명해 보였고 완적도 휘파람을 통해 그와 계합했다는 얘기다. 긴 휘파람은 태초인(太初人)이 읊조린 감탄의 제1성으로 우주에 홀로 깨어난 밝은 영혼의 기지개를 상징한다. 또는 독립자존의 선언·분방한 낭만 등을 뜻하기도 한다.

긴 휘파람은 세속적으로는 홍곡(鴻鵠)의 뜻을 펼치는 대장부의 기품과 호연지기(浩然之氣)의 상징이기도 하다. 아름다운 음악을 연상시키는 장소(長嘯)는 자유자재로, 마음대로 불어도 멋지다. 물론 그리 되려면 내공이 깊어야 한다.

형문은 양쪽 돌기둥에 구멍을 뚫어 나무막대를 걸어놓는 대문의 대용인데 가난한 산속 은사의 유거를 상징한다. 은사들은 이러한 대문 안의 곤궁한 삶을 행복으로 받아들인다.

所樂衡門中(소락형문중)
**참된 삶의 즐거움 가로 나무 문 안에 있나니**
陶然忘其貴(도연망기귀)
**넘치는 흥에 그 고귀함마저 잊는다**

형문은 은사들이 유거의 삶에서 되찾은 참된 자아 발견의 상징이다. 허접한 것 같지만 소박한 형문은 은사들의 독특한 풍격에 잘 어울리는 조합이다.

중국 선불교의 종장(宗匠)인 약산유엄 선사(745~828)도 달 밝은 밤이면 약산에 올라 긴 휘파람 불길 즐겨 했다. 은사 완적과 약산 유엄 선사의 휘파람은 하늘의 통소, 천뢰(天籟)를 뜻한다. '하늘의 통소'는 조물자, 곧 도(道)이며 그의 소리는 소리 없는 소리, 물리적 소리를 초월하는 존재론적 생성의 소리다. 도의 생성과 그것이 내는 소리 없는 소리·운동·울림은 끝도 없이 펼쳐지는 드라마다. 본래가 만물의 생성과 소멸은 그 안의 도가 소리 없는 소리를 내면서 펼쳐진다. 천뢰는 인간세계와 도의 세계를 연결해 준다.

## 3) 고려 · 조선조 시화 속의 은일

전통적으로 은사를 유인(幽人)이라고도 한다. 유거의 한가로움과 홍취를 읊조린 조선조의 은일시는 수없이 많다. 조선조 은일시의 기본적인 사유는 고려 야은 길재(1353~1419)의 은일시 〈한거(閑居)〉를 그 종조(宗祖)로 보는 견해가 다수다.

臨溪茅屋獨閑居(임계모옥독한거)
**개울 옆 띠풀집에 한가로이 혼자인데**
月白風淸興有餘(월백풍청흥유여)
**밝은 달과 맑은 바람 흥취가 넘친다**
外客不來山鳥語(외객불래산조어)
**찾아오는 손님 없어 산새와 벗을 하고**

## 移床竹塢臥看書(이상죽오와간서)
## 대밭으로 평상 옮겨 누워서 책을 본다

시의 제목을 〈술지(述志)〉라고도 하는 야은의 은일시다. 은거의 공간에서 사람들과 거리를 둔 채 살고 있는 한가로움과 흥취를 읊조렸다. 시안(詩眼)은 '혼자'라는 독(獨)자다. 홀로 있음은 한가로움과 여유로움을 만들어주고 친자연적인 삶을 가능케 한다. 찾아오는 손님이 없어 사립문을 닫아놓고 있다. 은일의 삶을 살고자 하면 외부 사람과의 연결고리가 되는 문을 닫아야 한다. 그래서 은사들의 유거는 문을 닫아둔다. 은사들의 유거나 정거(靜居)의 경우 문을 닫고 홀로 소요자적하는 삶을 즐기고자 한다.

야은보다 두 세기 앞서는 백운 거사 이규보(1168~1241)의 은일시는 관료로서의 삶과 은일적 삶의 갈등을 읊조려 은일적 삶에 자족하는 야은의 은일시와는 대조를 이룬다. 그의 시는 "꿈에 취하여 오랫동안 명리를 탐하다 전원으로 돌아가지 못함이 못내 부끄럽네(久貪名利夢方酣 未居田園面自慙)"라고 읊조렸다. 친자연적인 은일의 삶을 살고자 하나 선뜻 벼슬을 버리지 못하는 자신의 심적 갈등을 드러내 보이고 있다. 야은의 은일시와는 곡조가 다르다.

유거의 은일적 삶을 잘 드러낸 조선조 회화들이 적지 않다. 표암 강세황의 〈자화상〉·그의 제자 단원 김홍도의 〈포의풍류도(布衣風流圖)〉·겸재 정선의 〈인곡유거도(仁谷幽居圖)〉와 〈계상정거도(溪上靜居圖)〉 등이 손꼽을 만하다.

표암 강세황(1712~1791)의 〈자화상〉은 자신의 은일적인 삶을 아주

해학적으로 그렸다. 우선 의관의 차림새부터가 우스꽝스럽다. 머리에는 관모인 오사모를 쓰고 복장은 관복이 아닌 평복 두루마기를 입었다. 조선조의 관복은 머리에 오사모를 쓰고 상반신에 흉배를 붙인 단령(團領)을 입는다. 그런데 표암 자화상의 복장은 뒤섞인 우스꽝스러운 복장이다. 오사모는 벼슬자리에 아직도 연연하고 있음을, 평복은 자연으로 돌아가고자 하는 마음을 상징했다. 상단부에 적은 그의 자찬문(自撰文)이 이를 잘 말해주고 있다.

**저 사람은 누구인가? 수염과 눈썹이 하얀데 오사모 쓰고 몸엔 평복을 걸쳤구나. 오호라! 마음은 산림에 있으되 이름은 벼슬아치 명부에 걸린게라. 가슴엔 수천 권 읽은 학문을 품었고 손엔 모든**

강세황 자화상, 국립중앙박물관

은둔의 미학

산을 흔들 붓 솜씨 들었구나. 사람들 어찌 알리오. 나 스스로 이런 삶 즐거워하는 것을. 나이는 일흔, 호는 노죽이라. 자기 초상을 자신이 그리고 그 찬문도 자신이 지었으니 이 해는 임인년이다.

유거로 돌아가 은일적 삶을 살고픈 마음이 간절하다. 그러나 선뜻 벼슬아치 끈을 놓지 못하는 자신을 스스로 부끄러워한다. 늘그막에 은일적 삶이 더욱 간절했던 것 같다.

〈포의풍류도〉는 표암의 〈자화상〉과는 다르지만, 내용상으로는 김홍도(1745~?) 자신의 자화상이라고 볼 수 있다. '포의(布衣)'는 벼슬이 없는 선비를 뜻한다. 화제에서 표암의 바람과 같이 은일적 삶을 갈구하고 있다.

김홍도 포의풍류도, 출처 한국데이터베이스산업진흥원

紙窓土壁終身(지창토벽종신)

흙벽에 종이창 내고 평생을 지내며

布衣嘯咏其中(포의소영기중)

벼슬 않고 휘파람 불며 시나 읊고 살아가리


그림의 화제(畫題)다. 벼슬을 하지 않고 풍류적 즐거움이 담긴 은사의 삶을 살아가겠다는 의지가 강하다. 그림에 그려진 인물의 의관은 사방관을 쓴 중치막 차림의 맨발이다. 차림새는 유가와 도가가 공존하는 모습이다. 사방관은 유가고 '맨발'은 도가의 자유로운 해방을 암시한다. 유가의 점잖은 선비는 맨발을 하지 않는다. 호리병이 기운 것으로 보아 술을 몇 잔 마신 후인 것 같다. 그림 속의 파초·붓·벼루는 당나라 때 승려 서예가로 초서에 능했던 회소가 파초 잎에다 글씨 연습을 했다는 고사를 말하고 있다. 그림의 은사는 단원 자신이다. 시간이 나면 책을 보고, 비파를 켜고, 붓글씨를 쓰면서 옛 도자기를 쓰다듬어 먼 옛날의 향기를 음미하다가 졸리면 영지버섯 차를 마시고 낮잠을 잔다. 그림의 주인공은 갓난아기의 살갗 같은 미묘한 향기를 풍긴다. 벼슬에 얽매이지 않고 포의로 풍류를 즐기는 은사의 삶을 여러 가지 기물을 통해 보여 준다. 기물을 보니 가난한 은사의 삶은 아니고 여유로운 비둔(肥遯)의 삶을 즐기는 은사다. 지식인의 향기인 문자향(文字香)과 독서를 많이 한 서권기(書卷氣)의 냄새도 물씬하다.

표암과 단원은 속세를 벗어나 도와 더불어 사는 즐거운 은일적 낙도(樂道)의 삶을 추구한다. 한 사람은 관료고 한 사람은 야인이지만 은일적 삶을 갈망하는 점은 공통적이다. 경제적으로는 두 사람 다 여유로운 삶인데도 빈한을 감수하는 은사의 삶을 추구한다. 안빈(安貧)보다는 낙도에 중점을 두는 은일인 것 같다.

## ┃ 정선의 〈인곡유거도〉·〈계상정거도〉

겸재 정선(1676~1759)은 〈인곡유거도〉에서 자신이 원하는 유거(幽居)를 통한 은일적 삶의 한 단면을 보여 주었다. 〈인곡유거도〉는 인왕산 계곡의 유거에 홀로 있으면서 망중한을 즐기는 그림이다. 인왕산 계곡[仁谷]이라는 공간은 조선 산수화풍을 정립한 실경 산수화의 대가인 겸재 정선과 깊은 인연을 가진 곳이다. 그는 51세에 인왕산 아래 유거로 이주해 세상을 떠날 때까지 30여 년을 이곳에서 살았다. 인곡은 겸재의 주거지였을 뿐만 아니라 그의 진경산수 그림의 중요 소재였다. 인곡 관련 유명 그림으로는 〈인곡유거〉와 〈인곡정사〉를 비롯 76세에 그린 그의 마지막 그림이며 국보 216호인 명화 중의 명화 〈인왕제색도〉가 있다. 〈인곡유거〉라는 그림의 제목은 곧 그의 자택이었고 그림 속의 인물은 겸재 자신으로 봐도 무방하다. 겸재는 이 그림을 통해 자신이 원하는 은일적 삶의 한 단면을 보여 준다. 〈인곡유거〉 중의 '유(幽)'자는 숨는다, 은둔한다는 뜻의 '은(隱)'자와 같은 의미를 갖는다. 즉 유인·은둔의 뜻인데 세상일에 적극 참여하고 출세해 자신을 드러내는 입신양명의 '명(明)' 또는 현달(顯達)의 '현'과 반대되는 삶을 뜻한다.

전통적으로 은사를 '유인(幽人)'이라고도 한다.《주역》〈이괘(履卦)〉에 유인이라는 말이 나온다. "밟는 길이 탄탄하니 유인이라야 바르고 길하리라(履道坦坦 幽人貞吉)"라는 것이다.

이괘에서 상괘인 건괘(乾卦)는 하늘이고 하괘인 태괘(兌卦)는 연못이다.

'이괘'를 쉽게 풀어 말하면, 상황에 맞게 중심을 잡고 자기의 몸가짐을 바르게 해야 한다는 것이다. 송대(宋代) 유학의 대가 정이는 이괘의 유인을 "그윽하고 고요히 살면서 편안하고 담박한 사람"이라고 풀이했다. 이런 유인은 마음 상태가 외물에 흔들림이 없이 고요하고 편안한 삶을 산다.

'유거'란 자연 산수나 전원에 살면서 세속과 일정한 거리를 두고자 하는 은일적 삶, 또는 그런 삶을 살고 있는 거처(집)를 말한다. 겸재의 〈인곡유거〉 그림은 인왕산 아래서 유인으로 살고 있는 그의 은일적 삶과 거처하고 있는 집을 그린 것이다. 그는 83세까지 살았는데 벼슬에서 물러난 후의 삶은 세속과 거리를 둔 심원(心遠)한 은일적 삶을 살고자 했고 실천적으로도 은사의 모습을 보여 주었다.

유거와 비슷한 뜻을 가진 '정거(靜居)'라는 용어가 있다. 겸재는 퇴계 이황이 벼슬에서 물러나 계상서당에서 학문을 연마하며 심성을 도야하는 내용을 주제로 한 〈계상정거도(溪上靜居圖)〉를 그리기도 했다. 이 그림은 우리가 현재 사용하는 천원권 화폐의 뒷면에 인쇄돼 있다. 이 그림에도 은일적 삶이 담겨 있다. 계상서당 후에 새로 건립돼 현존하는 도산서원의 출입문을 '유정문(幽靜門)'이라고 한 것도 역시 유거·정거와 일맥상통한다고 볼 수 있다. 유학자인 퇴계의 은일은 공자의 제자 증점이 보여준 "기수에서 목욕을 하고 무우에서 바람을 쐬다가 시를 읊

이괘

은둔의 미학

조리며 돌아오는" 욕기영귀(浴沂詠歸)의 은일이다. 이는 현실과 단절하는 삶이 아니다. 일시적 기분 전환의 의미를 갖는 '풍류'다. 벼슬에서 물러날 것(身退)과 비둔(肥遯 : 여유로운 은둔)을 강조한 퇴계도 은사 문화의 초월적인 은일을 내심 갈망했던 것 같다.

은사들의 은일적 삶은 경제적 빈곤에 전혀 좌절하거나 비통해 하지 않는다. 오히려 '빈곤'을 행복해한다. 그러한 삶을 스스로 선택했기 때문이다. 은사들의 공통점은 ◇부귀·권세·명예를 업신여긴다. ◇절개와 도의를 중시한다. ◇왕공(王公)을 가볍게 여긴다는 것이다. 은사들의 은일적 삶은 조선조 시인과 화가들에게 중요한 소재이기도 했다.

# 화양 땅의
## 진상품(華陽 持贈物)

山中何所有(산중하소유)

**산속에 무엇을 가지고 있냐기에**

嶺上多白雲(영상다백운)

**고개 위에 흰구름 많다고 했네**

但可自怡悅(단가자이열)

**그 흰구름 혼자서만 즐길 수 있을 뿐**

不堪持贈君(불감지증군)

**임금님께 가져다드리진 못하네**

위진남북조 때의 은사 도홍경(陶弘景 : 452~536)이 재상을 맡아 달
라는 양(梁) 무제의 친서를 받고 완곡하게 사양한 답시다. 시의 원
제목은 〈답조문산중하소유(答詔問山中何所有 : 양무제가 산속에 무엇을
가지고 있느냐고 물은 데 대한 답)〉다. 도홍경은 도연명과 같은 혼란한
남북조 시기를 살다 간 은사(隱士)다. 시간상으론 연명(365~427)이
한 세기 앞선다. 도홍경은 유송(劉宋) 왕조 재상 재직 시 어느 날 홀

은둔의 미학

연히 관복을 벗어 궁궐 대문에 걸어놓고 화양으로 가서 은거하고 있었다. 당시 풍조는 명망 있는 은사를 조정에 모시는 게 군주의 훌륭한 덕목이기도 했다.

도홍경이 읊은 시의 시안(詩眼)은 '백운'이다. 흰구름과 개울물은 은사들이 은거하는 전원의 특징적 풍광이면서 대표적 상징이기도 하다. 백운이야 어딘들 없으랴만 전원의 동구와 동산을 가로지르며 오가는 느직한 흰구름의 한가로움, 그 운한(雲閑)은 전원이라는 공간의 무심과 '느림의 미학'을 상징하기에 모자람이 없다. 어디에도 집착하지 않고 전혀 앞다투는 어떤 경쟁도 없이 평화롭게 흐르는 전원의 실개천 물은 우리로 하여금 치열한 '경쟁의 비극'을 되돌아보게 한다. 특히 구름은 느림의 미학을 대표한다. 근래 세계적으로 유행하는 슬로우 시티(slow city) 운동은 빠른 자동차 대신 자전거를 이용하고 걷기를 권장하는 등 느림의 미학을 키워드로 삼는다.

잠시 두보의 시 〈강정(江亭 : 강가의 정자)〉에 나오는 절창구(絶唱句)를 빌어 구름과 물의 심미 철학을 음미해 보자.


雲在意俱遲(운재의구지)
**느릿느릿 떠가는 구름의 뜻 따라 모든 의식 활동 느직하고**
水流心不競(수류심불경)
**질서 정연하게 흐르는 물처럼 마음에 앞을 다투는 잡념 없다**


가는 듯 조는 듯 떠 있는 흰구름 바라보노라면 보는 마음도 바쁠

게 없다. 구름의 한가로움, 운한은 일체의 망상과 잡념이 없는 무심을 상징한다. 이러한 무심은 불교가 말하는 어떠한 생각도 일어나지 않은 본래의 마음자리인 본래면목·여여(如如)·불성·자성을 뜻하는 종교적 경계이기도 하다. 모든 번뇌와 망상을 일으키는 '분별심'은 한 생각이 일어나는 데서부터 시작된다. 노장(老莊)사상도 무심의 경계를 지향하면서 느림의 미학을 강조하고 경쟁의 비극을 금기시한다. 은사 문화 또한 같은 곡조다. 일찍이 백운의 문학적·심미적 상징을 수많은 시인들이 읊조렸다. 전원과 산수 간의 백운은 심오한 철학적·종교적 의미까지를 내함하면서 사람들의 심미 정감을 자극했다. 구름은 언제나 한가롭고 어디에도 막힘 없이 유유히 흘러간다. 개울물 또한 어디에도 집착하지 않고 유유히 흐른다. 이러한 운수의 한가로움과 무집착은 무심과 초연의 상징이며 현실 초월이다. 전원에 은거하는 은사들은 이 같은 대자연의 질서를 따라 살아가겠다는 서원을 세운 초월자들이다. 느직이 떠가는 흰구름과 유유히 흐르는 물은 문학적으로는 비상을 꿈꾸는 낭만의 심상(心象)이고 종교적으론 탈속의 경계에 들게 하는 발심을 일으킬 수도 있다. 백운은 예부터 그림·도자기·가구 등에 그려지고 조각되면서 심미적·종교적 정감을 불러일으켰다.

은사들의 전원생활 목표는 자연을 매개로 초현실적 은둔의 세계로 들어가려는 것이다. 은사들이 거처하는 산림이나 전원은 곧 자연이다. 산수와 백운 등은 전원에서 늘 함께하는 대표적 물상들이다. 산수라는 말은 인간의 미감을 자극하는 대상으로서의 자연을 뜻한다. 인공적인 냄새가 나지 않는 순수한 자연의 모습을 흔히 산수라는 말로 표현한다. 노장사상에 따르면 자연은 곧 사람 생명의 근원이다. 그래서 노장철학은 자연에서 인생의 원칙을 찾아낸다. 장자는 비록 말은 하지 않지만 우리를 위해 끊임없이 계속 지혜를 알려주는 자연을 향해 "나의 스승이여! 나의 스승이여[吾師乎吾師乎]"라고 찬탄했다.(《장자》〈대종사〉)

장자는 자연의 원시적 본성으로부터 멀리 떨어질수록 더욱 부자유스럽게 되므로 자연으로 회귀하여 자연과 일체가 돼야 한다고 했다. 자연과 하나가 돼 육체적 자아를 넘어선 '무기(無己)'의 경지에 도달해야 비로소 진정한 정신적 자유를 누릴 수 있다는 것이다. 은사들의 산림과 전원 은거는 바로 이 같은 자연과의 일체화를 자득(自得)하려는 것이다. 자연은 우리가 언제나 불러내 위로받을 수 있는 대화의 상대다. 시인들은 달을 불러내 삶이 조화롭게 어우러진 아름다운 심미의 세계를 만들어낸다.

## Ⅰ 백운

그 유유한 임거래(任去來)는 비상을 꿈꾸는 낭만의 심상이다. 또 목화를 연상케 하는 백운의 정백(淨白)은 포근하고 따뜻한 요람 속의 아득한 과거로 잠기게 하면서 무심·무욕으로 표백된 탈속의 경계로 들게 한다. 뜬구름과 흐르는 물은 자연 대도(大道)의 상징이기도 하다. 그래서 선불교에서는 똥닦이 헝겊 조각을 주위 모아서 지은 누더기 분소의(糞掃衣)에 걸망 하나 메고 이러한 자연 대도를 따라 이 산골 저 산골의 선방을 찾아 참선 수행하는 선승들을 '운수납자(雲水衲子)'라 한다. 이판승들의 이 같은 운수 행각은 낮게는 유력·만행(萬行)이지만 높게는 자연 대도와 계합한 무심이며 부주열반(不住涅槃)의 어떠한 것에도 집착하지 않는 백척간두(百尺竿頭) 진일보의 정진이다.

도연명이 살았던 위진남북조 시대의 은사 문화는 당시를 풍미한 현학(玄學)과 초기 선불교의 영향을 많이 받았다. '현학'은 명확히 설명하기 어려운 심오한 형이상학이라는 뜻이다. 그 내용은 노장사상의 심오난명(深奧難明)을 표방하면서 유가의 경학(經學), 선불교의 공관(空觀) 사상까지 융합시킨 철학이었다. 선불교의 공관 사상과 현학의 유심주의적 자연관이 결합해 마음이 만들어내는 '의경(意境)'이라는 새로운 미학을 탄생시키기도 했다. 이 같은 미학 경계는 동아시아 사대부들의 고급스러운 정신생활을 이끄는 향도적 역할을 했다. 현학의 미학은 자연 관조를 통해 도야한 인격미(人格美)를 강조했다.

한국의 경우는 이 시기의 국가 발전 단계가 백제·고구려·신라 3국 시대의 초기라 중국의 은사 문화가 본격적으로 전래된 상태가 아니었다. 도피적인 초기 은사들과 달리 벼슬이 주어지면 벼슬도 하고, 물러나게 되면 전원으로 돌아가 '세상 속의 초연'을 지향하는 출사(出仕)도 하고 은거도 한 역관역은(亦官亦隱)의 은사 문화가 정착된 것은 중국의 경우 당·송대부터이고 한국은 통일 신라 시대에 이르러서다. 역관역은의 은사 문화는 육체와 마음 문제에서 후자에 방점을 찍어 정신적 초월을 지향했다.

역관역은의 은사를 대표하는 당나라 왕유(699~759)의 '백운'이 등장하는 절창구 하나를 보자.

但去莫復問(단거막복문)

**어서 가기만 하오, 더 이상 말하지 말고**

白雲無盡時(백운무진시)

**산중엔 자욱한 흰구름 다할 날 없다오**

왕유가 막역한 친구이며 산수시의 대가인 은일 시인 맹호연이 장안 남산에 은거하고자 떠날 때 건네준 시 〈송별〉의 시구다. 속세의 부귀공명은 언젠가는 다할 날이 있지만, 대자연의 아름다운 풍광(백운)은 결코 사라질 날이 없다. '그대는 이제 그 가운데서 인생의 참된 즐거움을 만끽할 수 있을 것이네. 더 이상 세간의 득의(得意)니 실의니 하는 것에 이러쿵저러쿵하지 말게. 세속적인 잡념들 다 털어버리고 미련 없이 떠나가게나'라는 뜻을 담고 있다.

맹호연에게는 다음과 같은 일화가 있기도 하다.

어느 날 맹호연이 왕유의 남산 망천 별장을 들렀는데 마침 당 현종 황제가 왕유를 찾아왔다. 맹호연은 재빨리 침상 밑으로 숨었다. 왕유는 감히 임금님을 속일 수 없어 사실대로 아뢰었다. 그러자 현종은 아주 기뻐하며 "짐은 전부터 그대의 명성을 들어왔으니 나와서 얼굴을 보이라"고 했다. 맹호연은 침상 밑에서 기어 나와 현종을 알현하고 시 한 수를 지어 올렸다.

그런데 시 가운데 "재주가 없어 현명한 군주께서 버리셨네"라는 구절이 있었다. 현종은 불쾌한 어조로 "그대 자신이 벼슬을 바라지 않은 것이거늘 어찌 내가 그대를 버렸단 말인가?"라고 하면서 그를 은거지로 돌려보냈다.《당서(唐書)》에 기록되어 있는 일화다.

은일 시인 맹호연은 왕유와 함께 '왕맹'으로 병칭되던 산수시의 거목이었다.

은사들은 대범함과 깨끗함·고상함·소박함 등의 독특한 품격을 지녀 사람들의 추앙을 받았다. 역대의 많은 은사들이 이렇게 존재하면서 중국을 비롯한 동아시아 특유의 은사 문화를 형성했다. 은사들은 고고한 인품을 '상징자본'으로 해 고사(高士)·처사·일민(逸民) 등으로 별칭되면서 세속 정치에 참여하기도 했다. 세속에서는 이런 은사들을 '산속 재상'이라 했다.

우리나라 조선조에서도 도홍경의 이 시는 많은 사람에게 절창되었다. 다산 정약용의 제자로 전남 강진 백운동 별서(別墅) 제5대 주인인 이시헌(1803~1860)은 도홍경의 시구에 나온 '자이열'에서 자이를 빌려와 자신의 아호를 '자이당(自怡堂)'이라 하기도 했다. 백운동 별서의 중흥조이기도 한 이시헌은 자신의 문집 겸 별서를 다녀간 시인 묵객들의 풍류를 기록한《백운세수첩(白雲世守帖)》을 펴내기도 했다. 아마도 그의 집안은 대대로 도홍경의 시를 애송했던 것 같다.

## 02 은사 문화

연세대 교수였고 교육부 장관을 두 차례나 지내기도 한 안병영 연세대 명예교수는 정년퇴직 후 강원도 고성 산기슭으로 귀촌해 부인과 함께 텃밭을 가꾸면서 은거한다. 서울에 모임이 있으면 당일치기로 고속버스 편을 이용해 올라와 참석하고 볼일도 보고 속초 유거(幽居)로 귀가한다.

그는 80이 넘은 나이에도 최근 수필집《인생 삼모작》을 출간하는 등 정중동의 은거 생활을 한다. 그는 "아늑한 자연에 파묻혀 바깥세상을 멀리 조망한다는 것은 무척 신선한, 그리고 경이로운 삶의 체험"이라면서 "지적·예술적 작업을 하는 사람에게 노후에 자연의 품은 엄청난 영감과 상상력의 원천임을 생생하게 경험한다"라고 했다. 그는 현대판 은사다.

내 나름의 은사 문화 개념으로는 옛 은사들의 삶이 산속 은거-귀원전거(歸園田居)-낙향 등에서 이제는 귀촌·귀농·전원생활 등을 포괄하는 광의적 개념으로 확대돼야 한다고 생각한다. 시대의 변천에 따라 은사 문화의 개념도 폭넓게 변화해 왔기 때문이다. 상고

시대 농경문화 속의 '은사상'은 손수 농사를 짓고 책을 읽는 생활에서 기쁨을 얻는 게 전형적인 모습이었다. 이 때의 은사들은 벼슬을 하지 않는 게 가장 큰 특징이었다. '암혈지사(巖穴之士 : 동굴 속에 사는 선비)'임을 자처했던 고대 은사들은 정신적 독립심이 강해 자기 사상의 독립성을 고수했다. 그들의 문화적 특징인 '책 읽기'는 농사일이 없거나 할 수 없는 시간을 활용했는데 독서를 하기 좋은 3대 시간은 겨울과 밤, 비 오는 날이었다.

우선 은사들의 인생관을 잠시 들여다보자. 은사들의 인생관은 장자의 인생에 대한 관점과 일맥상통한다. 은사들은 장자가 신랄한 비판을 가한 바 있는 "잔꾀와 요령으로 윗사람에게 아부해 높은 벼슬을 얻고 돈을 모으는 일은 마치 윗사람의 치질을 핥는 일과 같다"(《장자》〈열어구〉)고 보았다.

아무리 높은 관직이라 해도 죽은 쥐새끼와 다를 바 없으며 정당하게 높은 벼슬에 오른다 해도 그것은 죽어서 가죽만 남는 거북과 같으므로 차라리 살아 진흙탕에서 꼬리를 끌며 자유롭게 돌아다니는 거북이나 외로운 송아지가 되는 것만 못하다고 여겼다. 이것이 바로 장자와 은사들의 인생관이었다. 장자는 끝내 벼슬을 하지 않았다. 따라서 그도 사상적으로는 은사에 속하는 인물이라고 할 수 있다.

그는 도와 더불어 하나 되는 체험을 추구하면서 광활한 우주와 함께하는 삶을 살고자 했다. 그는 생사일여(生死一如)의 도리를 꿰뚫어 보았고, 영욕의 득실을 잊고, 초연히 스스로 즐거워하며 자유롭게 살기를 강조했다. 이러한 낙관주의는 자유분방한 미적 감각을 제공해 사람들로 하여금 현실 속의 '모순 투쟁'을 잊고 정신상의 쾌락을 얻어 삶을 향유할 수 있게 한다. 또한 은사 철학과 장자 철학이 동아시아 은일 문화에 끼친 큰 영향이며 많은 찬사를 받게 한 중요한 원인 중의 하나다. 선불교 수행의 내용과 목표도 이와 같은 맥락의 정신적 자유와 쾌락을 향유하고자 한다.

고대 은사들은 벼슬을 하찮게 볼 뿐만 아니라 의식적으로 관직이나 부(富)를 거부했다. 이러한 고대 은사 문화는 요순시대 양보(壤父)가 읊은 〈격양가(擊壤歌)〉에 잘 나타나 있다.

日出而作(일출이작)
**해 뜨면 나가 일하고**
日入而息(일입이식)
**해 지면 들어와 잠잔다**
鑿井而飲(착정이음)
**우물 파 물 마시고**
耕田而食(경전이식)
**밭 일구어 먹고 사네**
帝力于我何有哉(제력우아하유재)
**제왕의 덕이 내게 무슨 필요가 있단 말인가!**

양보의 〈격양가〉는 은사가 농경문화에 의지했다는 중요한 증거이며 농경생산과 생활방식의 전형적인 묘사다. '양(壤)'은 글자 그대로 땅바닥을 뜻한다고도 하고 악기의 하나 또는 일종의 놀이라는 설도 있다. 요임금이 농촌을 순시할 때 은사 양보가 들판에서 이 노래를 부르고 있었다고 한다.

또 진대(晉代) 황보밀의 《고사전(高士傳)》에는 요임금 때의 유명한 은사 허유(許由)와 소보(巢父)가 등장한다. 허유는 요임금이 천하(임금 자리)를 물려주려 했지만 끝내 거절했다. 허유는 이 말을 듣고 자신의 고결함이 손상을 입었다고 생각해 황하의 지류 영천(潁川)으로 나가 그 말을 들은 자신의 귀가 더러워졌다며 귀를 씻었다. 바로 그때 물을 먹이려고 송아지를 끌고 온 그의 친구 소보가 허유의 이야기를 듣고 말했다.

"자네가 아무도 살지 않는 산골에 숨었다면 자네의 이름이 알려지지 않았을 것이 아닌가! 자네는 은거한다는 구실로 명성을 얻으려 한 것일세. 자네가 여기서 요임금의 더러운 말을 들은 귀를 씻었으니 내 소가 그 물을 먹으면 소의 입이 더러워지겠군"이라고 하면서 소를 상류로 끌고 올라가서 물을 먹였다.

여기서 '영천세이(潁川洗耳)'라는 유명한 고사성어가 생겨났다. 귀를 씻은 허유의 인격도 물론 높지만 자기의 소가 더럽혀질까 걱정한 소보의 인격은 허유보다 훨씬 고결하고 한 수 위라는 것이다. 오십보백보이고 전설적이지만 재미있는 고사다.

소보의 '소(巢)'자는 나뭇가지 위의 새 둥지를 뜻하는 데 소보는 당시 나뭇가지 위에서 잠을 자는 은사였다고도 한다. 당대(唐代) 선불교의 조과도림 선사(741~824)도 소보처럼 소나무 가지 위에 새 둥지같이 앉아서 참선을 했다고 하여 '조과(鳥窠)'라는 법호를 갖게 됐다. 의식적이든 무의식적이든 은사 문화의 전통은 이렇게 면면히 이어졌다. 요임금은 허유를 끝내 굴복시키지 못했고 주

(周) 무왕은 자신의 왕권을 거부하는 백이와 숙제를 꺾지 못했다. 거만하기로 이름난 한(漢) 고조는 '상산사호(商山四皓)' 은사들에게 경의를 표했고, 광무제는 끝내 벼슬을 거부하는 은사 엄광의 뜻을 꺾지 못했다.

은사들은 사대부 계층에 속하는 하나의 특수한 유형으로 자신들만의 문화를 형성했다. 은사들은 어질고 지혜로운 선비임을 자처했다. 은사의 인격과 정신세계는 고상하게 자기의 일을 하고, 사회의 혼탁함을 정화하고, 탐욕스러움을 깨우쳐 주는 역할을 하는 이상적인 표상으로 사람들에게 각인됐다. 고대의 은사는 사회적 신분의 하나로 벼슬을 하지 않음을 큰 특징으로 삼고 정신적 독립과 세속 초탈이라는 이상적인 세계를 추구하는 선비였다. 은사들은 이렇게 존재하면서 특유의 은사 문화를 형성했다. 전통사상 면에서 보면 은사들은 노장사상의 영향을 받아 현실 사회제도에 반감을 많이 가지고 있었다. 은사들은 사상과 생활면에서는 전적으로 자연 회귀를 지향했다. 인간의 자연 사랑은 본능적인 측면이 없지 않다. 우리가 자연을 사랑하는 것은 자연이 인간의 마음을 여유롭게 만들어주고 아름다움을 느끼게 해 주기 때문이다.

은사들의 은거 동기(이유)를 요약하면 다음과 같다.

1. 자기의 뜻을 바르게 지키고자 함.
2. 부정을 피함으로써 도(道)를 온전히 함.
3. 자신을 고요하게 해 성급함을 가라앉힘.

4. 위태로움을 제거, 안전을 도모.

5. 속세에 물들어 자신의 절개가 동요될까 봐서.

6. 자신의 깨끗한 본성이 과격해질까 봐서였다.

《후한서(後漢書)》〈은일전〉의 한 단락을 정리한 은거 동기다.

# 은사
# 칭호

'은사'라는 용어는 《장자》 〈선성〉 편에 처음으로 등장한다.

> **"옛날의 이른바 은사란 ① 몸을 숨기어 드러내지 않는 자가 아니며 ② 입을 다물고 말하지 않는 자도 아니며 ③ 지식을 감추어 드러내지 않는 자도 아니었다. 단지 시대와 운명이 그와 크게 어긋났기 때문이었다."**

은사는 마음만을 숨기었을 뿐 몸은 숨기지 않는다. 따라서 산속에 숨어 산다고 은사가 되는 건 아니다. 장자(365~290 B.C.)가 〈선성〉에서 말한 은사는 도덕이 무너져 버려 자신이 세상에 도움을 주지 못하게 되자 덕을 감추어 세상에 드러내지 않을 뿐이다. '선성(繕性)'은 본성을 닦는다는 뜻이다. 그래서 장자는 '숨어 사는 선비[隱士]'의 산속 은둔은 "시운이 그와 부합하지 못했기 때문(時命大謬)"이라고 했다. 한마디 덧붙인다면 오늘날 크게 유행하는 '자연인'이라는 TV 프로그램에 나오는 사람들을 모두 은사라고 할 순 없다.

은사란 글자 상으로는 '숨어 사는 선비'다. 조금 풀어서 말하면 산중 동굴이나 토굴·움막에 사는 선비라고 할 수 있다. 은사의 산속 은둔은 단순히 몸을 숨기기 위한 것이 아니라 《맹자》 〈진심〉 편이 말한 "자신을 바르게 수양하기 위한" 행동철학이다. 맹자가 "상황이 어려울 때는 자신을 바르게 수양하고 세상이 정상적으로 다스려질 때는 함께 천하를 바르게 하는 역할을 한다(窮則獨善其身 達則兼濟天下)"고 말한 것과 전적으로 같은 맥락이다.

'은사'라는 말은 이미 춘추전국시대에 그 개념이 정립되었다. 춘추는 770~453 B.C.까지 약 3백 년 동안이고 전국은 453~221 B.C.까지다. '춘추'는 그 시대의 역사가 《춘추(春秋)》라는 책에 기록돼 있었기 때문에 붙은 이름이고 '전국(戰國)'은 진시왕의 진나라 통일 전까지 영웅들의 할거와 전쟁으로 몹시 어지러웠던 시대를 말한다. 장자는 전국시대의 인물이다.

이제 장자의 은사에 대한 관점을 통해 은사 문화를 좀 더 구체적으로 살펴보자.

장자는 아무리 높은 벼슬이라도 죽은 쥐새끼와 다를 바 없으며, 잔꾀와 요령으로 윗사람에게 아첨해 높은 벼슬을 얻고 돈을 모으는 일은 치질을 핥는 일과 같다고 보았다. 또한 정당하게 높은 벼슬에 오른다 해도 그것은 죽어서 가죽만 남는 거북이와 같으므로 차라리 살아서 꼬리를 끌며 자유롭게 돌아다니는 거북이나 외로운 송아지가 되는 것만 못하다고 여겼다. 이것이 바로 은사의 관점이며 실존주의적인 인생관이다. 장자 또한 전국시대 대표적 은사 중의 한 사람이다.

## | 치혁원추(鴟嚇鵷鶵)

올빼미가 봉황을 경계하다.《장자》〈추수〉편에 나오는 우화다. 봉황이 오동나무 위를 날자 썩은 쥐를 물고 있던 올빼미가 빼앗길까봐 '꽥' 하고 소리를 질렀다. 이 우화는 장자가 양나라 재상인 친구 혜자를 만나러 갔을 때의 이야기다. 장자가 온다는 소문을 들은 누군가가 혜자에게 "장자가 와서 당신의 재상 자리를 차지하려 한다"라고 고했다. 혜자는 이에 3일 동안 전국을 뒤져 장자를 찾게 했다. 이를 알고 있던 장자는 혜자를 만나자 남해에 사는 봉황이 북해를 향해 날아가다가 올빼미를 만난 위의 우화로 혜자를 힐난했다. 장자는 자신을 봉황, 혜자를 올빼미에 비유해 벼슬을 탐하는 친구를 비판했던 것이다. 참으로 호쾌한 장부의 사자후다. 봉황은 오동나무가 아니면 앉지를 않고 대나무 열매가 아니면 먹지를 않는다는 전설의 새다. 대나무 열매는 대나무꽃이 잘 피지 않기 때문에 아주 구하기 힘든 희귀품이다.


## | 연옹지치(吮癰舐痔)

《장자》〈열어구〉편에 보인다. 춘추전국시대 송나라 사신 조상이 진(秦)나라 왕을 알현하고 수레 100대를 하사받았다. 조상은 비좁고 지저분한 판자촌에 사는 장자를 만나 이를 자랑하면서 "어찌하여 자네는 짚신이나 삼고 삐쩍 마른 몸에 누런 얼굴로 사느냐?"고 비꼬았다.

장자가 대답하기를, "내가 들은 바로는 진나라 왕은 종기를 빼는 의원에게는 수레(고급 승용차) 한 대를, 치질을 핥아주는 의원에겐 수레 다섯

대를 주고, 더러운 일을 할수록 더 많은 수레를 준다고 하더군. 자네는 그렇게 많은 수레를 받았다니 참으로 더럽군. 어서 물러가게! 더럽네."

　이 대목은 《장자》 10만 자 중 가장 통쾌하고 은사 장자답다는 평을 받는 우화다.

## Ｉ　구미예도(龜尾曳塗)

《장자》〈추수〉 편에 보인다. 장자가 복수에서 낚시를 하고 있는데 초나라 왕이 두 명의 대부를 보내 정사(政事)를 부탁했다. 장자는 뒤돌아보지도 않고 말하였다. "내 듣건대 초나라에는 이미 죽은 지 3000년 된 거북이를 묘당에 모시고 있다고 합니다. 이 거북이의 입장이면 죽어서 뼈만 남아 존귀하게 되겠소? 아니면 살아 진흙 속에서 즐거이 꼬리를 흔들고 다니겠소?" 대부는 "그야 진흙 속에서 꼬리를 흔들고 다니려 하겠죠"라고 했다. 장자 왈, "그렇다면 어서 가시오. 나는 진흙 속에서 꼬리를 끌고 다니며 살겠소"라고 했다.

　자연과 하나 되어 수명대로 자유롭게 살아가려는 은사(장자)의 인생관을 잘 나타내고 있는 우화다.

# 04

# 은사의
# 별칭

은사에 대한 별칭은 아주 많다. 고사·처사·일민·일사·유인(幽人)·은군자·암혈지사 등은 긍정적인 별칭이고, 산속 재상·남산첩경(南山捷徑) 등은 부정적인 별칭이다. 은사들의 별칭은 허유나 장자·도연명처럼 관리가 되기를 거부하고 벼슬살이를 하지 않기 때문에 생겨난 칭호들이다.

김명국의 은사 그림을 보자. 상복 차림은 자신을 알아주지 않는 세상에 대한 반항으로 읽힌다. 연면체(連面體) 초서 화제(畫題)는 "없는 것을 있는 것으로 만들 수 있는데 그림으로 그릴 뿐

김명국 은사도, 국립중앙박물관

어찌 말로 전하랴. 세상에 시인 많다지만 누가 흩어진 나의 혼을 불러줄까?[장무능작유(將無能作有) 화모기전언(畫貌豈傳言) 세상다소객(世上多騷客) 수초기산혼(誰招己散魂)]"라고 읊조렸다.

은사들의 별칭이 뜻하는 바를 살펴보자.

## ┃ 처사(處士)

미혼 여성을 '처녀'라 칭한다. 이때의 '처'는 손때가 묻지 않은 미개척지 또는 순수성을 의미한다. 처사는 벼슬과는 절대 결혼하지 않는 순수한 선비라는 뜻이다. 다음은 '처'자에는 천명을 알고 즐거워하며 인위적으로 무언가를 하려고 애쓰지 않고 차분하게 지내면서 갖가지 변화에도 휩쓸리지 않고 쉽게 변하지 않는다는 뜻이 있다. 이는 바로 은사의 처세원칙이기도 하다. 셋째는 '처'자에 거처한다는 뜻이 있는데 조정에 머물지 않고 집에서 칩거하는 선비라는 것이다. 훌륭한 학식과 덕망을 갖추었지만 칩거하면서 정신적 자유세계를 소요하고 책을 읽고 몸을 수신하는 야인(野人)임을 뜻한다.

## ┃ 일민(逸民)

'일'자에는 ① 숨다 ② 이탈하다 ③ 뛰어나다의 뜻이 있다.《논어》에 나오는 백이·숙제가 대표적인 일민이다. 공자는 일민을 등용하여 세상 사람들을 한마음으로 돌아서게 하였다.

첫째 의미는 세속을 초월, 고상하다는 뜻이다. 세상의 아귀다툼에서 멀리 떨어져 있으므로 잡다한 현실 속 구속을 받지 않고 인생을 대범하게 살 수가 있다. 이것이 숨을 '일(逸)'자가 뜻하는 바다.

둘째는 잊어버림·떠남의 뜻을 갖는 '유(遺)'자의 의미다. 그래서 일민의 '일'은 세상을 완전히 잊는다는 뜻을 내함하고 있다. 일민이 가지는 이 두 가지 뜻을 합치면 은사의 모습을 완연하게 표현할 수 있다. 즉 세상을 떠나 명예와 이익을 구하지 않고 세속을 초월하여 물외(物外)의 세계를 자유로이 떠도는 사람, 일민이 바로 은사의 신분을 가장 적절하게 표현했다고 할 수 있다. 유인·일사(逸士)·은군자(隱君子) 등의 별칭도 이와 같은 의미를 갖고 있다고 볼 수 있다. 쉽게 말하면 '숨은 선비'라는 얘기다.

## | 고사(高士)

글자 그대로는 높은 선비라는 뜻이다. 은사의 인격과 정신세계는 일반인을 뛰어넘어 높은 곳에 자리하고 있음을 뜻하는 존경의 찬사를 담고 있는 별칭이다. "왕이나 제후를 섬기지 않고 고상하게 자기의 일을 한다"라고 한 《주역》'고(蠱)괘'가 바로 선비의 괘다. 한나라 때는 은사를 고사라 칭했다. 당시의 은사들은 주로 산속에서 일생을 은둔했지만, 한대(漢代) 초기의 은사들은 정치에 큰 영향을 미쳤다. 이때의 은사들은 학문이 특별히 출중했고 그들의 학식을 익히는 것이 제왕(帝王)의 수양이기도 했다. 말을 바꾸면 고사들이 왕사(王師)의 역할을 했다는 얘기다. 한나라 때의 유명한 고사 이야기로 '동강수조'라는 고사성어를 남기기도 한 다음과 같은 일화가 있다.

## | 동강수조(桐江垂釣)

'동강에서 낚시를 하다'라는 고사성어다. 후한 광무제가 절강성 부춘산에 은거하고 있는 죽마고우이기도 한 고사 엄광(자 : 子陵)을 황궁으로 초대해 하룻밤을 친구의 예로 대접하고자 했다. 그러나 엄자릉은 경도(京都)에 왔지만 곧바로 황제를 알현하지 않고 여관에 머물렀다. 마침내 광무제(유수)가 여관으로 찾아가 자릉을 궁궐로 데리고 왔다. 유수와 자릉은 술잔을 기울이며 옛일을 이야기하다가 한 침상에서 잠이 들었다. 자릉은 거리낌 없이 광무제의 배 위에 다리를 올려놓고 코를 골며 깊은 잠을 잤다. 궁중에서 저런 무례함이 있을 수 있느냐고 수군거렸다.

그러나 광무제는 아무렇지도 않게 생각하면서 이튿날 아침 벼슬을 권했다. 자릉은 아무리 광무제가 벼슬을 권해도 끝내 뿌리치고 은거하는 산속으로 돌아가 동강에서 낚시를 하면서 일생을 보냈다. 엄자릉은 권세에 굴하지 않고 자신을 지켰고 광무제 유수는 고사인 자릉을 존경했고 친구와의 옛정을 잊지 않았다.

후일 송대의 엄중엄은 〈엄선생사당기(嚴先生祠堂記)〉에 다음과 같이 썼다.

**"선생의 마음은 해와 달보다 위에 있고 광무제의 도량은 천지의 바깥까지 아우르고 있노라. 선생이 없었으면 광무제의 관대함이 없었을 것이고 또한 광무제 없었던들 어찌 선생의 고결함이 있을 수 있으리오."**

우리나라 조선조 한시에도 이 고사가 등장했다. 구한말 항일 유림의 거두였던 면암 최익현 선생(1883~1906)은 〈어부〉 시 제2수의 승구(承句)에서 "위옹동로는 천추에 빛나는데(渭翁桐老照千秋)"라고 읊조렸다. 면암이 말한 동강의 노인 '동로(桐老)'가 바로 고사 동강수조에서 고향으로 내려와 동강에서 낚시를 하던 은사 엄광을 가리킨 것이다. '위옹'은 강태공을 말한다.

# 은사의 생활

## 자지가(紫芝歌)

莫莫高山 深谷逶迤 (막막고산 심곡위이)

울창한 높은 산에는

깊은 골짜기 구불구불하고

奕奕紫芝 可以療疾 (혁혁자지 가이요질)

커다란 보랏빛 영지는

병을 낫게 하네

唐虞世遠 吾將何歸 (당우세원 오장하귀)

요순의 시대는 이미 먼 옛날이니

어찌 돌아갈 수 있으리오

駟馬高蓋 其憂甚大 (사마고개 기우심대)

네 마리 말이 끄는 덮개 씌운 수레를 타는 고관대작의

근심은 더욱 크노라

富貴之畏人 不如貧賤之肆志 (부귀지외인 불여빈천지사지)

## 부귀하지만 남을 두려워하는 것보다는
## 빈천해도 내 뜻대로 사는 것이 나으리라!

'상산사호(商山四皓)'가 산속에 은거하며 불렀다는 노래(시)다. 상산
사호는 진(秦)나라의 국난과 폭정을 피해 섬서성 상산에 들어가 은둔
했던 은사 동원공·하황공·기리계·녹리 선생을 말한다. 이들 네 명
의 은사는 모두 머리와 눈썹이 하얗기 때문에 '사호'라 했다. 이들은
주로 바둑을 두고 거문고를 타면서 소일했다. 이들이 상산에서 바둑
을 많이 두었다고 '상산위기(商山圍碁)'라고도 한다. 이 고사성어는
동양화의 화제(畫題)로 많은 화가들이 그림을 그리기도 했다.

이들을 동아시아 최초의 '실존 은사'라 할 수 있다. 황보밀의 《고
사전(高士傳)》에는 90명의 은사가 등장한다. 멀리 기원전 은사로 허
유·소보 등이 등장하고 기원전 12세기의 주(周)나라 은사 백이·
숙제 형제도 나오지만 모두 전설적인 인물로 보는 게 역사학계의
일치된 견해다. 흔히 허유를 은사의 시조로 말하지만, 중국 최초
의 통일 국가인 진(秦)나라 이전의 기록에는 허구적이고 전설적인
부분이 많다는 것이다. 따라서 선진(先秦)시대의 역사는 근래 은
허의 유적 발굴로 많은 고증이 되고는 있지만 기록의 사실적(史實
的) 신빙성이 약하다.

상산사호의 〈자지가〉로 돌아가 보자. 이 노래의 시안(詩眼)은 '빈
천'이다. 빈천은 부귀의 반대인 가난과 천함이다. 사호의 〈자지가〉
는 왕공장상의 부귀공명은 난세에선 얼마 가지 못하고 화근이 되
어 재난을 가져다줄 수 있다는 것이다. 말을 바꾸면 난세에서는 왕

공장상들도 결국에는 끝이 좋지 못하다는 얘기다. 우리나라 8·15 해방 이후 대통령들의 말로를 보면 이를 생생하게 실감할 수 있다. 그래서 가난하고 지위가 낮은 사람이 오히려 무엇에도 얽매이지 않고 편안히 살 수 있다. 물론 〈자지가〉에서 말한 빈천한 사람은 일반 백성이 아니라 세상을 피해 은거하는 은사들을 가리킨 것이다. 은사는 세상의 분쟁에 끼어들지 않기 때문에 자연히 세상의 재난도 피할 수 있다.

봉건시대의 제왕들은 언제나 높은 관직과 많은 재물로 사대부들과 은사들을 회유하거나 협박하면서 굴복시키려 했다. 심지어는 살육으로 위협하기도 했다. 그러나 이들은 부귀에 유혹당할 수 없고, 빈천함 때문에 동요될 수 없으며, 무력에 굴복할 수 없다는 신조를 정신적 무기로 해서 통치자들의 유혹과 위협에 맞섰다. 가난은 예나 지금이나 사람 사는 데 가장 절실한 문제다. 그러나 은사들은 가난을 부끄러운 것이 아니라 자랑스러운 것으로 여겼다.

《고사전》을 쓴 은사 황보밀의 예를 보자. 그는 한(漢)나라 태위였던 황보숭의 손자로 명문세가의 자손이었다. 그럼에도 출세를 원치 않고 낮은 지위와 가난을 기꺼이 받아들이며 논밭을 일구고 독서를 열심히 하면서 은사로 살았다. 그는 부귀와 빈천에 대한 자신의 견해를 다음과 같이 밝혔다.

**"누군가가 나에게 '부귀함은 사람이 바라는 바고 빈천함은 사람이 싫어하는 바인데 어째서 하늘로부터 받은 몸을 가난 속에 파묻고 변하려 하지 않소이까?'라고 물었다. 나는 대답했다. '어찌 빈**

천함을 버리고 욕심만 부리리오? 내 말하노니 가난이란 선비에게 당연한 것이고, 천하다는 것은 도(道)의 실상이오. 당연함에 처하여 그 실질을 얻으면 늙어도 걱정이 없으니 부귀하지만 정신이 평온하지 않음과 비교할 때 어느 것이 낫겠는가?'라고 말했다.”

그가 지은 〈원수론(元守論)〉이라는 글의 내용 일부다. 자연 회귀는 은사의 기초 사상이다. 은사들은 자연에 비해 인생은 짧은 것이고 아무런 결과도 없는 것이라고 인식했다. 때문에 그들은 자신을 자연과 밀접하게 연결시켜 자연으로 돌아가 그 속에서 영원한 생명력을 느껴보고자 했다. 자연으로 돌아가 자연과 하나 되고 자연의 영원함을 빌려 생명의 영원을 꾀하는 것은 은사들의 가장 기본적인 사상이자 사람의 짧은 목숨 속에서 찾아낸 하나의 해탈 방법이었다. 이는 은사들의 인생관이며 자연관이다. 생사(生死)라는 인생 일대사(一大事) 앞에서 빈천의 문제쯤은 얼굴도 내밀 수 없다.

내가 앞에서 안병영 교수를 현대판 은사라고 한 이유도 바로 이 때문이다. 간접적으로 아는 바에 따르면, 그는 시골과는 전혀 인연이 없는 서울 토박이다. 그런데 시골(자연)로 낙향해 자연과 하나 되는 '인생 삼모작'의 농사일을 하고 있다. 은사를 현대적으로 풀이하면 '산림이나 전원에 회귀한 지식인'이라고 할 수 있다. 나도 시골 생가를 드나들며 전원생활을 좀 하고 있지만 농촌 출신이라는 인자(因子)를 가지고 있다. 그러나 안 교수는 전혀 생짜배기 자연 회귀다. 나는 사이비고 안 교수가 진짜 은사다.

은사들의 가난에 대해 좀 더 살펴보자. 은사 도연명의 절실한 가난이다.

## ㅣ 낙시유거(樂是幽居)

'이렇게 조용히 사는 게 즐겁다.' 도연명의 시구 '낙시유거'를 우리 말로 옮겨 본 것이다. 그는 '방참군에게 답하다'라는 시 〈답방참군 (答龐參軍)〉에서 다음과 같이 읊조렸다.

衡門之下 有琴有書(형문지하 유금유서)
**누추한 집이나마**
**거문고도 있고 책도 있네**
載彈載詠 爰得我娛(재탄재영 원득아오)
**타기도 하고 읊기도 하며**
**이내 즐거움 누린다오**
豈無他好 樂是幽居(기무타호 낙시유거)
**어찌 달리 좋아함 없으리오마는**
**이렇게 조용히 사는 게 즐겁다오**
朝爲灌園 夕偃蓬廬(조위관원 석언봉려)
**아침엔 정원에 물을 주고**
**저녁엔 초가집에 몸을 눕힌다네**

금(琴)을 타고 시를 읊는 은사의 생활은 제법 그럴 듯하고 낭만적이다. 그러나 밑바닥에는 춥고 배고픈 뼈저린 가난이 도사리고 있다. 참고로 시의 원문 첫 구에 나오는 '형문(衡門)'은 은사의 허름한 띠풀집을 상징한다. 대체로 가난한 은사의 산골 오두막집은 대문이 없고 양쪽 돌기둥에 구멍을 세 개씩 뚫어 저울대 같은 막대기를 걸쳐 놓는 형문으로 대문을 대신했다. 세 개의 막대기가 다 걸쳐있으면 부재중이고 한 개만 내려놓았으면 멀리 나가 있고, 두 개가 내려있으면 근처에 있고 세 개가 다 내려있으면 집에 있다는 표시였다. 우리나라에도 얼마 전까지 제주도 초가의 대문이 형문이었는데 최근에는 민속박물관 등에서나 관광용으로 옮겨 놓은 형문을 볼 수 있다.

도연명의 시 〈영빈사(詠貧士)〉는 은사의 뼈저린 가난을 다음과 같이 묘사했다.

> 매섭게 추운 날씨 한 해도 저무는데
> 거친 베옷 걸치고 창 앞에서 햇볕을 쬔다
> 남쪽 채소밭엔 남은 이삭 없고
> 마른 가지만 북쪽 정원에 가득하구나
> 단지를 기울여도 남은 쌀 한 톨 없고
> 부엌을 보아도 밥 짓는 연기 보이지 않네
> 온갖 책들이 자리 옆에 수북해도
> 해 저무니 들여다볼 겨를 없다
> 지난해도 공자가 진(陳)나라서 굶었던 것과는 다르지만
> 슬그머니 말에 노여움이 치민다
> 무엇으로 내 마음 위로할거나
> 옛날 어진 이들에게서 얻을 따름이네

'가난한 선비를 노래하다'라는 연명의 시 〈영빈사〉의 제2수(首)다.

제3수에서는 "헤진 옷 팔꿈치도 가리지 못하고, 나물국엔 항상 쌀알조차 없네"라고 읊조렸다. 이쯤이면 처절할 정도의 가난이 아닐수 없다. 이러해도 은사들(선비들)은 공명과 진실을 지켜야 한다는처세원칙을 고수했다.

05

# 은사의
# 생활 정취

이제 가난을 기꺼이 감수하면서 진리의 길을 꿋꿋이 걸어가는 은
사들의 '처세원칙'을 살펴보자.

> 사호(四皓)는 남산에 숨었고
> 노래자는 바닷가로 달아나 은거했네
> 안회는 초라한 곳에 살면서도 즐거워했고 허유는 가난해도 편안했네
> 백이는 수양산에서 굶어 죽었으니
> 천하는 모두 어짊으로 돌아가는 것이네
> 어찌 가난하고 힘들다고 걱정하리오
> 다만 공명하고 진실됨을 힘써 지킬 뿐이네

은사 집단인 '죽림칠현(竹林七賢)'의 쌍두(雙頭)였던 완적의 부친 완
우의 〈은사(隱士)〉라는 시다. 이 시는 가난하고 힘들어도 공명과 진
실을 지키라는 은사의 처세원칙을 제시하고 있다. 죽림칠현은 은
사의 전성기였던 위진남북조 시기의 은사들을 대표하는 고사성어

다. 완적·혜강을 대표로 하는 죽림칠현은 개성 해방을 요구한 당시 사조를 이끈 은사들이다. 이 시기는 노장학(老莊學)을 한층 심화시킨 현학(玄學)이 출현했고 외래 종교인 불교를 중국 불교화하는 선불교가 태동하는 등 후일의 찬란한 당대(唐代) 중국 문화의 황금기를 여는 전 단계였다. 나머지 죽림칠현의 은사는 산도·상수·완함·왕융·유영 등이다. 진(秦)나라 때의 상산사호와 위진남북조 시기의 죽림칠현은 정사(正史)의 기록으로 인정되는 고대 은사들이다. 선진(先秦) 시기의 은사들은 전설적인 경우가 많다.

완적(210~263)은 용모가 웅장하고 뜻이 드넓고 호방했으며 성격이 어디에도 얽매이지 않았고 희비의 감정을 얼굴에 전혀 드러내지 않았다고 한다. 그는 문을 닫아걸고 몇 달씩 나오지 않고 독서하고 산수 자연에 나가서 며칠이 지나도 돌아오질 않았다. 술을 즐기고 통소나 거문고 같은 악기를 잘 다루었고 만족스러울 때는 문득 자신을 잊곤 했다. 당시 고관대작들이 다투어 초청했으나 모두 거절하고 세속을 초탈한 태도를 취했다. 그의 행태는 도(道)가 없으면 몸을 숨긴다는 은사의 태도를 체현한 것이었다.

혜강(223~262)은 위(魏)나라 조정과 남다른 친족관계였기 때문에 사마씨가 정권을 장악한 후로는 벼슬에 나가지 않고 대숲 속에서 대장장이 일을 하며 거문고를 탔다. 그는 반대 정파에서 거동을 살피고자 찾아와도 거들떠보질 않았다. 한 번은 감시인이 찾아와 거동을 살피고 떠나가자 입을 열어 물었다.

"당신은 여기 와서 무엇을 보고 듣고 가는가?"

상대방도 '한 소식' 한 듯 만만치 않았다.

"본 바를 보았고 들은 바를 듣고 갑니다."

이는 흔히 동문서답이라고 말하는 동아시아 선불교 선문답의 시원이라고 볼 수 있다. 그는 가까운 친구인 산도가 다시 벼슬할 것을 권하자 편지를 보내 절교를 선언하고 의절했다. 그는 결국에는 형수와 간통했다는 모함을 당해 사마씨에 의해 처형되고 말았다. 처형될 때 마지막 소원으로 거문고 명곡인 〈광릉산〉을 멋지게 연주하고 "〈광릉산〉은 이제 이것으로 끝났다"는 한마디를 남기고 의연하게 형장의 이슬로 사라졌다. 완적과 혜강에게는 전통 독서인의 정직과 양심·풍류(風流)가 있었음을 엿볼 수 있다. 혜강의 시 한 수를 소개한다.

> 目送歸鴻 手揮五弦(목송귀홍 수휘오현)
> 눈으로는 돌아가는 기러기를 배웅하고
> 손으로는 거문고를 탄다
> 俯仰自得 遊心太玄(부앙자득 유심태현)
> 가는 곳마다 스스로 깨달으니
> 마음은 저 드넓은 태고의 우주에서 노닌다

영혼의 초월을 노래한 시다. '종군하는 형 혜희를 보내며[증수재입군(贈秀才入軍)]'라는 시의 일부다. 눈은 인물의 정신을 나타내는 사람의 중요한 신체 부분이다. 그래서 초상화를 그릴 때 눈을 중시하고 그리기가 가장 어려운 부분이라고 한다. '화룡점정(畵龍點睛)'이라는 말이 있다. 용을 그릴 때 맨 마지막으로 눈을 그려 완성한다는 것인데 사물의 가장 요긴한 곳, 또는 일을 하는 데 중요한 부분을 마지막으로 손질해 완성한다는 의미다. 눈은 심령의 창으로 인간 내면의 깊은 감정을 그대로 드러낸다. 하늘을 날아가는 기러기를 바라보는 눈 속에는 많은 뜻이 포함돼 있다. 자연스럽고 매인 데 없는 기러기를 바라보는 그 눈 속에는 우주적 기운이 들어있고 우주와 하나가 돼 기러기를 포용하는 '우주정신(universal mind)'이 번뜩인다. 이때의 눈이 상징하는 정신은 바로 인물의 도량·심령 경계·기상이기도 하다. 동진(東晉)의 유명한 인물 화가 고개지는 그래서 이 시를 "손으로 거문고의 다섯 줄을 타기는 쉬우나 눈으로 돌아가는 기러기를 전송하기는 어렵다"고 평했다. 혜강은 그만큼 정신적 초월과 높은 심령 경계에 도달해 있는 은사였고 금(琴)의 명인이었으며 시재(詩才)를 지닌 풍류인이었다. 밭 갈고 씨 뿌려 수확하는 농사일과 산림을 소요하며 만물과 하나됨을 체현하는 자연 회귀는 은사들의 기본 사상이었다. 은사들의 생활에는 농사일과 독서 못지않게 소(簫)와 금(琴)을 타고 바둑을 두고 시를 읊는 음풍농월의 풍류가 있었다.

# 06

# 은사의
# 풍류

은사들은 풍요로운 정신생활로 물질생활의 빈곤을 상쇄하며 다채로운 정신활동으로 인생을 장식했다. 그들은 자연을 사랑하며 자연에 동화되고자 했다. 그래서 원시적인 자연 상태로의 회귀를 소망했고 그 실천으로 동굴 생활, 산속 유거(幽居)를 택했다. 자연 상태로의 회귀는 인간 본래의 존재 의미를 수호하고자 함이었다. 때문에 그들은 근본적으로 사회 물질문명에 대한 저항 의지를 가지고 있었다. 중국의 경우 도시화와 자본주의가 싹트는 송·명대(宋·明代)에 이르면 이러한 은사들의 저항 의지가 아주 강했다.

은사들은 어려운 여건 속에서도 경서(經書)를 연구하고 역사책을 읽고 서화를 익히고 시작(詩作)에 열중했다. 또 바둑과 장기를 두면서 좌은(坐隱)의 즐거움을 만끽했다. 특히 정원을 만들어 꽃을 감상하고 그윽한 정취를 즐기는 풍류는 그들의 남다른 풍격이었다. 소나무나 학과 친구가 되고 매화·대나무와 짝이 되고 달밤에 산을 유람하기도 하고 눈 내리는 날 친구를 방문하기도 했다.

은사들은 매화를 유독 좋아했다. 매화의 습성이 비굴하지도 거만하지도 않고 현실에 타협하지도 않는 자신들의 성격을 상징한다고 생각하기 때문이었다. 그들은 또 술을 즐겨 마시고 소리 죽여 울기도 하며 큰 소리로 부르짖기도 하고 비탄에 잠기기도 하고 입을 꽉 다물고 아무 말도 하지 않았다. 농경문화가 생산해 낸 특수 인물인 은사는 전통적으로 농사를 지어 생계를 유지하고 기꺼이 흙을 만지며 농사일에 힘을 기울였지만 나머지 시간은 독서와 풍류를 즐기는 선비이기도 했다.

은사들의 대표적 풍류 중 하나인 은일시인 도연명(365~427)의 '몰현금(沒弦琴)' 이야기를 보자. 연명은 끼니를 잇기 어려운 가난 속을 헤매던 은사였다. 《연사고현전(蓮社高賢傳)》에 따르면 그는 음악을 잘 이해하진 못했지만 매우 좋아했다고 한다. 당시 은사들은 음악을 전혀 모르더라도 방안에 고금(古琴)을 놓아두곤 했다. '고금'은 하나의 은사 상징이었기 때문이다.

## ㅣ 몰현금

도연명은 몹시 가난했기 때문에 거문고를 구입할 수가 없었다. 어느 날 길을 가다가 부잣집 앞을 지나는데 헌 거문고가 버려져 있었다. 오래돼 낡고 낡은 그 거문고는 줄이 다 함몰됐고 몸통만 겨우 남아 있었다. 연명은 그 거문고를 주워 들고 집으로 돌아와 벽에 걸어 놓았다. 방안에서 지인들과 술자리가 벌어지는 날에는 술잔이 몇 순배 돌아 얼큰해지면 연명이 일어나 그 거문고 몸통을 껴안고 방안을 빙빙 돌면서 연주하는 시늉을 하고는 "내 거문고 연주 소리가 들을 만하냐?"고 했다. 줄이 낡아 함몰돼버린 거문고에서 소리가 날 리 없지만, 연명은 취중의 흥을 무성(無聲)의 금에 실어 자신의 풍류를 한껏 담아냈다. 도연명의 몰현금 이야기는 오늘날에도 줄 없는 거문고 연주 소리를 지음(知音)할 수 있어야 음악의 달인이라 할 수 있다는 비유로 사용한다. 줄 없는 무성의 거문고 연주 소리를 감상하고 흥겨워할 수 있어야 초월적인 풍류인이고 '하늘의 퉁소 소리(天籟)'를 들을 수 있다는 것이다. 춘추시대의 거문고 명인 백아(伯牙)는 그의 거문고 연주를 십분 지음하던 친구 종자기가 죽자 거문고 줄을 끊어버리고 일생 동안 다시는 거문고를 타지 않았다고 한다. 여기서 '지음'은 진정한 친구를 뜻하는 용어가 돼 오늘에도 통용되고 있다. 도연명의 몰현금은 노자가 "크나큰 소리는 소리가 없다(大音希聲)"《노자》 41장)고 한 설법과 백거이가 퇴기(退妓)의 비파 연주를 듣고 읊조린 〈비파행〉 시구에 나오는 "소리 없음이 소리 있음을 이겼다(無聲勝有聲)"고 한 풍류와 같은 맥락이다.

사족 하나를 붙여둔다. 현재 몰현금의 몰(沒) 자를 '무(無)'로 바꾸어 무현금이라고도 하는데 뜻은 같지만 원래 금의 줄이 삭아서 함몰돼 없어지는 것은 '몰(沒)'이 맞는 표현이다. 또 '현' 자를 줄 현(絃)으로 쓰는 경우가 많은데 원래는 활시위와 같다 해서 '현(弦)' 자를 썼다. 따라서 '몰현금(沒弦琴)'이 원래의 표기다.

송(宋)나라 말년의 은사 곽면은 원나라의 침공으로 송이 멸망하자 상강과 소수가 합류하는 형산 부근으로 거처를 옮겨 은거하면서 고국에 대한 쓰라린 그리움을 읊은 〈소상수운(瀟湘水雲)〉이라는 유명한 금곡(琴曲)을 작곡했다. 그는 후일 거문고 절파(浙派)의 창시자가 되기도 했다.

청나라 초기의 유명한 은사 화가 서방의 풍류 에피소드 하나를 보자.

그에게는 그의 마음을 잘 헤아리는 당나귀 한 마리가 있었다. 일용품을 구입할 때는 당나귀 등에 구입하고자 하는 물품 그림을 그려 넣은 상자를 실어 당나귀 혼자 성곽까지 가게 했다. 그러면 상점 주인들이 "고사의 당나귀가 왔다"며 앞다투어 달려 나와 상자 속의 그림을 가져가고 일용품을 넣어주었다. 물건값은 그림으로 대신했다. 상인들은 그림과 물품을 다 바꾸면 나귀의 등 위 상자 뚜껑을 덮고 나귀를 돌려보냈다. 이는 서방의 그림이 그만큼 유명하고 값이 나가는 일품(逸品)이었기 때문이다. 이솝 우화 같은 얘기이긴 하지만 은사 서방의 그림 실력을 엿보게 한다. 이 밖에도 서화나 시가에서 아마추어 실력을 뛰어넘은 은사들이 많았고 그들의 풍류 또한 많이 전해오고 있다.

# 은사와
# 정원

정원은 동서양을 막론하고 인간이 만든 가장 형이상학적인 예술
의 한 분야다. 정원을 '조경원(造景園)'이라고도 하는데 정원의 조경
에는 인간이 소망하는 자연과의 하나됨과 현실적인 동중정(動中靜)
의 그윽함을 누리고자 하는 열망이 깊숙이 자리하고 있다. 자연의
일부인 인간은 문명의 발전이 만들어 낸 인공 환경에 갇혀 살게 되
면서 정원의 필요성을 절실히 느끼게 됐다. 자연으로부터 멀어질
수록 인간의 자연에 대한 사랑과 향수는 더욱 강해졌다. 인간은 나
무 밑이나 동굴에서 나와 집을 지으면서부터 점점 자연과 멀어졌
고 생존 공간이 협소해졌다. 사람들은 자연경관을 가까이로 옮겨
와 자연에 대한 그리움을 해소시키는 방법을 찾아냈다. 이것이 바
로 정원을 조성하기 시작한 동기다. 자연의 산과 강·꽃·나무·새·
물고기 등은 사람을 감동시키는 힘을 가지고 있다. 우리가 자연을
사랑하는 이유는 자연이 인간의 마음을 여유롭게 만들며 아름다움
을 느낄 수 있게 해 주기 때문이다.
　정원 조성은 곧 조경이고 조경예술은 자연경관과 인문 건축을

융합한 종합예술이다. 한(漢)·당(唐) 시기까지의 은사들 생활은 전반적으로 곤궁했다. 당시 은사들의 정원은 황궁의 원림(園林)이나 고관대작의 별장과는 규모나 조경이 감히 비교할 수 없는 초라하고 보잘것없는 것이었다. 이 시기까지의 은사들 정원은 기껏해야 은사의 상징인 대나무를 집 뒤에 심고 주변에 자생한 벽오동과 버드나무가 조경의 전부였다. 은사들은 자신의 마음속에 산수자연을 들여놓으면 곁에 있는 것이나 다름없다고 생각하고 상상 속의 정원을 감상하고 심미했다. 송·명 시기에 이르러서야 경제발전에 따라 은사의 생활에도 여유가 생겼고 마음속에만 존재하던 이상적인 자연경관을 그대로 재현할 수 있는 본격적인 정원을 조성하기 시작했다. 이들 은사들의 정원에는 그들의 독특한 미적 심미관과 생활 정취가 투영됐고 크게 유행한 사대부들의 정원과 함께 '문인 정원'이라 일컬어졌다. 당나라 은일 시인 저광희의 〈전가잡흥(田家雜興)〉이라는 시에 보이는 은사 정원은 아주 단순하다.

日暮閑園裏 團團蔭楡柳(일모한원리 단단음유류)
해 저문 한가로운 정원에는
느릅나무와 버드나무 둥글둥글 그늘 드리웠네
酩酊乘夜歸 凉風吹戶牖(명정승야귀 양풍취호유)
술에 잔뜩 취해 저녁에 돌아오니
상쾌한 바람 창문에 불어오누나
淸淺望河漢 低昂看北斗(청천망하한 저앙간북두)
맑고 얕은 은하수 바라보고

낮았다 높았다 하는 북두성 바라보네

數甕猶未開 明朝能飮否(수옹유미개 명조능음부)

아직 열지 않은 술독 있는데

내일 아침 마실 수 있을까

저광희의 시 8수 중 한 수다. 그가 시에서 읊조린 '정원'은 느릅나무와 버드나무 몇 그루가 있는 정도다. 옛날 은사들의 허름한 집 정원이란 터에 자생한 버드나무 한두 그루가 있는 게 전부였다.

은사 정원의 가장 큰 특징은 반드시 대나무숲이 있다는 것이었다. 이러한 전통은 동아시아 은사 정원과 사대부 정원에서 근세까지도 이어져 왔다. 대나무는 고결하고 곧게 자라기 때문에 절대 불굴의 정신을 상징한다. 이는 은사들이 꿈꾸는 이상적인 인격과 일치한다.

은사들의 미적 심미관과 생활 정취는 한·중·일 동아시아 3국의 정원과 조경예술에 지대한 영향을 주었다. 정원예술은 좁은 공간에 자연경관을 축소시켜 인공적으로 재현하는 것이다. 동양의 정원예술은 서양에 비해 그 화려함이나 정밀함은 미치지 못하지만 심오하고 단정하며 고상함이 서양 정원을 훨씬 뛰어넘는다. 특히 조경에 표현된 그윽함과 속세를 떠난 별천지 같은 느낌은 홀딱 벗은 듯한 개방적인 서양 정원과는 전혀 다르다. 이 같은 동아시아 정원의 운치는 은사 문화의 심미관 및 조경예술 원칙과 상통한다. 은사의 정원은 세상에서 동떨어진 조용한 곳이라는 느낌과 그윽한 정취를 기본 정신으로 삼는다. 깊이가 있고 아늑하며 운치 있는 은사의 정원 품격은 황제와 왕후장상들까지도 부러워하고 탐냈다. 다음과 같은 예가 있다.

송대(宋代) 은사 종방과 위야가 종남산에 별장을 짓고 정원을 만들었다. 그들의 정원은 숲과 샘물이 있고 아주 그윽하며 아름다웠다. 진종 황제가 그 이야기를 전해 듣고 화원(畵員)을 보내 그대로 그림을 그려 오도록 해서 감상했다. 황제가 이들 정원을 부러워했던 까닭은 황실 조경과는 전혀 다른 은사들의 정원이 가진 유현함과 아늑한 운치 때문이었다. 은사들이 조성한 정원 품격은 명대에 이르러 유행한 문인 정원의 조경에 많은 영향과 변화를 가져다주었고 동양 정원예술의 기본 정신으로 면면히 이어져 왔다. 우리나라 전남 강진의 '백운동별서'와 담양의 '소쇄원'은 이 같은 은사 정원과 문인 정원의 대표적 사례라 할 수 있다. 황제도 부러워한 은사 정원의 풍격을 새삼 머릿속에 그려본다.

은둔의 미학

08 　도연명과
　　소나무

조선조 중기 훈구파와 사림파의 정치투쟁에서 패배한 사림파 사대
부들이 낙동강 상류와 지리산 일원으로 낙향해 정착했다. 이들은 계
곡과 강가에 정자를 짓고 산수와 전원의 아름다움을 즐기면서 벼슬
길을 아예 단념한 '처사형(處士型) 은사 집단'을 이루었다. 이들이 산
수시를 짓고 유산록(遊山錄)을 창작하는 등의 갖가지 풍류를 즐기는
과정에는 도연명의 '귀거래 정신'과 은거라는 삶의 태도가 짙게 배
어 있었다. 귀거래라는 생활 태도와 시·서·화의 풍류를 즐기는 이들
처사들의 삶은 많은 이들이 선망하는 독특한 은사 문화이기도 했다.
　산채나 먹는 것을 분(分)으로 알고 낚싯대 둘러메고 오며 가며 지
내는 곳을 '무릉도원'이라는 이상향으로 삼고 자신의 은거지를 도
원경(桃源境)으로 여기는 것은 노장사상에 기반한 도가적 은일이
다. 도가적 은일은 때를 기다리는 일시적 도피가 아니라 세속 초월
의 이상을 실천하는 것이다. 뜻을 펼칠 날을 기다리는 피세(避世)의
유가적 은둔과는 근본적으로 다르다.
　도연명과 조선조 처사형 은사들의 삶은 밭뙈기를 일구어 먹거

리를 해결하고 그 어디에도 얽매이지 않으면서 자연과 하나 되는 삶을 살고자 했다. 내가 소용하는 만큼의 농사를 짓고 내가 수확하는 만큼에서 만족하는 삶. 은사는 마음이 번거롭지 않고 일상을 소박하게 꾸리는 가운데서 대자유인의 삶을 산다. 자연과 함께하는 삶은 평화로운 삶의 기본이다.

동아시아의 많은 은사들이 그랬듯이 조선조 처사형 은사들의 은일(隱逸)도 세상에 대한 염려였고, 비평이며, 해법이었다. 처사형 은사들을 오늘의 세속으로 불러내 사회 문제를 해결할 수는 없다. 그러나 은사들의 삶이 '현대'를 극복하는 대안의 발굴에 하나의 참고가 될 수는 있을 것 같다. 도연명은 사해지내(四海之內)의 모든 존재를 형제로 보는 순수자연주의적 인간관계를 통해 유가의 윤리 질서를 뛰어넘고 장자의 홀로 오고 가는 '소요유'를 돌파했다.

송대(宋代) 주자와 소동파가 도연명의 전원시와 심미 인격을 높이 평가하고 찬미하자 유학자들도 도연명이 심원(心遠)한 마음의 초월을 통해 자득했던 초연한 삶을 이상적인 삶의 한 부분으로 동경하고 추구했다. 고려말 전래된 성리학(주자학)이 조선조의 통치 이념이 되면서 이러한 풍조가 대유행했다. 심원·심은(心隱)·형은(形隱) 등으로 일컫는 은사들의 친자연적 삶에서는 예술사(史)에 나타난 대담성·개방성·비타협성·비판 정신이 보여주는 광자(狂者) 정신이 번뜩이기도 한다. 이는 은사들의 삶이 때론 '광자의 모습'으로 나타나기도 했기 때문이다.

도연명의 전원시와 인격적 유미주의(唯美主義)가 고려·조선조에서 얼마나 풍미했는지를 잠시 살펴보자. 고려 이규보(1168~1241)

는 〈우음이수유감(偶吟二首有感)〉이라는 시에서 "전원으로 돌아갈 일 늦어지니 진(晉)나라 도연명에게 부끄럽네"라고 읊조렸다. 고려 이색(1328~1396)은 도연명을 "천고(千古)의 고상한 선비"라고 높였다. 조선조 대유(大儒) 퇴계 이황(1501~1570)은 "우뚝 솟은 도연명 노인을 한평생 아침저녁으로 친애하네. 넘실대는 큰 물결 속에서도 오직 그대만은 나루터에서 헤매지 않았네"라고 극찬했다.

조선조 생육신의 한 사람인 원호의 시조.

**시상리(柴桑里) 오류촌 도(陶)처사의 몸이 되어**
**줄 없는 거문고를 소리 없이 집허시니**
**백학이 지음(知音)ᄒᆞᄂᆞᆫ지 우줌우줌 ᄒᆞ더라.**

모두가 도연명의 은일적 삶과 시·탈속 광달한 인품을 흠모한 데서 나온 찬양이다. 그의 시문(詩文)은 한시·시조·가사·문장 등 우리 문학 전반에 영향을 미쳤다. 도연명의 〈귀거래사〉와 〈도화원기병시(桃花源記倂詩)〉는 천하의 명문이다. 〈귀거래사〉는 1500년 동안 한·중·일 동아시아 은일 문화에 지대한 영향을 미친 가치관이다. 〈귀거래사〉는 한·중·일 3국에서 시·서·화에 늘 나타나는 제재일뿐만 아니라 인격적 유미주의의 삶을 지향하는 사대부·문인들의 이상적 생활의 전범이 됐다. 도연명의 인품은 흔히 '고궁절(固窮節)'이라는 한마디로 요약된다. 곤궁함에 처해도 자기의 뜻을 굳게 지킨다는 얘기다. '고궁'이라는 말은 《논어》에 나오는데 주자의 주해에 따르면 "곤경에 처해도 원망하거나 후회하는 바가 없음"을 뜻한다.

도연명(365~427)은 위진남북조의 진(晉)나라 사람으로 문학사에서는 전원 시인·은일 시인으로 불린다. 전자는 전원이 그의 시의 주요 제재이며 내용임을 말하고, 후자는 정신적으로 속세를 떠나 살았음을 뜻한다. 그는 고대 자연 친화적인 전원시의 최고 성공자다. 도연명의 시는 일상생활 속에서 깨닫는 철리(哲理)와 서정성이 하나로 결합된 데에 그 특색이 있다. 전원은 도연명 이전의 시에서는 단순한 산수풍경의 하나였지만 그가 전원을 인간의 땀과 호흡이 어우러진 '낙원'으로 읊조려 자연과 소통하는 인간의 미적 의식을 체험하는 공간으로 끌어올렸다. 그의 심미 인격은 단순한 유미주의가 아니라 인격적 철리, 즉 우주 섭리를 깨우친 도인의 해탈 경계를 여법하게 보여주는 인격적 유미주의였다. '인격적 유미주의'는 현대 중국의 거물 철학자 종백화 선생이 개괄한 용어로 자연미와 인격미의 통일을 뜻한다.

〈귀거래사〉와 〈음주〉 시 등에 나타난 그의 심미 인격을 보자.


雲無心以出岫(운무심이출수)

**구름은 무심히 산봉우리 위로 솟아오르고**

鳥倦飛而知還(조권비이지환)

**새들은 날다 지쳐 돌아갈 줄을 안다**


〈귀거래사〉 중에 나오는 구절이다. 무심한 구름과 우주 질서를 따르는 새들로 전원의 자연스러움을 상징했다. 전원의 일상적인 풍광이 심미 감흥과 함께 엄청난 우주 질서를 깨우치게 하는 철리(哲

理)를 설파하고 있다.

採菊東籬下(채국동리하)

동쪽 울타리 밑에서 국화 따다 고개 돌리니

悠然見南山(유연견남산)

무심한 가운데 남산이 눈 안에 들어온다

山氣日夕佳(산기일석가)

산 기운 저녁노을에 아름답고

飛鳥相與還(비조상여환)

날던 새들 무리 지어 돌아간다

此中有眞意(차중유진의)

이 가운데 참뜻 있어

欲辯已忘言(욕변이망언)

말로 표현하고자 하나 말을 잊고 만다

〈음주〉 시 제5수의 시구다. 도연명이 일상생활 속에서 깨닫는 철리와 서정성을 하나로 결합시킨 대표적인 만고의 절창구다. 〈귀거래사〉와 〈음주〉 시 20수는 도연명이 은사의 전원이라는 자연 공간을 인간의 땀과 호흡이 어우러진 낙원으로 묘사한 대표적 작품이다. 이상의 두 예문은 앞서 논한 일상생활 속에서 깨닫는 철리와 서정성을 하나로 결합시킨 도연명 문학의 특색을 선명하게 드러내 보인 절창(絶唱)이다.

도연명의 삶과 문학은 일상에서의 자연과의 합일이다. 자연은 미학과 심미의 중요 포인트다. 그 종착점은 자연미와 인격미(人格美)의 통일이다. 도연명은 인격과 자연을 일체화시켜 정신적 자유를 만끽하는 심미 인격의 '일'을 이루어냈다. 그의 심미 인격은 개인 정감을 선양해 보편적 실현을 개체에 의뢰했다.

심미의 본질은 인간에게 감성적 만족을 제공해 인격적 고급 정신을 향수케 하는 것이다. 장자와 도연명이 지향하는 심미의 표준은 자연이다. 위진남북조시대의 현학(玄學)은 심미 인격의 구체적 표현을 '일(逸)'이라는 한 글자로 요약했다. 일은 자유로운 정감을 뜻한다. 정신적 자유에 심취하는 일적(逸的) 인격은 예술 전개 과정을 통해 드러냈다. 풍골(風骨)·기운생동(氣韻生動)·일격(逸格) 등의 개념은 모두가 인격과 예술이 융합한 결정체였다. 도연명의 〈도화원기〉 경계(境界)와 전원시는 일적 인격이 응결된 극치이며 후대 미학에 하나의 전범이 됐다.

도연명의 은일·은둔은 곧 심적 초월을 뜻한다.


## 心遠地自偏(심원지자편)
### 마음이 세속으로부터 멀어지면 사는 곳 저절로 외딴곳이 된다오

도연명의 〈음주〉 시 제5수에 나오는 시구다. 도연명의 은일은 육체와 마음의 문제에서 전적으로 마음에 중점을 두는 심원(心遠)한 정신적 초월을 지향했다. 세상으로부터의 도피는 장소의 문제로는 해결이 불가능하다. 어디를 가나 국가 권력과 율법이 미치지 않는 곳이 없으니 천지에 숨을 데가 없다.

은둔의 미학

장자는 초기 은사들의 백이·숙제와 같은 세상으로부터의 육체적 도피를 철저히 배격했다. 그는 인간의 실존은 곧 '세상 속의 사람'임을 분명히 인식하고 세상 속에서의 초월을 주장했다. 그는 세상을 도피하는 것도, 탐닉하는 것도 아닌 세상에 있으면서 세상과 일정한 거리를 유지하는 '소요유(逍遙遊)'라는 초월적 삶의 방식을 제시했다. 장자와 도연명의 은사 문화는 종교적 망상이나 초월자의 실체화 같은 망측한 일을 절대로 하지 않고 '우주의 보편성(universality)'이 지배하는 건강한 상식주의와 휴머니즘이 풍미하는 사회를 건설하고자 한다. 세상과 섞이는 듯하면서도 섞이지 않고 세상을 떠나는 듯하면서도 떠나지 않는 초연한 태도가 바로 장자가 '소요유'라는 이름으로 설정한 생명의 새로운 공간이다. 섞이는 듯함은 우리의 몸이 이 세상으로부터 도피할 수 있는 방법이 없기 때문이고, 떠나는 듯함은 이 세계를 초월해야만 무한 자유의 새로운 생명 공간을 얻을 수 있기 때문이다. 이러한 초월의 실천은 '마음'을 통해서만 가능하다. 즉 심적·정신적 초월이 바로 그것이다. 선불교의 "마음이 곧 부처"라는 선지(禪旨)도 바로 이런 것이다.

소요유는 은사의 풍류이기도 하다. '풍류'라는 말은 인간 세상에서 멀리 떨어져 있는 태도를 상징한다. 문자상으론 바람처럼 흘러간다는 뜻으로 제법 낭만적인 감성을 자극하지만 뒤로는 바람이 불어 인간 세상의 번뇌와 무기력을 날려버린다는 심미 철학을 내함하고 있다. 풍류는 세상의 속박과 질곡을 벗어나 무궁한 자유를 누리고자 개발한 인간 생명의 새로운 공간이다. 은사들의 풍류는 그 자체가 하나의 삶의 방식이고 그 속에서 저절로 탈속의 상태가 된다.

은일의 중요한 포인트는 장소의 선택이 아니라 마음가짐이다. 도연명의 심원한 초월도 장자의 소요유와 같은 도가적 은둔이었다. 그는 장자의 의도를 깊이 깨달았던 것 같다. 마음이 세속으로부터 멀어지면 사는 곳이 아무리 시끄럽고 소란해도 상관없이 외진 곳이 돼 조용하고 안정될 수 있다. 반대로 말하면 외진 곳에 살아도 마음이 저잣거리에 나가 있으면 정신상태가 시끌벅적할 수밖에 없다. 그래서 장자는 "흔적을 없애기는 쉽지만 땅을 밟지 않기는 어렵다(絶迹易 無行地難)"고 했다. (《장자》〈인간세〉)

장자와 도연명의 은일에서는 마음(정신)의 도피만이 진정한 도피다. 장자는 이 같은 정신적 도피를 '심제(心齊)' 곧 세상 속에서의 흔들리지 않는 '부동심(不動心)'이라 했다. 말을 바꾸면 초연인데 이 부동심이야말로 우리가 세상의 속박을 받지 않을 수 있고 세속을 초월해 나올 수 있게 해 주는 징검다리다.

나는 도연명을 이 책에서 논하고자 하는 은사 문화의 표상으로 삼고자 한다. 한·중·일 동아시아의 은사 문화는 역사적 뿌리가 깊고 오랜 전설적 일화까지 전해온다. 각종 역사서에서는 '은일전(隱逸傳)'이라는 별도의 독립적인 장(章)이 기록돼 있기도 하다. 요순시절의 전설적인 소보와 허유를 비롯하여 은나라의 백이·숙제, 진나라의 상산사호(商山四皓), 위진남북조의 죽림칠현 등이 역사적 지명도를 가진 은사들이다. 그러나 이들 은사들의 기록은 단편적이고 일화적인 것들이 대부분이다. 이들 초기 은사들은 속세를 떠나 깊은 산속에 은둔하면서 거문고·바둑 같은 한적한 풍류를 즐기는 경우가 대부분이었다. 단호한 세속과의 절연이나 방탕한 자유 방임적 삶은 은사들을 위한 은사들만의 피세로 광대한 보편적 영향력을 가질 수 없었다.

반면 도연명의 은일은 세상 속에서의 초월을 통해 외양적으로는 필부와 같지만, 내면적으로는 인격적 고급 정신을 향유하는 초월자의 삶을 살았다. 그는 고매한 인격에 밭매고 콩 심는 노동을 기꺼이 하면서 시를 짓고 풍류를 즐겼고 농부와 문인을 자유로이 넘나들었다. 곤궁하고 자유 방임적이었지만 올곧은 지조를 끝내 지켰고 세상 속을 떠나지 않는 초연한 자세를 견지했다. 그의 굳건한 고궁절(固窮節)의 인생 태도는 세속 사회가 선망하는 덕목이기도 했다. 또한 그의 은사로서의 생활 태도와 문학은 과거는 물론 지금까지도 영향력을 미치면서 세계적 수준의 위상을 차지하고 있다. 필자가 도연명을 은사의 표상으로 삼는 이유는 무엇보다도 그가 은사의 요건을 두루 갖추고 있기 때문이다.

이제 도연명의 생애를 간략히 살펴보고 인구에 회자되면서 큰 영향력을 미친 그의 명문 〈귀거래사〉와 〈도화원기〉를 천착해보겠다. 끝으로는 그의 고궁절의 상징이기도 한 그의 문학 작품 속 '소나무'를 조명해보겠다.

도연명은 자가 원량(元亮)으로 동진 애제 흥령 3년(365) 강주 심양군 시상현(현 강서성 구강시)에서 출생했다. 증조부는 장사군공에 봉해지고 대사마(大司馬)로 추증되기도 했지만, 연명 대에는 집안이 가난한 한문(寒門) 신분이었다. 29세에 강주 좨주(祭酒)로 관리 생활을 시작했으나 세상이 자신과 어긋나 있음을 깨닫고 몇 번이나 출사와 퇴은을 반복했다. 35세에 다시 출사해 참군(參軍)이 되었다가 41세에 물러났고 그해 8월 팽택령이 되었다. 3개월 만에 사직하고 고향으로 돌아온 후 세상을 떠날 때까지 23년 동안 은거했다. 그가 살았던 남북조 시대는 노장사상의 영향으로 사회에 은일 풍조가 성행했다. 그가 팽택령을 사직하고 고향에 돌아와 은일의 전원생활을 읊조린 것이 바로 유명한 〈귀거래혜사(歸去來兮辭)〉다. 그의 은일은 시대적 유행 풍조를 따르는 단순한 흉내가 아니라 자발적이고 적극적인 선택이었으며 인간의 자연 본성을 따르는 올곧은 인생관과 문학관에 기초한 굳은 결의였다는 점이 여타 일반 은사들과 구분되는 특징이다.

## ㅣ 귀거래사

도잠의 〈귀거래사〉는 서문과 본문으로 이루어져 있다. 서문은 자신이 벼슬을 버리고 전원으로 돌아가게 된 경위를 적고 본문은 고향에 돌아온 이후 전원에서의 자유로운 일상의 삶을 묘사하고 있다. 전원의 삶이라는 게 평범할 수밖에 없지만, 그의 간결하고도 진지한 묘사는 특별한 의미를 가지면서 읽는 이들의 동경심을 불러일으켰다. 문체는 운문과 산문의 강점과 맛을 가장 잘 어울리도록 표현한 '서정부(抒情賦)'다. 한대(漢代)에 유행한 '부'는 편폭이 아주 긴 편이었으므로 이 작품처럼 짧은 작품은 소부(小賦)라 한다. 원래 '부'는 감상을 느낀 그대로 적는 한시체(漢詩體)고 '사(辭)'는 사상을 글이나 말로 나타낸 것을 말한다. '사'와 '소(騷)'의 문체는 부와 비슷하고 운어(韻語)를 많이 쓴다. 〈귀거래사〉는 부와 사의 장점을 잘 살린 우수한 작품이다.

　농사를 짓고 전원을 거니는 삶에서 느낀 자족감과 초월적인 정

은둔의 미학

신세계, 그리고 자연을 따라 살겠다는 인생관이 아주 매력적이다. 세속의 일상에서 많은 핍박과 고뇌에 시달리는 사람들에게 도잠의 〈귀거래사〉는 큰 위로와 정신적 안정을 제공해왔다. 은사로서의 지조를 지키고자 한 올곧은 정신과 달관한 인생관 등이 후대인들의 깊은 감명과 존경심을 불러일으켰다. 그의 〈귀거래사〉와 이를 소재로 그려진 〈귀거래도〉는 한국과 일본의 은사 문화에도 큰 영향을 미쳤다. 〈귀거래사〉는 귀향의 전통과 선비의 은일 생활을 촉발했고 〈귀거래도〉에 그려진 은사의 일상생활 장면은 은사의 생활 태도를 상징적으로 나타내 보였다. 〈귀거래사〉는 곧 은일을 상징했고 사대부의 자연에 대한 인식과 은거라는 가치관의 기초가 됐다. 그는 〈귀거래사〉에서 농사일의 즐거움을 다음과 같이 노래했다.

懷良辰以孤往(회량신이고왕)
**좋은 시절이라 생각하여 홀로 나서**
或植杖而耘耔(혹식장이운자)
**때론 지팡이 세워놓고 김매고 흙 돋운다**

그는 김매고 흙 돋우는 농사일을 아주 즐거운 마음으로 했고 고향에 돌아와 친척들과 정다운 이야기를 나누고 금(琴)과 책을 즐기며 근심을 푸는 전원생활의 행복감을 하늘이 선물하는 '천명(天命)'으로 받아들였다. 그래서 그는 "세상이 나와 어긋나 맞지 않거늘 다시 수레를 몰아 무엇을 구할 것인가(世與我而相違 復駕言兮焉求)?"라고 읊조렸다. 도연명은 〈귀거래사〉 서(序)에서 "어린아이들 집안 가득하나 쌀독엔 쌀 한 톨 없고 생활에 필요한 것 구하려 해도 그 방법을 알지 못했다"고 땟거리가 없는 '추운 가난'을 탄식했지만 고궁절의 절개를 결코 포기하지 않았다.

## ┃ 무릉도원

서양의 에덴동산에 대비되는 동아시아인들의 이상향인 '무릉도원'은 바로 도연명의 유명한 〈도화원기병시(桃花源記幷詩)〉에서 유래했다. 〈귀거래사〉가 문인의 귀향을 마음으로 유인했다면 〈도화원기〉는 문인들에게 또 다른 이상 세계를 꿈꾸게 한 개념적이고 관념적인 이정표였다.

〈도화원기와 시〉는 기(記)가 319자, 시가 160자로 구성돼 있다. '무릉도원'은 중국 호남성 서남쪽 무릉산 기슭의 무릉이라는 지명과 도화원을 줄인 '도원'이 합쳐 이루어진 이름이다. 동아시아 선비와 문인들은 세속에 연연하지 않고 풍류를 즐기면 바로 도화원과 봉래산에 사는 것과 다름없다 하여 세속의 무릉도원을 선계(仙界)로 인식했다. 도연명의 무릉도원 이야기를 잠시 살펴보자. 〈도화원기〉에 따르면 진(晉)나라 때 무릉의 한 어부가 동정호 서남쪽 원강의 강변을 거슬러 올라가다가 복숭아꽃이 흐드러지게 핀 수원지의 동굴 속에서 진(秦)나라의 난리를 피해 와 살고 있는 사람들을 만났다. 그들은 살기가 너무 좋아 몇백 년이 지났지만, 바깥세상의 변화와 세월의 흐름을 전혀 모르고 있었다.

무릉도원은 실체가 없는 문학적 가상 공간이지만 동아시아 옛사람들의 삶과 사유에 큰 희망과 위안을 준 '이상향'이었다. 중국에서 한 무제가 121년 시인 사마상여의 〈상림부(上林賦)〉에 감동해서 한

변의 길이가 3백 리나 되고 그 안에 70여 개의 이궁(離宮)과 거대한 곤명지가 있는 지상의 '무릉도원'을 조성했다. 한국에서도 조선조의 유만주·홍길주 등이 각각 '갑을원림(甲乙園林)'·'오로원(吾老園)'이라는 상상의 원림을 문집에서 무릉도원으로 꾸미고자 했다.

같은 귀향·낙향이지만 과거에는 정치적·사회적·제도적 모순에 대한 해결책으로 귀거래를 택했다면, 지금은 건강·가족·직업·안전 등 새로운 가치와 인간성 회복이라는 목표를 따라 움직인다. 과거에도 무릉도원은 꿈속에서나 가능했지만 오늘의 현실에서는 그 의미와 이상조차도 상실돼 가고 있다. 〈도화원기〉의 무릉도원을 꿈속에서나마 한번 회상해 보고 가자.


草榮識節和(초영식절화)
**초목이 무성하면 봄이 온 걸 알고**
木衰知風厲(목쇠지풍여)
**나무 시들면 바람 매서움을 아노라**
雖無紀曆誌(수무기력지)
**비록 세월 기록한 달력 없지만**
四時自成歲(사시자성세)
**사계절이 저절로 한 해를 이루네**


〈도화원 시〉에 나오는 구절이다. 무릉도원이라는 낙원에는 계절의 시간표인 달력이 없다. 무릉도원의 사람들은 시간을 초월해 산다. 달력이 없음은 시간 의식이 없음이고 생사를 초월한 영원의 시간을 사는 생명을 누리고 있음을 뜻한다. 이는 육체적인 시간과 생사의 초월이 아니라 순간 속에서도 영원을 사는 철학적 깨달음을 사는 경우다. 무릉도원이라는 낙원의 삶은 기쁘고도 즐거운 일이 많아 하루를 살아도 영원을 사는 긴 세월일 수 있다. 효율을 위해 시간표에만 맞춰 사는 삶은 자발성이 없는 시간의 노예일 뿐이다.

어떠한 변화가 도래하든 간에 자연에 대한 인간의 본능적 감성은 변하지 않을 것이라는 견해가 아직까지는 우세하다. 그러나 장자가 추구한 심적 초월과 도연명이 실천한 마음이 세속을 멀리 떠나있는 심원(心遠)의 철학을 통한 스스로의 초월도 이제는 허황한 종교적 이상일 뿐인 것 같다. 꿈을 상실한 삶은 건조하고 서글플 수밖에 없는데….

한국에도 멋진 도화원 이야기가 있다. 바로 안견의 〈몽유도원도(夢遊桃源圖)〉다. 조선조 세종대왕의 셋째 아들 안평대군이 어느 날 밤 꿈속에서 멋진 도화원을 너무도 실감나게 거닐며 노닐었다. 꿈이 아주 생생해 화가 안견을 불러 꿈에서 노닌 도화원 이야기를 해주고 그림으로 좀 그려달라고 부탁했다.

안견이 그린 도화원도는 사방이 수려한 산수로 둘러싸인 한 가운데 분지에 복숭아꽃이 만개한 도화원이 있다. 도화원 동네는 한없이 고요하고 평화롭다. 동아시아 산수화는 원래가 단순히 보는 그림이 아니라 그 공간 속에 '들어가 보는' 그림이다. 그림 속의 산과 강은 단순한 물리적 공간이 아니라 감상자가 내면적으로 소요하는 '정신적 공간'으로 전환된다. 안견의 〈몽유도원도〉는 바로 안평대군이 꿈속에서 실감나게 노닌 정신적 공간이다. 비록 가상이지만 생생한 하나의 실존적 공간으로 형상화됐다. 그림 속 산수 공간의 정신적 공간화는 산수화 내부 공간이 노닐고 즐기는 데서 그치지 않고 '인격 수양의 공간'이 됨을 뜻한다.

이는 동양 시각예술의 독특한 심미성이기도 하다. 한국 명화의 하나로 현재 일본 덴리 대학에 소장되어 있는 안견의 〈몽유도원도〉에 담긴 멋진 화의(畵意)다.

## ┃ 도연명과 소나무

소나무는 도연명의 '고궁절(固窮節)'을 대표적으로 상징한다. 도연명은 자신의 고궁절을 소나무·국화 등의 품성에 기탁하여 상징적으로 표현했다. 그는 "마침내 고궁절만 끌어안고 굶주림과 추위를 실컷 경험했다(竟抱固窮節 飢寒飽所更)"고 읊조렸다.(〈음주〉 제16수) 도연명은 견개(狷介)함으로 꿋꿋이 절개를 지키며 굶주림과 추위를 흔쾌히 겪어냈다. 그는 소나무를 또 한 명의 도연명으로 내세워 이같은 자기의 삶을 그림처럼 선명하게 그려냈다.

景翳翳以將入(경예예이장입)
**해가 어둑어둑 지려는데도**
撫孤松而盤桓(무고송이반환)
**외로운 소나무 어루만지며 서성인다오**
**– 〈귀거래사〉 중**

소나무를 어루만지며 서성인다는 것은 자신을 소나무(자연)와 일체화시켜 소나무와 대화하고 있음을 뜻한다. 이는 소나무의 형상을 감상하면서 못내 헤어지기 싫어하는 모습이다. 도연명은 날이 저무는데도 귀가하지 않고 소나무 주위를 맴돌며 소나무를 어루만진다. 이는 소나무를 자신이 살아온 '고궁절(固窮節)'의 삶과 동일시하기 때문이었다.

三逕就荒(삼경취황)
**뜰 안의 세 갈래 길 황폐해졌으나**
松菊猶存(송국유존)
**소나무와 국화는 아직껏 남아 있네**
- 〈귀거래사〉 중

소나무와 국화가 도연명의 고궁절을 상징적으로 아주 잘 나타내고 있는 구절이다. 밥벌이 한답시고 관리 생활을 하느라 버려둔 고향 집을 오랜만에 돌아와 보니 뜰 안의 갈래길들 모두 풀만 우거진 채 없어져 버렸다. 그러나 소나무와 국화는 지조를 지켜 옛날과 다름없이 꿋꿋이 버티고 있어 도연명의 절개를 상징하고 있다. '삼경(三逕)'은 한나라 장후가 은거한 뒤 정원에 세 개의 길을 내고 소수의 친구만을 불러 놀았다는 고사로부터 은사의 집을 상징하는 말이 됐다. 도연명은 이어 다음과 같이 읊조렸다.

倚南窓以寄傲(의남창이기오)
**남쪽 창에 기대어 거리낌 없이 마음을 두니**
審容膝之易安(심용슬지이안)
**무릎을 겨우 용납할 만한 작은 방이지만 참으로 편안함을 느끼네**

은둔의 미학

은일은 단순한 현실 도피가 아니다. 은일의 삶은 자신의 심신을 얽매고 구속하는 세속적인 삶을 벗어나 낙천지명(樂天知命)의 즐거움을 얻는 데 그 목적이 있다. 겨우 무릎을 들일 만한 비좁은 방이지만 마음이 담박하고 청한(淸閑)한 평안을 느끼는 풍요한 삶이다. 송대(宋代) 거목 화백인 예찬은 도연명의 이 문구를 원용한 〈용슬재도(容膝齋圖)〉를 그렸고 후대 화가들도 계승했다.

因值孤生松(인치고생송)
**홀로 자란 소나무 만나**
斂翮遙來歸(염핵요래귀)
**날개 거두고 멀리서 돌아왔네**
- 〈음주〉 제4수 중

앞의 '고송'과 여기 '고생송'의 외로울 고(孤) 자는 세속과 거리를 두고 있음을 뜻한다. 이는 명예와 명리를 벗어나 맑고 깨끗함을 지향하는 도연명의 은일 미학을 상징한다.

青松在東園(청송재동원)
**푸른 소나무 동쪽 정원에 있으나**
衆草沒其姿(중초몰기자)
**온갖 풀들 그 모습 가리고 있네**
〈중략〉
連林人不覺(연림인불각)

연이은 숲일 땐 사람들 알아차리지 못해도

獨樹衆乃奇(독수중내기)

홀로 선 소나무 모두들 기이하게 여기네

提壺掛寒柯(제호괘한가)

술병 들어 차가운 가지에 걸어놓고

遠望時復爲(원망시복위)

멀리 바라보고 때때로 다시 또 본다

- 〈음주〉 제8수 중

시 중에서 소나무를 가리키고 있는 '독수(獨樹)'의 '홀로 독(獨)'자와 '차가운 소나무 가지(寒柯)'의 '찰 한(寒)' 자는 불덩어리 욕망을 추구하는 삶을 식혔기에 홀로 차갑다는 뜻이다. 도연명의 은일 미학은 이같이 고독하고 차갑다.

도연명은 어느 날 술병을 들고 산책을 나갔다가 동쪽 정원에 홀로 우뚝 솟은 소나무를 보고 된서리가 내린 후인데도 푸르르게 홀로 고고함을 지키는 소나무의 '홀로임(獨)'이 품고 있는 미학을 전개한다. 차가운 소나무 가지에 술병을 건다는 것은 단순히 건다는 의미 자체로 끝나지 않는다. 소나무에게 "그동안 힘든 시절 고생 많았네"라면서 술 한잔 권하는 의식을 거행해 자신과 소나무를 일체화시키는 의미가 담겨 있다. '차가운 가지'라면서 소나무를 쓰다듬고 그 차가움에 감응하는 도연명의 물아일체(物我一體)가 차가운 맑은 물속의 그림자처럼 선명하다.

도연명이 소나무 앞에 고(孤)자·독(獨)자를 즐겨 붙여 사용한 것은 나름의 깊은 의미가 담겨 있다. '고'는 그를 붙들어 매고 있는 모든 것으로부터 해방된 '자유로움'을 의미한다. '독'도 동일한 의미다. 홀로임과 외로움은 도리어 다른 사람과 차별화될 수 있는 도연명의 고고함을 드러내 보이고 있다.

도연명은 세계적인 고금 은일 시인의 종주(宗主)다. 그의 고일(高逸)한 인품과 우주 운율의 전원시는 천지 만물의 근원인 태현(太玄)에서 노니는 복음으로 우리 마음의 귀에 들려온다.

양대((梁代) 종영(?~518)은 《시품(詩品)》에서 도연명을 "고금 은일 시인의 종주다(古今隱逸詩人之宗也)"라고 말했다. 우리 조선조 퇴계 이황은 "열네 살에 이미 도연명의 시를 사랑하고 그 인간 됨됨이를 사모했다"고 한다. (《퇴계연보》권 1)


도연명은 곤궁하면서도 참된 본성을 지키고 졸박하게 살면서 지조와 절개를 굳게 지킨 고궁절의 삶을 소나무와 국화를 통해 투영했다. 소나무의 절개와 지조는 이미 공자도 일찍이 "추운 겨울이 돼야 비로소 잎이 지지 않는 소나무와 잣나무의 푸르름을 알게 된다(歲寒然後知松柏之後凋也)"고 한 바 있다.

"뭇 선비 가운데 확실하게 표가 났고 초연하게 세속적인 것을 끊었다."《진서(晉書)》〈도잠전〉에 나와 있는 도연명의 인물평이다. 도연명의 삶과 시 세계를 설명하는 표현으론 흔히 자연·질박·고궁절 등을 거론한다. 도연명의 삶은 한마디로 '고일(高逸)'이라는 말로 요약된다. 즉 속기를 떠나 고상하다는 것이다. 그의 삶의 태도에서 주목할 점은 곤궁하지만 절개를 굳게 지킨 '고궁절(固窮節)'이다. 그는 팽택령 재직시 젊은 감독관이 왔을 때 "내 어찌 월급 다섯 말의 쌀 때문에 시골 어린놈에게 허리를 굽힐 수 있겠느냐(我豈能爲五斗米 折腰向鄕裏小兒)"라고 했다. 이 발언은 후대 많은 예술가들의 창작 소재가 되기도 했다. 그는 마음이 세속으로부터 멀리 떨어져 있는 은일의 삶을 살면서 평담(平淡)한 시 세계를 전개한 전원시인이며 비판적인 선광자(善狂者 : 마음에 광기가 있을 뿐 몸은 미치지 않은 광인)였다.

도연명은 술을 아주 좋아했다. 많은 시인 묵객들이 애주가였고 심한 경우 주광(酒狂)이라는 별칭이 붙기도 했다. 문인들의 음주는 대체로 자연과의 소통을 꾀하는 수단이었다. 술은 도연명에게 많은 즐거움을 줄 뿐만 아니라 자신과 자연을 하나로 통일시키는 촉매 역할을 했다.

도연명의 물아일체의 삶은 고궁절의 삶을 통해 입증됐다. 그는 "고궁절에 의지하지 않고서 백세 후에 어떤 사람의 전기가 남으리오(不賴固窮節 百世當誰傳)."(〈음주〉제2수)라면서 "불혹의 나이인 40을 바라보지만 미적거리며 끝내 이룬 일도 없이 마침내 고궁절만 끌어안고 굶주림과 추위를 실컷 경험했다"고 했다.(〈음주〉제16수)

그는 자연을 닮고자 했고 현실에 대한 비분강개를 술을 마시는 것으로 표현했다. 도연명의 삶과 인생관에는 노자의 '복귀미학(復歸美學)'과 진리는 말로 다 드러낼 수 없다는《주역》의 '언부진의(言不盡意)' 사유가 담겨 있다.《노자》16장은 "뿌리로 돌아감을 고요함이라 일컫고 이를 일컬어 제명으로 돌아감이라 한다. 제명으로 돌아감을 늘 그러함이라 하고 늘 그러함을 아는 것을 밝음이라 한다(歸根曰靜 是謂復命 復命曰常 知常曰明)"는 복귀미학을 설하고 있다.

도연명이 〈음주〉 제5수에서 "산 기운 저녁이라 아름다운데 나는 새들 짝지어 돌아간다(山氣日夕佳 飛鳥相與還)"며 "이 가운데 참뜻이 있으나 말로 설명하려 하다가 끝내 말이 막혀버리고 만다(此中有眞意 欲辯已忘言)"고 읊조린 것은 《주역》의 설법과 같은 맥락이다.

도연명은 술을 통해 인간 실존의 절대적 자유를 추구하고자 하기도 했다. 그는 자신이 먼저 술에 취하면 객에게 거침없이 말했다.

**"내가 취하여 자고자 하니 그대는 알아서 가주시오(我醉欲眠 卿可去)."**
**- 《송서(宋書)》〈은일〉**

도연명은 이처럼 유가 예법에 얽매임이 없는 진솔한 삶을 살았다. 솔직한 실존의 자유고 고백이다. 은일의 미학이고 진공(眞空)의 미학이다.

# 09

# 은사의
# 심미관

은사 문화의 심미관(審美觀)은 본성에 부합하는 본래 그대로의 '참됨'을 가장 중요한 가치로 여긴다. 그리고 은사들의 심미 준칙은 평범함 속의 매력을 최고의 아름다움으로 삼는다. 은사 문화의 심미관을 다시 풀어서 말하면 한마디로 '자연미'라고 할 수 있다. 구체적으로 말하면 단순미·소박미를 은사들은 높이 평가한다. '심미'란 아름다움의 본질을 궁구해 밝혀내는 것이다. 아름다움은 인간의 마음을 여유롭게 해주고 삶을 역동적으로 이끈다.

은사 문화는 근원적으로 농업 문명에서 태생했다. 때문에 전원(농촌·시골)과 농사일에 각별한 애정을 갖는다. 따라서 은사들의 심미는 한가롭고 온화한 정취(情趣)를 추구하고 그윽하고 자유로운 해탈의 상태에서 노니는 심원함을 지향한다. 은사들이 밭을 일구고 씨를 뿌리거나 산수를 유람하는 것은 필부의 농부들의 그것과는 다르다. 은사들은 독서와 수양을 통한 상당한 문화 수준을 갖추었고 자연의 아름다움을 찾아내 즐거움을 느낄 수 있는 심미안(審美眼)을 가지고 있었다. 이는 고된 노동과 착취에 시달리는 농부들과는 전혀 다른 은사 계층의 심미 토양이었다. 그들에게 산수의 아름다움은 더 이상 감상거리만 제공하는 물체가 아니라 그들의 성격·정서와 하나가 되어 마음속에서 살아 움직이며 함께 즐기는 생명체였다. 은사들은 이렇듯 전원과 산수의 아름다움을 즐기는 가운데서 순간의 즐거움이 아닌 인생의 참뜻과 아름다움을 만끽했다.

청대(淸代)의 은사 주학령은 《유무수산거기(兪無殊山居記)》에서 유무수라는 은사의 산중생활에 대한 자신의 견해를 다음과 같이 피력했다.

"산에 사는 즐거움의 특징은 일단 들어만 가면 모든 것을 잊기가 아주 쉽다. 보통의 세속인들은 혼탁한 생활에 짜증이 나면 재빨리 산을 찾아가 산봉우리에 서리서리 감겨 있는 구름과 울창한 숲을 보고는 갑자기 기뻐져 심신이 확 트인다. 그러나 흥이 다하여 돌아오면 예전대로 북적거림과 혼탁함에 다시 묻혀버리고 만다. 그들의 산에서의 즐거움은 마치 부잣집 아이가 기름진 고기반찬에 질려서 한 끼니 채소 반찬을 맛있게 먹고 좋아하는 것과 같다.

그러나 은사의 산수 유람은 그렇지가 않다. 그들은 잇닿은 산등성이나 산봉우리를 병풍으로 삼고 동굴이나 구덩이를 항아리로 생각한다. 좋아하고 싫어하는 것이 모두 맑고 그윽해진 후 산수의 아름다움을 보는 눈을 성숙시키면 진정한 흥취가 된다. 이러한 심정을 글로 표현하면 맑은 노래가 되고 훌륭한 산수시가 된다."

주학령은 일반인과 은사의 산수 심미 차이점을 잘 비교했다. 일반인이 잠시 시끄러운 도회를 떠나 깨끗하고 조용한 산수 자연에서 기분을 전환시키는 것과는 달리 은사들은 대상의 미적 특징과 감상자의 주관 세계를 융합시켜 실용적인 목적이 아닌 고차원의 감상 체험을 한다. 이는 장자의 낙관주의적인 심미관과도 일맥상통한다. 장자는 도(道 : 자연)와 하나 되는 체험을 적극 추구하면서 광활한 우주와 함께하는 데로 나갔다. 그는 생사의 주변을 꿰뚫어 죽음과 삶이 사계절의 운행 질서 같은 것임을 설파했고, 영욕의 득실을 잊고 초연히 스스로 즐거워하고 한가롭게 마음대로 노닐 것을 주장했다. 이러한 낙관주의는 신기하고 차분하며 즐겁고 자유 분방한 일종의 '미적(美的) 감정'을 제공했고 사람들로 하여금 현실 속의 모순 투쟁을 잊고 정신적인 쾌락을 얻어 향유할 수 있게 한다. 이 같은 장자 철학은 은사들에게 큰 영향을 끼치면서 많은 찬사를 받았고 중요한 은사 심미의 바탕이 되었다.

자연을 자신의 생활환경으로 즐기는 태도는 평범한 실용적 사물을 감상의 대상으로 해 '평범 속에서 기이한 아름다움'을 찾아내는 동아시아인들의 고유한 전통으로 굳혀졌다. 여기서 자연의 풀 한 포기·나무 한 그루·산과 강은 살아 움직이면서 즐거움을 제공하는 감상의 대상이 됐고 인간의 정과 뜻을 기탁하는 심미적 의의를 지니게 되었다.

청나라 초기 세상을 피해 황폐한 시골에 은거했고 겨울에도 삼베옷을 입고 지내며 도(道)를 얘기했던 은사 육세의는 다음과 같은 시를 지어 읊조렸다.

은둔의 미학

我方出門行 飛鳥而倦還(아방출문행 비조이권환)

내가 막 문을 나설 때

새들은 이미 지쳐 돌아오네

行止雖不同 各自娛其天(행지수부동 각자오기천)

내가 외출함과 새의 돌아옴이 비록 다르지만

각자 자신들의 천명을 즐기는 것

昨夜雨初足 田疇媚娟娟(작야우초족 전주미연연)

어젯밤 비가 흡족히 내리니

밭두둑이 그윽이 아름답구나

牧子抱犢臥 今日聊息肩(목자포독와 금일료식견)

목동은 송아지를 지키며 누워

오늘을 편안히 쉬노라

아주 평범한 시다. 과연 이 시에 심미할 만한 아름다움이 어디 있을까? 그저 단순한 전원의 풍광을 문사(文士)의 필치를 빌어 묘사한 것 같다. 그러나 전원시의 비조이며 은사인 도연명의 시에 보이는 고요함과 편안함이 물씬하다. 특히 이 시의 시안(詩眼)이라 할 수 있는 경련(頸聯 : 시의 제5·6구)의 "밭두둑이 그윽이 아름답구나(田疇媚娟娟)"를 보자. 미(媚)는 '생긋거리다·아양 떨다'라는 의미고, 연(娟)은 '예쁘다·간들거리다'라는 뜻이 있다. 그러니까 '미연연'은 생긋생긋 미소 지으며 아양을 떤다는 뜻이다. 이 시구를 다시 한번 원문에 가깝게 옮겨 보면 "미간을 간들거리며 아양을 떤다"라는 정도로 번역할 수 있다. 어젯밤 비를 흠뻑 맞은 풀이 마치 어여쁜 아가씨가 온갖 교태를 부리며 달려드는 로맨틱한 아름다움을 느끼게 한다. 심미 만점이다. 그저 밭두둑의 밤새 비 맞은 풀이 생기를 되찾은 정도로 보고 지나칠 것을 심미 정서를 발동해 미화시켜 심미 감성을 자극했다. 이것이 평범함 속의 매력을 찾아내는 은사들의 시정(詩情)이고 '심미안'이다. 새들이 지쳐 날기를 멈추고 쉬러 돌아오고 목동이 비 온 뒤의 싱싱한 풀을 뜯도록 송아지를 놓아두고 한가로이 쉬고 있는 한가함과 새들의 동중정(動中靜) 또한 은사와 시골에 은거하는 선비들이 전원에서 호흡하고자 하는 심미의 대상이다.

공자는 "어진 자는 산을 좋아하고 지혜로운 자는 물을 좋아한다(仁者樂山 智者樂水)"라고 설파했다. 은사들의 심미관과 일치한다. 은사들은 자신을 '어질고 지혜로운 선비'라 자처한다. 따라서 공자의 '요산요수(樂山樂水)'는 은사들의 기본적인 심미 정서이기도 하다. 산수라는 말은 인간의 미감을 자극하는 대상으로서의 자연을 말한다. 인공적인 냄새가 나지 않는 순수한 자연의 모습을 지칭하는 '산수'는 자연 속에 살고 싶어 하면서도 자연에서 자꾸만 멀어져 가는 인간의 갈등을 무심히 바라보기만 한다. 음과 양 같은 양면성을 지닌 인간 현존재가 겪는 이 갈등과 모순을 해결하는 방법은 음양의 통합이다. 살고 싶은 욕망 속에 어찌 생명을 향한 감탄사, 자연을 그리워하는 정감이 배어 있지 않을 수 있겠는가!

네온사인과 소음이 꽉 찬 도시의 문명 공간을 탈출해 금모래 빛이 반짝이고 무현금의 계곡물 소리를 듣는 산수화(山水畵)의 공간 속으로 가고픈 마음은 오늘의 도시인들 심층 저류를 흐르는 공통

된 감정이다. 옛날의 은사들이 그리워진다. 그러나 옛 은사가 될
수도 없고 되어서도 안 되는 현대문명 속에서 살다가 죽어야 할 운
명이다. 너무 비관할 필요는 없다. 몸이 아니라 정신으로 산수를
소요하고 전원의 평화와 한가함을 즐기면 된다.

# 10

은사의
자연관

미학적 관점에서 보면 은일 문인들이 묘사한 전원 정취는 그윽하면서도 독특하고 평범함 속의 기이한 매력을 지닌다. 은사들에게 전원은 곧 자연이다. 자연은 통상 산수로 대표된다. 은사들의 자연에 대한 애정과 묘사는 실제의 농촌 생활에서는 재난이나 생계 때문에 자취도 없이 사라져 버릴 수 있는 낭만이고 사치일 수 있다. 그러나 예술의 범주와 심리적 작용에서 보면 영원한 생명력을 유지하면서 수많은 은사들을 전원(자연)에 뛰어들게 했다. 은사들의 마음속에는 늘 산언덕과 골짜기가 자리 잡고 있고 누워 있으면서도 강호를 배회하는 기분이 충만했다. 이처럼 산수자연의 아름다움은 은사들을 도취시켰고 그들의 삶에 든든한 정신적 울타리가 되어 주었다.

은사들은 누워서도 산수 자연을 유람했다. 그들은 산수에 은거하고 노닐면서 자연에서 아름다움을 찾고 자신의 감정을 기탁했다. 남조(南朝)의 은사 종소문은 하남성 남양에 은거하면서 산수 유람을 즐겼는데 늙어 병들자 강릉으로 돌아와 "이제는 오직 맑은 마음으로 도(道)를 생각하며 누워서 명산대천을 노닐 수밖에 없으리"라고 했다. 누워서 노닌다는 것은 자신의 발자취가 이르렀던 명산대천을 그림으로 그려 방안에 걸어두고 밤낮으로 노니는 듯 흉내를 내는 것이다. 그리하면 진짜로 산수에 노니는 것처럼 느낄 수 있다는 얘기다. 이를 명대(明代) 은사 화종욱은 "산에서의 진정한 즐거움을 알게 되면 비록 산과 멀리 떨어져 있다 해도 뭉게뭉게 피어오르는 구름이나 무성했다가 시드는 초목의 변화 등이 내 방 안에 있게 된다"라고 했다. 은사들은 비록 직접 안개와 노을 등의 경치를 접하지 못하더라도 마음속은 항상 자연경관으로 꽉 차 있었다. 그들은 자연에 영원한 생명의 흐름을 기탁하는 '심미적 연속성'을 중시했다.

은사들이 자연풍경을 자신의 소유로 여기는 것은 대자연을 자신과 동일시한 데서 오는 당연한 결과다. 그들은 정상적인 사회생활로부터 도피했기 때문에 자신의 정신세계 외에 대자연만을 자신의 소유로 생각하는 것이 자연스러운 일이었다.

이 장의 맨 앞에 인용했던 남조 양(梁)나라 고사 도홍경의 시를 다시 한번 불러내 보자.

**이 산속에서 무엇을 소유하고 있느냐고요**
**산봉우리 위에 흰구름 많지요**
**그러하나 나 혼자만이 즐길 수 있을 뿐**
**임금님께 가져다 바칠 순 없네요**

양 무제가 고사(高士) 도홍경에게 보낸 조서에 답한 시다. 산에 무엇이 있기에 출사(出仕)하지 않느냐고 물으면서 조정에 나와 나를 좀 도와달라고 간청하는 무제 소연의 편지에 답한 도홍경의 시에 은사의 자연관이 여법하게 드러나 있다. 산에 있는 흰구름이라는 자연은 은거하는 도홍경의 동반자이며 속세를 떠난 도홍경 자신이 즐기는 대자연이다. 흰구름은 속세를 떠난 은사의 상징이다.

양 무제는 제왕이 되자 미녀와 재물 등 인간 세상의 부귀영화를 다 누리며 즐겁게 지낸다. 그러나 그는 은사 도홍경이 소유한 깨끗함과 한가로움을 이해하지 못했고 자연의 아름다움을 평온한 마음으로 즐기지 못했다. 즐길 수도 없었다. 대자연의 심미는 눈에 보이지도 않고 즐길 겨를도 생각도 없었다. 도홍경은 이같이 산수 자연과 인간 세상의 부귀영화를 비교하면서 누구도 빼앗을 수 없는 대자연의 풍광과 아름다움을 즐기고 있고 좋아하노라고 했다.

산수 자연의 아름다움에 대한 심미는 체험의 과정이다. 이 과정에는 상당한 문화 수준과 한가로움이 필수적인 전제 조건이다. 이러한 조건들은 은사들을 자연의 아름다움을 진정으로 느끼고 이해할 수 있는 인물로 만드는 요인이었다. 어떤 은사들은 대자연을 직접 유람하고 머물면서 심미했고 어떤 은사들은 자연의 경치를 자신이 거처하는 곳으로 옮겨다 아름다운 자연환경을 정성 들여 만들기도 했다. 정원을 만들고 조경을 하는 것이 바로 자연을 옮겨오는 일이었다. 《위서(魏書)》〈일사전(逸士傳)〉은 은사 풍량이 산수 자연을 자신의 생활 속으로 끌어들인 예를 다음과 같이 전하고 있다.

**"풍량은 본래 산수를 사랑한 까닭에 여러모로 궁리하여 집 주변 가파른 곳에 건너지르는 다리를 놓았다. 그러자 환경이 은거하기**

**에 아주 적당해졌고 이 일로 인해 유명해졌다."**

은사들은 직접 나가서 자연을 심미하는 것에서 자기 생활환경으로 만들어 즐기는 정원예술을 창안해 조경문화로 발전시켰다. 현대 도시 건축에서도 은사들이 추구했던 자연미가 새삼 조명되면서 높은 평가를 받는다. 구체적 실례를 하나 보자.

최근 서울 강남 도산로에 송은문화재단 신사옥이 건축 준공됐다. 이 건물의 설계를 맡았던 헤르조그 앤드 드뫼롱(HdM)사(社)의 건축사 자크 헤르조그는 "도산대로에 영감을 받을 만한 건물이 하나도 없다"고 비판했다. 그는 건물을 치즈 조각 같은 삼각형 형태로 설계해 우선 많은 사람들의 이목을 끌었다. 그러나 이 건물의 중요한 포인트는 외형이 아니라 송판 거푸집을 사용해 건물 표면에 새긴 '소나무 문양'이다. 다시 한번 주목해야 할 점은 거대한 건물 표면을 작은 패턴의 소나무 문양으로 장식해 소나무라는 대자연을 도심 건물에 옮겨 놓았다는 것이다. 기껏 정원수와 가로수로 새롭게 각광을 받는 소나무가 이제 건물에서까지 살아 숨 쉬는 대자연이 됐다면 지나친 과장일까? 이는 자연을 관찰하고 심미한 데서 자연을 도심으로, 안방으로 끌어들인 자연 친화이고 예로부터 자연과 함께하고자 하는 인간의 열망이 오늘에도 이어지고 있음을 여실히 증명하는 사례가 아닐 수 없다. 그는 베이징올림픽 경기장을 설계할 때는 '작은 새 둥지'를 거대한 건축의 구조로 재해석한 세계적인 건축가이기도 하다.

은사들은 자연을 하나의 생동하는 인격체로 사람과 동일시하거나 오히려 사람이 그 운행 법칙과 아름다움을 따라야 할 존재로 인식했다. 은사들의 자연관은 한마디로 '자연 사랑'이고 '자연 친화'다. 이는 자연 섭리를 따르는 인간사회 건설을 강력히 주창했던 노장사상의 영향을 받은 은사들의 자연관이고 세계관이라고 볼 수 있다.

오늘의 우리와 불과 160년의 시간 간격을 가진 19세기 미국의 세계적인 저명한 은사 헨리 데이빗 소로우(1817~1862)는 그의 저서 《월든 숲속의 생활》에서 다음과 같이 말했다.

**"자신의 삶을 얼마나 간소하게 영위하느냐에 따라 세상의 법칙들이 훨씬 덜 복잡하게 여겨진다. 그러면 고독은 이제 더 이상 고독이 아니고, 가난은 가난이 아니며, 나약함 또한 약점이 아닌 경계에 이른다."**

# 11 은사와 시가

은사들의 깊고 맑은 은일 사상과 미학은 시의 창작과 시학 이론에 지대한 영향을 끼쳤다. 동아시아 시인들은 부지불식간에 은사들의 은일 사상과 심미 원칙을 도입해 깊이 있고 감칠 맛 나는 작품들을 쏟아냈다. 특히 중국 시가의 경우 은사 문화는 고전 시가의 창작과 후대 시가 이론의 정립에도 폭넓게 반영됐다.

〈산중우거(山中寓居)〉

高巓不敢上 不是憚躋攀(고전불감상 불시탄제반)
산꼭대기는 차마 오르지 않나니
오르기 힘들어서가 결코 아니네
恐將山中眼 乍復望人寰(공장산중안 사부망인환)
산사람의 눈을 가지고는
차마 인간사회 바라보기 두려워서네
欲試山人心 入門先醉虁(욕시산인심 입문선취비)

산사람 마음 떠보려고

문에 들어가 술주정부터 해봤지.

了不見喜慍 始覺眞高士(요불견희온 시각진고사)

반가움도 싫어함도 전혀 내보이지 않으니

진정한 고사임을 이제야 알겠네

고려 고종 때 문신 백운 거사 이규보(1168~1241)의 〈몸 부치고 사는 산속의 누추한 집(山中寓居)〉이라는 시다. 그는 호를 '백운 거사'·'백운 산인'이라 자호하고 반(半)관료·반은사로 역관역은(亦官亦隱)의 삶을 산 은사였다. 경전·사기(史記)·노장·선불교·잡학에 이르기까지 두루 섭렵해 '인중용(人中龍)'이라는 평을 들은 대학자이기도 했다. 몸은 조정에 있으면서도 마음은 늘 강호를 거니는 은사였다.

그의 시는 참으로 깨달은 은사의 무분별심·세외지심(世外之心)을 읊조렸다. 깊고 맑은 산속 은사의 '세외지심'은 세상 사람과는 달리 불청객의 술주정에도 불쾌해하거나 반가워하는 일체의 분별심 없이 초연한 산사람의 태도를 보여주었다. 은사의 마음은 늘 고요하고 여유롭다. 은사의 성격은 대체로 맑고 우아하고 변함없는 평상심을 유지한다. 백운 거사 이규보는 산속에 사는 은사의 이 같은 풍취(風趣)를 잘 묘사했다. 그는 〈동성왕본기〉 등의 역사를 수록한 유명한 자신의 문집《동국이상국집(東國李相國集)》을 남기기도 했다.

은사 문화는 문학과 예술에 매우 큰 영향을 미쳤다. 특히 시가와 은사의 관계는 아주 밀접하다. 은사들은 산중 은거나 전원생활을 하면서 느끼는 감정과 깨달은 바를 시가를 빌어 표현하고 기탁했으며 자신의 온갖 감회를 풀어낼 때도 주로 시가를 사용했다. 시가 창작은 은사의 예술 활동에서 많은 분량을 차지했고 동아시아 고전 시가의 높은 성취를 이루는 하나의 요인이 되기도 했다. 시는 단순한 미적 활동만이 아니라 개인의 감정과 사상을 나타내며 정치참여의 역할도 하는 등 다기능적인 성격을 갖고 있다. 조조의 맏아들로 위(魏)나라 황제였던 조비(186~226)는 "문학은 나라를 일으키는 큰 사업이자 영원이 멸하지 않는 성대한 사업"이라는 논리로 문학과 사회를 밀접하게 결합시켰다. 동아시아의 고전 문학은 곧 시였다. 시가 문학의 전부라 해도 지나친 말이 아니었다. "시는 뜻을 말하는 것(詩言志)"이라는 《상서》의 시론이나 "말에는 그 근본이 있어야 한다(言有宗)"는 노자의 설법은 시라는 언어 문자가 가지고 있는 이러한 다기능을 말한 것이라고 볼 수 있다. 은사 문화가 시가에 미친 영향은 창작뿐만 아니라 작품의 감상 면에도 잘 나타나 있다. 우선 당나라 말 은사였던 사공도(837~908)가 시의 풍격을 연구해서 저술한 명저 《24시품(二十四詩品)》을 살펴보자. 사공도의 저술은 이미 영역까지 돼 구미에서도 시학 연구의 중요한 고전으로 읽히고 있다.

고전시의 감상 기준이 어떠한 은사 문화의 영향을 받았는지는 다음 《시품》의 두 번째 품인 〈충담(沖淡)〉에 선명하게 나타난다.

평소 침묵으로 지내니 오묘한 실마리가 더욱 미묘해지네
만물의 정기를 들이마시고 외로운 학과 더불어서 날으노라
그것은 봄바람처럼 옷 위에 머무네
피리 소리 들으니 아름다운 소리 연이어 들려오네

그것을 우연히 대하면 더욱 빛나지만
다가가려 하면 할수록 희미해지는 법
벗어 버린 형체만 있는 듯
손에 쥐면 이미 달아나 버리네

다소 아리송한 표현이 많긴 하다. 그러나 읽어볼수록 시를 감상하는 맛이 깊고 우아하다. '충담'은 맑고 깨끗하다는 말이다. 후인들은 사공도의 이 시품을 "이런 격조는 도연명이 최고의 자리를 차지한다. ─〈중략〉─ 정취가 고상하지 못하거나 조용하고 한가롭지 못한 자는 그 아름다움을 알 수 없다"라고 풀이했다. 도연명의 시가 충담한 격조의 대표작이라고 인식되는 까닭은 그가 은사였고 은사들은 대체로 고상하고 깊이가 있으며 여유로운 성격의 소유자들이었기 때문이다. 역관역은의 은사인 왕유 같은 시인도 은사 문화의 영향을 많이 받아 시 창작에서 충담을 높게 여겼다. 충담의 풍격은 기묘함이 별로 없어 보이지만 자세히 분석하면 그 가운데 그윽하고 심원하며 헤아릴 수 없는 무엇이 내포되어 있음을 알게 된다. 이것이 바로 은사의 정신적 특징을 연상케 한다. 은사들은 자신이 평담(平淡)·질박하다고 자처하는데 그들의 평담 속에는 매우 깊은 의미가 포함돼 있다. 사공도의 '충담'은 이런 내용을 이해한 것으로 은사들의 은일 사상과 긴밀한 연관을 갖는다. 그는 충담의 풍격을 "평소 침묵으로 지낸다", "외로운 학과 더불어 난다"라는 말로 표현했는데 이런 구절은 은사들이 자신을 표현할 때 즐겨 쓰는 표현이다.

이제 시대적 은일 시인을 대표하는 은사들을 살펴보자.

은둔의 미학

전원시파를 개창한 도연명의 불후의 명시는 지금에도 절창되는 시구(詩句)가 많다. 전원시인의 대부분은 본래부터 은거했거나 시골 유거에 살면서 반관료 반은사(半官半隱) 생활을 했던 사대부들이다. 전원시파는 당대의 왕유·맹호연 등을 거쳐 송대의 임포·범성대에 이르는 다채롭고 방대한 유파로 발전했다. 도연명과 왕유의 시는 뒤에서도 감상할 기회가 있으니 맹호연·임포를 대표적으로 간단히 언급하겠다.

재상 장구령과 시불(詩佛) 왕유는 맹호연을 고상하다고 칭찬했다. 맹호연과 가깝게 지낸 친구였던 이백은 〈증맹호연(贈孟浩然)〉이라는 시에서 그를 다음과 같이 높이 찬양했다.

吾愛孟夫子 風流天下聞(오애맹부자 풍류천하문)
나는 맹부자(孟夫子)를 좋아하나니
그의 풍류는 천하에 다 알려졌도다
紅顏棄軒冕 白首臥松雲(홍안기헌면 백수와송운)
젊어서 벼슬 버리고
이제 늙어서 소나무 구름 속에 누웠노라
醉月頻中聖 迷花不事君(취월빈중성 미화불사군)
달에 취해 자주 술을 마시고
꽃에 홀려 임금을 섬기지 않았네
高山安可仰 徒此揖淸芬(고산안가앙 도차읍청분)
높디높은 산을 어이 우러러보리오
맑은 향기에 이렇게 절만 하네

은사 맹호연의 시를 편집한 당나라 왕사원은 그의 시를 "문체가 옛 것을 따르지 않고 온 마음을 기울여 독특한 기묘함이 깃들어 있다" 라고 평했다. 맹호연의 시가 주로 다룬 주제는 '은일'이었다. 이백 은 비록 시에서이지만 친구 맹호연의 시재(詩才)에 '절'까지 올린다 는 찬사를 아끼지 않았다.

송대(宋代) 유명한 은일 시인 임포(967~1028)는 결혼도 하지 않고 일생을 매화를 아내로, 학을 아들로 여기며 살았던 '매처학자(梅妻鶴 子)' 은사다. 그는 시의 초고를 쓰고 나면 곧바로 버렸다. "왜 후세에 볼 수 있도록 남겨두지 않느냐?"고 물으면

양해 이백음행도, 도쿄국립박물관

"지금 숲과 골짜기에 자취를 숨긴 몸이오. 생전에 내 시가 유명해지길 원치 않소이 다. 그러하거늘 항차 후세에까지 알려지게 하겠소"라고 했다. 그러나 호사가들이 그 의 시를 몰래 기록해 놓아 현재 3백여 편 의 시가 전해지고 있다.

그의 시 중 매화시의 최고봉으로 평 가받는 〈산원소매(山園小梅)〉의 시구(詩 句), "맑고 얕은 물에 그림자 드문드문 비 껴 비치고/ 달 뜨는 황혼 무렵 그 그윽한 향기 떠다니네(疎影橫斜水淸淺 暗香浮動月黃 昏)"는 만고의 절창으로 회자된다. 그가 표현한 매화의 생동감은 매화를 많이 심

어 세밀히 관조하고 매화와 하나가 되는 물아일체의 경지에 이르렀던 데서 비롯한 것이었다. 암향(暗香)은 그윽하고 은은한 매화의 향기를 말한 것으로 그와 반대 향기는 요향(妖香)·박비향(樸鼻香)·기향(奇香)이라 한다.

학과 매화는 은사·문인·사대부들의 고상한 인품과 취미를 드러내는 살아 있는 '상징'이다. 은사들과는 아주 친숙하여 그들의 신분을 나타내는 상징이기도 하다. 소동파는 "학의 성질과 은사의 성격은 맑고 심원(深遠)하며 걱정 없이 노니는 점에서 통한다"고 했다. 임포가 학을 아들로 삼은 것은 자신과 학이 똑같은 품성을 지녔다고 생각했기 때문이었다. 그는 자식을 기르는 것보다 학을 기르는 것이 좋다고 했다. 매화는 세한삼우(歲寒三友 : 매화·소나무·대나무)의 하나로 예부터 '고결한 선비'로 극찬받아 왔다.

매화와 학은 특성이 다른데, 학은 맑고 심원하며 걱정 없이 노님을, 매화는 굳은 절개와 청결을 각각 상징한다. 살을 에는 추위 속에서 몰아치는 눈보라를 견디며 피는 매화를 보면 절대 굴하지 않는 인생을 보는 듯하다. 때문에 은사들은 매화를 유독 좋아했다.

원대(元代) 은사 왕면은 산에 은거하면서 수천 그루의 매화를 심고는 자신을 '매화옥주(梅花屋主)'라 했다. 은사들이 매화를 좋아한 것은 비굴하지도 거만하지도 않고, 현실에 타협하지도 않는 자신들의 성격을 매화의 습성이 상징해 줄 수 있기 때문이었다. 바로 이래서 임포는 매화로 아내를 삼았던 것이다.

# 12 벼슬이냐, 은거냐?

은사라는 신분을 판단하는 중요한 기준은 벼슬을 하지 않는 것이다. 그러나 이 기준은 상고시대 이야기다. 농경 문명의 산물인 은사 문화의 준칙은 진시왕의 통일 천하 이전인 선진(先秦) 고대 사회에서도 퇴색하기 시작했다. 경제와 사회·문화가 날로 발전하면서부터 옛날 농경시대의 단순문화가 다양화하고 복잡해지자 은사의 처세와 행태도 큰 변혁을 피할 수 없었다. 더욱이 오늘에서 보면 칼로 두부를 자르듯이 저 먼 옛날의 은사 신분 기준을 적용하기 어렵다. 지금은 낙향한 선비(지식인·지성인)와 정년퇴직 후 전원생활을 하는 은퇴자들까지도 넓은 의미의 '은사'로 볼 수 있다는 게 내 생각이다. 나는 이들에게도 부지불식간에 은사의 DNA가 흐르고 있고 정신적인 은사의 기품(氣稟)이 스며 있다고 본다. 은사들의 벼슬이냐, 은거냐의 길은 대체로 다음과 같은 형태로 분류할 수 있다.

1. 벼슬 절대 거부
2. 벼슬이 주어지면 응하는 반관반은(半官半隱)

3. 직·간접적인 정치참여

4. 부름을 받기 위한 위장 은사

벼슬을 절대 거부한 예로는 요임금의 왕위 선양(禪讓)을 끝내 사양한 전설적인 은사 허유가 대표적이다. 은사의 시조로까지 추앙받는 허유는 요임금의 왕위 선양 말을 들은 자신의 귀가 더럽혀졌다고 영천이라는 강가로 나가 귀를 씻기까지 했다고 한다.

삼국시대 위(魏)나라 명제 조예는 은사 관녕의 행동이 세상의 본보기가 되고 학문은 온 백성의 스승이 될 수 있기 때문에 초빙해 벼슬을 내리고자 했다. 명제는 그를 불러올 수만 있다면 자신의 통치가 분명 고금에 빛날 수 있고 덕화(德化)에 큰 보탬이 될 수 있다고 믿었다. 그래서 관녕을 광록훈(光祿勳)에 임명한다는 조서를 내리고 "속히 오기를 바라며 짐의 뜻을 헤아려 주기 바란다"고 했다.

관녕은 전에 위 문제 조비 때도 태중대부의 벼슬을 내렸지만 끝내 거절한 은사였다. 명제는 강압책과 회유책을 동시 병행해 관녕을 끌어내리려 했지만 다음과 같은 글을 올려 끝내 벼슬을 거부했다.

"재능도 없고 부덕하여 중임을 감당하기 어려울 뿐만 아니라 병까지 앓고 있어 수레를 타고 경도(京都)에까지 갈 기운도 없습니다. 벼슬을 내리면 하는 수 없겠으나 가다가 도중에 죽을지도 모르겠으니 부디 벼슬을 거두어 주십시오."

명제는 관녕의 상주문을 보고 청주 자사에게 관녕의 병이 꾀병이 아닌지를 확인해 보고하라고 명했다. 자사는 관녕의 뜻을 존중해 관녕이 아주 노쇠한 상태라고 보고했다. 자사는 보고서에 "관녕의 뜻은 목숨을 부지하려는 것이지 자신의 고고한 절개를 지키고자 하는 것이 아니옵니다"라고 했다.

관녕은 예의를 갖추어 벼슬을 끝까지 거부한 은사다. 그러나 관녕과는 달리 익살스럽게 벼슬을 거부하는 예도 많았다. 송대(宋代)의 양박이라는 은사가 그 대표적인 예다. 양박은 당시 명망이 아주 높은 은사였다. 송나라 진종 황제가 정주를 지나가다가 양박이 고명한 은사라는 이야기를 듣고 벼슬을 내려 신하를 삼고자 불러 물었다.

"나를 위해 지은 송별시(送別詩)가 혹시 없소?"

양박은 벼슬 거부를 미리 막으려는 진종의 마음을 읽고 다음과 같이 답했다.

"신이 지어 놓은 시는 없지만 신의 아내가 저에게 지어준 시 한 편이 있사옵니다"라고 거짓말을 하고는 그 시를 읊었다.

**정신을 놓고 쉬며 술을 탐하고 시를 짓는 것만큼 좋아하는 일 없네**
**오늘 관리로 잡혀간다면 이번에는 머리를 잘라 보내리라**

진종은 이 시를 듣고 파안대소하면서 양박에게 많은 선물을 주어 돌려보냈다. 양박의 태도는 대범하고도 거리낌 없는 고고한 은사의 성격을 유감없이 보여주고 있다. 오직 은사만이 황제 앞에서 취할 수 있는 태도다.

두 번째 타입 역관역은(亦官亦隱)의 은사는 아주 많다. 왕유·진단과 같은 은사가 이런 유형이다. 여기에는 생계유지 때문에 불가피하게 벼슬살이를 한 경우도 있다. 전원시의 비조(鼻祖)인 위진남북조 시대의 도연명이 바로 이런 생계유지형인데 그들의 벼슬살이는 생애의 일부분이었을 뿐이었다. 송나라의 유명한 은사 진단도 역관역은의 대표적 은사다.《송사(宋史)》〈은일전〉에 실려 있는 그에 대한 기록을 보자.

**"그는 진사 시험에 낙방하자 벼슬길을 포기하고 산수 자연에서 즐거움을 찾았다. 세종이 그의 명성을 듣고 그를 대궐로 보내라는 명령을 내려 입궐토록 했다. 세종이 방술에 대해 묻자 '폐하께서는 천하의 주인이신데 극진한 정치에 힘써야지 어쩌하여 방술 같은 데 마음을 두시는지요?'라고 했다. 세종은 그를 책망하지 않고 간의대부에 임명했으나 끝내 받아들이지 않았다. 그는 대궐에 한 달 남짓 머물렀다. 세종은 그의 거부를 꺾을 다른 방법이 없다고 생각하고 그가 은거하던 곳으로 돌려보냈다."**

세종은 후일 주헌이 성주 자사로 갈 때 비단 50필과 차 30근을 선물로 진단에게 보냈다. 또 세종은 그가 6년 후 경도에 오자 극진히 대접하고 '희이선생(希夷先生)'이라는 호를 하사하고 그가 대궐에 머물 수 있도록 운대관(雲台觀)을 중수하라고 명하였다. 황제는 한동안 화답시를 주고받으며 함께 지내다가 그를 산으로 돌려보냈다. 봉건시대의 은사는 벼슬을 하지 않더라도 역시 황제의 신하이자 백성인 것이다. 은사는 이처럼 명망을 빌어 관료가 되는 것보다 부담 없고 위험 없는 이득을 얻을 수 있었다. 이는 은사가 사회에 발을 붙일 수 있는 하나의 방법이기도 했다.

셋째 직·간접의 정치 참여형으로는 위진남북조 시대의 도홍경, 당나라의 사마승정 등이 대표적이다. 도홍경은 젊었을 때 제(齊)나라에서 벼슬을 했고 벼슬 후 은사로 모산에 은거할 때는 양(梁) 무제의 통치를 간접적으로 도왔다. 그는 무제의 길흉 대사에 자문을 했고 한 달에도 몇 번씩 문안 편지를 받았다. 그는 제나라에서 양나라로 바뀌는 왕권 교체 과정에서 무제 소연을 크게 도왔기 때문에 그 공로를 기리어 산속의 은사가 되었는데도 무제가 명예 관직을 내리고 선물을 하사했다. 그래서 그는 '산속의 재상'이라 불리기도 했다.

당나라 때의 은사였던 사마승정은 무측천과 중종이 여러 차례 불렀지만 응하지 않았다. 도사이기도 했던 그는 도교를 숭상하는 예종이 부르자 장안으로 올라가 입궐했다. 예종이 물었다. "몸을 수양할 때는 인위(人爲)를 보태지 않으면 되는데 나라를 다스림에 인위를 제거하고 그대로 두면 어찌 되겠소?"

사마승정은 노자가 말한 바 있는 "무위이치(無爲而治)를 정치의 근본으로 삼아야 천하를 다스릴 수 있습니다"라고 했다. 황제가 자신의 건의를 따라 나라를 통치하길 바랐던 것이다. 이 역시 정치참여의 한 방법이라 할 수 있다.

역대 제왕과 은사들 사이에는 벼슬자리를 두고 당기고 미는 밀

당 게임이 수없이 많았다. 제왕들은 은사를 산에서 불러내기 위해 갖은 수를 다 썼다. 제왕들은 어진 사람을 예우한다는 모습을 보이기 위해 저명한 은사를 초빙하고자 했다. 은사들은 이를 물리치려는 싸움(?)을 온갖 핑계와 구실을 대며 전개했다. 많은 은사들은 개인적인 성격이나 취향 때문에 인간 세상에서 자신의 뜻에 맞는 '극락정토'를 찾고자 발버둥쳤다.

반면에는 은사임을 위장해 벼슬자리를 얻고자 하는 정상배 은사들이 없지 않았다. 양(陽)이 있으면 음(陰)이 있게 마련인 세상 이치는 은사 세계도 예외가 아니었다. 그 예가 바로 '정치꾼 은사'였다. 넷째 유형인 몸은 산림에 있으면서 마음은 조정이라는 콩밭에 가 있던 은사들을 꼬집은 '종남첩경(終南捷徑)'이라는 고사성어를 보자. 《대당신어(大唐新語)》에 노장용이라는 은사가 등장한다. 그는 장안 종남산에 은거했는데 중종 때 정부 요직에 올랐다. 예종이 초빙한 사마승정이 산으로 돌아갈 때 노장용은 종남산을 가리키며 말했다.

"이 산에도 아름다운 곳이 많은데 굳이 먼 곳까지 꼭 가야 되겠소?"

승정이 힐난조로 답했다.

"내 소견으론 이 산에 사는 것은 관직에 오르는 지름길일 뿐이오." '종남산 지름길(終南捷經)'이라는 성어는 노장용이 은사라는 명성을 내세워 벼슬을 노리고 있음을 비꼰 사마승정의 힐난이었다. '장용(藏用)'이라는 이름부터가 좀 좋지 않은 인상을 준다. 장(藏)은 감춘다는 뜻이고 용(用)자와 합치면 '자신을 숨겨 등용된다'고 풀이할 수 있다. 종남첩경의 길을 걸어가 높은 벼슬을 얻고자 했던 자로는 수(隋)나라 은사 두엄도 있다. 《구당서》〈수엄전〉에 "두엄은 말을 잘하고 견문이 넓어 명성이 자자했다. 그럼에도 하급 관리였던 그는 '황제께서 은사를 좋아하여 소위라는 은사는 높은 벼슬을 얻었다'라면서 친구와 함께 태백산으로 들어가 은거했다. 수 문제가 이 사실을 알고 괘씸히 여겨 그를 변방 수자리 벼슬로 내몰아 버렸다"는 기록이 있다.

은사들이 사회의 존경을 받는 중요한 이유는 세속을 벗어나 홀로 유유자적하며 범부를 뛰어넘는 고상한 인격과 정신을 지녔기 때문이었다. 높은 인격과 고상한 정신이라는 은사의 '상징자본'을 내팽개치고 관직에나 혈안이 돼 있었다는 것은 은사 문화를 더럽힌 큰 오점이다.

사대부들이 통치 계급의 부속품이 되는 것은 정신적 측면에선 불쌍하고 한심한 일이었다. 이는 현대 관료사회에서도 적용될 수 있는 높은 정신적 이상이며 해방을 지향하는 염원이다. 장자는 인간이 정신적·육체적으로 하늘에 거꾸로 매달렸다가 풀려나는 해방을 '현해(懸解)'라고 했다. 본심은 조정의 벼슬에 두고 거짓으로 산수를 거닐며 은사임을 자처하는 가짜 은사들. 그대들 자신을 위해서라도 은사 노릇은 그만두시라!

13  # 물질적 가난과
   # 정신적 풍요

---

## | 십요(十要; 선비의 10가지 필수품)

재물에 탐욕스런 부자 친구의 노탐(老貪)을 일깨우고자 보낸 조선조 중종 때의 명신이며 선비인 사제(思齊) 김정국(1485~1541)의 편지를 보자. 그는 "그대는 살림살이가 나보다 백배나 넉넉한데 어째서 그칠 줄을 모르고 쓸데없는 물건을 모으는가? 없어서는 안 될 물건이 있긴 하지"라는 서두에 이어 다음 10가지 선비의 필수품을 제시했다.

1. 책 한 시렁
2. 거문고 하나
3. 벗 한 사람
4. 신 한 켤레
5. 잠을 청할 베개 하나
6. 바람 통하는 창문 하나
7. 햇볕 쬘 툇마루 하나
8. 차 달일 화로 하나

9. 늙은 몸 부축할 지팡이 하나
10. 봄 경치 즐길 나귀 한 마리가 그것이라네.

사제 김정국의 편지는 청빈한 선비의 생활 정취를 선명하게 보여주고 있다. 그는 권력이나 부(富) 같은 세속적 욕심에 매이지 않는 선비만이 누리는 행복과 자연에서 얻는 행복, 청빈한 삶에서 누리는 '청복(淸福)'을 귀히 여기고 중시했다. 그는 《사제척언(思齋摭言)》이라는 야사(野史)를 저술, 날카로운 필치로 당시 사회상을 그려낸 정치가·교육자·문인이며 선비였다. 그는 8가지가 넉넉한 선비의 풍요로움을 다음과 같이 제시하기도 했다.

## | 팔여(八餘)

1. 토란국과 보리밥을 배불리 넉넉히 먹고(芋羹麥飯飽有餘)
2. 왕골자리와 따뜻한 온돌에서 잠을 넉넉히 자고(蒲團煖堗臥有餘)
3. 땅에서 솟는 샘물을 넉넉히 마시고(涌地淸泉飮有餘)
4. 서가에 가득한 책을 넉넉히 읽고(滿架書卷看有餘)
5. 봄날에는 꽃을, 가을에는 달빛을 넉넉히 감상하고(春花秋月賞有餘)
6. 새들의 지저귐과 솔바람 소리를 넉넉히 듣고(禽語松聲聽有餘)
7. 눈 속에 핀 매화와 서리 맞은 국화 향기를 넉넉히 맡는다(雪梅霜菊嗅有餘)
8. 이 일곱 가지를 넉넉히 즐기기에 팔여(八餘)라고 했네(取此七餘樂有餘).

그는 이 같은 선비의 여덟 가지 넉넉함을 제시해 '팔여 거사(八餘居士)'라고 불리기도 했다. 물질적 가난을 뛰어넘은 선비의 정신적

은둔의 미학

풍요가 화려하게 펼쳐져 있다.

당송팔대가(唐宋八大家)의 한 사람인 송나라 문호 구양수(1007~1072)도 선비의 필수품 여섯 가지를 제시하고 자신의 아호를 '육일거사(六一居士)'라고 이름한 바 있다. 그가 제시한 필수품은 ① 책 ② 거문고 ③ 금석문 ④ 바둑판 ⑤ 술 그리고 이를 즐기는 '나'다. 구양수와 김정국의 선비 생활 정취는 같은 맥락이다. 옛날의 은사·선비·사대부들이 향유했던 생활 정취는 대체로 일치한다.

나는 이제부터 은사·선비·사대부라는 용어를 혼용하고자 한다. 나이가 들어 고전과 선비의 풍류에 관한 책을 좀 읽고 나서의 느낌은 이세 가지 용어를 같은 개념의 용어로 사용해도 괜찮겠다는 생각을 했다. 은사와 선비는 여러 면에서 공통점이 많고, 선비와 은사는 계층적으로는 분명히 사대부 계층에 속한다. 말을 바꾸면 은사와 선비는 사대부계층의 일부다. 현재도 우리에게 익숙한 '선비'라는 용어는 그 개념이 유교문화의 좁은 울타리에 갇혀 너무 협의적으로만 사용되고 있다.

은사와 선비·사대부가 가지고 있는 사상·철학 등을 살펴보면 대동소이하다. 예를 들면 '사대부(士大夫)'는 봉건사회 지식인 계층의 최하위인 '선비(士)'와 차상위인 '대부(大夫)'를 통합한 명칭이고 은사(隱士)의 '사'자도 '선비 사'자를 사용하고 있다. 우리의 상식을 조금 더 확대해 보자.

## | 선비

일단 '선비'라는 용어를 순수한 우리말로 인정하자. '선비'에는 한자 표기가 없다. 사전적 의미는 ① 옛날에 학식이 있되 벼슬하지 않은 사람 ② 학문을 닦은 이 ③ 마음이 어질고 순박한 이 등으로 풀이돼 있다. 우선 여기서 선비의 첫 번째 의미가 벼슬을 하지 않는 것을 가장 중요한 준칙으로 삼는 은사의 특성과 일치한다. 나머지도 다 은사의 중요한 품성이고 본질적인 정체성이다. 그런데 일부에서는 선비를 유교 이념을 구현하는 인격체 또는 신분 계층을 가리키는 유교 용어로만 풀이한다.

선비의 옛 표기는 '선비'다. 선비의 '선'은 몽골어의 어질다는 뜻을 가진 sait의 변형 sain과 연관되고 '비'는 몽골어와 만주어에서 지식이 있는 사람을 뜻하는 '박시'의 변형이라고 분석되기도 한다. 선비란 이 같은 어원을 따라 풀이하면 '어질고 지식 있는 사람'이라 할 수 있다. 은사와 전적으로 같은 의미다.

한자로 풀이하면 선비 사(士)자는 벼슬한다는 뜻의 사(仕)자와 관련돼 일정한 지식과 기능을 갖고 어떤 직분을 수행한다는 의미를 갖는다. 《설문해자》에서는 사(士)자의 뜻을 '일한다'·'섬긴다'는 뜻으로 풀이하기도 한다. 또 숫자의 끝인 십(十)자와 숫자의 시작인 일(一)자가 결합한 회의(會意) 문자로 보기도 하고, 상형문자로 보면 남자나 수소의 생식기를 형상화한 것이라고도 한다. 수소를 가리키는 무(牡)자에 선비 사(士)자가 들어가 있다.

십(十)자와 일(一)자가 결합한 회의 문자로 보고 풀이하면 유가의 "오도일이관지(吾道一以貫之 : 모든 도는 종국적으론 하나로 귀결된다)"와 같은 뜻이 된다.

중국의 경우 선비(士)는 은대(殷代)에 이미 관직명으로 사용됐고 주대(周代)에는 봉건 계급 속의 한 '신분'이었던 것으로 밝혀졌다. 5

등급의 봉건 신분 계급에서 사(士)는 대부보다는 낮고 서민보다는 높은 신분이었다. 등급 순위는 왕(천자)·제후·대부·선비·서민이다.

역시 선비를 뜻하는 '유(儒)' 자는 사람 인(人) 자와 구할 수(需) 자가 결합한 표의 문자다. 이때의 선비는 사람됨의 이치를 추구하는 사람, 세상 사람이 필요로 하는 사람이라는 의미를 갖는다. 이쯤에서 은사·선비·사대부는 다 같이 학식과 인격을 그 기본 조건으로 하는 공통점을 가지고 있다는 사실을 알 수 있다.

공자와 그의 제자들도 자신들을 선비 집단으로 생각했다. 유교문화에서도 선비는 관직과 분리돼 인격 측면이 뚜렷하게 강조됐다. 그들은 관직을 목적시한 게 아니라 도를 실행하기 위한 '수단'으로 보았고 따라서 인격적인 선비관을 확립하고자 했다.《예기(禮記)》에 오사제도(五士制度)가 보이는 데 수사(秀士)-선사(選士)- 준사(俊士)-조사(造士)-진사(進士)로 서열화됐고 진사 중에서 관리를 등용했다.

## ┃ 은사와 선비의 공통점

은사와 선비는 가난을 부끄러운 것이 아니라 자랑스러운 것으로 생각했다. 은사들과 선비들은 자신을 수양하는 대가가 풍족한 물질을 잃는 것이지만 반면에 심리적 안정과 정신적 독립을 얻었다. 7세기 신라의 선비 강수와 설총도 이 같은 선비정신을 여법하게 보여 준 예다. 이들은 학문에 대한 탁월한 신념을 가졌고 강수의 경우 신라의 삼국 통일 시기에 외교문서를 다루는 데 크게 기여한 당시의 대문장가였다. 그가 비천한 출신의 아내를 맞자 부친께서 나무랐다. 강수는 이에 "가난하고 천한 것이 부끄러운 것이 아니라

도리를 배우고도 실천하지 않는 것이 참으로 부끄러운 일입니다"
라고 했다. 설총은 이두문자를 만들고 〈화왕계(花王戒)〉를 지어 어
진 이를 가까이하고 여색을 멀리하도록 왕에게 간언했다.

　서한(西漢)의 은사 엄준(嚴遵)은 성도에서 점쟁이로 생계를 유지했는
데 부호인 나충이 식량과 말·수레를 보내자 "내게 보낸 이 재물은 내
정신을 소모시킬 뿐이고 내 명성을 찬양함은 내가 죽임을 당하는 재앙
을 부를 뿐"이라며 거절했다. 그는 재물에 급급하여 정신적 자유를 잃
는 것은 금전의 노예가 되는 것이라는 확고한 신념을 가지고 있었다.

　선비의 청렴한 생활은 사대부들이 추구하는 확고한 신조였고
동경하는 이상향이었다. 당대(唐代) 선비이며 문인이었던 유우석의
〈누실명(陋室銘)〉은 만고에 절창되는 은사와 사대부의 청빈한 삶을
다음과 같이 그려냈다.


**산이 높지 않아도 신선이 살면 유명해지고**
**물이 깊지 않아도 용이 있으면 신령스럽다네**
**나의 누추한 방은 나의 덕에서 나온 향기 가득하구나**
**이끼의 흔적은 계단 위를 녹색으로 물들이고**
**풀빛은 주렴 속으로 푸르게 비쳐 들어오네**
**나와 담소를 나누는 큰 선비는 있으나 왕래하는 평민은 없네**
**소박한 거문고 타고 《금강경(金剛經)》 읽는 것이 좋으리니**
**거문고·피리 소리 귀에 거슬리지 않고 관아에서 보낸 복잡한 문서도 없네**
**이곳은 남양의 제갈려(諸葛廬) · 서촉(西蜀)의 자운정이라네**
**공자께서 "이것이 어찌 누추하리오?"라고 했네**

은둔의 미학

이 시가 고금에 절창되는 이유는 문장이 빼어나기 때문만이 아니다. 중요한 이유는 사람들이 동경하는 생활방식, 다시 말해 재야의 사대부나 은사의 생활을 잘 표현했기 때문이다. 시에 그려진 선비의 청렴한 생활은 사대부들이 추구했고 은사들이 우러러 숭모하는 바였다. 유우석이 그려낸 '누추한 방'은 은사들의 소박한 주거환경이고 자부심이었다. 동굴에 살면서 자연 상태로의 회귀를 소망했던 '암혈지사(巖穴之士)'로서의 은사 생활이 경제발전으로 여유를 갖게 되자 거문고를 타고 경서를 읽을 수 있는 누추한(?) 방에 안주하게 됐다. 누추한 방이지만 청렴한 공기와 정신적 풍요로움이 가득 차 있고 여유로움이 흘러넘쳤다. 〈누실명〉은 유우석이 양양 녹문산에 칩거하는 은사 시인 맹호연을 찾아가 만나고 지은 시다.

은사와 선비들은 농업 문명의 발달로 경제가 여유로워지자 정신활동에 더욱 전념할 수 있었다. 그래도 그들은 원시적이고 간단·소박한 생활로 물욕이 없고 정신이 고상한 사람임을 드러내 보였다. 그들은 시를 짓고 금(琴)을 타는 등의 풍요로운 정신생활로 물질생활의 빈곤을 상쇄하면서 다채로운 정신생활로 인생을 장식했다.

은사들의 물질생활은 세상의 사치나 물질적 향락과는 거리가 멀었고 '가난'을 벗 삼아 살면서 세속적 호강을 원하지도 않았다. 이제 끝으로 사마천의 《사기(史記)》를 빌어 권력과 부(富)가 판치는 현실 세계와 공명하고 진실된 이상 세계를 소망한 은사의 세계가 겪는 갈등과 탄식의 비명을 들어보자.

사마천(145~86 B.C.)은 저 유명한 《사기》를 저술할 때 은사의 의리와 절개의 상징인 백이·숙제 이야기를 〈백이열전(伯夷列傳)〉으로

맨 앞에 기록하면서 다음과 같이 탄식했다.

"천도(天道)란 특별히 편애하는 것은 없지만 항상 착한 사람의 편이다"라는 말이 있다. 그렇다면 백이·숙제는 과연 착한 사람이라고 할 수 있는가? 그들은 어진 덕을 쌓고 품행을 고결하게 했는데도 굶어 죽었다.

또한 공자는 문하의 제자 70명 중 유독 안회만이 학문을 즐기는 자라고 추켜세웠다. 그러나 안회는 자주 끼니를 잇지 못했고 지게미와 쌀겨로도 배를 채우지 못해 마침내는 일찍 세상을 떠났다. 하늘이 착한 사람에게 베풀어준 것이 이런 것이란 말인가. 〈중략〉

근래에는 품행이 방종하여 남들이 꺼리는 일을 마음대로 하면서도 평생 호강하고 자손들에게까지 부귀가 이어지는 자들이 있다. 어떤 사람은 땅을 내디딜 때도 가려 밟고, 말을 할 때도 적당한 때에만 하고, 길을 갈 때도 지름길은 가지 않고, 공정한 일이 아니면 하지 않는데도 오히려 재앙을 만나는 일이 수 없이 많다. 그렇다면 나는 정말 의심스럽다. 하늘의 도리라는 것이 과연 옳은 것일까, 틀린 것일까?

사마천의 개탄은 당시의 은사·선비·사대부들에게 대한 이야기만으로 끝나지 않는다. 오늘에도 적용될 수 있는 세상의 의문이며 모순이다. 사마천은 박학다식하고 올곧은 선비요, 사대부였지만 결국은 죄인이 되었고 가난해 속죄할 돈이 없어 중형을 당하고 말았다. 그러니 착한 사람에게 이렇게 불공평할 수가 있느냐고 탄식할 수밖에 없었다. 나는 사마천의 탄식을 때때로 되풀이해 읽어본다.

은둔의 미학

# 은사의
# 정신세계

은사는 물질적 가난과 부귀공명 중 택일하라면 지체하지 않고 전자를 택한다. 은사와 선비는 가난을 그들의 상징으로 삼고 고상한 인격의 표현이라 생각한다. 그들은 물질적 가난을 오히려 영광으로까지 받아들이면서 부귀와 공명이 굴러와도 거부하고 자신의 정신세계를 고수한다.

당나라 때 무유서라는 은사가 있었다. 그는 중국 역사에서 유일무이한 여황제였던 측천무후의 조카였다. 그는 무측천이 집권하자 군왕에 봉해졌으나 이를 마다하고 산속으로 들어가 은사가 됐다. 무측천은 그의 소망을 허락했으나 의심이 들어서 몰래 감시하도록 명했다. 그러나 그는 산에서 은사들과 똑같은 집을 짓고 어울리면서 편안히 살아갔다. 황제가 내린 하사품과 왕공 대신들이 보낸 선물은 전혀 사용하지 않고 백성들과 함께 화광동진(和光同塵)하면서 지냈다. 후일 무측천이 황제 자리에서 밀려나 온 집안이 화를 당할 때 오직 그만이 무사했다. 황족이 이같이 은사가 된 예는 그가 유일하다. 그는 남달리 누릴 수 있는 물질적 풍요를 버리고 빈곤을 기꺼이 감수하면서 정신적 풍요를 누렸다.

조선조 대유(大儒) 퇴계 이황(1501~1570)은 "선비란 세력과 권위에 굴하지 않는 존재"라고 했다. 퇴계는 선비의 정신세계를 한마디로 잘 요약했다. 좀 더 구체화시키면 선비는 정의·절개·강직·우국애민(憂國愛民)을 실천적 과제로 삼는다는 얘기다.

은사와 선비는 물질적 빈곤을 걱정하지 않고 자신의 본성을 굳게 지키는 것을 처세원칙으로 삼았다. 그들은 이런 사람을 어진 인격자라 생각하고 지향해야 할 목표로 설정했다. 사대부 계층에서는 관료가 되는 것이 경제적 보장을 받는 중요 수단이었다. 그러나 정치에 합류하면 분명 개인의 자유, 특히 정신적·사상적 자유를 많이 잃어야 했다. 그래서 사대부들은 정치권력보다는 도(道)를 따르는 것을 자신들이 가야 할 길이라고 생각했다.

맹자는 "일정한 생업이 없어도 변하지 않는 마음을 갖는 것은 오직 선비만이 할 수 있다(無恒産而有恒心 唯士唯能)"라고 했다. 이는 사대부들에게는 고정적인 물질적 보상은 없지만 그들은 분명히 문화와 도덕의 책임자라는 뜻이다. 때문에 사대부들은 물질적 이익보다는 정신생활을 훨씬 중요하게 생각했고 물질과 정신이 충돌할 때 주저 없이 후자를 택했다. 공자는 "의롭지 못한 부귀는 뜬구름과 같다"고 했다. 이는 정신이 지탱해 주지 않는 부(富)는 아무 의미가 없다는 얘기다. 은사와 선비는 이러한 전통을 계승하여 더욱 뚜렷하게 표현하고 실천하고자 했다.

은사들의 산중 생활의 빈곤은 정신활동을 더욱 중시하도록 만들었다. 은사들은 산수와 어울려 사는 삶에서 심지어는 가난해야만 청렴 고결한 인품을 드러낼 수 있다는 사고방식을 갖기까지 했다. 청대(淸代) 은사 심수민은 "선비는 생활이 가난하지 않으면 의로움을 드러내지 못하고, 아주 어렵지 않으면 절개를 밝힐 수 없다"고 했다. 이는 물질과 정신을 극한적으로 대립시킨 견해다.

은사·선비를 포함하는 사대부는 사회와 문화의 중요 담당자였다. 사대부의 가치 기준은 늘 정치와 모순되고 충돌하기까지 했다. 정권에 굴복하면 보상을 받았지만 회유와 협박에 저항하면 멸시를 당했다. 이러한 진퇴양난의 길에서 현실을 변화시킬 힘은 없었지만 물러나 자신의 뜻을 지키는 방법을 강구했다. 멀리 산속으로 들어가 자취를 감추거나 평민들과 어울려 필부필부로 살아가는 은둔의 길을 걸었다.

초나라 은사 노래자는 가난해도 마음을 편안히 가졌으니 차라리 어렵고 힘든 생활을 할지라도 초나라 신하는 절대 안 되겠다고 했다. 그는 몽산의 남쪽에서 농사를 지으며 갈대로 담장을 만들고, 쑥대로 방을 만들고, 나뭇가지로 침상을 만들고, 가새풀로 깔개를 만들었다. 콩을 먹고 물을 마시며 산을 개간해 곡식을 심어 양식을 마련했다.

은사와 선비들의 정신세계는 부귀와 공명을 거부하는 게 기본 신조였고 물질적 가난을 자신들의 상징으로 삼았다. 그들이 추구한 중요 가치는 진리와 정의를 따르고 세속에서 세속을 초월하는 자유롭고 평화로운 세계를 소요하는 것이었다. 그들의 이념은 종교적 도그마와는 다른 실천적인 실제의 삶이었다. 그들의 맑고, 고원(高遠)하고, 심원하고, 고고(孤高)한 정신세계는 도덕적 인격과 심미 인격의 도야를 통해 실현됐다.

조선조는 유교 이념을 통치 철학으로 삼았고 선비들이 바로 이

유교 이념의 담당자였다. 선비들은 고려말 절개를 지킨 정몽주를 추존했고 역시 절개를 굽히지 않은 야은 길재의 학풍으로 선비 의식을 강화시켰다. 여기서 사림파(士林派)가 형성됐고 선비가 지도 계층의 중심으로 자리를 굳혔다. 선비들의 가장 활발한 관직 활동은 경연(經筵)·언관(言官)·사관(史官) 등이었다.

그러나 모든 선비들이 다 참여할 수는 없었다. 많은 선비들이 평생 과거시험을 보지 않고 벼슬길에도 나가지 않았다. 이런 선비들을 '처사(處士)'라 했고 그들은 집에 머물며 시·서·화를 익혀 아회(雅會 : 시회)를 여는 등 풍류를 즐기며 지냈다. 산림의 처사로 학문이 높고 명망이 있으면 과거에 합격하지 못했어도 '유일(遺逸)'이라는 명예 관직의 호칭으로 예우했다. 가난한 경우는 누항(陋巷)에 살았지만, 자신의 감회를 시로 표현하는 일이 일상적이었고 청빈과 절개를 지켰다. 조선조의 선비들 역시 분명한 사대부 계층이었다. 그리고 옛 은사들의 사상과 이념이 선비정신 속에 면면히 이어져 왔다.

15 　은사의
　생사관

생과 사(死)는 인생의 가장 중대한 일대사(一大事)다. 특히 죽음의
문제는 누구도 피할 수 없는 중대사고 운명이다. 은사들의 생사관
은 과연 어떠했을까? 우선 은사 문화에 심대한 영향을 미친 은사
장자의 생사관을 보자. 《장자》〈지락(至樂)〉편에 다음과 같은 이야
기가 나온다.

> "죽음의 세계는 위로 임금도 없고 아래로 신하도 없으며 또한 사
> 계절의 변화도 없소. 조용히 천지의 수명과 같이할 뿐이네. 비록
> 임금의 즐거움이라 해도 이러한 즐거움을 뛰어넘지는 못하지."

해골이 장자의 꿈에 나타나서 한 말이다. 장자는 초나라를 가다가
길가에 나뒹구는 해골을 막대기로 두드리며 말했다. "그대는 삶을
탐내다 이 지경이 됐나? 아니면 나라를 망치고 처형을 당했는가?
아니면 헐벗고 굶주리다 환난을 당해 이렇게 되었는가?" 이날 밤
장자의 꿈에 그 해골이 나타나 위와 같은 지엄한 훈화(訓話)를 했

다. 고대 대표적인 은사의 한 사람인 장자는 해골 우화를 통해 '죽음이 삶보다 즐겁다'고 했다.

《장자》에는 죽음을 당연한 자연의 섭리로 받아들이면서 미화하는 이야기가 많이 나온다. 〈대종사〉 편에서는 "삶과 죽음은 하늘의 명(命)이며 밤과 낮이 변함없이 항상하는 것과 같은 하늘의 도리"라면서 진일보한 다음과 같은 생사관을 제시했다.

**"무릇 조물주께서 나의 형체를 만들어 젊어서는 열심히 일하게 하고, 늙어서는 편히 지내도록 하고, 죽어서는 푹 쉬게 하였도다. 그러므로 나의 삶을 잘 영위하는 것이 내 죽음을 잘 맞이할 수 있는 까닭이 된다."**

인간의 생사는 자연의 안배다. 삶에서는 살아서의 즐거움이 있고 죽어서는 죽음의 즐거움이 있다. 죽었다 살아온 사람이 아직까지는 없기 때문에 죽음의 세계를 실증할 수는 없다. 예수 부활은 신학적인 가설일 뿐 실제는 아니다.

장자의 생사관은 철학적이고 죽음을 초월하고자 하는 정신적 해탈을 강조한다. 그는 상배(喪配)를 당해서도 "당신은 땅을 요로, 하늘을 이불로 깔고 덮고서 편안히 쉬고 있네"라면서 정색하고 그런 아내가 부럽다며 물동이를 엎어 놓고 두드려 장단을 맞추며 노래를 불렀다. "마누라 죽어 새장가 들 생각으로 측간에 가서 웃는다"고 하는 속담이 아니었다. 그의 생사관은 형이상학적인 우주관과 관조를 담고 있는 고사(高士)의 달관이었다.

그러나 시대가 한참 내려온 위진남북조 시기의 은일 시인이며 전원시의 시조인 도연명(362~427)의 생사관은 장자에 비해 훨씬 형이하학적이고 현실감을 느끼게 한다. 그의 시 〈형영신(形影神 : 육체·그림자·정신)〉이 설파하는 생사관은 아주 현실적이다.

**육체가 그림자에게(形贈影)**

초목은 영원한 이치를 알아 서리와 이슬에 시들고 자라는데
사람은 가장 총명하고 지혜롭다지만 유독 이와 같지 못하네
방금 세상에 있는 것을 보았지만
홀연 떠나가면 돌아올 길 없다네
한 사람쯤 없어졌음을 누가 알고
친척이나 친구들도 어찌 늘 그리워하겠는가
다만 생전에 쓰던 물건 남아
바라보노라면 눈물만 흐른다네

**그림자가 육체에게(影答形)**

그대와 만난 이래로
슬픔과 기쁨 달리한 적 없었네
그늘에서 쉴 때는 잠시 떨어지지만
햇볕 아래선 이별한 적 없었네
늘상 이처럼 같이 있긴 어려우니

슬프게도 같은 때 죽게 되리라
몸이 죽으면 이름 또한 없어질 것
이 생각하면 오만 감정 다 뜨거워지네


정신의 설명〔神釋〕


그대들과 비록 형체는 다르나
나면서부터 서로 의지해왔네
〈중략〉
늙은이나 젊은이나 한번 죽는 건 마찬가지
현명한 자 어리석은 자 따질 것 없다네
매일 술에 취하면 근심은 잊을 수도 있으나
이 어찌 수명 줄이는 물건이 아니겠는가
지나치게 생각하면 우리 삶만 상하게 되니
마땅히 자연의 운행에 맡겨야 하리
큰 변화 속에 자유롭게 몸을 맡기면
기쁠 것도 두려울 것도 없을 것이네
죽을 때 되면 죽으리니
더 이상 홀로 지나친 걱정일랑 말게


장자와 도연명의 생사관은 근원적으론 같은 곡조다. 인간 생사의
문제는 자연의 섭리와 같은 것이라는 생사일여(生死一如)의 신념으
로 죽음의 문제를 극복하라는 것이다. 다만 도연명의 설법이 더욱

은둔의 미학

피부에 와 닿는 감성적인 설득력을 가지고 있다. 도연명은 자신의 죽음을 애도하는 시 〈만가(挽歌)〉를 남기기도 했다. 모두 3수(首)로 돼 있다. 제1수·제3수의 끝부분만 보자.

1수.
태어남이 있으면 반드시 죽음도 있게 마련
일찍 죽는다 해서 목숨이 짧은 것 아니리라
어제 저녁엔 똑같이 산 사람이었으나
오늘 아침엔 귀신 명부에 이름 올랐구나
혼백은 흩어져 어디로 가는가
마른 몸 빈 나무관에 놓여진다
귀여운 아이 아비 찾아 울고
친한 친구는 나를 어루만지며 통곡하네
이득과 손실 더 이상 알지 못하거늘
옳고 그름을 어찌 느끼겠는가
천년만년 뒤에는
누가 또 영광과 치욕을 알겠는가
단지 유감인 것은 세상에 있을 때
실컷 술을 마시지 못한 것일세

3수.
천년 동안 다시는 아침을 보지 못하는 것은
현명하고 뛰어난 사람도 어쩔 수 없는 것

죽어버리면 무슨 할 말 있나
몸을 산에 맡겨 하나가 될 따름인걸

은사들은 장자와 도연명의 생사관의 영향을 받아 자연에 비해 인생은 짧은 것이고 아무런 결과도 없는 것이라고 인식했다. 그래서 그들은 자신을 자연과 밀접하게 연결해 자연으로 돌아가 그 속에서 영원한 생명력을 느껴보고자 했다. 은사들은 이런 인식하에 자연 회귀를 그들의 기초 사상으로 삼았다. 자연의 영원함을 빌려 인간 생명의 영원을 꾀한 것은 인간의 짧은 생명이 찾아낸 하나의 해탈 방법이었다. 한나라 은사 방공은 어떤 사람이 "왜 당신은 천하를 보존하려 하지 않느냐?"라고 묻자 이렇게 대답했다.

**기러기나 고니는 높은 나뭇가지 위에 집을 지어 저물면 깃들 곳을 얻고, 큰 자라나 악어는 깊은 연못 속에 집을 지어 저녁이면 묵을 수 있소. 사람의 경우는 나가고 머무르고 행하고 멈추는 것 모두가 거처하는 곳이오. 각기 머무르는 곳을 얻으면 그뿐이고 세상은 보존할 게 없는 것이오.**

위진남북조 시기의 대표적 은사인 혜강은 강렬한 개성을 가졌고 노장철학에 심취해 속세를 벗어나 자유롭게 행동했다. 혜강의 행동은 생명을 보장할 수 없는 난세에 대한 변형된 항의였다. 그는 명교파와 충돌하여 결국은 집권자에 의해 처형되고 말았다. 어지러운 세상을 피해 목숨을 부지하려는 은사들의 은둔

은둔의 미학

은 소극적인 인생 태도다. 그러나 그런 태도에 맑고 깊은 철학적 인생관이 담겨 있음을 직시할 필요가 있다. 여기에는 현실을 변혁시킬 수 없는 봉건사회 지식인들의 비극적인 운명이 깊숙이 자리하고 있다.

은둔의 미학

# 2부

## 풍류

이경윤 월하탄금도, 고려대박물관

들
어
가
는
글

노경(老境)에 들어서니 자연을 따르는 순자연적 정감이 예민해진다. '노경의 자연미학'이라면 좀 거창하지만 그냥 꽃들을 보고 새들의 노래를 듣는 기분이 지난날과 다르다. 흐뭇하고 쇄락한 기분이다. 고전을 읽고 옛 한시들을 뒤져 보는 재미도 있다.

신라 최치원(857~?)은 〈난랑비서〉에서 "나라에 신묘한 도가 있는데 이를 일러 풍류라 한다"면서 풍류 미학을 전개했다. 우리 선조들은 밖으로는 유가적 삶을 살면서도 안으로는 도가적 풍류를 추구해 예술 작품으로 표현하기도 했다. 동아시아인들이 즐긴 풍류의 가장 큰 특징은 졸렬한 듯하면서 질박한 '소박미'였다. 그들의 졸박(拙樸)한 풍류는 노니는 경지(遊)·자연의 즐거움(天樂)을 향유하는 것이었다. 소박하고 자유로운 가운데서 노니는 풍류는 자연미의 추구였고 그 자연미는 곧 '자유로움의 미학'이었다. 유(遊)와 천락의 풍류는 장자적 미학이 추구하는 삶의 낭만이기도 하다.

조선조 선비들은 유가와 도가를 하나로 융합시킨 은일적 삶을 추구하기도 했다. 이들이 살면서 즐긴 묘합(妙合)의 풍류는 통합성·생명성·포용성·무규정성·활발발성 등이 복합적으로 담겨 있는 자유로움의 미학적 풍류였다.

한국의 미와 풍류는 자연의 진솔하고 소박한 모습을 담아내는 데 열중했다. 조선 백자 〈달항아리〉와 추사의 〈향조암난〉 그림이 대표적인 예다. 중국의 풍류도 자연미를 중시해 득필천연(得筆天然)의 서화 작품을 최고의 일품(逸品)으로 평가했지만, 그 규모와 화려함 등의 꾸밈이 한국보다 크고 현란했다. 한국은 치졸한 것 같으면서도 본질적이고 원초적인 아름다움을 추구하는 졸박한 풍류를 즐겼다. 향촌의 농민들이 즐긴 '천렵(川獵) 풍류'를 보자.

봄날 꽃이 피면 동네 청장년들이 모여 떡·가양주·부침개 등을 광주리에 담아 지게에 지고 냇가로 나간다. 고기잡이 놀이를 해서 모은 민물고기로 매운탕을 끓여 회식을 하고 노랫가락을 반주도 없이 불러대며 멋지게 논다. 술이 거나하면 논둑·밭둑에 누워 낮잠도 한숨 잔다. 이것이 바로 순박한 농민들의 천렵이라는 풍류였다.

"늙으면 어린애 된다"는 우리네 속담이 있다. 노인을 부정적으로 평가하는 듯한 속담이다. 그러나 《노자》(28장)는 "어린애로 돌아가라(復歸於嬰兒)"고 설법했다. 공자와 어깨를 나란히 하는 노자라는 어른의 말씀이니 분명 어떤 뜻이 있을 터다.

어린아이는 아직 미추(美醜)를 둘로 나누는 인간의 분별지를 사용하지 않는다. 따라서 어린아이는 분별지를 초월한 무분별적인 '자연의 지혜'를 상징한다. 분별심은 곧 번뇌의 씨앗이다. 태초의 우주는 어떠한 분별도 없는 무(無)였고, 하나였고, 혼돈이었다고 한다. 어린아이의 살갗에서 나는 묘한 향기가 바로 그 혼돈의 향기가 아닐까? 노자가 말하는 영아(嬰兒)가 됐으면 좋겠다. 이 장에서는 한·중 옛 사대부들의 문자향과 서권기(書卷氣)가 풍기는 풍류담을 모아 소개한다. 시원하고 깨끗한 '정신 목욕'을 한번 해보면 어떨까 싶다.

# 01  유상곡수
## (流觴曲水)

조선조 강호문학의 대가인 농암(聾巖) 이현보(1467~1555)와 성리학의 태두 퇴계 이황(1501~1570)은 안동 낙동강변의 귀먹바위와 자리바위에서 자주 만나 유상곡수(流觴曲水)의 풍류를 즐기며 시를 지어 수창(酬唱)했다. 밝은 달빛이 낙동강 물 위를 흐른다. 가끔씩 구름이 달빛을 가려 명암의 조명으로 금빛 물결을 더욱 멋스럽게 한다. 이때 마셨던 농암가의 가양주가 근래 '일엽편주'라는 브랜드를 붙인 유명 민속주로 일반에 한정 판매되고 있다. 이현보의 아호 '농암'은 우리말 귀먹바위의 한자어다. 농암과 퇴계가 노닐던 귀먹바위와 자리바위 점석(簟石)은 현재는 안동댐으로 수몰돼 볼 수가 없다.

## ┃ 유상곡수

굽이쳐 돌며 흐르는 물 위에 술잔을 띄워 자기 앞에 오면 집어 마시면서 시를 짓는 유상곡수라는 풍류놀이는 선비들이 즐긴 고상한 풍류 중의 하나다. '유상(流觴)'은 명사형으론 물 위에 떠내려가는 술잔이고 동사형으론 술잔을 물에 띄워 흘려보낸다는 뜻이다. '곡수(曲水)'는 굽이굽이 돌아가며 흐르는 물이다.

　유상곡수는 술 단지를 물길 위쪽에 놓고 하인들이 주전자에 술을 담아 잔에 따른 후 칠기 쟁반에 올려놓아 곡수에 띄워 흘려보낸다. 물길의 구부러진 굽이에서 쟁반이 멈추면 그 자리에 있는 사람이 잔을 집어 마신다. 중국의 경우 특히 삼월 삼짇날(음력 3월 3일) 액운을 제거하고 복을 비는 불계(祓禊) 의식 후의 유상곡수 풍류놀이는 먼 옛날까지 거슬러 올라가는 역사와 전통을 가지고 있다. 유상곡수는 무속적인 민속 신앙의 불계 의례 중의 여흥이었을 뿐만 아니라 시대가 내려오면 문인 사대부들이 냇가나 강가에 모여 아회(雅會 : 시를 짓는 모임)를 열 때 흔히 행해지는 풍류였다.

　서성(書聖) 왕희지(307~365)가 쓴 불후의 명필 〈난정집서(蘭亭集序)〉도 바로 불계 후의 유상곡수 풍류에 참가한 명사들이 지은 시를 모은 시첩의 서문이다.

왕희지 초상

한국의 경우 통일신라시대에 이르면 이미 유상곡수의 풍류가 유흥적인 주연(酒宴)으로까지 세속화된다. 그 대표적인 사례가 저 유명한 경주 포석정이다. 포석정은 전복 모양의 석구(石溝 : 돌 개천)를 만들어 물을 흐르게 한 인공적인 곡수에 술잔을 띄워 놓고 마시면서 흥을 돋우는 주연을 벌이던 정자였다. 927년 9월 신라 경애왕이 이곳에서 비빈·궁녀를 거느리고 신하들과 같이 연회를 벌이다가 후백제 견훤의 습격을 받고 피살됐다. 현재는 그 터만 남아 있다.

비극적인 포석정의 유상곡수 이야기는 여기서 끝내고 붓글씨의 신품(神品)으로 칭송받는 왕희지의 〈난정서〉를 낳은 중국 난정회(蘭亭會)의 유상곡수 풍류 이야기를 전해 들어보자. '난정회'란 진(晉)나라 목제 영화 9년(354) 삼월 삼짇날 왕희지를 비롯한 당시의 명사 42명이 절강성 소흥시 회계의 난정에 모여 민속 신앙인 불계 의례의 하나로 행한 계연(禊宴)에서 곡수에 술잔을 띄워 마시며 시를 짓고 읊조린 시회를 말한다.

명사들은 냇가에 앉아 유상곡수의 풍류놀이로 술에 취해 주흥이 흘러넘치는 도연(陶然)한 기분으로 즉흥시를 지어 종이에 옮겨 썼다. 냇물 하류의 작은 돌다리 아래에서는 하인들이 대나무 장대를 들고 중간에 멈추지 않고 직진해 흘러온 술잔을 건져내 가지고 상류로 돌아갔다. 연회가 끝나고 결과를 종합했는데 시 두 편을 지은 사람이 11명, 한 편을 지은 사람이 15명, 시를 짓지 못한 사람이 16명이었다. 시를 짓지 못한 16명에게는 벌주로 각각 큰 잔으로 술 석 잔씩을 마시게 했다.

명사들의 시 37편을 묶은 시첩에 왕희지가 서문을 썼다. 바로

이 시첩의 서문이 저 유명한 〈난정서〉이다. 〈난정서〉를 쓸 당시의 왕희지는 대취(大醉)한 상태였다. 왕희지는 정자에 올라 탁자에 앉아 두 눈은 정자 앞 연못 물 위에서 노니는 하얀 거위 세 마리를 뚫어지게 바라보면서 정신을 집중해 글을 구상했다. 서동(書童) 두 명이 좌우에서 시중을 들었다. 뒤에서는 또 한 명의 서동이 화로에 술을 데우고 있었다.

왕희지는 술을 한 잔 더 마시고는 잠견지(蠶繭紙 : 누에고치종이)에 서수필(鼠鬚筆 : 쥐 수염 붓)을 휘둘러 서문을 써 내려갔다.

**영화 9년 바야흐로 계축년 봄에 접어들었을 때 회계 산음의 난정에 모여 불계의 예를 행한다. 〈중략〉 또 맑은 물이 굽이치며 좌우가 서로 비치고 어우러지니 이로써 술잔을 띄우며….**(永和九年 歲在癸丑暮春之初 會于會稽 山陰之蘭亭 修禊事也 〈중략〉 又有淸流 激湍映帶左右引以爲流觴….)

행서(行書)의 최고 명필로 손꼽히는 왕희지의 〈난정서〉는 모두 18행 324자다. 글씨가 힘차고 아름다우며 굳세고 튼튼하다. 필세(筆勢)가 오르락내리락 움직이며 왕성하고 통쾌할 뿐만 아니라 나는 듯한 자태와 대칭적인 분포를 가지고 있다. 자체(字體)에는 변화와 통일이 어우러지며 사람을 끌어들이는 힘이 있고 여러 번 보아도 싫증이 나지 않는다. 한 군데도 법도를 어긴 곳이 없어 흠잡을 곳이 없다. 왕희지의 〈난정서〉는 전아(典雅)하면서도 활달한 아름다움을 우리에게 선사한다.

왕희지는 다음날 술이 깬 뒤 자신이 쓴 어제의 〈난정서〉를 보고 매우 만족해 했다고 한다. 그는 자신의 서예 작품 가운데 〈난정서〉를 가장 걸출한 작품으로 여겼고 신중하게 보관해 자손 후대에까지 전해지도록 했다.

# 02 소리 없는 음악 – 도연명의 몰현금

도연명(365~427)은 술과 거문고를 아주 좋아했다. 천고의 고상한 선비로 고궁절(固窮節)의 삶을 산 그는 너무도 곤궁해 간신히 술은 좀 담가 마시고 많이 얻어도 마셨지만 거문고는 돈이 없어 마련할 수가 없었다. 어느 날 길을 가다가 우연히 쓰레기장에 버려진 줄이 낡아 함몰돼 없고 기러기 발도 전혀 없는 거문고 몸통을 발견했다. 쓰레기 더미 속의 거문고 몸통을 끌어안고 집으로 돌아와 벽에 걸어놓고 친구들과 모여 술이 거나해지면 줄 없는 그 거문고를 안고 방안을 돌며 연주하는 몸짓을 흥겹게 연출했다. 그는 친구들에게 소리 없는 내 거문고 연주 소리가 어떠냐고 묻기도 했다.

이것이 소리 없는 음악, 도연명의 몰현금(沒弦琴) 풍류였다. 원래 크고 화려한 음악은 소리가 없다고 한다. 노자는 일찍이 "큰 음악은 소리가 없다(大音希聲)"고 설파했다. 《노자》41장)

'희(希)'자는 원래 드물다, 적다 등의 부정적 의미를 가진 글자다.

'하늘의 통소 소리(天籟)'와 같은 큰 음악은 원래 들을 수가 없는 음이다.

소리가 있으면 구분(분별)이 있게 되고 분별이 생기면 궁·상·

각·치·우라는 5음으로 구분된다. 구분이 되면 여러 음을 동시에 거느리지 못하는지라 큰 음이 아니라고 한 것이다.

원래의 우주 본체인 태현(太玄)은 분별·구분이 없는 모두가 하나로 통일된 세계였다. 분별심이 생기고 구분이 있게 되면 갈등과 반목, 경쟁과 욕망이 지배하는 '세속'이 된다. 선불교와 장자가 분별심을 버리라고 거듭 강조하는 것도 이 같은 세속을 벗어나 태현에서 노닐게 하려는 설법이다. 크고 작음을 구분하는 분별심을 버려야 '큰 하늘의 음악'을 들을 수 있고 천뢰를 지음할 수 있어야 진짜 음악의 달인이다. 도연명의 줄 없는 거문고 연주 소리는 바로 이런 대음(大音)이었다. 풍류도 이쯤 되면 우주적이고 신선 세계의 소요(逍遙)다.

영국 낭만파 시인 존 키츠(1795~1821)의 소리 없는 음악을 찬양한 시를 보자.

**들리는 멜로디도 아름답지만, 들리지 않는 멜로디는 더욱 아름답다**
**그러니 부드러운 피리들아, 계속 불어라**
**육체의 귀에다 불지 말고 더욱 아름답게 영혼의 귀에다 불어라**
**소리 없는 노래를**

키츠의 〈그리스 항아리에 바치는 송시(Ode on a Grecian)〉 중에 나오는 시구다. 그리스 항아리의 아름다움을 음악에 비유한 찬사다. 키츠도 소리 없는 음악의 깊은 미학적 의미를 실감했던 것 같다. 도연명의 줄 없는 거문고 연주와 키츠의 〈그리스 항아리 송시(頌詩)〉는 욕망과 번뇌가 들끓는 소음 덩어리인 육체적 자아를 초월해 진정한 자아

은둔의 미학

[眞我]의 공간에 들고자 하는 간절한 소망이었을지도 모르겠다.

미국 전위음악 작곡가 존 케이지의 〈4분 33초〉라는 피아노곡도 전혀 아무 소리가 나지 않는다. 연주자는 4분 33초 동안 피아노 앞에 앉아 있다가 그대로 퇴장한다. 소리 없는 곡이 음악이 될 수 있는지를 묻는 음악 실험이다. 또 그의 작품 〈최대한 느리게〉는 2001년부터 연주가 시작됐는데 일 년에 음 하나를 연주해 앞으로 639년을 더 연주해야 곡을 완주하게 돼 있다. 이러한 음악 작품은 아름다운 청각적 쾌감으로서의 음악 체험이 아니라 소리의 본성과 음악의 본질이 무엇인지를 묻는 심오한 질문을 던진다.

대음(大音)은 천지를 꽉 메우기 때문에 음의 진동이 있을 수 없다. 오직 크나큰 '하나'일 뿐이다. 대음은 테너니 바리톤이니를 분별할 수 있는 대상이 아니다. 그래서 소리가 없는 것처럼 들린다. 대음은 결코 들을 수 있는 음이 아니다. 들리는 소리는 궁·상·각·치 등의 음으로 구분되고 그러한 구분이 있게 되면 큰 소리가 쪼개져 나누어져 대음이 될 수 없다.

도연명의 몰현금·존 케이지의 소리 없는 음악·존 키츠의 들리지 않는 멜로디는 마치 티베트 밀교 수행에서 '옴'이라는 소리를 내면에서 반복해 자기의 몸을 울리는 소리를 호흡에 실어 내보내고 내면의 공간에 침잠하고자 하는 것과도 같은 철학적·종교적 의미까지 갖는 것은 아닐는지….

옛날 사대부들의 풍류에는 단순한 감각적 흥취를 느끼는 놀이 이상의 깊은 의미가 담겨 있기도 했다. 줄 없는 거문고를 연주한 도연명의 풍류를 술에 취한 광기(狂氣) 정도로 치부해서는 안 되는 이유이다.

# 황희 정승의
# 반구정 풍류

반구정(伴鷗亭)은 경기도 파주시의 명소다. '갈매기와 짝하는 정자'라는 그 이름부터가 멋스러운 풍류를 느끼게 한다.

반구정은 방촌 황희 정승(1363~1452)이 67세 때 은일(隱逸)을 위해 건립한 정자다. 황희 정승은 태종 때 6조 판서를 모두 역임하고 세종 때는 재상직만 24년을 봉직한 조선조 최고의 명재상이다. 현재의 파주시 문산읍 사목리 소재 반구정은 17세기 중반 후손들이

반구정, 경기도 문화재 자료 제12호

은둔의 미학

중건해 7대손 황주가 '반구정'이라는 정호를 사용하기 시작했다. 그 이전에도 '반구대'가 있었다는 기록이 있는데 현재의 반구정 터와 일치하는지는 고증이 돼 있지 않다.

황희 정승은 '두문불출(杜門不出)'이라는 고사성어를 낳은 두문동 72현(賢) 중의 한 명이었다. 조선조 이성계의 역성혁명에 항거하는 고려 유생 72명이 경기도 개풍군 광덕면 광덕산 골짜기로 들어가 빗장을 걸어놓고 밖으로 나가지 않았다. 이때부터 그들이 은둔한 마을을 '두문동'이라 불렀다. 여기서 일체 바깥 출입을 하지 않는다는 뜻의 '두문불출'이라는 말이 생겨났다.

두문동에 은거하던 방촌은 젊은 나이니 출사(出仕)하라는 선배들의 간곡한 권유로 하산하여 관직에 나갔다. 그는 조정에 나가 있으면서도 젊은 날의 두문동 은거 때 몸에 각인된 속세를 벗어난 도가적 신선 세계의 풍류를 갈망하는 마음이 간절했다.

香案從容陳老病(향안종용진로병)
**조용한 여가 보아 임금님께 늙어 병들었다 여쭈어**
須敎白髮對靑山(수교백발대청산)
**휘날리는 백발로 저 청산이나 대하도록 해 주시게**

방촌이 도승지에게 보낸 시의 시구다. 조선조 유학을 대표하는 퇴계 이황이 시문학에서는 도가적 풍류를 보여주었듯이 황희 정승은 이미 앞서 높은 관직 생활에 수십 년 몸담았지만 속세를 벗어난 은일의 풍류를 즐기며 살고픈 갈망을 시조·한시 등을 통해 곳곳에서 보여준다.

산에는 새 다 그치고
들에는 오가는 사람 없다
외로운 배에 삿갓 쓴 늙은이
낚싯대에 맛이 깊도다

방촌의 시조 〈고기 낚는 늙은이〉다. 당송 8대가의 한 사람인 당(唐)
유종원의 시 〈강설(江雪)〉을 늘 애송하다가 시조로 옮긴 것 같다. 유
종원의 시는 선불교적 탈속의 풍류를 대표하는 시들 중의 하나다.

千山鳥飛絶(천산조비절)
모든 산에는 새들이 날기를 멈췄고
萬徑人蹤灰(만경인종회)
모든 길에는 사람의 발자취 끊겼다
孤舟蓑笠翁(고주사립옹)
외로운 조각배 도롱이에 삿갓 쓴 늙은이
獨釣寒江雪(독조한강설)
홀로 차가운 눈 내리는 강에서 낚시를 한다

고대 동양 문화권에서 낚시는 은자(隱者)의 상징이다. 유종원의 시
는 전구(轉句)와 결구(結句)에서 세속 초월을 향유하는 '고독(孤獨)'
을 강조했다. 특히 겨울 낚시는 현실 초월자의 풍류다. 유종원의
시 〈강설〉은 현재도 프랑스 교과서에 실릴 만큼 세계적으로 애송
되는 명시다. 풍류란 하나의 멋진 삶의 방식이다.

은둔의 미학

위진남북조 시기의 죽림칠현을 비롯한 명사들은 자신들의 행위를 본성에 맡기고 자유방임적인 삶을 살았다. 선천적으로 품부(禀賦) 받은 품성을 따라 일하고 어떤 구속도 받지 않아야 자연으로 회귀할 수 있고 이렇게 하는 것이 진정한 명사들의 풍류라고 여겼다. 이는 바로 노장(老莊)의 풍류이기도 하다. 한·중의 사대부들이 지향한 풍류의 폭은 유거(幽居)의 심원(心遠)한 침잠으로부터 산이 흔들리고 바다가 들끓는 웅혼함에 이르기까지 아주 넓고 다양했다.

澄澄鏡浦涵新月(징징경포함신월)

해맑은 경포호 초승달 머금고

落落寒松鎖碧烟(낙락한송쇄벽연)

차가운 낙락장송 푸른 안개 잠겼네

雲錦滿地臺滿竹(운금만지대만죽)

방촌 황희 초상, 국립중앙박물관

**땅엔 구름 비단 가득, 누대엔 대가 가득**

**塵寰亦有海中仙(진환역유해중선)**

**티끌 세상 중에도 바다 신선 있다네**

방촌의 한시 〈경포대(鏡浦臺)〉다.

정민 교수는 이 시를 우리 한시 최고 걸작 중의 하나라고 평했다. 티끌 세상 나그네가 바다 속 신선이 된 것 같은 풍류를 느끼게 한다. 정교수는 "겨드랑이 밑에서 날개가 돋아나 《장자》의 붕새처럼 구만리 장천을 훨훨 날 것 같은 기분을 갖게 한다"고 했다.

세종대왕이 어느 날 방촌에게 대사간 안공의 이름이 뭐냐고 물었다. 방촌은 "그의 한쪽 눈이 조금 작으니 이름을 성(省)으로 하사하시지요"라고 했다.

'성'자는 적을 소(少)에 눈 목(目)을 더한 글자니 안공의 눈 한쪽의 작음을 드러낸 풍류였다. 이 때 적을 소자는 작을 소(小)와 통용자로 사용됐다.

방촌의 문학 작품 중 문학성이 가장 우수한 작품은 연시조(連詩調) 사시가의 〈가을〉편이다.

**대추볼 붉은 곳에 밤은 어이 떨어지며**

**벼 벤 그루터기에 게는 어이 내리는고**

**술 익자 체 장사 돌아가니 아니 마시고 어이하리**

방촌 시조의 백미로 평가받는 작품이다. 추수 후의 농촌 풍경을 잘 묘사한 한 폭의 산수화를 보는 듯하다. 훈훈한 방촌의 인간미가 흠뻑 배어 있고 우리말의 아름다움을 잘 표현했다.

　방촌은 세상을 떠나기 3년 전까지도 영의정을 지냈지만 마음속에서는 강호를 거닐며 풍류를 즐기는 유한(幽閑)한 삶을 살았다. 몸은 대궐을 떠나지 못하지만 마음은 틈만 나면 반구정에서 갈매기와 벗하며 시를 읊고 시조를 짓는 풍류를 즐겼다.

# 04

# 풍류 -
# 생명의 새로운 공간

풍류(風流)는 인간 생명의 새로운 공간이다. 글자 상으론 바람처럼 흘러간다는 뜻이고 그 의미를 풀어서 설명하면 세속적인 인간 세상으로부터 멀리 떨어져 있는 태도의 상징이다. 바람이 불어 인간 세상의 번뇌와 무기력을 날려버린다. 당연히 악착같이 명예나 성공을 추구하는 마음까지도 날려버린다. 풍류는 세상 인생살이와 일정한 거리를 두는 초연이고 현실 밖의 세계다. 이태백의 '술의 세계'도 하나의 풍류라고 볼 수 있다. 그는 "살아생전 한잔 술 즐기는 게 낫지 죽고 나서 천년 뒤 이름 전해 무엇하랴(且樂生前一杯酒 何須身後千載名)"라고 읊조렸다.

풍류의 개념은 아주 넓다. 금(琴)을 타고, 시를 읊고, 낚시를 하고, 산속과 물가를 거니는 요산요수만이 풍류가 아니다. 사람을 웃기는 익살이나 멋있는 농담·유머·위트 등의 해학과 골계도 풍류다. 흙을 파서 채소를 심고 거둬들이는 일도 풍류일 수 있다. 풍류는 세상의 속박과 질곡을 벗어나 무궁한 자유를 누리고자 개발한 인간 생명의 새로운 공간이며 생활 방식이다.

국문학자 가람 이병기(1892~1968)와 사학자 위당 정인보(1893~1950)의 아호를 둘러싼 재미있는 해학 풍류가 있다. 가람이 어느 날 정인보를 찾아가 아호로 '위락당(爲樂堂)'을 권유했다. 정인보는 고맙게 받아들였다. 얼마 후 가람이 정인보를 만나 "자네 아호를 거꾸로 읽어보게"라고 했다. 거꾸로 읽으면 '당나귀'가 되는데 "원래 자네 성씨의 '정(鄭)'자가 당나귀를 뜻하니 이제 자네는 분명히 당나귀가 아닌가"라고 놀려댔다.

정인보는 크게 놀림을 당하고도 위락당에서 '락'자만 빼고 자신의 아호를 '위당(爲堂)'으로 받아들여 사용했다. 당시 두 석학이 아호를 둘러싸고 주고받은 농담의 수싸움에서 서로를 격의 없이 받아들인 풍류가 아름답다.

가람 이병기는 국문학자이며 시조 작가로 서울대 교수였고 자연의 생생한 묘사를 통해 현대 시조의 새로운 경지를 개척한 석학이었다. 위당 정인보는 중국에서 동양학을 연구한 후 박은식·신채호와 함께 동제사(同濟社)를 조직해 동포 계몽운동을 했다. 1918년 귀국해 이화여전·세브란스의전 교수와 동아일보 논설위원 등을 역임했다. 해방 후 초대 감찰위원장을 하다가 6·25 때 납북됐다.

거침없는 무애행으로 유명했던 월남 이상재(1850~1929)의 풍류를 보자.

그는 종교적으로는 기독교인이었지만 원래의 바탕은 선비요, 당대의 지성(知性)이며, 정치가, 항일 애국지사이고 언론인이었다. 어느 날 종로 네거리에서 수주 변영로 시인(1898~1961)이 지나가는 것을 보고 할 말이 있어 불렀다. 그런데 수주의 이름을 부르는 게 아니고 수주의 부친 이름을 불렀다.

수주는 부친 이름을 부르는 소리에 걸음을 멈추고 돌아봤다. 월남 선생이었다.

"왜 저를 보고 부친 이름을 부르십니까?"
"이 사람아, 자네가 변(卞) 모씨의 씨지 뭔가?"

월남의 무애행에는 비수 같은 칼날이 번뜩인다.

하루는 이완용을 비롯한 당대의 매국 대감들과 술자리를 같이 했다. 술잔이 한 순배 돌자 월남이 말했다.

"대감들은 일본으로 이사 가서 사시지요."
"왜 일본으로 가나. 조선서 살아야지."

매국 대감의 천연스런 대꾸가 박장대소 속에 돌아왔다. 월남이 되받아쳤다.

"대감들이 사시는 나라는 언제나 망합니다. 그러니 대감들께서 일본에 가서 사시면 일본이 망할 게 아닙니까?"

박정양 대감 댁에서 식객 노릇을 할 때의 이야기다. 시골 고향 집에서 버선을 몇 켤레 해 보냈다. 그런데 버선을 한 켤레씩 짝지어 신고 벗어 빨래하는 게 아니고 왼쪽은 헌 버선, 오른쪽은 새 버선으로 짝짝이를 신고 다녔다. 대감집 하인들 사이에서 쑥덕공론이 돌았다. 미치광이 짓이 아니냐고….

하루는 박대감의 방에 짝짝이 버선을 신고 들어갔다. 대감이 그 연유를 물었다.

"객지 생활하는 놈이 짝을 맞추어 신을 수가 있습니까? 떨어지는 대로 성한 쪽은 그냥 신고 헤진 쪽만 갈아 신다 보니 이렇게 됐습니다."

월남의 무애행에 깃들어 있는 풍류다. 짝짝이 버선을 부끄럼 없이 신는 풍류도 한가롭게 거문고를 타는 것과 같은 세상의 구속을 벗어난 멋부림일 수 있다. 마음먹기에 따라서는….

05

# 구문소자 - 구양수의
# 글과 소동파의 글씨

---

## │ 구문소자(歐文蘇字)

당시 최고의 명품으로 평가되는 '구양수의 글-소동파의 글씨 작품'을 산골 나무꾼이 얻었다는 재미있는 일화다. '구문소자'는 진주(구양수의 글)와 옥(소동파의 글씨)이 한데 꿰여 있는 보물급 문예 작품으로 많은 사람들이 갖기를 소망했다. 두 사람 다 당송 8대가에 들어가는 대가들이니 그 작품이 명품일 수밖에 없었다. 전해지는 바로는 당시 문인·선비들이 꿈속에서 '구문소자'를 얻었을 경우 잠을 깬 뒤에도 여전히 흥분을 금치 못했다고 한다. 또 이 꿈을 친구들에게 얘기해도 아무도 황당무계한 소리를 지껄인다고 하지 않았다는 것이다. 얘기를 듣는 사람들은 심지어 자기가 그 아름다운 꿈을 꾸지 못한 걸 안타까워하기까지 했다고 한다. 일반 백성 중 구문소자 작품을 가지고 있는 사람은 관청에서 세금을 3년 동안 면제해주었다고도 한다.

저주(현 안휘성 저현) 낭야산 아래 이씨 성을 가진 늙은 나무꾼이 수중에 이런 진귀하기 이를 데 없는 구문소자를 소장하고 있었다. 구양수(1007~1072)가 저주 태수로 부임해 낭야사 주지인 지선 스님과 두터운 교분을 맺고 지냈다. 지선 스님은 구양수를 위한 정자를 짓고 구양공의 호를 따라 '취옹정(醉翁亭)'이라 명명했다. 구양수는 정자 건립을 기념하는 천하의 명문 〈취옹정기〉를 직접 지었다.

구양공은 다음날 〈취옹정기〉 여섯 부를 베껴 써서 여섯 군데 성문 옆에다 붙여놓고 "지나가는 사람들에게 수정을 받고자 한다"라고 했다. 저녁이 돼 등불을 돋울 시간인데 아전이 육순에 가까운 노인을 데리고 들어와 "대인, 낭야산 이씨 노인이 문장 고치는 것을 도우러 왔답니다"라고 아뢰었다. 태수는 노인을 반갑게 맞아들였다. 노인의 나이를 물으니 쉰아홉이라고 하자 구양공은 형님뻘이라며 얼른 윗자리로 모셨다.

"노인장께 가르침을 받고자 하는데 제 글 어디를 고쳐야겠습니까?"

나무꾼은 당황하는 듯했지만 곧 입을 열었다.

"솔직히 말씀드려 저는 무식해 대인의 문장을 다른 사람이 읽어주는 것을 들었는데 구구절절 모두 곡진했습니다. 다만 첫머리가 좀 번다한 것 같습니다."

노인의 말을 듣고 구양수가 문장의 첫머리를 읊조렸다.


**滁州四面皆山也**(저주사면개산야)

**저주의 사면은 모두 산이다.**

**東有烏龍山**(동유오룡산)

**동쪽으론 오룡산이 있고**

**西有大豊山**(서유대풍산)

**서쪽으론 대풍산이 있으며**

구양수가 "북쪽엔 백미산이 있다"까지 읊조리자 노인은 "바로 여기에 흠이 있습니다"라면서 "낭야산 남천문에 가보시면 동서남북 산이 모두 한눈에 들어와 산 이름을 하나하나 구별할 필요가 없습니다"라고 했다. 태수가 "노인장, 그러면 글 첫머리를 '저주의 둘레는 모두가 산이다(環滁皆山也)'라고 고치면 어떻겠습니까?"라고 물었다. 노인은 고개를 끄덕이면서 "좋아요 이번엔 번잡하지 않군요"라고 만족해 했다. 다섯 단락의 문장이 한 구절로 축약됐다.

구양수가 노인께 사례를 하고자 "원하는 것을 말해 달라"고 했다. 노인은 말했다.

"소인은 별로 원하는 게 없습니다. 그저 '구문소자'를 하나 얻었으면 합니다. 하늘 높고 땅 두꺼운 줄 모르고 지나친 욕심을 부렸나 봅니다. 대인께서는 별로 개의치 말아주십시오."

구양수는 노인의 청을 흔쾌히 받아들이며 "마음 놓으십시오. 제가 곧 해드리겠습니다"라고 약속했다.

열흘쯤 지난 뒤 구양수는 낭야산 밑에 다 허물어져 가는 초가집으로 그 늙은 나무꾼을 찾아가 약속대로 자신의 〈취옹정기〉를 소동파가 쓴 '구문소자'를 노인의 손에 직접 건네주었다. 절세(絶世)의 풍류였다.

구양수는 강도 태수로 가서도 몇 번 사람을 보내 그 노인을 양주로 초대해 같이 술을 마시며 담소했다.

# 향내음을
# 귀로 듣다

## | 청금도(聽琴圖)

송나라 휘종 황제가 그렸다는 거문고 연주 그림이다. 채색화다. 노송 아래 중앙에 금을 타는 악사(휘종 황제)가 있고 양옆으로 연주를 감상하는 선비(조정 대신)가 각각 한 명씩 앉아 있다. 선비의 시중을 드는 동자 한 명도 있다.

이 그림에서 반드시 눈여겨보아야 할 대목이 있다. 바로 악사 옆의 탁자 위 향로에서 하얀 실 같은 가느다란 향 연기가 피어오르고 있는 것. 우리는 이 그림에서 탈속의 풍류와 기막힌 심미 경계를 읽어 볼 수 있다. 우선 음악이 향내음 퍼지는 시공간에서 일상의 경계를 벗어나 감상자를 초월의 경지로 초대하는 듯한 심미

휘종 청금도, 북경고궁박물원

적인 현장 분위기다.

현장 분위기에 대한 직감적인 느낌을 진정시키고 그림을 좀 더 차분히 살펴보자. 음악과 향이 어우러진 이 연주 감상은 감상자가 음악과 향을 나누어 듣고 냄새 맡는 게 아니라 동시에 듣고 맡음으로써 청각과 후각의 경계구분이 없어지고 하나로 통일된 초월적 경계(境界)임을 암시한다. 이런 경지에서는 동시에 귀로 향내음을 맡고 코로 거문고 연주 소리를 듣는다. 귀로 소리를 듣고 코로 냄새를 맡는 일상과는 전혀 다른 탈속의 경지다. 참으로 멋지고 고급스러운 풍류다. 귀로 향내음을 듣는 문향(聞香)의 풍류는 그저 단순히 코를 통해 향내를 맡는 것에서 나아가 향내음이 불러일으키는 감성을 마음으로 듣는 심리적이고 심미적인 영역으로 승화시킨다.

피어오르는 향 연기를 따르던 눈의 초점을 멈추고 잠시 눈을 감고 마음을 가라앉힌 채 거문고 연주를 감상하는 가운데서 사색에 빠지는 선비의 모습을 상상해보자. 피어오르던 향 연기는 결국 사라지고 마는 게 향의 본질이다. 세상 만유(萬有)의 귀결처는 이처럼 공(空)이다. 이러한 향의 본질을 살피는 심미적 태도는 마음의 안정과 명상에 각별한 의미를 갖는다. 일상의 제의(祭儀)에 앞서 향을 피우는 것도 마음을 다스리기 위한 행위다. 그림의 제화시에 '무현(無絃)'이 언급돼 미학적인 소리 없는 무현금 연주의 풍류를 연상시키고 있어 아주 심오하기도 하다.

그림은 사람들에게 감성적 만족을 제공해 인격적인 고급 정신을 향수케 하는 '심미 경계'를 한 폭의 실경 산수화처럼 선명하게 보여주었다. 이 그림을 통해 귀로 향내음을 듣는 초월적인 문향(聞

香)의 풍류를 실감했다면 큰 소득이다. 조선의 선비들은 독서를 시작할 때 단정히 의관을 갖추고 향로에 향을 지폈고 부부의 침실에도 향을 피웠다. 〈청금도〉의 거문고 연주 감상은 흔히 부속 절차처럼 생각하고 지나쳐버리기 쉬운 향을 사르는 '분향'에 포인트가 있다고 볼 수도 있다. 그 고급스러운 심미 경계의 풍류를 머릿속에서라도 거듭 즐겨보고자 한다.

향을 피우는 후각 경험을 통해 신의 세계와 교감하는 가운데 개인 수양과 영성으로까지 확대된 동아시아의 향 문화는 우리를 독특한 미적 체험으로 이끄는 매우 소중한 감각 통로다. 향문화는 일본이 많이 발달해 있다. 일본의 향 문화는 헤이안 시대(714~1185) 이후 종교의 영역을 넘어 사적이고 심미적인 영역으로 넓혀졌고 유희로까지 발전했다. 각종 향회(香會)가 생겨나 향 이름 맞히기 등과 같은 유희를 한다. 향 재료인 침향이 국보로까지 지정돼 보존되는 나라는 일본뿐이다. 교토 쇼소인(正倉院)에 소장된 란자타이(蘭奢待)가 바로 그것이다. 현재도 일본에선 향로를 전시해 실내 공간을 장식하는 중요한 주제로 사용하기도 한다. 무사들에게 향은 단순한 취미를 넘어 품격과 무사도 정신을 구현하기 위한 절대적 필수품이기도 했다.

한국의 경우는 신라 시대에 이미 불교 의례를 넘어 일상생활에까지 향을 사용한 기록이 있다. "수로부인의 몸에서 풍기는 향"이라는 표현이 있고 고려 시대에는 매우 광범위하게 사용된 기록이 있다. 고려 부인들은 향유를 바르는 것은 좋아하지 않았지만 비단으로 만든 향낭을 찼고 향을 끓인 물을 담아서 옷에 향기를 쏘이는 박산로(博山爐) 등을 사용했다.

　중국의 경우 양귀비가 목욕했다는 장안 화청지(華淸池)에 향목이 산처럼 쌓여 있었다고도 한다.

　인류 최초의 향은 신에게 바치는 훈향(薰香)이었다. 적은 양을 피워도 널리 퍼져나가 신전의 신비감을 자아내게 했다. 지역적으로는 고대 서아시아에서 향을 가장 먼저 쓰기 시작한 것으로 추정된다.

　　은둔의 미학

# 당 태종과
# 〈난정서〉

당 태종 이세민은 정무를 마친 후의 나머지 시간은 모두 서예 연구에 몰두했다. 이세민은 많은 서예가 중 왕희지의 작품을 가장 좋아해 국고를 들여 2,290여 점의 왕희지·왕헌지 부자의 서예 작품을 사들였다. 이 중 뛰어난 작품 300여 점을 골라 궁내에 보관하고 금과 옥같이 귀중히 여기며 정성을 다해 자첩(字帖)을 모사했다.

그런데 태종은 왕희지의 작품 중 작품인 〈난정서〉를 이름만 들었을 뿐 그 진본을 구하지 못했다. 백방으로 수소문한 결과 그 진본이 왕희지의 7대손으로 출가한 영흔사 지영 선사가 소장하고 있다가 입적하면서 상좌 변재 선사에게 넘겨 주어 소중히 보관되고 있음을 확인했다. 지영 선사는 왕희지의 셋째 아들 왕휘지의 후손으로 승려이면서도 가업인 서예를 열심히 익혀 필획·구조·장법 및 신기(神氣)가 〈난정서〉 진본과 구별하기 어려운 핍진난본(逼眞難本)의 경지였다. 그가 붓글씨 연습 중 닳아서 버린 붓이 한 섬 들이 대나무 통 5개를 가득 채웠다고 한다.

변재 선사는 〈난정서〉를 매우 귀히 여겨 지영 선사보다도 더 철저히 보관했다. 내실 대들보 위에 공간을 만들어 숨겨 놓아 사람들이 쉽게 발견할 수 없도록 했다. 태종은 변재 선사에게 사람을 보내고 또 직접 궁중으로 초치하기도 해 〈난정서〉 진본을 바치도록 설득했지만 뜻을 이루지 못했다. 변재 선사는 "〈난정서〉가 어디에 있는지도 모른다"라고 딱 잡아뗐다. 사부(지영 선사)를 모실 때는 늘 보았지만 대사 입적 후 몇 차례 난리를 겪으면서 작품의 행방이 묘연해졌다는 것이었다.

태종은 가까운 신하들에게 사정을 이야기하고 지모를 갖춘 사람을 찾아 계략으로라도 〈난정서〉를 얻어와 보라고 했다. 상서 방현령이 나서서 감찰어사 소익을 추천하면서 "소익은 다재다능하고 지략이 뛰어나 능히 〈난정서〉를 구해 올 것"이라고 했다.

소익은 풍성한 도포를 걸친 산동(山東) 서생 차림으로 태종이 내어준 허접한 왕희지의 자첩 하나를 가지고 해질 무렵 영흔사에 들어가 회랑을 거닐었다. 변재 스님은 문 앞에 사람이 어른거리자 "귀객께서는 어디서 오신 시주(施主)이십니까?"라고 물었다. 소익은 "북방에서 누에 알 장사를 하는 사람인데 천행으로 선사를 뵙는 영광을 얻었다"라며 공손히 인사했다. 두 사람은 첫 대면부터 뜻이 통해 바둑으로 수담(手談)을 나누고 시를 수창하며 지내는 사이가 됐다. 다음 다음날 소익이 술병을 들고 두 번째로 영은사 변재 선사를 찾아갔다. 소익은 술자리가 무르익자 "집안에 왕희지 부자 진본 범첩(法帖)이 있어 장사를 하는 중에도 늘 지니고 다닌다"라고 했다. 변재 선사는 반가워하면서 내일 올 때 꼭 좀 가지고 와보라고 했다. 다음날 소익은 왕희지 자첩을 가지고 가서 변재 선사에게 보여주었다. 변재 선사는 "진품이긴 합니다만 빈승(貧僧)이 이보다 더 훌륭한 진품을 하나 가지고 있는데 정말 귀한 것이죠"라고 했다.

소익이 물었다.

"그게 무슨 자첩입니까?"

변재가 대답했다.

"〈난정서〉외다."

소익이 얼굴에 미소를 띠며 "이미 난리를 몇 차례 겪었는데 진품이 어디 있겠습니까? 틀림없이 '모사품'이겠지요"라고 했다. 변재 선사가 "믿지 못하겠으면 내일 와서 보십시오"라고 했다.

소익은 다음날 변재 선사가 보여주는 〈난정서〉를 보고 "이건 역시 틀림없는 위작입니다"라고 했다. 두 사람은 옥신각신하면서 작품의 진위 여부를 다투었다.

변재 선사는 이런 일이 있은 후 〈난정서〉와 소익이 가져온 자첩을 책상 위에 놔두고 매일 몇 차례씩 모방해 쓰는 연습을 했다. 그러던 어느 날 소익은 변재 선사가 신도 집 잔치에 초대를 받고 간다는 소식을 듣고 잔칫날 영흔사로 달려갔다.

상좌에게 책을 싸는 비단 보자기를 깜박 잊고 선사의 침상 위에 놓고 나왔는데 가져가야겠다며 방에 들어가 재빨리 〈난정서〉와 자기가 가져다 둔 왕희지 자첩을 함께 싸가지고 황급히 나와 역참으로 달려갔다.

소익은 도독에게 성지를 받들고 온 어사라며 변재 선사를 급히 불러오라고 요청했다. 소익은 관아로 불려온 변재 선사에게 "나는 성지를 받들어 〈난정서〉를 구하러 왔는데 지금 그것을 얻었으니 곧 선사께 작별을 고하고 돌아가야겠습니다"라는 작별 인사를 했다. 변재 선사는 당시 80세였는데 1년을 더 연명하다가 세상을 떠났다.

당 태종은 이렇게 해서 얻은 왕희지의 〈난정서〉 진본을 당시의 명필들에게 복사시켜 황태자와 제왕·근신들에게 선물했다. 또 〈난정서〉를 체본으로 해서 글씨 연습을 하고 많은 시간 거듭 감상하기도 했다. 그는 임종이 가까워지자 〈난정서〉를 곁에 묻어달라고 유언했다. 그래서 그 절세의 명필은 땅속에 묻혀 더 이상 아무도 볼 수 없게 됐다.

당 태종의 이 같은 풍류는 취미 이상의 호학(好學)이었고 멋진 지성미였다.

은둔의 미학

# 08  소동파 누이동생의 풍류

송나라 대문호 소동파(1037~1101)가 어느 날 밤 그의 득의제자(得意 弟子) 황정견과 자신의 저택 정원에서 차담을 나누고 있었다. 잠시 뒤 동파의 누이동생 소소매(蘇小妹)가 다가와 개구쟁이처럼 배시시 웃으며 입을 열었다.

"제가 방금 연구(聯句) 하나를 지었는데 관건이 되는 두 글자가 잘 떠오르질 않아 두 분께 가르침을 받고자 합니다."

황정견이 말했다.

"그럼 우리가 듣도록 네가 그 연구를 읊어봐라."

황정견은 흥미 있어 하며 말했지만, 동파는 소매의 시재(詩 才)와 장난기를 알고 있는 터라 웃기만 할 뿐 입을 열지 않았다. 소매는 재기가 넘쳐 시와 사(詞)를 잘 지었는데 장난기가 있어 어려운 문제로 사람을 떠보길 좋아했다.때문에 그녀가 말하는 관건이 될 두 글자는 쉽게 해결될 수 없으리라고 생각한 동파 는 계속 침묵했다.소매가 한 글자씩을 더 채워야겠다는 연구는 다음과 같았다.

輕風細柳(경풍세류)
**산들바람에 가녀린 버들**

淡月梅花(담월매화)
**으스름 달빛에 매화**

소매는 오빠와 황정견을 힐끔 바라보면서 이 두 구절 중간에 한 자씩 채워 넣을 글자를 두 분께서 가르쳐 주시길 청했다. 황정견이 잠시 생각에 잠기더니 곧 큰 소리로 읊었다.

輕風舞細柳(경풍무세류)
**산들바람에 가녀린 버들 춤추고**

淡月隱梅花(담월은매화)
**으스름 달빛에 매화가 숨었네**

소매는 "너무 통속적"이라며 머리를 가로저었다. 이번에는 동파가 가라앉은 목소리로 말했다.

"요(搖)자와 영(映)자를 넣으면 어떻겠니?"

輕風搖細柳(경풍요세류)
**산들바람에 흔들리는 실버들**

淡月映梅花(담월영매화)
**으스름 달빛에 비치는 매화**

소매는 몇 번 읊어보고는 역시 머리를 흔들었다. 오빠도 불합격이다. 동파와 황정견은 얼굴을 마주 보고 미간을 찌푸리면서 가볍게 탄식했다. 그러자 소매는 자신이 생각한 글자를 넣어 천천히 읊어 나갔다.

輕風扶細柳(경풍부세류)
**산들바람은 가녀린 버들을 지탱해 주고**
淡月失梅花(담월실매화)
**으스름 달빛에 매화의 모습 사라졌네**

이를 들은 두 사람은 거듭 찬탄하면서 "오늘 우리는 너에게 굴복한다"라고 했다. 소매가 보탠 글자는 확실히 동파와 황정견의 글자들보다는 한 수 위였다. 부(扶)자는 형체도 그림자도 없는 바람을 의인화(擬人化)해서 버들의 흔들거리는 움직임과 형상을 생동적이고 구체적으로 부연해 표현했다. 또 실(失)자는 담담한 달빛과 결백한 매화를 하나로 융합시켜 서로를 구분하기 어렵게 했다. 이렇게 함으로써 연구를 읽는 사람으로 하여금 일종의 몽롱한 미감을 느끼게 하면서 맑고 그윽하며 담백한 의경(意境)을 심미할 수 있게 했다.

| 소소매의 에피소드 하나

그녀는 문재(文才)와 용모를 두루 갖추었기 때문에 신랑감을 선택하는 기준도 일반인들과는 달랐다. 자신의 시문에 부합하는 시를 짓는 사람을 신랑감으로 고르겠다고 하여 소문이 퍼지자 시문을 보내 청혼하는 사람이 줄을 이었다. 그중에 상당한 문벌 집안의 총

각 방약허가 자신의 '득의작(得意作)'이라고 여기는 시문을 보내 청혼했다. 그녀는 그의 시문을 보고 즉시 혹독하게 비평하는 대련을 써넣은 답신을 보내고자 했다.

筆底才華少(필저재화소)
**붓 아래 재기가 적으니**
胸中韜略無(흉중도략무)
**가슴속에 도략(병법)이 없겠구나**

동파가 대련구를 보고 깜짝 놀라 소매를 설득 끝에 유(有)자와 궁(窮)자 한 글자씩을 더 보태서 보냈다.

筆底才華少有(필저재화소유)
**붓 아래 재주는 조금 드러내면서**
胸中韜略無窮(흉중도략무궁)
**가슴 속에 도략은 무궁하구나**

방씨네 집안은 권세가 막강해 소매의 답신을 그대로 보냈다가는 장작을 지고 불 속에 뛰어드는 꼴이 될 수 있기 때문에 동파가 신경을 쓰지 않을 수 없었다. 방총각이 소매의 답신을 보고 기분이 좋아 즉시 만나 줄 것을 요구해 동파가 나서 자신의 동생 용모가 "얼굴은 여산 폭포처럼 길고 이마는 곤륜산처럼 튀어나온 추물"이라 귀하의 배필이 될 수가 없다고 완곡하게 거절했다.

# 휘종 황제의
## 화제(畫題)

송(宋) 휘종 황제는 천재 화가였다. 그는 역대 명화로 손꼽히는 작품을 남기기도 했고 회화 미학에 대한 일가견을 가지고 황실화원 화가들을 직접 지도하기도 했다. 또 그는 역대 명화들을 대량 수장해 놓고 높은 심미안(審美眼)으로 감상하는 풍류를 즐기기도 했다. 그는 중국 역사상 문화예술에 대한 조예가 가장 깊었던 '문화 황제'였다.

## | 심산장고사(深山藏古寺)

"깊은 산이 고찰(古刹)을 감추고 있다." 휘종 황제 조길(1082~1135)이 화원 화가 선발 고시에 직접 출제한 화제(畫題)였다. 즉 깊은 산속에 숨겨져 있는 오래된 옛절을 그려보라는 문제였다. 고시장의 많은 화가들은 눈을 감고 생각에 잠기거나, 귀를 잡아당기며 뺨을 문지르거나, 눈썹을 찌푸리고 인상을 쓰는 등 깊은 산속의 고찰을 어떻게 표현해낼까를 고심했다. 그려낸 그림들을 조길이 직접 심사했다.

대부분의 그림이 산허리나 숲속에 오래된 절을 그려 넣거나 두 개의 산봉우리 사이 계곡에 사찰의 일부만 드러나게 그린 것들이었다. 단지 한 폭만이 조길의 마음을 끌었다. 애당초 사찰의 모습이 없고 큰 산 아래서 늙은 스님 하나가 작은 냇가 옹달샘의 샘물을 긷고 있는 그림이었다. 이를 본 조길은 자신도 모르게 탁상을 치며 소리쳤다.

"좋구나! 한 명의 스님으로 '장(藏)'자의 숨기고 있다는 의미를 충분히 드러냈고 비록 오래된 사찰이 없지만 바로 노스님을 통해 고찰 스스로를 드러내고 있구나. 구상에 있어 확실히 독창적인 점이 두드러지니 당연히 이 그림이 일등이다."

조길은 이 그림을 그린 화가가 자신이 제시한 '장'자의 화의(畫意)를 완벽하게 터득했음을 크게 기뻐했다. 스님이 있으니 절이 있고 늙은 스님이니 절도 오래된 고찰일 것이다. 스님의 늙음과 사찰을 융합해 만들어낸 '의경상(意境上)의 고찰'이 사실적(寫實的)으로 그려낸 고찰보다 훨씬 더 멋있고 감동적이다.

조길은 마치 과거를 통해 진사(進士)를 선발하듯이 화제를 내어 화원(畫員)들을 선발했다. 화제는 대체로 고인들의 시구를 제시해 화가의 역량을 측정했는데 화의와 시문(詩文)에 대한 기초 지식 및 풍부한 예술적 상상력·창조적 사유 능력과 작품의 의경 표현을 중시했다. 이는 조길이 이미 회화와 문학을 결합해 소동파가 제시한 그림 속에 시가 있는 '화중유시(畫中有詩)'의 예술 경계를 진일보시킨 것이었다. 조길은 황실 화원(畫院)에 자주 행차하여 화가들을 지도하고 자신의 미학사상을 전파했다.

은둔의 미학

> **野水無人渡**(야수무인도)
>
> **들판의 물 건너는 이 없으니**
>
> **孤舟盡日橫**(고주진일횡)
>
> **외로운 배만 종일토록 가로 놓여 있구나**

정화(政和) 연간의 화원 고시에 출제된 화제다. 고인의 시구다. 고시에 참여한 화가들 대부분이 한 척의 배가 버드나무가 있는 강 언덕에 매여있거나 아니면 한 마리 해오라기가 뱃전에서 쉬고 있는 그림과 까마귀가 배의 덮개나 돛대 위에 서 있는 그림들을 그려냈다.

그러나 조길이 가장 높이 평가해 수석으로 급제시킨 것은 한 어부가 배 뒷전에 누워 피리를 든 손을 비스듬히 내려뜨리고 조는 그림이었다. 이 그림이야말로 물을 건널 나그네가 없으므로 사공이 피리를 불며 무료함을 달래다가 잠이 들었고 외로운 배는 종일토록 가로 놓여 있어 시의 내용을 제대로 드러냈던 것이다.

> **踏花歸去馬蹄香**(답화귀거마제향)
> **꽃을 밟고 돌아가는 말발굽에 향기가 엉기네**

역시 고인의 시구로 조길이 화원 고시에 출제한 화제였다.

응시자들이 그려낸 그림은 대체로 말과 꽃이 그려져 있고 미인이 말을 타고 꽃이 만발한 지점을 지나가는 등의 그림이었다. 단지 한 폭만이 다른 그림들과 전혀 달랐다. 꽃이 전혀 없는 그림이었다.

이 그림은 몇 마리의 나비가 말 뒤를 바짝 따라가는 것을 그렸을 뿐이었다. 이 화면만으로도 봄바람에 꽃향기가 풍기는 것을 충분히 느낄 수 있고 무형의 꽃향기를 나비를 통해 유형화시킨 놀라운 솜씨를 발견할 수 있다.

조길은 어느 날 선화전 앞의 여지나무에 탐스럽게 달린 붉은 열매를 보고 찾아든 공작새 한 마리가 나무 아래서 날개를 펼치는 모습이 마치 한 폭의 아름다운 그림 같아 화원들을 불러 그 정경을 그리게 했다. 마침 공작이 호흡을 가다듬더니 날아오르려 했다.

화가들은 이 순간의 아름다운 모습을 포착하여 그림을 그리기에 여념이 없었다. 그런데 화가들의 그림을 보고 난 조길은 한 폭도 마음에 들어 하지 않고 고개를 가로저었다. 화원들은 몹시 당황했고 두렵기도 했다. 조길은 며칠 뒤 화원들을 불러 자신이 "왜 그날의 공작 그림들을 마음에 들어 하지 않았는지 알겠느냐?"라고 물었다. 화원들은 머리만 조아릴 뿐 아무 대답도 못했다. 조길이 입을 열었다.

"공작이 날아오르려 할 때는 반드시 왼쪽 다리를 먼저 드는데 그대들은 오른쪽 다리를 든 것으로 그렸다."

즉 그림을 그릴 때는 묘사하고자 하는 대상을 면밀히 관찰해야만 비로소 생활 현실과 부합되는 그림을 그릴 수 있다는 것이다. 사물의 외형을 그릴 때는 그 형태에 변화를 가하지 말아야 한다는 '풍상(風尙)'을 강조했던 것이다.

그는 새로 지은 용덕궁 회랑에 화원들이 그린 벽화를 보다가 아치형 회랑에 이르러 비로소 걸음을 멈추고 가지가 비스듬히 늘어진 월계화 그림을 감상한 후 "이 그림은 누가 그린 것이냐?"라고 옆의 화원들에게 물었다. 화원들은 웬 영문인지를 몰라 어리둥절해했다.

조길은 그 그림이 신참 화원이 그린 것을 알고 큰 상을 내렸다. 소년 화원의 월계화 그림은 시간에 따라 색깔과 형상이 다양하게 변하는 것을 잘 포착해 정오의 만발한 모습을 정확히 그렸다는 점을 높이 평가했다. 이런 평가는 그가 심미안을 지니고 있었기에 나온 것이다. 회화뿐만 아니라 그의 글씨 특히 해서와 초서도 수준급이었다.

'문예 황제' 휘종은 정치에는 아주 무능해 여진족이 세운 금(金)나라에 항복하고 아들 황제 부부와 함께 포로가 돼 전전하다가 끝내는 흑룡강성에서 객사하는 비참한 최후를 맞았다.

# 10 대구(對句)를 완성하다

청나라 건륭 연간(1735~1795)의 이야기다. 진사 합격 후 광동학정 등을 역임한 문인이며 희곡 이론가인 이조원(1734~?)이 은퇴해 사천 고향집에 머물면서 요산요수(樂山樂水)의 풍류를 즐기고 있었다. 그는 대구(對句)에 아주 능했고 서예에도 일가견을 가진 대가였다. 하루는 산행 중 홀연히 눈앞에 고찰이 다가왔다. 근처에 다다르니 운무가 감도는 가운데 향내음이 물씬하고 종소리도 은은하게 들려왔다.

절 문 앞에서 스님을 만나 인사를 하니 그의 명성을 익히 듣고 들었던 스님이 곧장 방장스님에게로 안내했다. 방장스님은 이조원이 재능과 덕을 두루 겸비한 사람임을 이미 알고 있던 터라 반갑게 맞아 방장실로 함께 입실했다. 방장스님은 향기로운 차와 풍성한 과일을 대접하고 나서 사찰 경내 이곳저곳을 안내했다.

그런데 방장스님이 무슨 말을 꺼낼 듯 꺼낼 듯하다가 이내 그만두곤 했다. 마침내 이조원이 눈치를 채고 "제가 도울 일이 있으면 무엇이든 말씀하세요"라고 했다. 방장스님이 말했다.

"소승보다 훨씬 전으로 몇 대를 거슬러 올라가 이 절 주지를 지내던 스님이 수묵화 한 폭을 그려 명(明)나라 때의 항주 재자(才子)인 당백호가 마침 절에 들렀기에 그림의 제화(題畵) 글을 청했답니다. 당백호는 주저함 없이 붓을 들어 일곱 글자를 쓰고는 '제가 쓴 것은 대구의 상련(上聯)입니다. 이후 이 대구의 하련(下聯)을 쓸 수 있는 사람이 있으면 그는 분명히 뛰어난 재주를 가진 사람입니다'라고 말하고는 이내 절을 떠나갔답니다."

방장스님의 이야기를 다 듣고 난 이조원은 흥취가 일어 "그 상련을 견문이라도 트이게 한 번 볼 수 있겠습니까?"라고 정중히 청했다. 방장스님은 일어나 방장실 안쪽 벽에 걸린 붉은 비단 휘장을 향해 삼배한 후 휘장을 걷었다. 이조원도 일어나 가까이 다가가 그림을 보니 필법이 간결하면서도 화법(畵法)을 터득한 솜씨였고 마치 연꽃이 종이 위에 그려진 것이 아니라 연못 속에 살아 있는 듯했다. 방장스님은 그림을 벽에서 떼어내 펼쳐놓았다. 상련 대구는 다음과 같았다.

**畵上荷花和尙畵(화상하화화상화)**
**그림 위의 연꽃은 스님이 그린 것이다**

당백호의 친필임은 전혀 의심의 여지가 없었다. 이 일곱 글자 상련은 앞에서부터 읽든 뒤에서부터 읽든 독음이 같았다. 이런 시구를 흔히 '회문대(回文對)'라고 하는데 고난도의 테크닉이 요구된다. 방장스님은 이조원이 꼼짝도 하지 않은 채 생각에 잠긴 모습을 보고 상련의 오묘함을 모르나 싶어 일깨워 주었다.

"이대인, 당백호의 상련은 참으로 오묘합니다. 정독(正讀)을 하든 반독(返讀)을 하든 독음이 같습니다. 이 산사에 왔던 많은 재사들이 이 상련에 대한 대구를 짓지 못하고 포기했답니다. 그래서 지금까지 '하련'이 없습니다."

이조원은 이때 갑자기 영감을 얻어 하련을 생각해냈다. "제가 이곳의 필묵을 좀 빌릴 수 있겠습니까?"

방장스님은 그가 이미 대구를 만들었다고 확신하고 붓과 벼루·돌로 만든 커다란 진척[鎭尺 : 일명 서진(書鎭)이라고도 하는 문방구로 종이나 책을 눌러 놓는 데 사용된다]을 들고나와 그림을 잘 눌러놓았다. 이조원이 진척을 보니 아래와 같은 글귀가 음각돼 있었다.

落霞與孤鶩齊飛(낙하여고목제비)
**지는 붉은 노을 외로운 들오리와 함께 나란히 날고**
秋水共長天一色(추수공장천일색)
**가을철 푸른 강물은 드넓은 하늘색과 같이 하였네**

이조원은 이 글귀가 초당 4걸(四傑) 중의 한 사람인 왕발의 〈등왕각서〉에 나오는 유명한 절창구임을 알고 글씨의 필치를 살펴보았다. 필획은 물결 형세가 두드러지고 글자의 끝맺음이 긴박하면서도 사면으로 뻗어 나갔으며 성기거나 긴밀한 곳이 교묘하게 대비를 이루어 호탕한 가운데 멋이 흘러넘쳤다. 붓을 건네받은 이조원은 겸손히 말했다.

"시늉이나 한번 내보지요."

그리고는 당백호가 쓴 글씨체와 같은 행서(行書)로 상련 왼쪽에 다음과 같이 썼다.

書臨漢字翰林書(서림한자한림서)
**글에 쓰여 있는 한자는 한림(황제의 비서)이 쓴 것이다**

글을 본 방장스님은 탄식하며 감개해 했다. "이대인은 역시 비범하십니다. 문사(文思)가 이처럼 민첩하고 뛰어나니 참으로 문재이십니다"라고 극찬했다. 이조원의 하련은 상련과 실로 '동공이곡(同工異曲)'의 짝을 이루는 멋진 대구였다. 앞에서부터 읽으나 뒤에서부터 읽으나 독음이 '서림한자한림서'이다.

11         증점의
                풍류

---

**"저는 화창한 봄날 새로 지은 봄옷을 꺼내 입고 성인 제자 대여섯
과 동자 예닐곱 명을 데리고 기수에 나가 목욕하고 무우 언덕에서
바람을 쐬다가 시를 읊으며 돌아오겠습니다."**

**暮春者 春服旣成 冠者五六人**(모춘자 춘복기성 관자오륙인)

**童子七八人浴乎沂 風乎舞雩 詠而歸**(동자칠팔인욕호기 풍호무우 영이귀)

증점의 입을 통해 대변된 유가의 풍류다. 유가의 이같은 대표적인
풍류는 공자와 제자들의 문답에 나오는데《논어》〈선진〉편에 기
록돼 있다. 공자는 증점의 이 말을 듣고 소리내어 감탄하면서 "나
도 증점과 같이 하고 싶다"고 했다. 공자가 어느 날 제자 자로·증
석·염유·공서화 등과 자리를 같이해 장차의 포부를 묻자 세 명은
모두 정치적 포부를 밝히거나 갖고 싶은 직업을 말했는데 증석만
위와 같은 대답을 했다. 증점(증석·증자로도 병칭됨)이 말한 유가의 풍
류를 '욕기영귀(浴沂詠歸)'라는 네 글자로 요약하기도 한다.

    증점은 소박한 인간생활 속에서 무리하지 않고 조촐한 풍류를

    은둔의 미학

즐기며 살겠다고 했다. 증점은 정치보다 풍류를 즐기는 사람이다. 때문에 뜨거운 욕망에 시달리지 않는다. 그는 혼자 조용히 거문고 타기를 즐기기도 했다.

유가의 풍류는 장자의 '소요유' 같은 넓고 깊은 미학적 철리(哲理)를 노래하지 않는다. 유가의 풍류는 도가와는 달리 중화(中和) 중심주의, 이성 중심주의, 경전 중심주의, 예법 중심주의다. 따라서 유가의 풍류는 일시적인 기분 전환의 일탈로 끝내고 돌아오는 것을 철칙으로 하는 '복귀의 미학'이다. 이러한 풍류는 문명 발달사에서 노장(老莊)의 광자적인 풍류가 추구한 긍정적인 지고(至高)의 경지에는 미치지 못한다.

유가의 풍류를 좀 더 살펴보자. 신(神)의 권력 행사는 비의성(秘義性)과 임의성·주관성을 갖는다. 그러나 인간의 권력 행사는 투명성과 객관성·보편성을 갖추어야 한다. 공자는 이러한 인간 권력 행사를 해결하는 황금률(黃金律)로 '인(仁)'이라는 개념을 제시했고 구체적으로는 "자신이 싫어하는 것은 다른 사람에게도 시키지 말라(己所不欲 勿施於人)"는 윤리 덕목을 강조했다. 공자는 인간 권력 행사의 세 가지 요건을 완성하는 규칙으로 '친친(親親)'을 제시해 혈연적 유대와 주관적 태도를 중시했다.

반면 노자는 문제 해결의 황금률로 '무위(無爲)'를 제시, 주관성을 배제하고 자연의 객관적 태도를 중시했다. 그래서 노자는 "천도는 편애가 없다(天道無親)"라고 설파했다. 무위는 사물을 보이는 대로 있는 그대로 보는 것이고 인은 사물을 이성적·도덕적 주관에 따라 보고 싶은 대로 보는 태도다. 여기서 유가의 풍류와 도가의 풍류가 가는 길이 갈라진다.

　도가와 은사들의 풍류는 '우리'라는 틀 안에 '나'를 편입시켜 우리의 이념에 맞는 '나'들이 되어야 한다는 전체주의적 체제를 거부한다. 그들은 '나'들이 자율적으로 만들어가는 '우리'를 추구한다. 이는 공자와 노자가 각각 추구한 사회체제가 '우리' 중심과 '나' 중심이라는 차이점을 갖고 있음을 말한다. 노장의 '무(無)'는 '있음[有]'의 또 다른 독특한 형식이며 안 보이는 상태의 존재(being)로 눈앞에 펼쳐진 만물 또는 그 만물의 운행법칙을 뜻하는 자연도 본래의 자리는 '무'라는 것이다.

　도가의 풍류는 장자의 '소요유(逍遙遊)'로 대표된다. 장자가 말한 대지(大知)의 광자 정신이 추구한 하늘과 한 무리가 되고자 하는 방외의 '소요유 풍류'는 하늘과 화합하는 천락(天樂)을 지향한다. 여기서는 위로는 홀로 천지를 왕래하면서 조물자와 노닐고 아래로는 생사를 도외시하면서 무한히 변화하는 자연을 친구로 삼는다. 요약하면 탈상식적이고 탈이성적인 광자가 마음속에 품고 있는 초월의 정신, 즉 광자흉차(狂者胸次)의 풍류를 지향한다. 한마디로 하면 '심령 초월의 미학'이다. 과거 많은 은사들의 탈상식적·탈이성적 광자흉차의 풍류와 도연명의 정신적 초월을 지향한 '심원(心遠)의 미학'도 이 같은 장자적 풍류에 속한다고 할 수 있다. 은사들과 도연명의 경우 삶의 방식 그 자체가 곧 풍류였다. 그들이 마음을 통해서 실천한 심적·정신적 초월이 바로 그것이다. 마음은 소요유의 근원이고 사람으로 하여금 진정한 사람이 되게 하는 지반이다. 마음은 일정한 공간을 차지해야 하는 물리적 존재인 몸과는 다른 무형의 존재다.

따라서 모든 것을 무형으로 변화시켜 사라지게 할 수 있다. 물론 이 것은 물리적인 소실이 아니라 마음에 의해 무형으로 소실된 것일 뿐이다. 이때 우리는 이른바 무궁에서 노닐 수 있다.

어떤 제한도 장애도 없는 끝없는 세계에서 자유로이 노니는 것 이다. 이것이 장자가 지향한 초월이고 소요유고 풍류다. 말을 바꾸 면 인간의 해방이다. 장자는 이를 '현해(懸解)'라는 말로 표현했다. 거꾸로 매달려 있는 질곡으로부터 풀려난다는 뜻이다.

노장과 은사 문화의 세계관은 문명이 인간 삶의 가치를 규정하 는 것이 아니라 거꾸로 인간의 삶이 문명이나 문화의 가치를 걱정 해야 옳다는 입장이다. 문명이나 문화가 인간의 삶보다 강자일 수 없다. 노자는 "유약함이야말로 강강(剛強)보다 훨씬 더 강인한 기세 를 함축하고 있다(弱之勝強 柔之勝剛)"라고 했다. (《노자》 78장)

유가적인 가치관에서 보면 도가적인 은사 문화가 소극적이고, 퇴영적이고, 겁약하고 우아함이 없는 잡초(?)처럼 보일 수도 있다. 은사들은 국가권력에 적극적으로 봉사할 생각을 하지 않고 지배 계급의 이익을 도모하는 데 협조하지도 않는다. 또한 근원적으로 문명의 진보에 적극 기여할 생각도 없다. 하지만 연약하고 부드럽 고 소극적이고 낙천적이고 퇴행적인 것처럼 보이는 그들의 풍류는 생명의 새로운 공간을 확보하는 방법이기도 하다. 생명의 새로운 공간에는 장자의 '소요유' 같은 거창한 풍류도 들어 있다. 동양문화 자체가 그렇지만 풍류의 양대 산맥도 유가와 도가다. 풍류의 경우 는 단연코 도가의 풍류가 폭이 넓고 깊이가 깊다.

# 왕발의
# 〈등왕각서〉

落霞與孤鶩齊飛(낙하여고목제비)

노을은 외롭게 나는 들오리와 함께 지고 있고

秋水共長天一色(추수공장천일색)

길게 뻗어 흘러가는 가을날의 감강 물빛과

강물 위 하늘색 같은 색깔이네

천하의 절창구다. 초당(初唐) 왕발(650~676)의 〈등왕각서〉에 나온
다. 〈등왕각〉 시의 서문인 이 글의 원래 이름은 〈추일등홍부등왕각
서문(秋日登洪府滕王閣序文)〉이다. 이 구절 때문에 〈등왕각〉 시는 시
보다 '서(序)'가 더 유명하다.

왕발은 676년 중양절(음력 9월 9일)의 등왕각 잔치에 참석해 이
같은 서문에 이어 말미에 결론적으로 함축한 〈등왕각〉이라는 다음
과 같은 시를 읊었다.

**수련    滕王高閣臨江渚(등왕고각임강저)**

은둔의 미학

높은 등왕각 강가에 우뚝 솟아있고

佩玉鳴鸞罷歌舞(패옥명란파가무)

패옥과 난새 소리 요란한 가운데 흥겨웠던 가무도 끝났네

함련　畵棟朝飛南浦雲(화동조비남포운)

색칠한 지붕 용마루엔 남포의 아침 구름 날고

珠簾暮捲西山雨(주렴모권서산우)

구슬발 저녁 무렵 비가 걷어 올리네

경련　閑雲潭影日悠悠(한운담영일유유)

한가한 구름 못속에 잠기우고 해는 유유히 지나가는데

物換星移幾度秋(물환성이기도추)

만물의 변화와 세월의 흐름 얼마를 지났는가

미련　閣中帝子今何在(각중제자금하재)

이 누각 안에 있던 황제의 아들은 지금 어디에 있는가

檻外長江空自流(함외장강공자류)

난간 밖의 긴 강은 부질없이 스스로 흘러만 가네


왕발의 〈등왕각서〉와 시를 이해하기 위해서는 등왕각의 유래와 중양절 날의 등왕각 연회의 배경을 알아야 한다. 악양루·황학루와 함께 중국 3대 누각의 하나인 등왕각은 당 태종 이세민(598~649)의 아우 이원영이 등왕에 봉해져 온 다음 해 지은 누각이다. 건립 장소는 홍주(현 강서성 성도 남창)였다. 1926년 전란으로 소실됐다가 1983년 중건돼 현재 강남의 명소로 손꼽힌다. 누각 옆으로는 감강이 흐르는데 이 지역에서는 감강의 이 구간을 서강(西江)이라 부

르기도 한다. 등왕각은 높이 57미터 6층의 위용을 자랑한다. 현재 '강서제일루(江西第一樓)'라는 큼직한 편액이 걸려 있기도 하다. 원래 '누'는 2층 이상의 건물이고 '각'은 단층 건물을 가리켰지만 후대에는 혼용해 사용했다.

누각은 황실이나 제후·지방 관리들이 업적으로 남기고 태평성대를 구가한 치적을 과시하기 위해 풍광이 수려한 명소에 세웠다. 주로 시회(詩會) 등을 열고 시인묵객들이 찾아 음영(吟詠)하는 문화 공간으로 사용하며 큰 연회를 베푸는 장소로도 활용됐다. 현대에서는 관광 명소로 인기가 높다. 등왕각의 경우 유명한 문향(文香)과 묵향(墨香)이 전해오고 있다. 초당 4대 문장가의 한 명인 왕발의 〈등왕각서〉와 이를 붓글씨로 써서 남긴 송대(宋代) 명필 소동파의 묵향이 바로 그것이다. 소동파의 글씨 원본은 전란 때 소실됐고 현재 등왕각에 걸린 것은 탁본을 모사한 것이다. 나는 등왕각과 황학루를 각각 두 번씩 찾는 기회를 가졌다. 한 번은 신문 기자 시절 취재차 찾았고 한 번은 관광차였다. 악양루는 바로 근처에까지 갔으나 오르진 못하고 일정에 쫓겨 스치기만 했다.

이제 수나라 때 대학자였던 왕통의 손자 왕발이 등왕각에 올라 시의 서문과 시를 지은 풍류를 살펴보자. 676년 중양절 등왕각 잔치는 홍주 도독 염백서가 등왕각을 중수한 기념으로 연회를 베풀어 사위 오자장의 문재(文才)를 자랑하려는 시회(詩會)였다. 연회석에 지필묵을 갖다 놓고 내빈들에게 글을 짓기를 청했다. 손님 모두가 겸양하며 침묵할 때 우연히 지나가다가 들른 왕발이 용감하게 나가 붓을 들고 〈등왕각서〉와 시를 지었다. 하찮게 보았던 염백서도 왕발의 서문 중 "낙하여고목제비(落霞與孤鶩齊飛)…"를 보고는 두 손을 들었다. 염백서는 사위 오자장의 문명(文名)을 드날릴 수 없음에 화가 치밀어 서문과 시를 짓고는 떠나가 버린 왕발을 체포해 오라고 명했다. 왕발은 추격대에게 붙잡혔다. 뜻밖에도 추격대 속에서 오자장이 나와 사례금 이백냥을 주면서 간청했다.

〈등왕각〉시 말구의 '빈 글자' 한 자가 무엇인지를 가르쳐 달라고 했다.

이에 왕발은 오자장의 손바닥에 손가락으로 한 글자를 써주고는 장인 염백서가 먼저 본 뒤에 보라고 했다. 손바닥에 아무 흔적도 없는 그 손가락 글자는 바로 '빌 공(空) 자'였다.

염백서는 사위 손바닥을 아무리 보아도 글자가 없었다. 이때 오자장은 "여기 있는 글자는 제 눈에만 보입니다. 그 글자는 '빌 공 자'입니다"라고 했다. 그 글자를 채워 넣으니 "공자류(空自流 : 부질없이 흘러만 간다)"가 됐다. 여기서 오자장은 장인에게 생색을 내면서 자신의 문재를 뽐냈고 다른 한편으론 장인의 화를 진정시켰다.

왕발은 여기서 좌천되어 월남에 가 있는 아버지를 뵙고자 배를 타고 가다가 풍랑에 배가 뒤집혀 익사했다. 그의 나이 26세였다.

인구에 회자해 오는 〈등왕각서〉의 "낙하여고목제비 추수공장천일색(落霞與孤鶩齊飛 秋水共長天一色)"은 읊조릴수록 그 형용과 여운이 심미 감각을 자극하면서 길게 길게 뻗어 나간다. 지는 노을과 나란히 짝하여 나는 들오리의 '비행'을 대비해 하나로 통일시킨 문학적 기교와 철학적 문리(文理)는 거듭 감탄을 자아내게 한다. 저녁 노을의 태양과 잠잘 곳을 향해 나는 들오리는 다 같이 내일을 위한 밤의 휴식을 취하려는 자연의 섭리를 따르고 있다.

지는 노을과 나는 들오리의 동작을 리듬감 있게 가지런히 하나로 통일시킨 장자의 제물론적 일체화는 정말로 멋지다.

〈등왕각〉 시의 미련도 꽤 유명한 절창구다. 명예·권력의 무상함과 세월의 덧없음을 일깨우는 탄식은 사대부들의 애창곡이다. 시의 경련에서 서곡을 울린 《주역》과 《장자》가 설파한 '물화(物化)', 즉 변화를 증명한 미련(尾聯)은 세상의 영원불변하는 존재로는 오직 모든 것의 '변화'가 있을 뿐임을 일깨운다.

閣中帝子今何在(각중제자금하재)
**이 누각 안에 있던 황제의 아들은 지금 어디에 있는가**
檻外長江空自流(함외장강공자류)
**등왕각 난간 밖의 긴 강(감강)은 부질없이 스스로 흘러만 간다**

# 3부

## 귀거래사

### 돌아가자

정선 무고송이반환도, 겸재정선미술관

# 들어가는 글

몸은 도연명(陶淵明)을 살고 머리는 소동파(蘇東坡)를 닮고자 한다. 오래전부터의 생각이었지만 실행에 옮기지 못했다. 이제라도 얼마 남지 않은 생애를 자연에 묻혀 자유와 한가로움을 즐기고 폭넓은 독서로 보내려 한다.

아침 일찍 거친 풀밭 매고 달빛 허리띠 매고서 호미 메고 돌아오던 먼 옛날 도잠(陶潛)의 삶이 아직도 무의미하진 않다. 자연의 일물(一物)로 모든 존재들과 섞여 물아일체(物我一體)로 사는 삶이 이런 것 아닌가.

진부하지만 소동파의 〈염노교(念奴嬌)〉 한 구절을 되뇌어 본다. "인생은 한바탕의 꿈과 같나니 강물에 떠 있는 저 달에게도 술 한 잔을 권하노라(人生如夢 一樽還酹江月)."

수릉(壽陵)의 소년 한단(邯鄲)의 걸음걸이를 배우려다 끝내 실패한 채 본래의 자기 걸음걸이조차 잊어버리고 엉금엉금 기어서 돌아올 수밖에 없었다지.

달밤에 구름 헤치고 긴 휘파람 불면서 아무리 듣고 보아도 돈 내

라는 이 없고 금하는 이 없는 청풍명월을 즐기며 지내보자. 들풀을
연인 삼고 푸른 산빛과 계곡물 소리 아끼며 살다가 생명이 다하는
날을 기꺼이 맞고자 한다.

　먼 산에 뉘엿뉘엿 해 저무는데 이내 홀로 저 흰구름 깊은 곳으
로 돌아가노라.

# 만학삼경
## (萬壑三境)

---

## 1) 무성승유성(無聲勝有聲)

> **別有幽愁暗恨生**(별유유수암한생)
> **또 다른 시름과 한 그윽이 서렸나니**
> **此時無聲勝有聲**(차시무성승유성)
> **이때의 소리 없음은 소리 있음보다 낫더라**

장안의 예기(藝妓)가 나이 들어 퇴기로 인생 유전을 하던 중 심양 강가 술집에서 가을밤 비파를 탔다. 온갖 기교를 다 부리며 휘모리장단으로 몰아가던 비파 소리가 문득 목이 꽉 막히는 듯한 박자를 소리없는 공박(空拍)으로 빼먹고는 다시 '탕' 하고 이어갔다. 지금까지와는 또 다른 한(恨)이 서려 나는 그 '공박의 멋'은 천하일품이었다.

### | 공박(空拍)

위 시구는 백거이가 퇴기의 비파 타는 기교를 평한 것이다. 백거이의 유명한 가행체(歌行體) 시 〈비파행〉에 나온다. 7언 고시(古詩) 88 개 구로 구성된 긴 시다. 백거이는 이때 강주(현 강서성 구강) 사마로 좌천되어 내려와 있었다. 찾아온 손님을 전송하러 구강 나루에 나왔다가 이 비파 소리를 들었다. 장안에서 근무할 때 듣던 명품 연주였다. 손님을 전송하고 술집으로 가서 비파를 타는 퇴기를 만났다. 사연을 들어보니 장안의 명기(名妓)였는데 퇴기가 돼 시골로 밀려왔다는 것이었다.

백거이는 기교 넘치는 퇴기의 비파 연주를 거듭 감탄하면서 저 유명한 〈비파행(琵琶行)〉을 읊었다. 시구 중의 '무성승유성(無聲勝有聲 : 소리 없음이 소리 있음보다 낫더라)'은 미학적으로는 물론 철학적으로도 깊은 의미를 가진 절창구다. 휘모리장단의 한 박자를 건너뛴 '공박'이 바로 소리 없음이며, 노자가 "큰 음악은 소리가 없다(大音希聲)"고 설파한 '큰 음악'이다.


당(唐) 백거이의 은일적 삶을 대표적으로 상징하는 '여산초당'은 현재 복원돼 여산의 관광 명소로 손꼽힌다. 그림은 여산폭포와 초가집 사이에 은사의 거처 상징인 대나무숲과 마당의 풍상을 겪은 노송이 있고, 한 마리 학이 노닐고 있다. 화폭 아래에는 먹거리로 보이는 것을 사동이 짊어지고 오고 있다.

은둔의 미학

정선 여산초당도, 간송미술관

악기 연주에만 '공박의 미'가 있는 게 아니다. 시에도 공박이 있다.

待月江樓月故遲(대월강루월고지)

**강루에서 달 기다리니 달은 짐짓 머뭇거리고**

煙波遠笛有何思(연파원적유하사)

**물안개 속 피리 소리 무슨 회포 있는가?**

爐香細寫平生志(노향세사평생지)

**향로의 연기 향은 내 소원을 자세히도 그려내고**

酒氣潛銷苦海悲(주기잠소고해비)

**술기운은 씻은 듯이 세상 시름 삭여주네**

流水光陰花乍落(유수광음화사락)

**물 흐르듯 가는 세월 꽃은 훌훌 떨어지고**

淸秋消息葉先知(청추소식엽선지)

**맑은 가을 오는 소식 나뭇잎이 먼저 안다**

相公未了東山興(상공미료동산흥)

**임은 아직 나비 꿈이 끝나지 않은 채**

南國佳人證後期(남국가인증후기)

**남국의 미인이랑 뒷기약 다지는가**

시문(詩文)과 가무에 뛰어났던 성천의 조선조 후기 명기(名妓) 부용의 〈오강루에 올라(九秋五江樓)〉라는 시다. 부용은 수련(1·2구)의 두 번째 구 "때마침 물안개 자욱한 강 저편 먼 데서 들려오는 피리 소리 무슨 회포 있어…"라면서 여기서 뚝 끝나고 말았다. 마치 악기 연주에서 한 박자 건너뛰는 '공박'과 같다. 이는 후속 사연을 왕창 생략한 것이다. 최소한 '연파원적유하사(煙波遠笛有何思)' 다음에 '이사인수(而使人愁 : 사람을 우수에 젖게 하네)' 같은 말이 이어질 수 있다. 왜냐하면 제1구의 달 뜨기를 기다리는 마음은 곧 임 오기를 기다리는 마음이기도 하기 때문이다. 물안개·피리 소리는 임을 생각하는 부용에게 고향을 그리워하는 향수 같은 감정을 불러일으키기 때문이다. '유하사(有何思 : 어떤 회포 있는가?)' 다음에 '이사인수(而使人愁 : 사람을 수심에 잠기게 하네 )' 같은 말을 여운으로 남긴 공박은 독자로 하여금 시로 다 표현되지 않은 뜻을 각자 사유해 볼 수 있는 '백지 공간'을 제공한 것이다.

시는 이러한 여운을 남겨야 감상할 만하고 한 글자도 쓰지 않고 풍류를 다하는 멋진 절창구가 될 수 있다. '유하사'로 끝내야 더욱 간절하고 애절할 뿐만 아니라 한 박자 쉬어가는 여백의 시공간에 대한 긴 여운을 갖게 한다. 물안개·피리 소리는 시에서 관습적으로 애수·향수·우수의 시상(詩想)을 떠올리게 한다. 애수의 감정은 글자나 말보다는 공백으로 놔두고 뛰어넘어야 긴 여운이 남는다. 이게 바로 송나라 엄우가 《창랑시화》에서 설파한 "말은 다하였지만 그 뜻은 무궁하다(言有盡而意無窮)"는 것이다. 시와 음악에서의 공박의 멋은 백거이의 〈비파행〉이 한껏 발휘했다.

## Ⅰ 대음희성(大音希聲)

노자는 아름다움의 본체를 "정말로 크고 아름다운 음악은 소리가 없다(大音希聲)"는 한마디로 요약했다. 이 말은 큰 소리는 들어도 들리지 않는다는 얘기다. 노자에 따르면 "대음희성(大音希聲)"《노자》 41장)"의 희(希, 稀)는 "들어도 들리지 않는 것을 '희'라 한다"고 했다. 대음희성은 두 가지로 해석된다. 하나는 천지는 본래 소리가 없다는 관점이다. 다른 하나는 사람은 천지의 소리, 즉 천뢰(天籟 : 하늘의 피리 소리)를 들을 수 없다는 것이다. 장자도 "천지에는 큰 아름다움이 있으나 말이 없다"고 했다. 이는 하늘의 소리(음악)는 우리가 귀로 들을 수 있는 한계를 넘어선 크고 웅장한 소리라는 얘기다. 백거이가 〈비파행〉에서 "소리 없음이 소리 있음보다 낫다(無聲勝有聲)"고 한 비파 연주의 '공박' 찬미는 노장사상의 '대음희성'·'유약승강강(柔弱勝剛强)'과 같은 맥락이고 같은 논리 구조다. 나의 천박한 소견이고 아전인수의 추론일지도 모르지만 나름으로 노장을 이해한 바로는 그렇게 생각한다.

노자가 말한 '대음(大音)'은 결코 천지에 소리가 없음을 강조한 것도 아니고 풍부한 소리의 세계를 도외시한 것도 아니었다. 그가 말하고자 하는 것은 '도(하늘)의 음악'·또는 '지극히 높은 음악'·'지극히 아름다운 음악'이다.

장자는 이런 음악(소리)을 '천뢰'라 했다. 지극히 높고 아름다운 음악인 천뢰는 소리가 없고 들으려 해도 들을 수가 없다. 천뢰는 일체의 음악이 그로부터 나오는 아름다움의 본체이기도 하다. 소리가 있는 구체적인 음악은 대음이 아니다. 《회남자》〈원도훈(原道訓)〉편은 "음이 없는 것이 곧 소리가 큰 것"이라고 했다. 이는 대도(大道)는 소리가 없으나 뭇 음이 이로부터 나오니 바로 큰 음악이라는 얘기다. 달리 말하면 일체의 음악은 대음에서 나오기 때문에 바로 대음

은둔의 미학

이 음악의 본체라는 것을 강조한 것이다. 노자는 이 도(자연)의 음악, 또는 큰 아름다움의 세계와 합치하기 위해서는 말이 없는 심령(心靈)으로 마주해 '소리 없는 체험'에 들어가야 한다는 점을 강조했다.

노자는 "말이 없는 것이 자연이다(自然希言)"라고 했다. 이는 자연은 사람처럼 말을 하는 것이 아니라 '천뢰(하늘의 피리)의 음악'을 연주한다는 것이다. 천뢰는 자연스럽게 이루어지는 소리로 아무런 의도가 없고 어떤 지혜나 기교도 없으며, 꾸밈도 없으며, 욕망에 간섭받지 않으며, 이지(理智)에 흔들림도 없다. 음악의 본체계는 소리가 없으나 그럼에도 온갖 피리의 소리가 울려 나오는 것은 이 '본체 음악'이 밖으로 드러나기 때문이다. 해가 뜨면 안개가 걷히듯이 아무런 생각도 작위도 없이 절로 드러난다. 이것이 바로 고요한 무음(無音)의 본체계로부터 천뢰의 음으로 전환하는 무음·무성(無聲)의 세계다. 이처럼 무성의 세계는 구체적이다.

이규보의 《동국이상국집》에 나오는 천뢰를 읊조린 〈소금(素琴)〉이라는 시 한 수를 소개한다.


〈소금〉
천뢰는 처음부터 소리 없는데
흩어져 만 구멍의 소리를 낸다네
오동나무는 본래 고요한 것이나
거문고를 빌려 소리를 낸다네
내 아끼는 줄 없는 거문고(素琴)로
유수곡(流水曲) 한 곡을 탄다네

지음(知音 : 음악가 친구)이 듣기를 원치도 않고

속인이 듣는 걸 꺼리지도 않는다네

다만 내 정감을 쏟아내기 위해

흥겨워 한두 번 희롱한 다음

곡이 끝나면 다시 고요해지는

그윽한 그 맛 한이 없어라

《장자》〈제물론〉의 '천뢰'와 도연명의 몰현금 고사를 다시 한번 들어볼 수 있는 시다. 철학적으로는 '도'의 또 다른 표현이라고 할 수도 있다. 노자는 '대음희성'을 논하면서 '대상무형(大象無形)'·'대기만(면)성[大器晩(免)成]' 등을 함께 제시해 큰 것과 아름다움의 극치가 비롯되는 미학적 본체를 설명했다. '공박의 미'와 연결될 수 있는 또 하나의 노장 설법은 '유약승강강(柔弱勝剛强)'이다. "부드럽고 연약한 것이 강하고 힘센 것을 이긴다"는 것인데 이는 '무성승유성(無聲勝有聲)'과 같은 논리 구조를 가진 노장사상의 근본 종지이기도 하다. 원래 노자는 물·여자 같은 부드러움과 유연함을 철학의 기본 모티브로 삼았다.

## | 만학삼경(萬壑三境)

좀 늦었다. '만학삼경(萬壑三境)'이 무슨 뜻인지를 맨 먼저 설명했어야 하는데 순서가 뒤바뀐 것 같다. '만학'은 골짜기가 많다는 뜻인데 나의 호(號)다. 공주 생가 주변에 골짜기가 많이 있어 호를 만학이라 자호(自號)했다. 집 뒤의 조그만 산을 중심으로 도독골·절골·녹두밭골·중터골·뒷골·수렁골·뒷산골·망골 등 10여 개의 골짜기가 있다. 만(萬)은 '많다'는 의미로 흔히 쓰일 때의 양적 표현이지 꼭 만 개라는 뜻으로 사용한 건 아니다. 이 밖에도 남이 지어준 '일민(逸民)' 등의 호가 있지만 '만학'이라는 자호를 좋아해 즐겨 사용한다.

'삼경(三境)'은 세 개의 경계(境界)라는 뜻이다. 경계는 사물을 보고 느끼는 독자적인 세계를 뜻하는 말인데 그 의미가 광범하고 미학·철학·종교적인 다양한 스펙트럼을 가지고 있다. 사전적인 의미는 "일이나 물건이 어떤 표준 밑에 맞닿는 자리"《국어대사전》)라 했다. 국경·토지의 경계 등에 사용하는 지리적 구역을 뜻한 것이다. 원래 경계라는 말은 불교에서 유래했다. 불교사전은 "인과의 이치에 따라 자기가 스스로 받는 경우"라고 했다.《불교대사림》) 쉽게 풀이하면 감각기관 및 인식 작용의 대상이나 인식에 미치는 범위를 뜻한다.《구사론》에 따르면 눈·귀·코·혀·몸 등 5근(根)의 대상인 색(色)·성(聲)·향(香)·미(味)·촉(觸)을 말한다. 미학과 철학에서는 '경계'라는 말을 의경(意境)·의상(意象) 등과 혼용해 쓰기도 한다.

나이가 들고 책줄이나 읽다 보니 나름으로 마음에 드는 시구나 설법이 있어 감히 만학이 좋아하는 세 가지 경계를 '만학삼경'이라 이름하여 중언부언해 본다.


〈여담〉

潯陽江頭夜送客(심양강두야송객)

**심양강 가에서 밤에 객을 송별하는데**

楓葉荻花秋瑟瑟(풍엽적화추슬슬)

단풍잎 갈대꽃에 가을바람 소슬하다

〈중략〉

同是天涯淪落人(동시천애윤락인)

우리 모두 하늘 끝에 떨어져 나뒹구는 인간인데

相逢何必曾相識(상봉하필증상식)

서로 만남에 어찌 전부터 알았어야만 하나

〈비파행〉의 맨 첫 구절과 끝 구절이다. 이 네 개의 시구를 한 장에 행초서체로 쓴 붓글씨 휘호가 내 생가 거실 벽에 붙어 있다. 표구를 하지 않고 도배를 할 때 벽지에 풀칠만 해서 막 붙어 버린 상태다. 휘호에 대한 사연은 1996년 중국 선불교 답사 취재 차 구강 여산에 들렀을 때 복원된 백거이 초당(草堂) 관리인이 붓글씨를 써서 팔기에 부탁해 받은 것이다. 내가 좋아하는 '무성승유성(無聲勝有聲)' 첫 구절을 써달라 했더니 백거이의 〈비파행〉을 다 쓸 수 없을 바에야 그 시가를 대표하려면 맨 첫 구절과 끝 구절을 쓰는 게 좋다는 것이었다. 그의 말이 일리가 있어 그렇게 써 달라고 했다. 필례(筆禮)로 찻값 정도를 주었는데 아주 감사해했다. 시구에 나오는 '심양강'은 구강 지역을 지나는 양자강(장강) 부분을 그 지역에서 독자적으로 이름 붙여 부르는 명칭이다. 우리나라의 경우 금강을 부여 구역에서는 '백마강'이라 부르는 것과 같다. 원래 '양자강'도 장강의 양자진 구간 명칭이다.

맨 끝 구절의 '윤락인(淪落人)'은 윤락녀라는 말이 여기에서 유래했다. 이를 마치 백거이가 퇴기를 희롱한 것으로 오해해서는 안 된다. "우리 모두가 하늘 끝에 떨어져 나뒹구는 사람"이라 했을 때의 '동시(同是)'는 다 똑같다는 만민 평등 의식을 고취한 것이다. 하늘의 뜻으로 보면 '사마'라는 높은 벼슬과 '퇴기'라는 천한 신분의 차별이 있을 수 없고 다 같이 인생 행로를 걷고 있는 절대 평등한 존재라는 것이다. 백거이가 자신의 좌천을 퇴기의 인생 유전에 의탁해 신세를 한탄한 측면이 있다고 풀이할 수도 있다. 그러나 이러한 신세타령만은 결코 아니다. 나는 백거이가 만민 평등의 입장에서 퇴기의 비파 연주를 한껏 칭찬한 미학적 찬사라고 생각한다.

## 2) 욕변이망언(欲辯而忘言)

山氣日夕佳(산기일석가)
**산기운 석양빛 아름답고**
飛鳥相與還(비조상여환)
**나는 새들 쌍 지어 돌아오네**
此中有眞意(차중유진의)
**이 가운데 참뜻 있어**
欲辯而忘言(욕변이망언)
**말로 옮겨 보려 하나 말문이 막히네**
**- 도연명**

碧澗泉水淸(벽간천수청)
**푸른 개울 샘물 맑고**

寒山月華白(한산월화백)

**한산에 달빛 희네**

黙知神自明(묵지신자명)

**묵묵히 앎에 정신 저절로 밝아오고**

觀空境逾寂(관공경유적)

**허공을 바라봄에 경계 더욱 고요하네**

**- 한산**

도연명의 시는 〈음주〉 20수 중 제5수의 경련(5·6구)과 미련(7·8구)
이다. 중도 아니고 속인도 아닌 비승비속(非僧非俗)의 삶을 살았던
한산의 시는 《한산시집》에 실려 있는 5언 율시다. 탈속의 상징인
도연명과 한산은 다 같이 각각의 시에서 자연에서의 깨달음을 말
하고 있다. 두 사람은 자연에서 깨달은 바 우주 섭리를 말로 드러
내 보이고자 하나 그 뜻을 다 드러낼 수 없어 "말문이 막히고 말았
다"거나 오직 마음으로만 심정적으로 전한다고 했다.

## ┃ 자연대도

도연명은 중양절(음력 9월 9일)에 마실 국화주를 담그려고 울타리 밑
에서 국화를 따다가 무심히 고개를 돌리니 남산[廬山]이 눈에 들어
왔다. 순간 그는 남산과 하나가 됐다. 남산은 마침 저녁때라 산 기운
과 저녁노을이 아름답고 새들이 저녁 잠자리에 들려고 짝을 지어 돌
아가고 있었다. 연명은 남산의 저녁 산 기운과 석양·새들의 귀환에
서 '자연대도'를 깨달아 바로 남산의 저녁 풍경 그대로가 우주 섭리

임을 똑똑히 두 눈으로 확인했다. 산 기운과 석양·귀환하는 새들이 보여주는 자연의 섭리가 곧 참된 진리임을 말로 표현해 보려 했지만 그 참뜻을 다 드러낼 수 없음에 부딪혀 말문이 막히고 말았다. 이것이 바로 우주 섭리와 같은 고도한 진리는 말과 글로 다 표현할 수 없다는 '불립문자(不立文字)'의 세계다. 연명은 "말로 설명해 보고자 하나 말문이 막혀버리고 만다(欲辨而忘言)"는 시구를 통해 자신이 깨달은 자연 섭리가 인간의 언어 문자 밖에 존재하는 참된 대도(大道)임을 암시했다. 그 표현이 목마름에 애타는 간곡한 호소같이 절실하면서도 아주 멋지다. 그래서 나는 이 연명의 시구를 좋아한다.

연명이 "산 기운과 석양 아름답고 새들이 짝을 지어 돌아가는(山氣日夕佳 飛鳥相與還)" 남산이라는 자연에서 자연의 섭리를 깨달았다면 한산의 경우는 "푸른 개울가 맑은 샘물과 차가운 산에 비치는 하얀 달빛(碧澗泉水清 寒山月華白)"에서 자연대도를 체감했다. 연명이 동적이라면 한산은 정적이다. 한산이 자연 섭리를 깨달아 그 참뜻을 체감한 것을 굳이 설명한다면….

소나무 아래로 불어오는 바람에 기분 좋은 서늘함이 목덜미를 간지럽히며 발끝까지 와 닿는다. 순간 산골 계곡물 소리며 온갖 새들의 지저귐이 허공에 떠돈다. 맑은 바람의 음률에 자연스럽게 마음이 탁 트인다. 이때의 마음은 한없이 넓어지면서 본래의 순수한 본성으로 돌아간다.

이렇게 시를 해설하면 시의 맛은 반감한다. 그러나 글을 쓰려니까 어쩔 수 없이 중언부언한다. 도연명은 세계적인 전원시인이며 세속에 살면서 세속을 초월했던 도인이며 역관역은(亦官亦隱)의 삶을 산 은사(隱士)로서 세상에 널리 알려진 인물이지만 한산은 선불교와 시단(詩壇)에서나 거론되는 인물이다. 그래서 한산에 대한 이야기를 조금 해 두고자 한다.

연명은 위진남북조 때 사람이고, 한산은 당(唐) 대력 연간(766~779)을 전후해 살았던 은둔 거사다. 연명보다 약 3세기 뒤의 인물이다. 그는 절강성 천태산 국청사 인근의 한암(寒岩) 바위 동굴에 은거하면서 국청사에 자주 들러 불목하니(절에서 밥을 하고 물 긷고 마당 쓰는 스님) 습득 스님한테서 공양을 얻어먹고 둘이서 절친한 도반(道伴)으로 지냈다. 한산은 당시 국청사의 풍간 거사·습득 스님과 함께 '천태삼은(天台三隱)'으로 일컬어졌던 인물이기도 하다. 머리에는 자작나무 껍질을 쓰고 남루한 옷을 입고 다니며 혼자서 큰 소리로 외치기도 하고 조용히 혼자 웃기도 하여 '풍광지사(風狂之士 : 미친광이)'라고도 불렸다. 한편에선 문수보살의 화신(化身)이라는 찬사를 받기도 했던 한산은 나무껍질이나 암벽·민가의 벽 등에 자신이 지은 시를 많이 써놓았다. 태주 자사로 부임한 여구윤이 한산의 시와 풍간·습득의 시들을 모아 《천태삼성시집(天台三聖詩集)》을 편찬했다. 시집에는 한산의 시가 거의 전부였는데 그래서 이 시집을 《한산시집》이라고도 부른다. 《한산시집》은 현재까지 전해오면서 우리나라에서도 번역 출간됐다.

비승비속의 한산 거사는 한산에 유거하면서 국청사 불목하니 습득 스님과 도반(道伴)이 되어 세상을 비웃고 비판하는 풍자적 삶을 살았다. 그림의 앞사람이 한 산이고, 뒤가 빗자루를 트레이드마크로 하는 습득 스님이다.

은둔의 미학

권병렬 한산습득도

한산에 대해 한 가지 덧붙여둔다. 나는 1996년 중국 선불교 답사 취재차 천태산 국청사를 찾아갔다. 국청사에는 한산과 습득이 함께 서 있는 소상(塑像)이 봉안돼 있다. 한산-습득 소상은 소주 한산사에도 봉안돼 있는데 모두 습득이 빗자루를 들고 서 있다. 원래 전설적으로도 빗자루는 습득의 '트레이드 마크'다.

한산-습득의 소상을 만나기 전에도 한산의 선시(禪詩)를 읽어본 적이 있어 떡 본 김에 제사 지낸다고 국청사까지 왔으니 한산의 발자취를 좀 찾아보고 싶어 시간을 내서 한암을 찾아갔다. 국청사 서남쪽 50여 리 떨어진 곳인데 꽤 큰 '바위산'이었다. 한산이 은거했었다는 바위 토굴이 있고 갖가지 전설을 간직한 바위도 있었다. 바위 토굴에는 암자를 만들어 비구니가 암주로 있으면서 도량을 확장해 나가고 있었다.

그런데 새롭게 하나 확인한 사실은 한산이 바로 이 한암 주위의 산 이름이라는 것이다. 한산을 흔히 '차가운 산'으로 번역하는데 고유명사인 산 이름이다. 옛날 선승들은 흔히 주석한 산 이름을 즐겨 법호로 사용했다. 내 생각으론 한산이 도첩을 가진 정식 승려는 아니었다고 해도 최소한 승려에 버금하는 선불교 '거사'였으리라고 추정한다. 꼭 부언해 두고 싶은 이야기는 한암의 바위 경관이 참으로 장관이라 영화를 촬영해도 손색이 없을 것 같았다. 그래서 나는 한암의 바위 경관에 거듭 감탄했다. 국청사 가는 기회가 있으면 한암도 시간을 내서 꼭 가보라고 권하고 싶다.

자연은 한 권의 '경전'이다. 노자는 '도법자연(道法自然)'이라고 했다.(《노자》 25장) 흔히 노자의 이 설법을 '도는 자연을 본받는다'로 해석한다. '법(法)'자에 원래 '본받는다'는 뜻이 있기 때문이다. 그러나 나는 "도는 곧 자연이다"라고 풀이한다. 왜냐하면 노장사상에서 '도'는 우주 생성 이전의 근원이기 때문에 자연이 도의 상위 개념일수가 없다. 그래서 도와 자연을 대등한 동격 정도로 보아야 되지 않을까 하는 생각이다. 그렇다면 '도법자연'을 '자연[道]은 한 권의 경전'이라고 풀이해도 괜찮은 의역이 될 듯하다.《노자》주석의 일인자라는 명성을 지닌 왕필(226~249)은 도법자연을 "도 이외에 자연이 따로 있는 것이 아니다"라고 풀이했다. 문맥으로 보면 "도는 자연을 본받는다"라고 하는 해석도 틀렸다 할 수는 없다. '도법자연'의 앞이 "사람은 땅을 본받고(人法地), 땅은 하늘을 본받고(地法天), 하늘은 도를 본받고(天法道)"로 이어져 있다.

  한산이 바라본 공허한 여백, 즉 허공은 자연이다. 한산은 자신의 마음을 열어 자연을 담고 그 속에 담긴 충만한 진리를 깨달았다. 도연명도 역시 마음을 열어 남산[廬山]이라는 자연을 담고 석양이 지고 새가 돌아오는 마음속 남산의 풍광을 관조함으로써 우주 섭리를 깨달았다. 빠르게 지나가는 시간 안에서 자연이라는 한 권의 경전을 이처럼 읽어낼 수 있는 사람이 과연 얼마나 될까?
  연명과 한산의 시는 자연의 본질을 꿰뚫고 순리에 따르며 가는 대로 순수한 마음으로 흘러가고 행동하는 그 성품이 자연 그대로였다. 곧 자연이 큰 스승이었던 것이다. 오직 장엄한 자연의 소리에 귀를 기울여야만 마음속 고요한 울림을 들을 수 있다. 나아가 충만한 자연을 보고 읽을 수 있어야만 자신의 텅 빈 마음도 마주할 수 있게 된다.

자연의 심오한 곳은 정밀하고 조화로우며 심원하고 광활하다. 여기에서는 인류의 어떤 언어도 모두 군더더기일 뿐이고 일상의 어떠한 주관적 경험도 그 의미를 잃어버린다. 이것이 바로 언어 문자로는 깊고 넓은 오묘한 우주 섭리를 완전하게 설명할 수 없다는 '불립문자(不立文字)'가 뜻하는 바다. 오스트리아의 언어 철학자 비트겐슈타인은 그래서 이 같은 인류 언어 문자의 한계를 절실히 인식하고 "다만 보고 관조만 할 뿐 논리적인 사량계교(思量計較)에 빠져들지 말라(Don't think but look!)"고 했다.

모든 선입견을 던져버리고 유심에서 무심으로 나아가 영혼을 정적(靜寂)으로 돌아가게 해야만 자연의 생기와 생명의 분출을 진실하게 받아들일 수 있다. 비로소 이럴 때에 이르러야만 아침햇살이 환히 비쳐오는 것 같은 마음의 등불을 켜고 새로운 깨달음의 눈으로 세계를 바라볼 수 있게 된다.

말로 다 드러낼 수 없는 장엄한 우주 섭리 앞에서 말을 잃고 만 도연명의 '욕변이망언(欲辯而忘言)'에 다시 한번 크게 감동한다. 멋진 표현으로만 끝나지 않고 무궁한 여운을 남겨주는 설법이라 생각한다. 끝으로 송나라 대 유학자 정호(1032~1085)의 〈가을날 우연히 읊다(秋日偶成)〉라는 시 한 수를 번역문으로만 보태고자 한다.

**만물을 고요히 보면 저절로 깨닫게 되고**
**사계절의 아름다운 흥취는 누구에게나 다 같다네**
**도는 천지의 형체 없는 것에까지 통하고**
**생각은 끝없는 자연의 변화 속에 이른다네**

은둔의 미학

## 3) 득의이망언(得意而忘言)

"고기를 잡는 도구인 통발은 고기를 잡은 후에는 잊고, 토끼를 잡
는 기구인 올모는 토끼를 잡고 나면 잊고, 뜻을 전하는 말은 뜻을
이해하고 나면 잊는다. 우리는 어떻게 하면 말을 잊은 사람들과
더불어 이야기를 할 수 있을까[得魚而忘筌(득어이망전) 得兎而忘
蹄(득토이망제) 得意而忘言(득의이망언) 吾安得夫忘言之人而與之
言哉(오안득부망언지인이여지언재)]?"

《장자》〈외물(外物)〉편에 나오는 대목이다. 말을 꽉 삼켜버린 채 입
을 다문 사람들과 어떻게 하면 이야기를 나눌 수 있을까? 재미있는
수수께끼다. "뜻을 얻고 말을 잊은 사람"은 깨달은 도인이다. 그런
데 그 도인은 말을 잊은 벙어리(?)니 손짓 발짓이나 상(象)을 그려
서 의사 소통을 하는 수밖에 없다. 과연 득의망언(得意忘言)한 사람
은 벙어리고 숙맥인가? 속담에 '꿀 먹은 벙어리', '숙맥이 살찐다'
는 말이 있다. 말이 많으면 실수가 많게 되고 살만 찌면 건강에 문
제가 된다. 꿀 먹은 벙어리는 달콤한 꿀맛을 말로 표현할 길이 없
어 입을 가리키며 빙그레 웃을 수밖에 없다. 숙맥(菽麥)은 콩과 보
리를 구분할 줄 모른다. 차원은 다르지만, 모든 번뇌의 근원인 '분
별심'을 버린 도인의 경지라 '마음의 살'이 한껏 찔 수밖에 없다. 물
론 벙어리와 숙맥이 실제로 '득의망언'한 도인이라는 이야기는 아
니다. 비유적으로 설명한 것일 뿐이다. 인간의 언어 문자는 분명히
깊은 뜻을 여법(如法)하게 표현하거나 설명하는 데 한계가 있다. 말

을 바꾸면 고도한 추상적 진리나 속 깊은 감정을 충분히 드러낼 수 없는 게 언어 문자의 분명한 한계다. 이러한 언어 문자의 한계를 절실하고 간곡하게 나타낸 것이 장자의 '득의망언'이다.

장자의 '득의망언'이라는 언의론(言意論)은 위진남북조시대의 현학(玄學)에서 열띤 논제였을 뿐만 아니라 동양 미학과 언어 철학의 중요 명제로 오늘에까지도 논의가 분분하다. 나는 '득의이망언'의 뜻을 천착하기에 앞서 그 표현이 멋져 큰 호감을 갖는다. 망언(忘言), 말을 잊은 이후에도 무엇인가가 더 남아 있는 것 같은 궁금증과 기대가 가슴을 뭉클하게 한다. 마치 꿀 먹은 벙어리의 즐거운 웃음 뒤에 다하지 못한 말이 있는 것처럼 그 꿀맛의 여운이 가시질 않는다. 말은 입을 다물고 꽉 삼켜버리면 되겠지만 여운은 좀처럼 사라지질 않는다. 그래서 나는 이 장자의 설법을 되풀이해 씹으면서 공연히 혼자서 멋을 부린다.

먼저 한마디 해두고 넘어가겠다. 장자의 '득의망언'은《주역》〈계사〉에 나오는 "글은 말을 다 드러내지 못하고 말은 그 뜻을 다 드러내지 못한다. 그래서 성인은 상(象)을 세워 뜻을 다 드러낸다(書不盡言 言不盡意 聖人 立象以盡意)"라는 말과 같은 맥락이다. 선불교의 종문(宗門) 철칙인 '불립문자(不立文字 : 불법 진리는 글이나 말로 설명할 수 없다)'의 연원은 석가모니의 '염화시중(拈花示衆)'에까지 거슬러 올라갈 수 있다. 그러나 선불교가 위진남북조의 현학과 서로 삼투하면서 중국화한 불교라는 점을 감안하면 불립문자의 연원이 장자의 '득의망언'과 밀접한 연관을 갖는다는 점을 부인할 수만은 없다. 이제 장자가 말한 '득의망언'의 뜻을 침착하게 한번 살펴보자.

은둔의 미학

장자의 득의망언이나 선불교의 불립문자를 전혀 융통성 없이 축자적으로만 해석해 언어와 문자를 깡그리 부정하는 것은 잘못이다. "뜻을 얻으면 말을 잊는다는 것"은 언어를 부정하는 것이 아니라 도리어 뜻을 얻는 과정에서 언어가 중요한 역할을 한다는 사실을 명확하게 지적한 것이다. 그래서 《주역》〈계사〉는 언어로 뜻을 다 표현할 순 없지만 상(象)을 매개로 한 통로를 제시했다. 마치 벙어리가 웃음과 손짓·발짓으로 다하지 못한 뜻을 나타내 보이듯이 말이다. 선불교에서 널리 활용하는 '일원상(○)'이나 방할(棒喝 : 몽둥이질과 고함소리)은 《주역》이 말한 '상'을 통한 의사 소통 방법이라 할 수 있다. 장자가 "말을 잊는다(忘言)"고 말했지만 결코 뜻을 얻기 전에 언어를 잊어버리라고 말한 적은 없다. '뜻을 얻은 후'라는 전제가 붙어 있다는 사실을 읽어야 한다. 언어는 뜻을 얻는 중요한 수단이며 '말을 잊는 것'은 뜻을 얻은 다음의 고차적인 언어 경계(境界)인 것이다. 노자에 따르면 '도'는 일종의 추상적인 존재여서 언어를 통해 직접 뚜렷하게 표현할 길이 근본적으론 없다. 그러나 도를 언어 문자로 설명할 수 없다고 주장하면서도 한편으론 "도에는 그중에 형상이 있다(其中有象)"고 했다.(《노자》 21장)

　　이는 도와 언어가 결코 절대적으로 단절되거나 대립되지 않는다는 것을 말한 것일 뿐만 아니라 언어로부터 도에 이르는 통로가 있음을 암시한 것이라고 볼 수 있다. '상(象)'이란 마음속으로 생각해낼 수 있는 것을 말한다. 벙어리의 달콤한 꿀맛을 표현한 미소도 그가 마음으로 생각해낸 '상'이다. 진심을 다 드러낼 길이 없어 가슴을 치며 답답해하는 몸짓을 '벙어리 냉가슴 앓이'라 한다. 불행했던 시집살이나 자식을 잃은 슬픔 등 만단정회가 가득한 부인네들도 "필설(筆舌)로써 어찌 그 일을 다 말할 수 있으랴"라고 한탄한다. 이 모두가 언어 문자로 다 표현할 수 없는 진심에 대한 언어 문자의 표현 한계를 잘 설명해 주는 사례들이다. 그러나 그 진실과 진심을 '상'을 통해 표현할 수 있다는 통로가 있음을 잊지 말아야 한다.

## | 불립문자

'불립문자(不立文字)'는 선불교의 중요 종지(宗旨)다. 한마디로 불법 진리와 같은 고도한 진리는 언어 문자를 통한 논리나 분석으로 다 드러낼 수 없다는 얘기다. 논리와 분석보다는 직관적 돈오를 중시하는 선가(禪家)의 수행 가풍이 너무 과장적으로 해석돼 불립문자를 책도 보지 말고 절대 입도 열지 말라는 데로 치닫는 것은 문제가 있다. 노자도 "다언삭궁(多言數窮 : 말이 많으면 자주 궁해진다)" 또는 "지자불언(知者不言 : 참뜻을 깨친 자는 말을 많이 하지 않는다)"과 같은 설법으로 도에 대한 언담(言談)의 한계를 설했다. 이는 도와 하나가 된 현묘한 경지는 편협한 세속의 언어를 벗어나 있다는 뜻이지 언어 문자를 완전 무용지물로 치부한 것은 아니다.

선불교가 불언·묵언을 강조하는 것은 지식과 논리의 거부이고 분별심의 퇴출이며 두두물물이 다 부처임을 설하는 것이지 말과 글을 무조건 부정하는 게 아니다. 선사들은 하루 종일 설하고도 "오늘 한마디도 설한 게 없다"고 한다. 이는 지식이나 개념으로 법문을 하지 않았다는 뜻이다. 또는 "세계는 스스로 말한다"라고도 하고, "하늘의 말로써 말한다"라고도 하고, "허공 세계가 밝게 말한다"라고도 한다. 모두 득의망언의 경지를 지향하는 간절한 법문이다.


　명말청초(明末淸初)의 화승 팔대산인(속명 : 주답, 1625~1705)은 명나라 왕족의 후예로 망국의 한을 삭이려고 출가해 승려가 됐다. 그는 평생 벙어리 행세를 했고, 그림을 그리며 낭인처럼 살았다. 그는 '개상여흘(介相如吃)'·'천심구자(天心鷗玆)' 등의 한장(閑章 : 별호나 격언 등을 새긴 도장)을 낙관으로 사용하기도 했다. '개상여흘'은 자신이 말더듬이였던 사마상여와 같은 사람이라는 뜻이고 '천심구자'는 천심을 가진 갈매기라는 뜻이다.

　천심구자에는 다음과 같은 일화가 있다. 옛날 바닷가에 사는 사람이 갈매기와 친해져 매일 아침 해변에 나가면 수많은 갈매기들이 그의 몸에 날아와 앉아 같이 놀았다. 그의 부친이 이 사실을 알고 같이 놀게 한 마리만 데려오라고 했다. 다음날 그가 해변에 나가니 갈매기가 한 마리도 몸에 와 앉지 않고 머리 위로만 갔다 왔다 했다. 그 이유는 그 사람에게 노리는 바가 있고 탐욕이 있었으며 목적이 있었기 때문이다. 참된 뜻을 얻으려면 마음을 비워야 한다. 그 다음 말을 잊는다는 것은 그 텅 비운 마음을 지켜나가는 것이다. 그래서 노자는 "말이 많으면 궁해지니 풀무와 피리처럼 텅 빈 마음을 수호하라(多言數窮 不如守中)"라고 했다.《노자》5장) 여기서 '중(中)'은 텅 비어 있다는 뜻의 '충(冲)' 자와 통용으로 사용된 글자다.

# 02  완월(玩月)의
# 미학

───────────

정자에서 늦게 낮잠을 자다 깼다. 그윽한 향기 떠다니는 황혼녘이다. 달빛을 밟고 내려왔다. 소나무 사이로 비치는 성긴 달빛이 수줍은 듯이 나를 쳐다본다. 집 안으로 들어오니 뜰과 마루 쓸쓸해도 솔바람 소리 웅장하고 달빛 가득하다.

거실에는 가을 달 백옥경(白玉京)에서 빛을 나투어 동창을 뚫고 들어와 있다. 둥근 달이 동쪽 산등성이에서 술잔 속으로 들어온다. 소나무 바람 소리는 새들의 꿈을 흔들고 나의 뼛속을 시원하게 뚫고 지나간다.

조선조 무학 대사는 간월도(看月島)에서 어느 날 달을 보고 문득 깨달았다고 전해온다. 불가 선림(禪林)에는 손가락을 속세, 달을 본래면목(本來面目)·해탈로 비유하는 '지월(指月)'이라는 화두가 있다. 《능엄경》에도 나오고 《육조단경》에는 혜능 대사가 무진장 비구니에게 '지월' 화두를 설했던 이야기가 있다. 달이 떠서 질 때까지의 과정은 우리 안에 내재하는 불성을 깨달아 가는 여정과 동일시되기도 한다.

버려진 사육신의 시신들을 수습해 매장한 생육신 김시습은 자신의 아호를 매월당(梅月堂)이라 했다. '매화' 같은 선비의 절개와 해탈한 대도(大道)의 삶을 상징하는 '달'처럼 살고자 했던 것이다. 《매월당집》의 달을 읊은 11편의 연작시에 이 같은 그의 속마음이 새겨져 있다.

수없이 보아온 보름달이지만 오늘따라 궁금해 마당으로 나왔다. 마침 마당 한 가운데를 지나고 있었다. 홀연히 완월의 미학을 읊은 절창의 하나로 손꼽히는 문동(宋, 1018~1075)의 〈신청산월(新晴山月, 오랜 비 그친 후의 산속 달)〉이 떠올라 읊조려 보았다.

高松漏疎月(고송루소월)
**키 큰 소나무 사이로 달빛 새어 나오고**
落影如畵地(낙영여화지)
**떨어지는 그림자는 땅에 그린 그림 같다**
徘徊愛其下(배회애기하)
**그 아래를 애틋한 마음으로 배회하며**
夜久不能寐(야구불능매)
**기나긴 밤을 잠들 수 없네**

怯風地荷卷(겁풍지하권)
**바람이 연못의 연꽃을 말아 올릴까 두렵고**
病雨山果墜(병우산과추)
**비가 산 과일을 떨어뜨릴까 걱정이네**
誰伴予苦吟(수반여고음)
**누가 나를 짝하여 괴롭게 읊어 볼까**

**滿林啼絡緯**(만림제낙위)
## 숲속 가득히 베짱이 울어댄다

문동(文侗)은 일생을 선비의 지조를 지키며 살아 '석실소소(石室笑笑) 선생'이라 불리기도 했다.

내가 잠시나마 저 밝은 달이 되어 하늘을 운행한다 해도 조금 있다 태양이 떠오르면 작은 나는 종적도 없이 사라지리라. 그래도 대자연의 상리(常理)를 따라 살면서 생이 다하는 날을 기꺼이 맞이하겠다. 거상대기진(居常待其盡).
  – 팔순(八旬)의 중추가절에 –

은둔의 미학

# 03 낮잠

나는 잠보다. 주변에선 날 보고 '잠에 도(道)가 튼 친구'라고도 한다. 낮이고 밤이고 눕기만 하면 곧바로 잠에 든다. 특히 낮잠에 도가 텄다. 중·고교 시절 거의 매일같이 수업 시간에 책상에 엎드려 낮잠을 잤다. 잘 때 침을 흘리는 것으로 유명했다. 책상 위의 펼쳐진 책과 노트에 침을 흘려 얼룩지기 일쑤였다. 10여 리 길을 자전거로 통학했는데 아마도 꽤 고단했던 것 같다.

낮잠 버릇이 80을 넘은 지금까지도 계속된다. 고단해도, 술에 취해도, 울화가 치밀어도 잠을 잔다. 터질 듯하던 분노도 한숨 푹 자고 나면 다음날 아침 많이 누그러진다. '잠이 보약'이라는 말도 있지만 잠은 나에게 다시 없는 보약이다. 좀 지나칠 정도로 무시수무처수(無

저자의 시골 생가 당호 편액 오수당(吾睡堂)

時睡無處睡)다. 2004년 시골 생가를 리모델링할 때는 거실 옆에 침대 쪽방을 만들고 처마 밑에 아예 오수당(午睡堂)이라는 당호 편액을 걸었다. 이 당호는 조선조 탁로(卓老) 화백 김홍도의 당호이기도 했다.

인간의 잠자리는 땅과 수평을 이룬다. 대지를 본받아 수평을 이룸으로써 자연과 하나로 통일된 잠자리는 형이상학적으로는 무위자연의 도(道)를 실현한 천인합일(天人合一)이라 할 수 있다. 원래 "인간은 대지를 본받고, 대지는 하늘을 본받고, 하늘은 도를 본받고, 도는 스스로 그러함(자연)을 본받는다"고 했다.(《노자》 25장)

맥아더 원수는 포탄이 작렬하는 전선에서도 꼭 10분 정도의 낮잠을 잤다고 한다. 그의 잠은 생사를 초월한 자연대도에 순응하는 휴식이 아니었을까? 인간의 본성(本性)은 만물을 차별 없이 생육 포용하는 대지의 수평적 평등을 본받았다. 나는 잠도 하늘이 명부(命賦)한 인간 본성의 하나라고 믿고 싶다. 인간의 본성이니 자연대도니 하는 형이상학적인 담론이 그렇게 어려운 게 아니다.

"백조는 매일같이 목욕을 하지 않아도 희고, 까마귀는 매일 같이 칠을 하지 않아도 검다." 장자의 말이다. 자연대도와 본성이란 바로 이런 것이 아닌가!

셰익스피어는 잠을 다음과 같이 예찬했다.

**아, 천진난만한 잠이여**
**근심 걱정의 엉킨 실타래 풀어주는 잠이여**
**매일 매일의 죽음인 잠이여**

힘겨운 노동 뒤의 목욕이여
마음의 상처를 아물게 하는 약이여
대자연이 언제나 준비하고 있는 잠이여
 -《맥베스》중

나는 일상생활의 의·식·주에 잠을 독립된 하나의 필수 항목으로
더하고 싶다. 장자는 "죽음으로써 나를 쉬게 한다(息我以死)"고 했
다. 죽음도 깊은 잠이라고 생각하면 하나의 휴식이다. 나는 죽음까
지를 포함한 잠을 사랑한다. 저 세상에서도 실컷 즐기고자 한다.

# 04    삶의
기준

"사람은 습한 곳에서 자면 허리가 아프고 반신불수가 되기 쉽다. 습한 진흙 속에서 사는 미꾸라지도 그런가? 사람은 천하일색의 미녀가 나타나면 몰려들어 구경을 한다. 그렇지만 사슴이나 물고기·새들은 그녀가 다가오면 질겁을 하고 달아나거나 물 속 깊이 숨는다. 이럴 때 사람과 미꾸라지 등 다섯 부류 가운데 누가 천하의 올바른 잠자리와 아름다움을 알고 있다 할 것인가?"

《장자》에 나오는 이야기다. 정말 헷갈린다. '테스형!' 제발 좀 정답을 가르쳐 주시오. 답답해 소크라테스까지 불러내 본다. 여기서 우리는 유한의 생명을 사는 인간의 앎이 무한한 자연의 우주적 지혜 앞 절벽에 막히고 만다. 상대적인 분별적 사고와 문자화한 관념에 얽매인 인간 세계가 가지고 있는 '삶의 기준'이 절대 선(善)이고 우주적 진리인가를 되묻지 않을 수 없다.

나는 고전(古典)을 읽는 중 그 무게감에 지치면 가끔씩 선불교 책을 펼쳐보며 머리를 식힌다. 조사(祖師)들의 어록이나 반어적(反

은둔의 미학

語的) 화두에서 시원한 통쾌함과 체증이 확 뚫리는 기분을 느낀다. 고전의 우화나 잠꼬대 같은 화두가 안겨주는 강력한 암시성은 머릿속의 상념들을 지워버리고 '지금 여기'에 현존하는 나에게 눈물 한 방울을 맺히게 한다.

사람의 지혜로는 만물의 생존과 근본을 알 수 없으므로 인간 지혜를 바탕으로 한 시비(是非)·미추(美醜)의 근본은 전혀 믿을 게 못되는 것이다. 인간의 앎으로 우주의 지혜에 도전하는 것은 마치 모기에게 큰 산을 지우려는 사문부산(使蚊負山)이 아닐런지 모르겠다. 내가 고전을 읽고 선어록을 뒤져 아는 체하는 것도 사마귀가 수레 앞에서 앞발을 번쩍 들고 가로막겠다는 꼴일 수 있다. 분수를 알지 못하는 당랑거철(螳螂拒轍)의 사마귀라도 할 수 없다.

고 김종필 총리가 구순이 되어 자신의 묘비명을 지은 일이 있다. '연구십이지팔십구비(年九十而知八十九非 : 나이 90이 되어 생각해보니 지난 89년이 모두 헛된 인생이었구나)'. 《장자》〈칙양〉편에 "금지소위시지비오십구년비야(今之所謂是之 非五十九年非也; 지금 옳다고 생각하는 일들 중 지난 59년 동안 부정하지 않았던 것이 없다)"라는 구절이 있다. 나이가 들면 지난날 비판·부정했던 일들도 긍정하고 포용하는 경우가 많다. 그런 것이 '나잇값'인지도 모르겠다.

어제는 지나간 오늘이고 내일은 다가올 오늘이라면 삶의 기준은 저기가 아니라 '여기', 내일이 아니라 '지금'일 수밖에 없다. 지금 여기에 몰입하며 살 수밖에 없다. 평상심을 유지하며 하던 일을 계속해 책을 읽고 밥을 먹고 잠을 잔다. 묘비명을 남길 위인은 못 되지만 한 줄 남겨 보려는 겉멋이라도 부려보고는 싶다.

05

# 봄날 –
# 냉이향

나이를 더할수록 계절이 더욱 섬세하고 선명하게 느껴진다. 아마도 계
절의 역사가 몸에 겹겹이 쌓였기 때문이리라. 젊은 시절은 일과 놀기
에 쫓겨 철 따라 옷을 갈아입는 정도의 계절 감각이 고작이었다. 늙으
니 시간이 많고 격물치지(格物致知)가 싹터 계절의 느낌이 예민하다.

옛사람은 "늙음은 우리에게 편안함을 선물한다(佚我以老)"고 했다. 예
민한 계절 감각이나 사물에 대한 뜨거운 감응도 '편안함'의 중요한 항목
이 아닐까 싶다. 봄날의 매화향·가을날의 짙은 국화 향기·여름날의 짙
푸름·겨울의 나목(裸木)이 산골 생가에 돌아온 늙은이를 새삼 반긴다.

읍내 아줌마들이 텃밭의 냉이를 캐러 들어왔다. 밭 이랑을 걸어
들어가 냉이를 캐 담은 바구니에 코를 대고 향을 마신다. 텃밭의
지천인 냉이를 짓밟고 뛰놀던 어린 시절엔 지금 거듭 마시는 짙은
냉이향을 전혀 몰랐다.

**자세히 보니**
**냉이꽃 피어 있는**

울타리로다

일본 하이쿠(俳句)의 종장(宗匠) 마쓰오 바쇼(1644~1694)가 지천으로 밟아대며 지나쳐온 냉이꽃을 감탄한 선시(禪詩)다. 세계적으로 자주 인용되는 명구(名句)다. 평범함 속의 비범함을 깨달은 철학적·문학적 작품성을 높이 평가받기도 한다. 나는 우선 냉이꽃에서 새삼 느낀 상춘(賞春)의 정에 매력을 느낀다.

　냉이 향을 만끽하며 상춘의 노래를 떠올려 보았다. 진(晋)나라 사령운(385~433)은 병석에 누워 있다가 창문을 열고 불쑥 와있는 정원의 봄날에서 소생의 희망을 찾고 감탄했다.

　池塘生春草 園柳変鳴禽 (지당생춘초 원유변명금)
　**연못가의 봄풀들 새싹 돋아나고**
　**정원 버드나무 위의 새들 노랫소리 달라졌네**

두보(712~770)의 시 〈춘망(春望)〉은 대지의 영원 속에서 명멸을 거듭하는 국가 권력의 슬픈 운명을 다음과 같이 읊조렸다.

　國破山河在 城春草木深 (국파산하재 성춘초목심)
　**나라는 망했어도 산천은 옛 그대로이고**
　**성에는 봄이 돌아와 초목이 무성하네**

마치 우리의 지난날 대중가요 〈황성옛터〉를 듣는 듯하다.

世與靑山何者是 春城無處不開花(세여청산하자시 춘성무처불개화)

세간과 출세간 어느 놈이 옳은가

봄날의 성안 꽃피지 않은 곳이 없구나

한국 선불교 중흥조 경허 선사(1846~1912)의 선시에 나오는 구절
이다. 세속, 바로 '지금 여기'가 극락이고 하느님 나라다.

냉이 향에 취해 횡설수설한 봄날이다.

06   봄날 -
     매화

---

15년 된 백매 한 그루를 화분에 옮겨 분재한다. 한겨울을 실내에서 나게 해 설중매(雪中梅)를 보고자 해서다. 이른 봄에는 집 주변과 밭둑에 심은 수십 주의 홍매·청매·흑매·운룡매(雲龍梅)·능수매 등 각종 매화가 만발한다.

질서와 조화가 충만한 자연 공간에서 매화는 개인적 비애가 개입할 여지를 소멸시켜 버린다. 그 신선함은 겨울이라는 계절의 압박에 결코 굴복하지 않는다. 매화의 암향(暗香)과 꽃그림자는 보는 이에게 안식과 위안을 주는 성스러운 공간의 역할을 하기도 한다. 매화는 인격화되면 고상하고 청정한 사람됨을 상징한다.

매화시의 절창으로 손꼽히는 임포(967~1028)의 시 〈산원소매(山園小梅, 산속의 작은 매화)〉 함련(3·4구)은 매화의 아름다움을 다음과 같이 읊조렸다.

疎影橫斜水淸淺(소영횡사수청천)
**매화의 성긴 그림자 맑고 얕은 물가에 비껴 있고**
暗香浮動月黃昏(암향부동월황혼)

# 그윽한 향기는 사위는 달빛을 움직여 흔든다

시의 소영(疏影)과 암향(暗香)은 매화의 특징과 그윽한 향기를 나타냈고 그 자태는 횡사(橫斜)로, 운치는 부동(浮動)으로 그려냈다. 거기에 물과 달을 배경삼아 절묘한 매화 그림을 보는 듯한 감각에 빠지게 한다. 구양수는 이 시의 함련을 "임포 이전에도 매화를 읊은 노래는 많지만 이런 시구는 없었다"고 찬양했다.

아, 봄이 가버린다. 내일 아침 봄바람 모질게 불면 꽃 떨어진 자리 푸른 잎 돋아나리라. 나는 낙화의 아쉬움을 산새들의 활기찬 생명력을 보는 것으로 씻어낸다.

산속 초가에 사는 노인과 산새. 추녀 끝에 산새 와서 둥지 튼다. 누가 집의 소유주인가? 누구인지를 따지는 것은 문명에 찌든 인간의 버릇이겠지. 산속의 주인은 새다. 노인은 새들의 지저귐을 나그네를 맞는 노래쯤으로 듣는다. 새에게 감정이 있는지, 없는지는 따지지 않겠다. 오직 새와 더불어 즐거워할 뿐이다. 노인과 새가 정경(情景)의 조화를 이루며 둥지에 알 낳아 새끼 까기를 기다린다. 둥지의 새알이 몇 개인지 궁금하지만, 새끼들이 입 내밀고 어미가 물어다 주는 먹이를 받아먹을 때 세어 보겠다.

정원에는 까치 비슷한 옛날엔 안 보이던 콩새들이 아침이면 떼 지어 찾아와 활극을 벌인다. 그리고 작은 들참새들이 하루 종일 분주하다. 작은 꽃나무에 둥지를 틀고 알을 낳아 오고 가며 들여다보고 세어도 본다. 새들이 둥지를 틀다 떨어뜨린 부스러기들과 뜰에 낙하된 새똥을 쓸면서 새 새끼들이 입 벌리는 생명의 환희를 관조하고자 한다.

# 07 여름날 – 계룡산

여름철 텅 빈 산중의 짙푸름은 사람의 옷을 적실 듯하다. 흔히 말하는 전원은 혼란스런 현실의 닫힌 공간과는 다른 농촌·자연·시골을 뜻한다. 여름날의 산수는 인간 문화에 착색되기 이전의 지상 자연을 대표하는 순수 태고(太古)의 모습이다. 인간은 그 속에 깃들어 지내는 자연 존재일 뿐이다.

인간은 덥기 때문에 옷을 벗어 태고의 원시를 회고하는 알몸이 되고자 한다. 옷소매를 잘라내고 비키니를 입고 해변을 누빈다. 노지(露地)에서 자연 재배된 싱싱한 채소와 여름 과일도 먹는다. 여름의 전원은 끝없는 생명력이 확보된 장소로서 벌거숭이 인간을 기꺼이 맞는다. 이래서 우리는 봄이 저물어감을 괘념치 않는지도 모른다. 시불(詩佛) 왕유(694~759)는 여름날 저녁 느끼는 정회를 다음과 같이 읊조렸다.

廣寥天地暮(광료천지모)
**광활한 천지에 서서히 어둠이 드리울 제**
心與廣川閑(심여광천한)

## 마음은 넓디 넓은 강물인 양 한가롭다

여름날에는 닫힌 공간의 화려한 응접실보다 열린 공간 나무 그늘의 들마루나 정자·냇가의 너럭바위 등이 계절에 어울리는 풍류가 아닐까 싶다. 구양수(1007~1072)는 그 같은 풍류를 시로 읊조렸다.

借與門前盤石坐(차여문전반석좌)
**문앞의 반석을 자리로 빌려드리는 것은**
柳陰亭午正涼風(유음정오정량풍)
**정오의 버드나무 그늘에 시원한 바람이 불기 때문이라오**

여름철 산봉우리는 어느 계절보다 가까워 보인다. 짙푸른 녹음에 대한 친근감 때문일까. 먼 산 중턱을 가로질러 가는 흰구름이 금방 손에 잡힐 듯하다.

常愛暮雲歸未合(상애모운귀미합)
**언제나 사랑하는 건 흰구름 흩어지는**
遠山無限碧層層(원산무한벽층층)
**끝없이 푸른 빛 층층에 쌓인 먼 산봉우리**

해인 선사의 송고시(頌古詩)에 나오는 시구다. 저녁 흰구름이 골짜기 가로질러 새들이 둥지를 잘못 들지 않기를 바라며 옛 조사의 화두를 깨달아 삼세인과(三世因果)가 분명해졌음을 밝힌 선지(禪旨)가

은둔의 미학

담겨 있다. 깊은 선지는 뒤로 미루어 놓고 여름날 저녁 무렵의 흰 구름 오가는 먼 산 이미지만 감상해도 좋다.

우거(寓居)의 저녁 마당으로 나갔다. 몇 발자국 더 걸어가 밭둑에 서서 계룡산을 마주했다. 하늘 끝까지 엉기어 뻗은 검푸른 산색이 천리만리 아득히 청천으로 안긴다. 내 마음은 이제 계룡산 속으로 들어갔다. 비 온 뒤 흐르는 물소리 울퉁불퉁한 돌 틈으로 요란하고 언저리의 경색(景色)은 깊은 솔 숲 속에서 그윽하다. 이 푸른 계곡 과 너럭바위에서 발을 담그며 살아가고 싶다.

# 여름날 –
# 청산 녹수

靑山不墨千秋畵(청산불묵천추화)

**청산은 붓을 들어 그린 그림이 아니어도 천추에 빼어난 그림이고**

綠水無弦萬古琴(녹수무현만고금)

**녹수는 줄이 없어도 만고에 다시 없는 음악이다**

"어떤 그림도 음악도 자연 산수의 청산과 계곡물 소리를 뛰어넘지 못한다."

내 우거(寓居)의 거실 입구에 걸려 있는 족자에 적힌 시구다. 오래전 중국 여행에서 사 온 것인데 옛사람들이 누누이 읊조렸던 이 시구를 오가며 가끔 읊조려 본다. '청산녹수' 하면 흔히 여름날의 우거진 푸른 숲과 넘치는 계곡물을 떠올린다. 끈적한 도시 문명의 공간을 탈출해 무현금(無弦琴)의 계곡물 소리 듣는 산수 공간으로 가고픈 마음은 오늘의 도시인들 심층 저류를 흐르는 공통된 감정이다. 새가 울어 골짜기 더욱 그윽하고 벌레 소리 시끄러운 가운데 짙은 고요가 가라앉아 있는 동중정(動中靜)의 깊은 산속은 인간의

은둔의 미학

무의식 속에 저장된 원초적 동경의 대상일지도 모른다. 사람의 욕망 중에 어찌 산수(자연)를 그리워하는 정감과 생명을 향한 감탄이 들어가 있지 않을 수 있겠는가.

전원주택이 지방 소도시까지 대유행이다. 전원은 형이상학적으론 곧 자연이고 형이하학적으론 '시골'이라 할 수 있다. 현대 교양을 갖춘 사람들에게 시골은 의사(擬似) 유토피아다. 시골의 따뜻한 인정과 물질적 궁핍의 초월은 바로 도시인들의 향수이기도 하다. 물론 날이 갈수록 시골도 영악해지고 도시화되고 있긴 하지만…. 그러나 아직도 시골이라는 공간은 인위적인 가식이나 모순 같은 것이 없는 순수 공간이고 인간 마음의 집과 같은 곳으로 인식된다.

우거(寓居)의 족자, 저자 소장

그래서 그 곳에는 안락과 기쁨이 가득 차 있다고 생각한다.

나는 어릴 때 여름날 저녁 마당에 멍석을 깔고 앉아 달 뜨기를 기다렸다. 그 마음은 임 오기를 기다리는 마음과 같은 것이었다. 외딴집이라서 한낮에도 바람 소리·새 소리·벌레 소리밖에 없는 '침묵의 공간'이었다. 지금은 앞마당과 곧바로 연결된 조그만 정원을 만들어 놓고 있다. 정원은 단순한 물리적 공간 이상의 가치를 갖는다. 이른바 창조의 정신(Genias Loci)을 유무형으로 보내주면서 생명의 기(氣)를 유통시키는 역할을 한다. 나는 정원에서 마음의 안정을 얻는다. 마루에서 창을 통해 피고 지는 꽃들을 보노라면 잡념이 사라지고 그냥 즐겁다.

마침 집 뒤로는 산이 둘러싸고 있고, 백년 이상 된 소나무가 제법 빽빽하다. 정원 안의 정자는 여름철의 필수품으로 낮잠을 자고 손님을 맞으며 요긴하게 이용한다.

정자의 '정(亭)'자는 여관·우뚝한 모양·이르다(至) 등의 뜻을 가진 글자다. 《설문해자》에 따르면 '정'은 사람을 안정시켜 주는 곳이라고 한다. 《노자》에는 "장지육지정지(長之育之亭之 : 도는 만물을 자라게 하고 길러도 주지만 멈추게도 한다)"라는 구절이 있다. 여기의 '정'자는 정지시킨다는 뜻의 '정(停)'자와 같은 뜻을 갖는 통용자(通用字)로 사용됐다. 눈썹은 더 이상 길게 자라지 않도록 스스로 정지시킨다. 그런데 늙으면 그 정지 기능의 약화로 간혹 길게 뻗어 나오는 경우가 있다.

# 09 가을날 – 추월

동정 호수의 가을 달(洞庭秋月). 유명한 '소상팔경'의 하나다. 중국 소수와 상강 유역의 뛰어난 경관인 동정추월은 한·중·일의 많은 시인 묵객들이 시로 읊조렸고 그림으로 그렸다. 가을 달은 사계절 달 중 최고의 심미 감흥을 일으키는 명품이다. 팔경(八景)의 '8'이라는 숫자는 우리나라에서도 아름다운 경관을 묶을 때 관동팔경·단양팔경 등으로 사용하는 관용어다.

한기를 느껴 정자를 내려와 달빛을 밟고 안마당으로 들어왔다. 동쪽 산등성에서 가을달 솟아올라 멀리서 지붕 위로 밝은 빛을 토한다. 흐르는 밤의 음기(陰氣)가 두텁게 모인다. 부서지는 나무 그림자 텅 빈 산언덕을 껴안는다. 가을 달밤의 분위기는 한결 깔끔해 심미하고 싶은 마음을 불러낸다.

秋山斂餘照(추산렴여조)

**가을 산 석양빛을 거둬들이고**

飛鳥逐前侶(비조축전려)

나는 새 앞선 짝을 쫓아간다

彩翠時分明(채취시분명)

고운 비취빛 이따금 빛나며

夕嵐無處所(석람무처소)

해 저물녘 이내 정처 없이 떠돈다

왕유가 자신이 은거하는 망천의 가을 산 풍광을 읊은 시다. 시의
'이내(嵐)'는 남기(嵐氣)라고도 하는데 멀리 보이는 푸르스름하고 흐
릿한 기운(안개)이다. 이내는 순수 우리말이다. 평범한 시 같아 보
인다. 그러나 짝을 쫓아가는 '새들'과 우주 생성의 태반(胎盤)인 혼
돈[道]을 비유적으로 상징한 저물녘 '이내'는 질서 정연한 자연 대
도가 전개되는 찬란한 화장세계를 그림처럼 펼쳐 보인다. 이 같은
평범 속의 비범(非凡)이 우리의 일상 속에서 늘 번뜩이고 있다.

　자연은 종교적 후광을 두르고 있는 관조의 대상이다. 인간은 종
교적 경지를 동경하면서도 현실 속 갈등의 손짓을 결코 뿌리치지
못한다. 단지 그 문 앞에서 서성거릴 뿐이다. 우리가 자연을 무한
동경하면서도 심미하지 못하는 것도 이와 같은 것이다. 강산과 풍
월은 본래부터 주인이 없다. 한적하게 즐기는 자가 모두 주인이다.

僧去汲井水(승거급정수)

중이 옹달샘 물 길어 올려

和月滿盂中(화월만우중)

달이랑 한 동이에 가득 담았네

入寺無所見(입사무소견)

**절에 들어서자 달 안 보여**

方知色是空(방지색시공)

**비로소 색이 공임을 깨달았네**

고려 송도 3절(三絶)의 한 사람인 최립이 이규보의 시에 붙인 화운(和韻) 시다. 송도 3절은 차천로(시)·한호(글씨)·최립(글)을 말한다.

모든 존재는 인연 소생에 지나지 않으므로 실유(實有)가 아니라는 '색즉시공(色卽是空)'의 불법 도리를 오도(悟道)했음을 밝혔다. 우물에 비친 달이 하도 아름다워 물과 함께 담아왔으나 절 안으로 들어서는 순간 없어지고 말았다.

산 기운 저절로 황혼에 젖어 드는 가을날 저녁 나는 나도 모르게 달빛을 탐했다. 과거를 후회하지 말고 미래를 탐하지 말자고 했는데 오늘 이렇게 가을 달을 탐했다.

10 철쭉을
옮겨 심다

———————

늦가을 일요일 오후, 황철쭉 20여 그루를 양지바른 곳으로 옮겨
심었다. 옆의 크게 자란 나무 그늘에 가려 성장과 개화의 고통을
겪고 있고 자칫 사그라져 죽어버릴 것 같았기 때문이다.

원래는 이틀에 걸쳐 하루 열 그루씩 옮기고 화요일 아침 상경할 생
각이었다. 그런데 작업 도중 아들한테 전화가 왔다. 코로나 때문에 집콕
중인 초등학교 저학년 손녀를 월요일 오전 동안 돌봐 달라는 것이었다.

그리하겠다고 승낙했다. 그러려면 일을 서둘러 끝내고 월요일
아침 일찍 올라가야 했다. 이틀 동안에 하려던 작업을 하루에 끝내
야 하느라 밤까지 부리나케 뛰면서 철쭉을 옮겨 심었다.

해가 졌다. 일은 반쯤밖에 못했는데 마당 가의 보안등이 켜지고
가을밤 냉기가 돌았다. 그래도 작업에 몰입하니 이마에 땀이 흐르
고 속옷이 젖었다. 밤 9시가 넘어서야 작업을 끝냈다.

작업을 끝낸 후 겉옷을 풀어 헤치고 밤의 정적 속에서 바람을 쏘
이며 마당 앞의 들과 산을 바라보았다. 들이쉬고 내쉬는 숨이 좀
고르진 못했지만 넓은 공간의 공기가 호흡을 통해 내 몸 안으로 들

어왔다. 또 일에 지쳤던 폐의 공기가 세상 속으로 넓게 퍼져 나갔다. 일하고 난 후의 심호흡은 정말 상쾌하고 보이지 않는 만족감을 가슴 가득 채워 주었다. 여기에 밤의 정적이 꽃장식을 해 주어 비록 몸은 흙먼지투성이지만 한없이 화려했다.

호흡을 고른 후 고개를 들어 하늘을 사방으로 둘러본다. 숨었던 별들이 계속 튀어나오면서 하늘을 장식한다. 어릴 때도 그랬지만 지금도 밤의 별들을 보면 신비하고 아름다운 희망을 가슴에 품는 동심을 느낀다.

작업에 쫓기던 시간. 정말 행복했다. 우울하고 억울하고 답답하고 서운하고 부럽고 미안하던 감정들이 그냥 사라져 버렸기 때문이다. 언짢은 일에 서로 시간을 갖고 생각해 보자는 등 비겁하게 합리화했던 일도 분하고 서운했던 일도 전혀 없는 순수한 몰입의 시간이었다. 나는 쫓기며 몰입했던 작업 시간이 명상 시간이고 참선 시간이었다고 생각했다. 그리고 작업 중 나무 옮기는 것 이외의 모든 것을 잊었던 '망각'의 여운이 별을 보는 순간까지도 연장됐다. 나는 바쁘게 움직이는 작업 중의 고요와 망각이 값졌다고 기뻐하며 육체의 고단함을 상쇄했다.

'동중정(動中靜)'과 '좌망(坐忘)'이란 게 이런 것이 아닌가 싶다. 가부좌 틀고 앉아 눈을 지긋이 감고 있어야 참선이고 좌망이 아니다. 숨 쉬는 이외의 의식 작용을 멈추고 골몰하면 좌망할 수 있고 움직이면서도 고요한 정적에 침잠할 수 있다. 평범한 일상 속에서 거둔 이 가을의 큰 수확이었다.

# 11 겨울날 –
# 밤과 토란

나는 요즘 노화로 귀가 좀 어두워졌는데 기뻐한다. 자질구레한 잡소리가 들리지 않고 사유에 침잠하는 데 도움이 되기 때문이다. 겨울철 침잠은 형이상학적으로 말하면 일종의 사유 체험이다. 생태적이지만 많은 동물이 겨울잠을 잔다. 그들에게 깊은 사유 능력이 있을지는 모르지만 일단 활동을 멈추고 쉰다는 것만으로도 육체적 침잠이다. 사람의 경우 겨울철 정적 속의 고독은 자신에 대한 사유와 의식 세계를 넓혀 주는 체험과 잠재 능력을 키워준다. 이는 인간이 가지고 있는 근본 욕구이기도 한 자신과 세계를 알고자 하는 사유 능력을 향상시키는 데 도움이 된다.

사유의 목적지는 초연(超然)이다. 머리와 마음을 완전히 비워냈을 때, 주관적인 것을 객관적 시선으로 바라볼 수 있을 때 우리는 고결한 초연함에 이르게 된다. 초연을 향한 출발점은 '집착'하지 않는 자세다. 탐욕스러운 집착을 떨구는 일은 우리의 육체와 정신을 뒤흔드는 모든 혼란과 스트레스를 통제하는 방법이기도 하다. 불가

은둔의 미학

의 해탈·열반이나 노장(老莊)의 심재(心齋)·좌망(坐忘) 등도 결국은 초연함이다. 초연을 가로막는 번뇌 망상의 인자(因子)는 바로 집착이다. 그날의 일은 밤 12시까지 모두 떨어내야 한다. 그달의 일은 그달 말로 성패의 결과를 그대로 인정하고 넘어가야 한다. 이것이 집착을 버리고 초연함을 향하는 여정이다. 어린아이도 알 수 있는 이야기지만 80 노인도 실천하기 어려운 일이긴 하다.

옛적 훈훈했던 시골 전원 농촌 이야기로 도덕 선생 같은 '공자 말씀'을 잠시 접어 두자.

莫嗔老婦無盤釘(막진노부무반정)
**노부인 쟁반에 안주 없다 탓하지 말라며**
笑指灰中芋栗香(소지회중우율향)
**잿속에 묻힌 토란과 밤 향기 가리키네**

중국 원나라 정사초(1238~1316)라는 시인의 시구다. 노부인이 손님 술상 차려내는데 순박하면서도 무엇인가 한 소식 전하는 듯한 농촌의 겨울 모습이다. 부인은 초연하면서 방관자적 태도로 일관한다. 안주는 소홀하지만 굽는 밤 향기를 안주로 하면 어떻겠느냐는 초연함이 다소 천연덕스럽기도 하다. 이런 것이 물외(物外)에서 노니는 방관자적인 초월자의 태도가 아닐까?

겨울이라는 계절에서 흔히 느끼는 썰렁함이나 고통 같은 것을 저 편으로 접어둔 노부인의 초연함은 겨울날 농촌 전원에선 그냥 살아가는 일상일 뿐이었다. 의식적으로 꾸며낸 인위적 초연은 가

치가 없다. 시골 노부인 같은 몸에 밴 자기도 인식하지 못하는 '초
월'의 미덕이 참된 초연이다.

　나는 어릴 때 등잔불 밑 이불 속에서 엎드려 이광수의 소설책들
을 읽던 나의 농촌 시절을 떠올리며 초연했던 옛날 시골 노부인을
많이 그리워한다.

# 12 겨울날 –
## 물외(物外)

물외(物外)란 세속 초월을 뜻한다. 좁게는 물질 만능에 찌든 세상살이를 떠나 강호를 거닐며 정신적 자유를 만끽함을 말한다. 졸부들도 때로는 물외의 삶을 소망한다.

유(有)라고 할 만한 어떤 존재도 없는 '무하유지향(無何有之鄕)'. 장자가 말한 이상향이다. 도연명이 제시한 무릉도원, 서양의 낙원과도 같은 곳이다. 세속적인 쉬운 말로 풀이하면 '원시적인 들판' 정도가 되지 않을까 싶다.

이런 이상향들은 우리가 갈 수 없는 하늘에 있는 게 아니다. 수없이 갈마드는 해와 달처럼 우리 머릿속에 오가는 그 이상향은 바로 우리 일상의 삶 그 자체다. 한 생각 돌리면 된다. 흔히 말하는 초월·초연(超然)이 바로 무릉도원이고 무하유지향이다. 머릿속에 꽉 차 있으면서도 가뭇없이 사라지고 마는 이들 이상향을 찾아본다.

초월과 초연을 말하는 많은 종교적 설법·강론·설교들이 있고 철학적 사변도 흘러넘친다. 너무 관념적인 경우가 많아 지루하게 느껴질 때가 많다. 그래서 우리 시조시(時調詩) 한 편을 가지고 그

관념적이고 도덕적인 이상향을 보다 선명하게 눈으로 볼 수 있도록 해볼까 한다.

수련     十載經營屋數椽(십재경영옥수연)

        **십년을 별러 초라한 초가집 한 채 지으니**

        錦江之上月峰前(금강지상월봉전)

        **금강의 위요, 월봉의 앞이라**

함련     桃花涴露紅浮水(도화읍로홍부수)

        **복숭아꽃 물에 떠 강물을 붉게 물들이고**

        柳絮飄風白滿船(유서표풍백만선)

        **버들개지 바람에 날려 배 안에 하얗게 가득하다**

경련     石逕歸僧山影外(석경귀승산영외)

        **돌길에 채이며 돌아가는 스님은 산 그림자 밖에 있고**

        烟沙眠鷺雨聲邊(연사면로우성변)

        **안개 낀 금강 백사장의 졸고 있는 백로 빗소리 가에 있다.**

미련     若令摩詰遊於此(약령마힐유어차)

        **만약 마힐(왕유)로 하여금 이곳에 노닐게 했으면**

        不必當年畵輞川(불필당년화망천)

        **그때 망천의 시와 그림을 읊고 그리지 않았으리라**

한시체의 이 시는 조선 시대 가집(歌集)《해동가요》·《악학습령》 등에 실려 있다. 작자는 미상이다. 국악 가곡의 명인이었던 김월하와 그 후학들이 시창으로 불러왔고 일반에서도 많이 애창되고 있다.

시의 경련에 나오는 '외(外)'와 '변(邊)'이 바로 세속 초월을 상징하는 세외지심(世外之心)의 문자화이고 시안(詩眼)이다. '외'자는 한시에 자주 등장해 세속 초월을 뜻하는 글자로 사용된다.

두보의 시구에 보이는 "신종운외습(晨鐘雲外濕 : 새벽 종소리 울리자 구름 밖이 젖어 있네)"나 "낙일조변하(落日鳥邊下), 추원인외한[秋原人外閑 : 지는 해는 둥지로 돌아가는 새들 아래로 지고 가을 벌판은 인가(세속) 밖에서 한가롭네]"의 '외'·'변' 자도 모두 높은 세외지심의 초월을 뜻하고 있다.

생몰연대 미상인 당(唐) 장계가 읊조린 유명한 〈풍교야박(楓橋夜泊)〉에 나오는 "고소성외한산사(古蘇城外寒山寺 : 고소성 밖 한산사)"라는 시구의 '외'도 세속에 있으면서 세속 만뢰(萬籟)를 벗어난 한산사의 초월과 초연을 상징한다. 시에 나오는 사찰의 새벽 종소리·가을 들판·지는 해 등이 바로 세속 안에 있으면서 세속을 초월한 구체적 물상들이다. 우리가 실감 나게 볼 수 있는 세속 초월이다.

사공도(837~908)는 그의 시론서 《이십사시품(二十四詩品)》에 상외지상(象外之象)·운외지치(韻外之致)·경외지경(景外之景) 등과 같은 '외'자의 표현을 즐겨 썼다. 이는 시가 빚어내는 종합적이고 총체적인 운치 또는 품격을 가리킨 것이다. 미외지미(味外之味)는 창작과 감상에서 미감(美感)을 북돋아 주면서 관념적인 이상 세계를 사물에 기탁해 눈으로 볼 수 있게 한다. 〈십재경영〉의 "산그림자 밖(山影外)"은 허상인 그림자 같은 세속을 초월해 노니는 선승의 '물외적 공간'이다.

우리는 사는 동안 번뇌를 안고 살 수밖에 없다. 번뇌를 지혜(보리)로 바꾸어 살아가는 방법, 그것이 바로 초월이고 해탈이다.

## | 사족

〈십재경영〉의 "금강 위 월봉 앞"이라는 장소는 나의 생가와 인접해 있다. 무릉도원을 상징한 "도화읍로…"는 바로 내가 태어난 송선리와 붙어 있는 무릉리(武陵里)고 '월봉'은 그 옆의 월송리(月松里) 동산일지도 모르겠다. 지금은 제3 금강교가 공주 구시가와 연결돼 있지만 30년 전까지만 해도 무릉리에서 나룻배로 금강을 건너야 했다. 아직 확실한 고증은 하지 못했다. 그러나 아전인수로 막연히 추정하면서 나는 〈십재경영〉 시창을 즐겨 듣곤 한다.

13 　겨울밤 –
　　　〈십재경영〉

---

세밑 동지 섣달 긴긴 밤이다. 새들도 노래를 멈추었고 집 안팎이
고요하다. 밤의 적정(寂靜)이 심리적 안정까지 선물한다. 나는 체질
상 사계 중 겨울을 아주 좋아한다. 애송하는 시의 하나인 앞의 〈십
재경영〉을 새삼 감상해 본다.

　이 시는 문학적 함축미와 동양 미학의 정점인 투명한 의경(意境)
을 보여주는 심미 만점의 시일 뿐만 아니라 심오한 철학적 선리(禪
理)를 설하고 있는 법문이기도 하다. 문학적·미학적으로는 함련
(3.4구)이, 철학적·선학적으로는 경련(5.6구)이 시안(詩眼)이면서 시
가 지향하는 의경의 절정을 이룬다.


〈함축미〉
桃花浥露紅浮水(도화읍로홍부수)
도화는 이슬에 젖은 채 강물에 떠 물을 붉게 물들이고
柳絮飄風白滿船(유서표풍백만선)
버들개지는 바람에 날려 배를 하얗게 가득 채웠다

시의 함련이다. 대(對)를 이룬 홍과 백의 색깔이 각각 왕성한 생명과 순백의 정서를 상징하면서 시의 함축미를 십분 발휘하고 있다. 복숭아꽃과 버들개지·홍과 백의 색깔은 실생활 가운데서 쉽게 접하는 것들이다. 평범한 일상의 물상들에서 미학적 심미를 불러일으켰다. '홍'과 '백'의 의경은 시인과 꽃 간의 엄격한 한계를 무너뜨리면서 상호 융합해 혼연일체의 경계를 이룬다.

도화는 왕성한 생명력을 상징한다. 《시경》에 "싱싱한 복숭아나무에 화사한 복사꽃 피었다(桃之夭夭 灼灼其華)"라는 시구가 있다. 활짝 핀 복숭아꽃은 용솟음 치는 생명력의 분출이기도 하다. 당나라 영운지근 선사는 어느 날 이 같은 만개한 복숭아꽃의 생명력을 보고 크게 깨쳐 해탈 도인이 됐다.

### 〈다의성〉

'함축'은 자연히 다의성을 갖게 된다. 그래서 시의 감상은 각자의 감성에 따라 달라질 수 있다. 우선 '홍부수(紅浮水)'는 복숭아꽃이 ① 강물 위에 붉게 떠있다 ② 강물을 붉게 물들인다 ③ 강물에 붉게 반사된다 등으로 옮겨질 수 있다. '백만선(白滿船)'은 버들개지가 ① 배 안을 하얗게 가득 채웠다 ② 배에 하얗게 쌓였다 ③ 배를 하얗게 물들였다(뒤덮었다) 등으로 느낄 수 있다. 어떻게 느끼는가는 감상자의 자유다.

왕빈의 시에 "한식에 비가 잦고 복숭아꽃 핀 도처의 마을이로다(寒食連番雨 桃花到處村)"라는 시구가 있다. 이때 '도화도처촌'은 ▲ 복숭아 핀 곳에 마을이 있다 ▲ 마을 앞 집 뒤에 복숭아꽃이 피었다

▲ 복숭아꽃 도처에 피었다 등 다의적 해석이 가능해 시의(詩意)를 매우 풍부하게 하고 있다.

이태백의 시구인 "이화백설향(梨花白雪香)"의 경우 ① 배꽃은 흰 눈처럼 향기롭다 ② 배꽃은 눈의 향기처럼 희다 등으로 해석돼 감상자에 따라 다르게 느껴질 수 있다. 〈십재경영〉의 '홍부수'와 '백만선'은 사람의 다양한 심미적 욕망과 상상을 자극하는 심미 만점의 시구다. 정(情)은 사물에 의해서 가까워지고 말은 정에 의해 드러난다. '홍부수'와 '백만선'은 생활 속의 진정한 느낌이 아니면 이런 시구가 나올 수 없는 절창이다. 풍부하고 열정적이며 구체적인 현실 생활이 이처럼 예술 작품의 내용 및 형식의 진정한 모체를 이룰 때 큰 감동을 준다. 강물 위의 복숭아꽃과 날아와 쌓인 배 안의 버들개지는 나룻배를 타고 금강을 건너는 수많은 사람들이 흔히 보는 일상의 것이었다. 이 평범한 것들이 열정적인 시로 예술 작품화돼 크나큰 감동을 준다.

〈상징성〉

石逕歸僧山影外(석경귀승산영외)
**돌뿌리 채이며 절로 돌아가는 스님은 산 그림자 밖에 있고**
烟沙眠鷺雨聲邊(연사면로우성변)
**안개 낀 금강 백사장에 졸고 있는 백로는 빗소리 가에 있다**

시의 경련이다. '산 그림자 밖(山影外)'과 '빗소리 가(雨聲邊)'라는 시상은 현허(玄虛)하고 미묘한 가운데 무슨 이치를 터득할 것 같은 기대감을 갖게 한다. 한시에 자주 등장하는 '외(外)'와 '변(邊)' 두 글자는 심오한 철학적·종교적 의미를 가지면서 독자들에게 풍부한 연상(聯想)과 심오한 미적 감흥을 일으킨다. 이 정련된 두 글자는 세외지심과 세속 초월을 상징하면서 끝없이 넓고 아득한 모습으로 광활한 심사를 개척하도록 이끈다.

'산영외'는 세속을 초월해 노니는 선승의 물외적(物外的) 정신 공간을 상징한다. 상징은 의미의 집결이다. 상징은 간단한 개념이 아니며 단순한 직관 현상도 아니다. 직관 세계와 이념 영역을 관통하는 '비유체'다.

'외'와 '변'은 시의 의경을 확장시키면서 계시적 성능을 발휘해 독자들에게 깨달음을 느끼게 하여 깊고 아득한 경지로 안내한다. 이것이 이른바 "말은 길지 않지만 길게 말이 계속된다"는 사공도가 말한 '상외지상(象外之象)'이다. '산영외'와 '우성변'의 시의(詩意)는 매우 큰 확장성을 가지면서 의상(意象) 운영을 탄력적으로 이끌어 초월의 세계를 거닐게 한다. 이 시구를 읽을 때 무언가 세속 밖에서 노니는 기분을 느낀다. 독자들의 상상력을 무한대로 내몰면서 하나로 열을 암시하는 연상과 상상의 '공백'을 제공하기도 한다.

나는 이 시구에 깊이 감염돼 스스로의 정조(情調)가 더욱 순수해지고 우미해졌다는 느낌을 갖는다. 깊은 밤 이 시구에 만취해 비틀거린다. 심미 체험과 시의 의경을 나름 글로 써보려고 하나 "글은 말을 다 드러낼 수 없고, 말은 뜻을 다 드러낼 수 없다(書不盡言 言不

은둔의 미학

盡意)"는 장벽에 부딪쳐 잘 써지질 않는다. 안개 자욱한 금강 백사장 빗소리 가의 세상 밖에서 졸고 있는 한 마리 백로가 되고 싶다.

## 〈현량〉

시인은 세속 가운데서 세속을 초월해 노니는 선승과 백로를 벗 삼았다. 직접 만질 수는 없지만 보고 음미할 수는 있었다. '산영외'는 허환(산그림자)의 밖인 진여(眞如)의 본체계를 암시, 현상계의 초월을 상징했다. '우성변' 또한 인간 세계의 번잡함을 벗어난 무심한 해탈 도인의 세계를 상징했다. 그래서 문자로 표현된 이후의 의미가 더욱 심장했다. 언어의 모호함은 듣는 사람으로 하여금 보충하고 이해할 수 있게 한다. 인간의 언어는 본질적으로 표현의 한계가 있다.

'홍부수'와 '백만선'도 진실한 정(情)이 오래 쌓이고 느낌이 심각해야 자연스럽게 시가 되고 독자들의 마음을 강렬하게 감동시킬 수 있음을 보여주었다. 생활로부터 오는 감정이 부족하면 이 같은 빗줄기가 쏟아지는 듯한 기세와 정치(情致)를 읊어낼 수 없다. 우리는 시의 경련에서 문자 이외의 초월적인 의미를 이제 꽤 읽어냈다. 시끄러움은 저자에 있지 않고 조용함은 산 속에 있지 않다. 일상 생활 속의 미적 요소가 독특한 형상으로 구현돼 심금을 울릴 때 시의 경계는 한층 높아진다. 시 속의 스님·백로·도화·버들개지 등은 우리 일상에서 흔히 보는 것들이다. 나는 이 시를 평범한 일상이 비범한 문학적·미학적·철학적·종교적 감동을 자아낸 절창이라고 생각한다.

끝으로 시의 현량경(現量境)을 살펴보자. '현량'이란 직관·돈오와 유사한 의미를 갖는 용어라고 볼 수 있다. 자연스럽게 즉각 이루어지는 심미적 감각을 말하는데 시(詩)와 선(禪)에서 다같이 중시한다. 시의 경우 과장된 수사나 지나친 인위적 기교가 없어야 한다는 것이다. 청(淸) 왕부지는 이 같은 심미의 직접성을 '현량'이라 일컬었다. 현량은 즉각 경험을 강조하고, 망상과 헤아림을 극구 반대하면서 일촉즉각을 중시, 지성과 논리를 배격하면서 전혀 사량계교(思量計較)의 흔적을 남기지 않는다.

〈십재경영〉의 경우 미련(7.8구)을 제외하곤 모두 직관적인 현량이다. 복숭아꽃과 버들개지, 강물과 배, 스님과 백로는 머릿속으로 생각한 것이 아니고 일상에서 직접 보고 체험한 것들이다. 시인은 체감한 직각 경험에서 깨달은 천리(天理)의 운행을 문자로 표현했다.


"장하낙일원[長河落日圓 : 긴 강(황하)에 떨어지는 해는 둥글다]"과 "격수문초부(隔水問樵夫 : 물을 건너 나무꾼에게 물어본다)"는 왕유의 시구들이다. 시의 현량을 잘 드러내 보여주는 절창이다. 애초부터 정해진 경치가 있어서 쓰여진 시가 아니다. 예상했던 일도 아니다. 따라서 전혀 생각으로 얻어진 게 아니다. 가다가 보았고 만났을 뿐이다.


鳥宿池邊樹(조숙지변수)

**새는 연못가 나무에서 잠자고**

僧敲月下門(승고월하문)

**스님은 달빛 아래서 절간 문을 열고 들어간다**


가도의 시구다. 일체의 망상이 없는 가운데서 마음에 와닿는 광경을 그대로 표출해 냈다. 마치 다른 사람의 꿈을 이야기 하는 것 같다. 이 시는 승려 시인인 가도가 '밀 퇴(推)'자를 썼다가 한유의 지도를 받고 '두드릴 고(敲)'로 바꿈으로써 글자 한 자를 가르쳐 준 일자사(一字師)라는 '퇴고' 일화를 가지고 있다. 세외지심의 세속 초월을 읊조린 〈십재경영〉은 시의 함축미와 다의성·상징성·암시성들을 두루 갖춘 시다.

# 14

# 〈노자〉를
# 읽다가

---

회전하는 세계 속 고요한 일점에 육신이
있지도 않고 없지도 않은 그곳으로부터도
아니고 그곳을 향한 것도 아닌 고요한 일점
바로 거기에 춤이 있다

멈춘 것도 움직이는 것도 아니다
굳어 있다 해서도 안 된다
과거와 미래가 모이는 곳, 그곳으로부터
또는 그곳을 향해 움직이는 것도 아니고
올라가지도 내려오지도 않는다

이 점, 이 고요한 일점 없이는
춤은 없을 것이다. 거기 오로지 춤이 있다

T.S 엘리엇(1888~1965)의 유명한 시 〈사중주〉의 우리 말 옮김이다.

젊은 시절 제대로 읽지도 않고, 시 제목만 들먹거리며 멋을 부렸다. 기껏 '고요함 가운데의 움직임(靜中動)'을 들은 풍월로 떠드는 정도가 고작이었다. 요즈음 《노자》를 다시 읽으며 노자가 강조하는 허(虛)와 정(靜)에 귀를 기울이다가 젊은 날의 엘리엇 시를 중얼거리던 생각이 떠올랐다.

노자는 말한다.

**"귀근왈정 시위복명 복명왈상 지상왈명(歸根曰靜 是謂復命 復命曰常 知常曰明); 뿌리로 돌아감을 고요함이라 하고 이를 일컬어 본래의 성명으로 돌아감이라 한다. 명으로 돌아감을 늘 그러함〔자연·도〕이라 하고 그 불변의 도를 깨달음을 밝은 지혜라 한다."**

노자는 설법의 서두를 "비움에 이르기를 지극히 하고 고요함을 지키기를 돈독하게 하라(致虛極 守靜篤)"로 시작한다. (《노자》16장)

노자가 거듭 강조하는 '허'와 '정'은 니힐리즘이나 주정주의(主靜主義)가 결코 아니다. '허'는 생명의 기운으로 가득 찬 '빔(空)'이며 '정'은 동(動)을 내함한 고요이지 정중정(靜中靜)이 아니다.

고요함을 근원으로 하는 격렬한 춤의 '동(動)'도 동중정 정중동(動中靜 靜中動)이다. 모든 존재의 근원은 고요하다는 얘기다. 그래서 나는 노자의 설법과 엘리엇의 시가 같은 맥락이라고 생각한다.

인간의 뿌리는 무엇인가? 성(性)이다. 흔히 말하는 인간성이다. 하늘이 우리에게 부여한 '성'을 따르는 것이 도(道)다. 유가의 《중용》은 "하늘이 명부(命賦)한 것을 성이라 하고 성을 따르는 것을 도라 한다(天命之謂性 率性之謂道)"는 문장으로 첫 장을 시작한다. 나의 짧은 소견으로는 존재의 근원을 가리키는 '도'에 대한 개념이 노·장과 유가가 세부적으로 다르긴 하지만 큰 틀에선 대동소이한 것 같다. 어쨌든 모든 존재의 근원인 도는 하늘·자연과 동격(同格)이고 더 내려오면 '고요'라고 할 수 있겠다. 하늘이 인간에게 부여한 근본을 회복해 지켜나가는 것이 도의 실천이다. 도는 우주 구석구석 없는 곳이 없다.

도둑에게도 도둑질에서 지켜야 하는 도가 있다. 《장자》〈거협〉에 '도척(盜跖) 5도'가 나온다. 큰 도둑 도척이 말하는 다섯 가지 도둑의 도는 어떤 것인가?

1. 성(聖) : 숨겨 놓은 물건을 알아냄.
2. 용(勇) : 다른 사람보다 먼저 들어감.
3. 의(義) : 다른 사람보다 뒤에 나옴.
4. 지(智) : 훔칠 때와 장소를 아는 것.
5. 인(仁) : 도둑질한 것을 공평하게 나눔.

시니컬하고 공자를 비웃는 듯하긴 하지만 이 세상 모든 존재는 모두가 나름의 존재 이유를 가지고 있다고 긍정하는 것이 '도'가 주장하는 존재론이다. 인간이 존재를 호오(好惡)로 나누고 긍정하기도 부정하기도 하는 것은 도의 입장에서 보면 편견일 뿐이다. 도가와 선가(禪家)는 다같이 똥에도 도가 있다고 역설한다.

**엽락귀근**(葉落歸根 : 낙엽이 떨어져 뿌리로 돌아간다.)


　　선불교의 실질적 창시자인 혜능 조사(638~713)가 자신의 임종을
걱정하는 제자들에게 시중(示衆)한 게송에 나온다. 혜능이 말한 '뿌
리'도 노자가 설파한 '뿌리'와 같은 존재의 근원인 무(無)·허(虛)다.
잎이 봄에 싹터 여름에 무성하고 가을에 낙엽져 떨어진 후 겨울에
썩어 뿌리로 돌아가 거름 돼 다음해 봄날 싱싱한 새싹을 틔운다.
노자·공자·장자·혜능·엘리엇을 장황하게 들먹거렸다. 고요한 겨
울날《노자》를 읽다가 써 본 것이다.

# 15

# 호접몽

## 1) 장자의 나비 꿈

호접몽(胡蝶夢). 《장자》10만 자 중 가장 널리 알려진 이야기다. 이 이야기 때문에 장자에게 '몽접주인(夢蝶主人 : 나비 꿈 선생)'이라는 별명이 붙기도 했다. 장자쯤 되는 동양철학의 탁로(卓老)가 한 설법이니 노랫가락의 '인생 일장춘몽'이라는 이야기는 아니리라. 무슨 심오한 사상이 있을 터.

나는 《장자》를 읽으면서 '호접몽'을 수십 번 되풀이해 읽고 골똘히 생각도 해보았다. '호접몽'은 《장자》33편의 핵인 〈제물론〉의 결론이다.

장자 사상의 요체인 그의 우주관(세계관)·존재론 등이 이 편에 응축돼 있고 그 결어(結語)가 바로 호접몽이다. 때문에 해석이 구구하고 많은 사람들이 말을 보태왔다. 지난 세기 크게 유행했던 해체주의 시각으로 장자의 나비 꿈을 한번 풀어보고자 한다.

**┃ 원문**

장주가 꿈에 나비가 되어 훨훨 날아다녔다. 유쾌하게 느꼈지만 자신이 장주임을 알지 못했다. 갑자기 꿈을 깨니 엄연히 자신은 장주였다. 그러니 장주가 꿈에 나비가 되었던 것인지 나비가 꿈에 장주가 되었던 것인지 알 수가 없었다. 장주와 나비는 반드시 분별(구분)이 있을 터다. 이를 '물화(物化 : 사물의 변화)'라 한다.

## ┃ 요지

호접몽의 심오한 철학적 의미를 이해하기 위해 우선 대강의 결론부터 요약해 볼까 한다. 호접몽은 자아의 해체와 분별심의 해체를 통해 세계의 실상을 깨달음으로써 현실을 초월하고자 한다. 호접몽의 세계는 만물이 상호 합일(合一)하고 상호 침투하고 서로 의존하면서 변화한다. 이같이 상호 연기(緣起), 상호 존재(inter-being)하는 세계 존재 방식은 하나도 아니고 둘도 아닌 '불일불이(不一不二)'다. 불교의 존재론과 흡사하다. 초월에 이르기 위해서는 다음 두 가지 필요 충분 조건이 갖추어져야 한다.

첫째는 오상아(吾喪我) : 아집의 자아 해체다. 오상아는 〈제물론〉의 서두가 던지는 화두다. 깨닫기 위해서는 깨닫기 전의 육체적·감각적 자아를 완전 해체, 지각함을 암시함과 동시에 깨친 후의 진아(眞我)를 말한다. 앞의 오(吾)는 다시 태어난 진아의 나이고 뒤의 '아(我)'는 세속적인 나를 뜻한다.

둘째는 분별심의 해체다. 장주는 꿈에서 장주와 나비의 분별이 해체됨으로써 자유롭고 아주 유쾌한 초월을 체험했다. 물아(物我)가 하나로 통일돼야 초월의 경지에 도달할 수 있다. 장자는 〈제물론〉 서두가 밝힌 '오상아'에서만이 초월에 도달할 수 있다는 결론으로 '호접몽'이라는 우화를 제시했다. 그 요지는 한마디로 자아의 해체와 초월이다.

꿈은 흔히 희망·이상향·야망·허무·허환(虛幻) 등을 상징한다. 호접몽의 '꿈'은 세계와 자아에 대한 반성적 사유로 우리를 이끈다. 장주가 꿈에서 깨어나 꿈을 꾸었다는 사실을 의식하는 자체와 나비가 장주가 된 꿈을 꾸고 있을 지도 모른다고 생각하는 것도 하나의 꿈이라고 가정할 수 있다.

그래서 호접몽은 대상 세계의 허구성뿐만 아니라 자아라는 주체의 허구성을 동시에 논증하고 있는 어려운 철학적 우화다. 지금의 장주의 모습 역시 나비의 꿈속일 수 있다. 그렇다면 깨고 나서 자각한 장주 역시 꿈이 아니라고 자신 있게 단정할 수 없는 것이다. 장주는 여기서 새로운 통찰을 한다. 꿈에서의 나비가 된 것도 꿈이지만 꿈에서 깨어난 장주 역시 꿈이라는 것을. 꿈속에서 나비가 된 장주를 실재(實在)라고 여긴 것이나 깨어난 장주를 실재라고 여기는 것이나 다르지 않다는 것이다. 현실에선 장주와 나비로 분명히 구별되지만 꿈속에서는 하나로 통일됐던 둘 다 모두가 꿈처럼 허구적인 것이다.

이때 오직 변화 즉 물화(物化)라는 과정만이 남고 자아도 대상도 실체성이 없이 해체돼 버린다. 꿈에서 깨어날 때 꿈의 세계는 곧바로 사라진다. 따라서 꿈은 환영으로서 존재할 뿐이다. 꿈을 웃어넘길 수 있는 것은 깨어났기 때문이다. 꿈에서 깨어나 보니 애초부터 아무 문제가 없었음을 안다. 따라서 깨어있음도 꿈도 각기 고유의 개별성(정체성)을 가지면서 깨어있음은 깨어있음대로 꿈은 꿈대로 재미있고 하나가 됐다 둘이 됐다 한다.

선사들은 이와 같은 철리(哲理)를 다음과 같은 한마디로 설파한다.

"마음(빛)과 사물(경계) 다 잊었거늘 또다시 이 무슨 물건인고(光境俱忘 復是何物)."

셰익스피어의 한마디를 더 보탠다.

"우리는 꿈과 동일한 물질로 되어 있고 우리의 하찮은 인생 잠으로 둘러싸여 있구나."

## 2) 물화

### Ⅰ 물화

물화(物化)는 호접몽의 '키워드'다. 문자상으로는 '사물의 변화'를 뜻한다. 호접몽의 '물화'는 생(生)과 사(死)의 전반에 걸쳐 진행되는 자연적인 존재의 과정, 존재 성격의 바뀜(변화), 다른 무엇으로 바뀌지 않는 사물이란 존재하지 않는다는 의미를 갖는다. 다시 말해 존재의 실상을 깨닫는 공부다. 그 목표는 이분법적인 분별적 사유체계를 극복, 무애해탈(생사초월)의 세계에서 노니는 것이다.

물화의 '화(化)'는 존재 성격의 변화를 말한다. 즉 다른 무엇으로 변화하지 않는 사물은 없다는 뜻이다. 고정적인 것은 허구적인 우상일 뿐이다. 장자의 관점은 다른 무엇으로 바뀌는 것이 아니라 '연속성' 속에서 새롭게 달라지는 다른 모습으로 변화한다는 것이다. 데리다는 이를 '차연(差延 : difference)'이라는 용어로 정의하기도 했다.

예를 들어 보면, 지금 글을 쓰는 종이(원고지)에서 '구름'을 볼 수

도 있다. 무슨 요술 같은 소리냐고 할 수 있겠다. 그러나 구름 없이
는 비가 없고 비 없이는 나무가 자랄 수 없고 그 원료인 나무가 없
으면 종이는 있을 수 없다. 이처럼 종이는 구름 → 비 → 나무 → 종
이로 변화해 이루어졌다. 그렇다면 종이가 나무고 비고 구름일 수
있다. 뿐만 아니라 종이에서 새소리·햇빛·탄소·재도 볼 수 있다.
더 넓게 보면 종이에는 우주 만물이 다 들어가 있다. 말을 바꾸면
종이는 전혀 종이 아닌 요소들로 구성돼 있다.

이럴 경우 종이를 종이라 하지 않고, '종이는 구름이다'라고 해도 된다.

선불교의 '부처는 마른 똥막대기(乾屎橛)'라는 화두도 이 같은 논
리 구조라고 할 수 있다. 뚱딴지같고 무례하기 짝이 없는 막말 같
지만 중생도 깨치면 부처가 되는 사물의 변화, '물화'의 논리로 보
면 부처에 대한 다시 없는 효도고 탁월한 법문이다.

세계는 이것과 저것으로 갈라져 독립된 개체로 영속하지 않는다.
서로가 얽히고 설킨 관계, 서로 어울려 있는 대대관계(상관관계)로 존
재한다. 호접몽에서와 같이 장자가 나비가 되고 나비가 장자가 되
듯이 서로가 들고나는 '물화'가 곧 천리(天理) 운행의 실상이다. 그래
서 나는 《주역》의 역(易 : 변화)·불교의 제행무상(諸行無常)·장자의 물
화가 한 통속이라고 보고 싶다. 노자도 "복(福)에는 화(禍)가 깃들어
있고 화에는 복이 잠복해 있다"고 설파했다.

세계는 사물이 제각기 독특한 정체성과 함께 전체 안에서 서로가
하나될 수 있는 불이성(不二性)이 병존한다. 때문에 화와 복·생과 사가
둘이면서 하나이고 하나이면서 둘이 되는 물화와 존재의 바탕을 서로
의존하고 있는 상호 대대(對待) 관계가 세계의 실상이라고 볼 수 있다.

은둔의 미학

## 초월

공자가 노자에게 물었다.

"삶의 근원에서 노니는 지인(至人 : 초월자)은 어떠한 사람입니까?"

노자 왈:

"천하라는 곳은 만물이 하나로 통일되는 장소입니다. 거기에서 일체(一體)가 되어 동화될 수만 있다면 자신의 사지나 육체는 먼지나 때와 같은 것이 될 것이며 죽음과 삶·시작과 끝을 밤과 낮이 갈마드는 것으로 여기게 될 것입니다. 그렇게 되면 어떠한 것도 그를 어찌할 수 없습니다."(《장자》〈전자방〉)

상대적인 개념이 사라짐으로써 완전히 자유스러워진 세계, 이것이 장자가 생각하는 존재론적 만물 평등의 이상향이다. 사람이나 나비나 똑같은 사물인데 사람의 불완전하고 한정된 구분 개념에 따라 차별이 생긴다. 현실이 꿈인지, 삶과 죽음의 한계란 어떤 것인지….

우리가 이것들에 대한 이분법적 사유체계를 해체한다면 거기에 아무런 차별도 없게 될 것이다. 장자는 소유적 사유로 사물을 구분해 취사선택하는 분별심의 해체를 거듭 역설했다.

장자는 꿈에서 나비가 됐을 때 자신이 장주라는 의식이 없는 '망아(忘我)'의 상태였다. 꿈을 깨서 나비가 장자가 돼 꿈을 꾸고 있으리라 생각하는 것 또한 망아를 의식한 또 하나의 꿈이었다. 이는 망아라는 의식조차 부정하는 이중 부정의 '상아(喪我)'였다. 이처럼 망아까지도 해체해 버리는 이중 부정이 선불교의 열반에도 머물지 않는 부주열반(不住涅槃)과 같은 진정한 초월이다.

장자가 호접몽을 통해 지향하는 초월은 소유할 수도 만질 수도 없는 허(虛)와 무(無)고 공(空)이다. 초월의 세계는 허공과 같다. 허공은 높디 높은 초월성과 보편성·모든 곳에 존재하는 무소부재(無所不在)의 충만성을 가지고 있다. 이런 세계를 체득하면 쓸데없는 아집·편견 등에 거꾸로 매달려 있는 자아로부터 해방돼 해탈의 자유인이 된다. 인간은 주기적으로 일상 밖에서의 황홀경을 추구하는 존재다. 그것에서 평소보다 완전한 살아있다는 느낌을 경험하기 때문이다. 호접몽도 이 같은 황홀경이다.

## 3) 분별심 해체

호접몽이 지향하는 바는 이분법적인 분별심을 해체한 후 본체계(이상세계)와 현상계(현실세계)를 하나로 통일, 은둔을 하든 현실 참여를 하든 있는 그대로인 진여(眞如) 실상을 수용하며 날마다 즐겁게 사는 삶이다. 그것이 바로 초탈이고 초월이고 초연한 삶이다.

장자는 꿈에서 자신을 까맣게 잊은 나비가 돼 망아(忘我)의 경계를 체험했다. 이른바 '물아일체'다. 꿈을 깨어 장자와 나비가 다시 분별돼 나비가 반대로 장자를 꿈꾸고 있는 건 아닌가 하는 생각을 했다. 여기서 새삼 장자는 자신과 나비의 꿈뿐만 아니라 나비의 꿈속에 존재한 장자 자신도 꿈과 같은 허환이고 허구라는 이중 부정(否定)을 통해 존재의 실상을 깨닫는다.

## | 분별심

분별심의 해체는 선불교가 거듭 강조하는 주제다. 선사들의 분별심 해체 법문과 체용일여(體用一如)의 진여 실상을 수용하는 자세를 보자. 노·장과 선(禪)은 아주 가까이 인접해 있다. 특히 노·장을 한 단계 깊이 천착한 위진남북조의 현학(玄學)은 선불교와 상호 간에 깊은 영향을 주고받았다.

> 代天地答曰(대천지답왈)
> **천지를 대신해 대답하노라**
> 萬別千差事(만별천차사)
> **천만 가지 차별이라 생각되는 일**
> 皆從妄想生(개종망상생)
> **그 모두 망상에서 생겨남이여**
> 若離此分別(약리차분별)
> **망상의 분별 떠나고 나면**
> 何物不齊平(하물부제평)
> **그 어떤 사물인들 평등 아니랴**

우리나라 고려 무의자(無衣子) 혜심 선사(진각 국사 : 1178~1234)의 《선문염송》 제8절에 나오는 게송 〈고분가(孤憤歌)〉다. '고분가'는 혼자 삭힐 수 없는 세상에 대한 울분의 노래라는 뜻이다.

게송의 요지는 '차별 속의 평등'·'불평등의 평등'이라는 형용모순적인 만물 평등이다. 근시안적인 세계로 보면 천차만별과 인과

응보로 윤회하는 세세생생이지만 거시적 달관에서 보면 모두가 평등할 뿐이다. 혜심은 대각 돈오(頓悟)의 결론으로 불공평하고 부조리한 이 세상, 양육강식하는 비정한 경쟁을 만든 조물주의 묵묵부답을 대신해 설파한 것이기도 하다.

심오한 불안(佛眼)이 아니라 상식안으로서 보더라도 천지 만물이 공장 제품처럼 만들어졌다면 무슨 존재 의미가 있겠는가. 상품이 아닐진대 똑같은 둘은 존재 의미가 없다. 그러나 만물의 개별성 이면에는 보편성·일관성이 강하게 뒷받침하면서 저마다의 자성(自性) 능력과 생존 경쟁을 통해 승리의 쾌감과 패배의 눈물을 맛보게 하며 희로애락을 겪음으로써 삶의 참맛을 누리게 한다.

불평등 속의 평등, 얼마나 합리적이고 자유스러우며 합목적적이고 아기자기한 살맛 나는 세상인가. 작용이 있으면 반작용이 있어 우주는 언제나 균형을 유지한다. 이러한 상대적 의존 관계를 동양에서는 음양(陰陽)이라 한다. 조물주의 작품과 그 관리 체계는 아주 이상적이라 할 수 있다.

## ┃ 진여실상

이제 월봉무주 선사(1623~?; 조선조 선승)의 게송으로 세상의 모든 존재가 나름의 평등한 존재 이유를 갖고 있으면서 있는 그대로의 존재가 실상인 진여의 세계로 들어가 보자.

月下淸溪咽(월하청계열)
**달빛 아래 맑은 계곡물 목매이며 흐르고**

風前落葉紅(풍전낙엽홍)

**바람 앞의 낙엽 붉기도 하네**

分明聲色裡(분명성색리)

**이 또렷한 소리와 빛깔 속에서**

何更說眞空(하갱설진공)

**어이 다시 진공을 말하는가**


월봉 선사가 오(悟) 스님에게 보여준 게송이다. 요지는 눈으로 보고 귀로 듣는 산빛과 계곡물 소리가 있는 그대로의 존재 실상이고 진공이며 무생(無生)이라는 것이다. '오열하며 흐르는 저 계곡물 소리와 아직도 붉은 저 단풍잎의 정(情)을 듣고 보지 못하셨소? 어쩌자고 자꾸만 무(無)니 공(空)이니만 하시오. 계곡물 소리와 단풍잎이 바로 부처의 법문인데 왜 거기서 눈과 귀를 떼라 하시오. 참으로 딱하시구려.'

호접몽에서 장주(자아)·나비와 꿈(대상)을 모두 부정하고 난 후의 '참나(眞人)' 장주에게는 장주 자신과 나비·꿈 모두가 허구이지만 본체와 현상(작용)으로 작동하는 삼라만상의 당당한 존재이기도 하다. 다만 소유(所有)세계에 집착하지만 않으면 모든 개별자가 최적의 상태로 상호 거래하는 '각득기의(各得其宜)'로 존재할 수 있다.

당송 8대가의 한 사람인 소동파는 어느 날 불법도리를 깨닫고 난 후의 오도송(悟道頌)에서 존재의 실상을 다음과 같이 읊조렸다.


溪聲便是廣長舌(계성편시광장설)

계곡물 소리가 부처의 간절한 법문인데

山色豈非淸淨身(산색기비청정신)

산빛인들 어찌 부처의 청정법신이 아니랴

계곡물 소리·산빛이 바로 부처가 설하는 진여실상이고 장자가 설파한 '존재의 실상'이다.

## | 후기

〈귀거래사〉를 써볼까 하는 생각이 어느 날 문득 일어 그 서(序)를 써놓은 지 2년 반이 지났다. 코로나로 세상이 멈춘 듯하고 사람들의 발길이 뜸해졌다. 모든 모임이 중단되고 카페도 사실상 문을 닫은 상태라 커피 한잔 느긋이 마실 곳이 없어 외출도 예전 같지 못했다.

'집콕'을 할 수밖에 없었다. 그래서 시골 생가(生家)에 내려가 시간을 보내기도 했다. 내자가 끓여주는 떡국과 칼국수를 맛있게 먹으면서 글이나 썼다.

배운 도둑질이라 잘 쓰는 글은 못 되지만 그냥 느껴 본 대로 썼다. 사이비 은사(隱士)의 한 줌도 안 되는 설익은 지식을 가지고 '~인 체' 하는 만용을 부렸다. 내자를 1차 독자로 하고 한 단락 쓸 때마다 읽어보라고 뽑냈다.

성질이 좀 급한 터라 그동안 시골에 다니며 느낀 것들을 한 번에 몰아쳐 읽어온 독서의 찌꺼기들과 뒤범벅해 놓았다. 전원일기 같은 잡문이다. 자식들이나 읽어 보아주었으면 한다.

# 4부

## 산거잡흥 山居雜興

산중 삶의 즐거움

최북 공산무인도, 출처 한국데이터베이스산업진흥원

들
어
가
는
글

구석기인들은 미국 역사학자 미르체아 엘리아데(1907~1986)가 '영원한 회귀'라고 표현했던 계절과 주기가 순환하는 시간의 세계에서 살았다. 그들은 자신들의 생활이 탄생과 삶, 죽음, 재생이라는 계절의 주기와 밀접하게 연결돼 있고 삶의 방향도 이와 다르지 않다고 생각했다. 여기서는 인간과 지상의 만물이 하나로 어울려 각기 존재 이유를 가지고 공존했다.

중국·인도·중동의 수자원 중심 거대 농경 문명 부상-침략적 제국주의 출현-산업시대 도래 등으로 이어진 인류문명이 형성됐다. 이 같은 인류 문명은 인간 이외의 지상 존재에 대한 착취·인클로저(울타리·소유화)·자산화 등이 그 핵심 주제였다.

지구 권역은 인류의 폐쇄와 착취·환경 파괴 등으로 절망적 위기에 봉착했다. 중세에서 포스트모던 시대로 이어진 500년 동안 인간 종(種)은 문명의 발전이라는 찬란한 샨델리아 불빛 아래서 놀다가 '종의 멸망'이라는 재앙까지 느끼는 공포에 휩싸이고 말았다. 2006년 현재 66억 인류의 절반이 빽빽한 도시 공간 속에 스스로 격리된 호모 우르바누스(Homo Urbanus : 도시 인류)로 살고 있다.

지구 환경 파괴를 야기한 비난의 대상으로는 서양 신학(神學)이 가장 먼저 손꼽힌다. 기독교 신학은 인류의 지구에 대한 지배와 착취를 아담과 하와 그리고 그 후손들에게 허락한 전지전능하신 하느님의 선물이라고 주장했다. 반면 동양의 종교와 철학은 인간은 자연의 주인이 아니라 자연의 일부로 지구상에 존재하는 무수한 주체와 화합해 살아가야 한다는 자연 포용 정신을 거듭 강조했다. 그러나 이 같은 위대한 동양 문명도 때로는 길을 잃고 헤맨 적이 많다. 아시아의 근·현대 서구화는 서양에 못지않은 자연 파괴를 행했다.

미국의 미래학자 제레미 리프킨은 "인류는 이제 새로운 영감으로 심오한 생물학적 의미의 인간이 될 것을 근본적으로 다시 생각해야 한다"라고 한다. 인류는 하느님이 아담과 하와 그리고 그 후손에게 자연 정복을 허락했다는 것과는 전혀 다른 주체 의식을 가진 생물의 한 종으로서 지구 공동체에 새삼 합류해야 한다는 것이다.

지구 생태계 복원은 인류의 시급하고도 절실한 현실 당면 과제다. 무슨 거대한 담론이 아니다. 죽지 않고 살기 위한 필사적인 울부짖음이다. 은사 문화를 떠올려 보는 소이(所以)다.

# 01 산거삼락(山居三樂) –
# 산속에 사는 세 가지 즐거움

五月賣松風(오월매송풍)

**5월의 솔바람 팔고자 하나**

人間恐無價(인간공무가)

**사람들 그 값 모를까 걱정이네**

《선종송고연주통집(禪宗頌古聯珠通集)》에 나오는 게송이다. 게송(偈頌)이란 불교의 가타(gāthā)가 중국에 전래돼 선승들이 선지(禪旨)를 시가 형식으로 밝히거나 찬탄한 노래다.

시골 생가에 자주 내려가 머물다 보니 연중 4분의 1 정도 산속 생활을 한다. 생가의 위치가 큰 산으로 둘러싸인 깊은 산골은 아니고 삼면을 야트막한 동산이 병풍처럼 둘러싸고 있는 외딴집이다. 사방에 인가나 건물이 전혀 없다. 바깥마당에 나와 사방을 둘러봐도 산밖에 보이는 게 없다.

산속 생활을 하면서 스스로 느껴 좋아하는 세 가지 즐거움이 있다. 좀 문자를 써서 '산거삼락(山居三樂)'이라 이름해 보았다.

'삼락'은 :

1. 날마다 새로운 맑은 햇살과 투명한 달빛이 담긴 풍경을 눈에 담는다.
2. 솔바람 소리·새소리·풀벌레 소리 등 나를 에워싼 세계를 귀로 듣는다.
3. 혼자 있으니 자연스럽게 침묵의 시간을 즐길 수 있다.

　집 동쪽 언덕 성긴 소나무 사이로 해가 솟아오르니 일부러 산에 오르지 않고도 거실 창을 통해 아침 햇살을 만끽한다. 달빛 또한 마루에 앉아 밖을 내다만 보면 담장 없이 안마당-정원-바깥마당으로 열린 공간을 꽉 채우면서 달이 하늘에 높이 떠서 지나간다. 햇살과 달빛이 맑고 밝은 만큼 본래 마음으로 돌아가고, 적막하고 고요한 만큼 마음이 안정된다. 이것이 '삼락'의 첫 번째 즐거움이다.
　솔바람 소리·새들의 노래 등은 하루 종일 언제든 문만 열면 귀를 꽉 메워 준다. 새들의 종류도 많고 각각의 소리가 조화를 이루는 듯해서 마치 베토벤의 〈전원 교향곡〉을 듣는 것 같다. 새들은 종류별로 떼를 지어 정원의 늙은 회화나무·향나무 등을 오르내리며 하루에 몇 번씩 들러 열심히 연주를 한다. 솔바람, 특히 4·5월의 솔바람은 천만불 짜리다. 아침저녁으로 조용할 때의 솔바람은 독특한 솔의 향기를 뿜고 있어 코를 한없이 호강시켜 준다. 그래서 나는 맨 앞에 성급하게 불쑥 선가의 게송을 내밀어 5월의 향기 가득한 솔바람을 팔아 보고픈 엉뚱한 생각을 해보았다. 솔바람 값은 아직 거래된 사례가 없어 값을 매길 수가 없다. 비싸다면 한없이 비쌀 수도, 혹은 거저일 수도 있겠다. 선승의 게송이 뜻한 바야 평범한 일상 속에서 깨친 자연대도(불법 진리·솔바람)의 무한대한 값어치를 알 만한 사람이 돼야 비로소 깨달은 사람이라는 것이지만 나는 그런 종교적 차원에서 말하는 것은 아니다. 그저 자연의 풍경을 즐기는 세속적 차원의 '풍류'일 뿐이다.

침묵의 시간. 꽤 철학적인 듯하지만 나는 그런 차원이 아니다. 도(道)를 통한 사람이면 말하고 침묵하는 마음 모두가 평온하다고 하지만 나는 그런 경지가 못 된다. 그냥 침묵을 아끼고 즐긴다. 말벗도 없고 TV를 즐겨 보는 편이 아니라 말을 많이 하려고 해도 혼잣말밖에는 없다.

식물학자들에 따르면 나무가 많은 곳에서 사는 사람은 나무를 닮게 돼 말수가 적다고 한다. 혼자 시골에 머물면서 이런 사실을 실감한다. 말이 없으니 다툴 일이 없고 두보의 시구처럼 "떠가는 구름과 함께 마음도 느긋하고(雲在意俱遲)", 말하는 데 쓰는 체력 소모도 없다. 그저 커피 한잔 마시는 시간에 혼잣말이나 한마디 하면 그만이다. 독실한 불자의 입장이라면 자연스럽게 '묵언수행'을 하는 셈이다. 혹시라도 멀리서 친구가 꽃피는 봄날 찾아오면 식사는 읍내 나가서 사 먹고 들어와서 정자에 앉아 술 한잔 나누면 된다. 취기가 돌면 허공을 가리키며 소동파 시구를 읊어 보기도 한다.

"저 밝은 달 언제부터 있어 왔는가, 술잔을 들고 푸른 하늘에 물어 본다(明月幾時有 把酒問靑天)",

술이 더 취하면 :

山城酒薄不堪飮(산성주박불감음)
**산동네 박주는 마실 것 못 되네만**

**勸君且吸杯中月**(권군차흡배중월)

**그대 술잔 속의 달까지 마셔주게나**

저 달은 날이 밝으면 볼 수가 없다. 달을 마셔두어 오래 간직하고 싶은 마음, 감각뿐만 아니라 몸과 마음 모든 곳에 이 모습 담아두고 싶어서다.

소동파의 시 〈월야여객음행화하(月夜與客飮杏花下; 달 밝은 밤 손님과 살구꽃 아래서 술을 마시다)〉를 끌어다 풍류를 한 번 즐겨 봤다.

이 시가 자연에서 인간적 삶의 가능성을 찾아내 보고자 했기 때문이다. 그런 깊은 뜻까지는 아니더라도 도회의 룸살롱이나 유흥주점에서는 맛볼 수 없는 멋진 풍류가 아닌가?

나는 밤이면 뜨락 밑의 안마당에 내려가 허공을 올려다보는 것을 즐긴다. 달이 떠 있고 은하수가 그림처럼 펼쳐져 있다. 한 폭의 멋진 '자연화(自然畫)'다. 불가에서의 허공은 높디높은 초월성과 보편성(평등성)·무소부재(無所不在)를 상징하고 달은 깨달음·원융무애를 상징한다. 나는 이 같은 불교 신앙의 입장에서 허공과 달을 보고 즐기는 건 아니다. 다만 요행히도 시골 생가 환경이 이런 자연의 은혜를 누릴 수 있게 해 주어 허공과 달을 쳐다보면서 마음에 흐뭇함을 느낀다.

비승비속(非僧非俗)의 삶을 살았던 당(唐) 한산 거사의 시 한 수를 읊조려 보는 것으로 끝맺는다.


**人生不滿百**(인생불만백)

**인생 백년을 채 못 사는데**

**常懷千歲憂**(상회천세우)

**항상 천년의 시름을 안고 있다**

**秤錘落東海(칭추낙동해)**

**저울대를 동해 바다에 던져버리니**

**到底始知休(도저시지휴)**

**비로소 쉰다는 게 뭔지를 알겠네**


저울은 물체의 무게를 헤아리는 도량형기다. 이를 바다에 버리면 일상생활의 권형(權衡 : 사물의 경중·사량 분별)을 없앨 수 있다. 사량 분별(思量分別)은 바로 번뇌와 우수의 씨앗이다. 이는 비유법인데 잡다한 세상사에 골몰하면 괴로울 뿐이라는 선리(禪理)를 설파한 것이다. 아주 함축적이고 풍부한 상징성을 가지고 있다. '휴(休 : 한 생각을 쉬는 것)'자가 구안(句眼)이고 시가 뜻하는 선리의 핵심을 말하고 있다. 허공을 쳐다볼 때 모든 생각을 비우고 내려놓아야 하는데 죽는 날까지 안 될 것 같다.

02 시래기국

나는 시래기국을 아주 좋아한다. 겨울이라는 춥고 우울한 계절에 위안을 주는 음식으로 즐긴다. 샥스핀과 사골 국물에 끓인 시래기국을 놓고 선택하라면 나는 선뜻 후자를 택하겠다.

농촌에서 자라다 보니 어릴 때 시래기 된장국을 진력이 나도록 먹었다. 식재료를 거의 자급자족해야 하는 당시의 농촌 생활은 겨울철의 국거리가 기껏해야 방 안에서 기른 콩나물·말린 시래기·무우·토란·감자 정도였다.

물론 그때의 시래기국은 사골 국물이나 양지·국거리 쇠고기 등을 넣어 끓이질 못했고 맹물에 된장만 풀어 넣은 국물이었다. 그래도 시래기국이 입맛에 가장 당겼다.

콩나물국은 지금도 진저리를 친다. 고교·대학·결혼 전 직장 생활 시절의 하숙집 맹물 콩나물국에 진력이 났다. 어쨌든 우리 집 식구는 국 없이는 밥을 못 먹는 식습관 때문에 새우젓국·오이냉국이라도 있어야만 했다. 농촌에서 국거리가 가장 빈곤할 때가 겨울이다.

가을 김장 무의 무청을 잘라 엮어서 뒤편 처마 밑에 매달아 말려

은둔의 미학

놓고 빼다가 삶아서 끓이는 시래기국은 겨울철의 더 없는 국거리였다. 그래서 시래기국을 많이 먹을 수밖에 없었다.

시래기국에 대한 잊지 못할 쓰린 기억이 하나 있다. 중학교 수학여행으로 속리산 법주사를 갔을 때였다. 1박을 하는 여관에서 저녁과 아침 식사에 거의 맹물 시래기국에 풋내가 진동하는 무청 막김치뿐이었다.

그 시래기국은 정말 먹기 힘들었다. 그래도 배가 고프니 할 수 없이 밥을 말아 배를 채우고 문장대를 올랐다. 6·25전쟁 직후라 도중의 암자 벽에는 총알 자국이 여기저기 뚫려 있고 산길에는 잡초가 우거져 가을이라 기세는 거의 죽어가고 있었지만 발길에 걸리고 엉키기도 했다. 맹물 시래기국밥 한 그릇 먹고는 참으로 오르기 어려운 험난한 여정이었다. 문장대에 도달하니 기진맥진해 쓰러질 것만 같았다. 이때 시래기국은 나에게 아주 나쁜 인상으로 낙인 돼 한동안 쳐다보지도 않았다.

그러나 시래기국에 대한 혐오는 얼마 되지 않아 나의 기호 식품으로 되돌아왔다. 우리 집은 추석 때면 으레 잡뼈를 사서 우려낸 국물에 국거리 고기를 듬뿍 넣은 시래기국으로 추석 전야의 푸짐한 식사를 했다. 이때 시래기는 가꾸는 김장무의 싱싱한 무청을 따다 데쳐서 마련한 '즉석구이'였다. 추석 전야의 시래기국은 시래기가 미역보다 부드러웠고 풋고추 송송 썰어 넣은 양념간장 맛을 보태면 더 없는 일미였다. 나는 직장 생활을 시작한 이후로는 추석에 고향의 부모님 뵈러 갈 때는 꼭 사골이나 우족과 사태 같은 살코기를 사 가서 싱싱한 가을청시래기국 파티에 일조했다. 진한 시래기국 한 뚝배기에 밥을 말면 별다른 반찬 없이 깍두기 몇 점만으로

밥 한 그릇을 뚝딱 치우는 훌륭한 만찬이 됐다.

지금도 나는 시골 밭에 무를 직접 심어 가을철에 무청을 따서 말리지 않고 곧바로 삶아 생시래기를 만든다. 시골집과 서울집 냉장고에 냉동시켜 놓고 다음해 봄까지 자주 사골국물 시래기국을 끓여 먹는다. 아들딸들은 물론 손자·손녀들까지도 아주 좋아한다. 어려서부터 먹어 보아서 그런지 어린 손자 손녀들이 시래기국 끓여다 준다면 밥을 안 먹고 기다린다고 한다.

겨울은 떠나보내는 계절이고 망각의 시간이다. 지난날 겨울의 시골 풍경은 간결하고 아름다운 한 폭의 그림이었다. 1960년대 새마을 운동이 시작되기 이전은 산의 나무를 땔감으로 모두 베어다 불을 땠기 때문에 산이 민둥산이라 눈이 내리면 산야가 온통 하얀 캔버스처럼 맑고 차가운 설경이었다. 이럴 때면 나는 집 옆의 저수지 위 눈을 쓸고 꽝꽝 언 빙판에서 어설프게 만든 스케이트를 지쳤다. 그렇게 놀다가 집에 들어와 시래기국에 밥을 말아 고픈 배를 채우고 나서는 등잔불 아래서 숙제를 했다. 이런 날의 시래기국 한 그릇은 보약 같기도 했다.

다음날은 아침 일찍부터 동네 친구들과 토끼몰이를 나섰다. 집 근처 야산에 듬성듬성 남아 있는 다복 소나무 밑에 은신한 토끼를 몰아내 쫓기 시작한다. 처음엔 제법 빠르게 눈속을 빠지며 달아나다가 계속 몰아가면 종당에는 숨을 헐떡거리며 주저앉고 말아 사람 손에 생포된다. 토끼는 밤참을 준비할 집으로 가져가고 몰이를 한 아이들은 각자 집으로 가서 점심을 먹는다. 토끼몰이에 힘을 쏟아 배가 매우 고프다. 이때 아침에 먹고 남긴 시래기국을 데워 배

추김치 한 접시 하고 점심 밥을 챙겨주면 국에 밥을 통째로 엎어 넣어 말아서 단숨에 먹어 치웠다.

가을이 가고 추운 겨울이 오면 사골 시래기국을 뜨끈하게 끓여서 맥주 한잔 마시고 누워서 긴 것과 짧은 것에 개의치 않고 잠이나 한숨 푹 자야겠다.

그것이 나의 근원으로 되돌아가는 것이며 해탈일지도 모르겠다. 도시와 시골을 오가다 보니 도시의 밀집한 인간들이 탐욕을 쫓아 무한 경쟁하는 아파트라는 공간에서 날로 치솟는 아파트 값·전세 값과 아귀다툼하는 모습과 밀집한 시골 나무숲의 치열한 생존경쟁이 겹쳐진다.

자연과의 교감으로 마음의 평정을 찾는 것은 동양의 오랜 풍습이다. 집터를 잡을 때 풍수를 보는 것도 자연에 포근하게 안기고 싶은 염원이다. 이제 내 집터는 시래기국 한 그릇이 산을 이루고 맥주 한 잔이 앞 내를 이루는 명당자리일 것 같다. 시골 나의 작은 정원에서 꽃 소리·비 냄새에 만취한다.

# 03     뻐꾸기

집 주변의 골짜기들이 늦봄-초여름이면 오페라 아리아의 테너·소프라노 같은 뻐꾸기들의 연가(戀歌)로 가득 찬다. 숲이 타오르는 생기를 내뿜고 불그레한 기가 섞인 이내가 초록의 신록을 매혹하는 이때면 뻐꾸기는 숲의 왕이다.

6월 하순 밭에서 블루베리를 딸 때나 정원의 잡초를 뽑노라면 골짜기 어디에서 뻐꾸기들이 깊은 목소리로 구애하는 노래가 대형 밴드만큼이나 우렁차게 들린다. 조금은 시끄러울 정도이기도 하지만 귀를 호강시켜 주는 멋진 클래식이다. 뻐꾸기의 연가는 해마다 대지의 젖가슴에 굶주린 입술을 대고 습기를 빨아들이는 듯한 구애와 애정을 함축한 봄을 뜻하고 그 노래는 '죽지 않음'을 상징한다. 뻐꾸기 노래에 봄날의 젖가슴 터지면 수줍어 어쩔까 싶다.

오늘 노래하는 뻐꾸기가 작년의 그 녀석인지는 알 수 없다. 그리고 내가 어린 시절, 소년 시절 노래하던 뻐꾸기들이 어찌 되었는지도 모른다. 그렇지만 그 달콤하고 짙은 목소리가 지난날에는 사랑의 구애처럼, 폭풍의 외침처럼 들렸고 행복을 향한 울림으로 받아들이기

은둔의 미학

도 했다. 지금도 그렇다. 뻐꾸기의 노래가 예와 다름없기 때문이다.

뻐꾸기는 자기 노래가 요람 속의 나를 깨우든 무덤 속의 아버님을 향하든 상관하지 않는다. 부끄러움 많은 뻐꾸기 형제는 우리 눈에 띄는 일이 드물다. 깊은 숲속 나무들의 우듬지를 오가며 노래하고 논다. 나는 이런 이유만으로도 뻐꾸기를 좋아한다.

뻐꾸기는 쉽사리 모습을 드러내지 않고 저 혼자 노닐기를 좋아한다. 사람들의 경우 대부분 그 노랫소리는 수천 번을 들었어도 그 새를 직접 본 적이 드물다. 수줍은 뻐꾸기 형제들은 내 아들과 손주들을 향해서도 울고 노래할 것이다.

손자들아, 뻐꾸기 노랫소리를 잘 들어라. 녀석은 아는 것이 많으니 듣고 배워라. 구애하는 따스한 외침을, 이리저리 떠도는 방랑의 생활을, 고지대 짐승을 비롯한 속물을 멸시하는 태도 같은 것들 말이다. 뻐꾸기는 비가 내리면 절대 울지 않고 즉시 노래를 멈춘다. 그러나 소나기나 장맛비가 잠깐만 그쳐도 곧바로 노래를 한다. 그 금도(禁度)도 배워라. 다만 한 가지 못된 습성이 있으니 그것만은 절대 본받지 말아라. 뻐꾸기는 번식기에 찌바귀·까치 등의 둥지에다 알을 낳아 그 새들이 품게 해 부화시키는 데 뻐꾸기 알이 먼저 부화해 다른 새들의 알을 밀어내 버리고 날아가 버린다. 이는 사기꾼 행태다.

새들의 지저귐은 시골 생활이 그칠 줄 모르고 한없이 제공하는 즐거움의 하나다. '뻐꾹 뻐꾹' 우는 뻐꾸기의 노래는 구슬프게 들리기도 하지만 귀에 익으면 훌륭한 음악이고 천뢰(天籟 : 하늘의 노래)일 수 있다.

자연의 나날은 매우 평온하여 인간의 게으름을 꾸짖으려 하지 않는다. 우리는 너무 서두르는 과학 문명의 시대, 현대를 살다가 이제 지쳐 나자빠져가고 있다. 시골 풍경이 급속히 고갈되고 있다. 도시 풍경은 이미 가혹할 대로 가혹해져 있다. 시골 농촌에도 한 집에 차가 두세 대씩 있어 마당이 주차장으로 변했고 도시에서 밀려난 군소 공장들이 공해 물질을 배출해 환경이 파괴돼 버렸다. 도시는 완전히 포장돼 흙의 공간이 전무한 지경이다. 그렇다고 절망과 마비감에 굴복하거나 자포자기로 주저앉아서는 안 된다. 흙과 나무·새들과의 직접 접촉을 통해 인간의 '자연성'을 회복해야 한다.

인도의 5세기 힌두 서사시인은 "새들이 살지 않는 집은 양념을 하지 않은 고기와 같다"고 했다. 아침 일찍 일어나 창문을 열면 산까치·참새·콩새 등 여러 종류의 새들이 대문 역할을 하는 향나무와 정자 옆의 회화나무를 오르내리며 쩍쩍거린다. 그 새소리들은 누군가를 찬양하는 나팔 소리 못지않은 설렘을 나에게 선물한다. 분노와 방랑을 노래하느라 하늘에서 울리는 「일리아스」와 「오디세이아」 같기도 하다. 또 그 소리에는 광대무변한 우주의 어떤 힘이 담겨 있는 듯도 하다. 나는 이른 아침 세상의 영원한 활력과 번식력을 알리려는 봄날 새들의 외침이 울려 퍼지면 '영원한 하루'의 시작 앞에 발을 내딛는다.

# 04 녹음

5월 하순이면 집 주위가 초록빛 녹음으로 뒤덮인다. 능수매화나무가 길게 늘어뜨린 녹색 치마를 두르고 바람에 펄럭이고 키다리 아저씨가 된 금송이 푸른 생기를 돋우고 봄의 전령으로 일찍이 꽃을 피웠던 산수유나무도 제법 짙푸르다. 나는 이런 싱그러운 녹음을 바라보며 풍요를 경험한다. 그리고 땅이 선물하는 그 풍요에 감사한다. 이때 나는 '참된 풍요를 즐기는 가난을 달라'고 하늘에 기도한다.

기도가 끝나면 호흡을 고르고 정원에 달려있는 채소밭으로 발길을 옮긴다. 채소를 가꾸는 원예는 언제나 더 좋은 미래를 목표로 한다. 뿌린 씨앗들이 싹을 틔워 잘 성장해 실컷 먹고 있다.

아침 이슬을 머금은 채소들 역시 나무들의 신록 못지않게 싱싱하다. 나는 싱싱한 채소들에게 아침 문안을 한다. 잘 자라주어 고맙다고 거듭 문안을 드린다.

원예는 올해의 실패를 내년에는 성공으로 이끌고 채소가 요구하는 토양을 만들어 보다 싱싱한 채소를 생산하겠다는 미래 지향적 생각을 갖게 한다. 뿐만 아니라 원예는 생명이 태어나고 유지되는 현실, 생명의 연약함과 찰나성에 우리가 직접 접촉하게 해준다.

원래 인간도 땅의 창조물이기 때문에 채소와 같은 존재다. 원예는 정원·채소·과수·화훼 등을 종합한 개념이다. 나는 만약 젊은 날로 되돌아가 대학 진학 학과를 선택하게 된다면 원예학과를 선택하고 싶다. 지금에 생각하니 법학과·경제학과·정치학과를 선호했던 것이 참으로 속물스러운 일이었다. 원예학과를 택하겠다는 것은 원예가 늘 미래 지향적이고 시행착오를 일년 후면 바로 잡아 고칠 수 있기 때문이다. 사람의 삶에서 이처럼 희망적이고 미래 예측이 가능하고 시행착오의 수정이 확실할 수 있는 경우는 아주 드물다.

정원과 채소밭에서 천상의 음악이 진동하는 소리와 함께 하늘을 가득 채운 녹음에 휩싸여 내면으로부터 솟아나는 열망과 새로 얻은 힘의 도움을 지팡이로 만들어 짚고서 집안으로 들어온다.

내가 오늘 아침 깨어나지 못했다면 나의 일생을 지켜주는 천신 (天神)을 영원히 만나지 못했을 것이다. 새로운 하루는 아직 더럽혀지지 않은 신성하고 휘황한 이른 아침 시간부터 시작된다. 관능적인 삶을 아침 한때나마 중단하고 나면 영혼과 신체 기관들이 활력을 되찾는다. 인도 바라문교의 성전《베다》는 "모든 지성은 아침마다 깨어난다"고 했다.

마루에 앉아 문을 열어놓고 커피 한 잔을 마신다. 이때의 커피 한 잔은 아침의 각성제다. 사람은 동물로서의 쾌락을 누릴 수도 있고 신으로서의 환희를 누릴 수도 있다. 신과 동물 사이에 끼어 있는 존재인 인간은 그래서 신적(정신적)이며 동물적(육체적)이다. 내가 마루에 앉아 커피를 마시는 시간이 신적인지 동물적인지를 확연히 구분하긴 어렵다. 아마도 양쪽 다일 수도 있을 것 같다.

커피를 마시며 밖을 쳐다보니 처마 아래 뜰에 세워놓은 빨랫대 위에서 참새 한 쌍이 '화촉'을 밝힌다. 저런! 해가 환히 떴는데 무슨 짓인고. 마당을 지나다니면서 참새가 거실 쪽 서까래 옆에 나 있는 구멍을 들락거리는 걸 몇 번 보았다. 언젠가부터 해마다 참새가 그 굴속에 알을 낳아 부화한다. 그러려니 하고 보아 넘겼는데 오늘 아침은 살짝 관찰해보았다.

아마 알을 부화해 새끼가 탄생한 모양이다. 암수가 서로 교대해 한 마리는 빨랫대(바지랑대의 방언) 위에 앉아서 외적의 침입을 감시하고 한 마리는 나가서 먹이를 물어다 새끼들을 먹여 준다. 빨랫대 위의 감시병 참새는 먹이를 물어 오는 놈이 들어오자마자 날아서 나가고 먹이를 물어왔던 놈이 교대로 보초를 섰다. 날아들고 날아나가면서 교대하는 모습이 매우 율동적이고 정확하다.

그런데 이번에는 두 녀석이 빨랫대 위에 나란히 앉아 마주보고 눈빛을 맞추더니 잠시 화촉을 밝히고는 먹이를 물어 와야 할 당번이 가볍게 휙 날아간다. 원래 혼인을 뜻하는 화촉(樺燭)은 첫날밤 등잔불로 자작나무를 잘게 쪼개 태워 어둠을 밝히고 행복을 비는 주술적인 샤머니즘에서 비롯됐다고 한다.

한자 '화(樺)'는 자작나무를 가리키는 글자인데 지금은 통상 나무 목자(木)를 떼어버리고 통용한다. 혼인의 '혼(婚)'도 옛날에는 결혼식을 밤에 했기 때문에 글자에 어두울 혼(昏)자가 들어가 있다.

빨랫대 위의 참새 한 쌍은 이미 혼인했을 터이고 새끼까지 부화했는데 오늘 아침 해가 뜨고 새끼들 먹이를 물어 오기에 바쁜데도 화촉을 또 밝혔다. 내가 정원과 채소밭을 둘러보는 중에 관능이 정지됐고 밤에라야 혼례식을 올렸던 인간의 관습과는 영 다르다. 참새의 왕성한 정력을 흉보거나 나무랄 생각은 없다. 왕성한 5월의 신록과 함께 뻗치는 우주의 섭리일 테니까.

채소밭에서 들어 오는 길에 매화나무 위에 둥지를 틀고 6개의 알을 낳아 놓은 산까치 집을 들여다보고 알이 잘 있는가를 살펴보았다. 알의 개수를 세어보고 정자 현판 위에 집을 지은 콩새도 알을 부화했는지 올려다봤다. 콩새 둥지는 높아서 그 안의 사정을 전혀 알 수가 없었다. 모든 존재들의 번식 본능을 오늘 아침 기쁜 마음으로 반기면서 생의 의욕을 북돋웠다.

정원에서 초록 빛깔들의 놀이·꿀벌들의 노래·나비들의 비행을 듣고 보면서 감각이 부풀어 오르기도 하고 우주 대자연의 음악을 듣기도 한다. 이제부터는 약한 전류가 흐르는 듯한 무더운 여름밤의 후덥지근함이 공중에 퍼져서 은밀한 경련을 일으킬 것이다.

이때는 담배를 짙게 피우면서 한껏 자란 나무와 풀들의 녹색 향기를 실컷 들이마셔야겠다. 은밀한 어둠이 깃드는 여름밤이면 왕성한 성장세를 뽐내는 초목들이 어둠을 더욱 짙게 하면서 원시의 동굴 같은 공포감(?)을 일으킨다. 이때 인간의 가면을 벗고 진지하게 어둠 속의 초목들을 바라보면 식물들 각자의 모습에 놀라지 않을 수 없다. 그 엄숙하고 의연한 자태가 나를 여지없이 낮추게 한다. 몇십 권의 책을 읽어서 얻는 배움보다 훨씬 크고 값진 배움이다.

05          단풍

---

나무들이 초록색 옷을 빼앗기지 않으려고 10월의 서리와 절망적인 싸움을 벌인다. 나무는 여름날의 그린 재킷을 더 입고 싶다. 이젠 더는 싸우지 못하고 사지가 풀려 자연의 의지에 내맡긴 채 '나'를 완전히 제압하라고 한다. 나무는 이제 황금색 옷을 입고 웃으며 푸른 하늘을 배경으로 행복한 나날을 보낸다. 가을 단풍의 계절이다.

지쳐서 자신을 죽음에 내주었더니 가을의 밝은 햇빛이 나무를 새롭게 단장해 주었다. 황금은 지속적이고 지루하다. 반면 자연 생명의 모든 움직임은 이처럼 무상하고 아름답다. 자연은 이 같은 무상과 아름다움을 계절의 순환을 따라 달리 보여주면서 영원히 스러지지 않고 오래오래 견딘다. 형이상의 높은 가치로 평가하는 우리의 영혼도 이 같은 영원한 생명일까? 나는 영혼을 그냥 영원한 죽음이라 생각하고 싶다.

도연명은 〈음주〉 제11수에서 다음과 같이 읊조렸다.

**客養千金軀 臨化消其寶**(객양천금구 임화소기보)

**천금처럼 보양하는 몸도 죽은 뒤엔 사라지는 법**

**裸葬何必惡 人當解意表(나장하필오 인당해의표)**

**알몸뚱이채로 장사 지낸들 어떠랴**

**사람은 마땅히 그의 생각 밖 사상과 정신세계로 평가해야 한다**

양계초(1873~1930)는 연명의 이 시 끝 구절을 《팔만대장경》에 맞먹는 명언"이라 했고 소동파(1036~1101)는 "도를 터득한 경지의 시구(詩句)"라 했다. 긴 해설이나 주석이 필요 없는 시구다. 누구나 익히 아는 명분론적 가치고 인생 상식이다. 호랑이는 죽어서 가죽을 남기고 사람은 죽어서 이름을 남긴다고는 했다. 그러나 역사 기록의 인물이 아니고 영원한 고전의 명저를 남기지 않는 한 비석의 이름이나 족보의 이름은 영원할 수 없다. 묘지도 양자제도가 유명 무실화되고 공원묘원화가 되었으니 오래 지속될 수 없게 됐다.

사람의 평가는 그의 정신적 세계에 무게의 추를 달 수밖에 없음은 동서고금의 역사적 전통이다. 무형의 영혼과 사상을 가시적으로 실체화할 수 있는 것은 책이나 기타의 기록밖에 없다.

살기 위해서는 황금은 꽃이 되어야 하고 정신은 몸과 영혼이 되어야 한다. 꽃이 녹음으로 바뀌고 녹음이 단풍으로 변한 후 벌거벗은 나목(裸木)이 되는 나무의 생태 변화 가운데 무상이 있고 '영원'이 있다. 이런 믿음으로 이 가을 단풍을 즐기고자 한다.

어느 날 반쯤 마른 단풍잎 하나가 바람에 날려 뜨락에 떨어져 있다. 아마도 화려한 단풍이 늦가을 된서리까지 다 견뎌내고 더는 못버틴 모양이다. 저게 자연의 순리지. 그 마른 단풍잎은 감정이 없다.

은둔의 미학

그저 추위와 바람에 순응할 뿐이다. 시간의 흐름을 편안히 받아들이고 순응하는 안시처순(安時處順)의 가을 나무가 나를 위로한다.

나도 가을 단풍처럼 죽음을 맞고 싶다. 뭘 크게 깨달은 바 있어서가 아니다. 산다는 게 그런 것 아닌가. 나의 나무 심는 마음은 너무 과욕이었다. 나무 욕심으로 너무 빽빽이 심는다는 아내의 충고에도 아랑곳하지 않고 밀식(密植)해 나무숲이 되고 말았다.

그래서 지금은 그 정원 관리에 애를 먹고 끙끙거린다. 그래도 나의 '나무 심는 마음'은 버릴 수가 없다. 감성적이지만 나무처럼 늙고 싶고 영원히 나무 밑에 묻혀 일월성신(日月星辰)과 같이 하고 싶기 때문이다. 이성과 합리성을 뛰어넘는 감성이나 직관이 내 주인 노릇을 하는 것 같다.

흔히들 가을을 독서의 계절·사색의 계절이라고 한다. 나도 이를 따라야겠다. 나이 들어 고전과 문화에 대한 식견을 넓히려는 소박한 욕심으로 그 분야에 관한 책들을 틈틈이 읽는다. 일상에서 누리는 망중한의 단상들과 독서로 얻는 식견을 메모도 하고 형광펜으로 책장에 밑줄도 그어 본다. 고전이야말로 인류의 가장 고귀한 사상을 담은 기록이다. 고전은 아직까지 썩어 없어지지 않고 살아남은 유일한 '신탁'의 소리들이며 거기에는 최근에 대두하고 있는 질문들에 대한 해답이 담겨 있다. 내가 즐겨 읽는 독서 목록은 당·송대 한시와 동양 미학 관련 책·《노자》·《장자》 등이다.

# 06

# 나목

나는 겨울의 나목(裸木)을 아주 좋아한다. 어쩌면 인간의 수많은 번뇌와도 같을지 모르는 덕지덕지한 잎들을 모두 떨구고 바람을 마음껏 맞이하는 벌거벗은 겨울나무의 홀가분한 마음.

대지에 눈이 하얗게 내린다. 내리고 또 내린다. 나목은 하얀 눈으로 뒤덮여 오직 흰빛만을 발광하는 겨울의 아름다운 예술 작품이다. 세상이 어찌 이리 조용해졌나! 사람의 발길이 끊겼다. 오로지 흰빛과 고요함만이 대지를 뒤덮고 있다. 나는 이럴 때면 혼자 들판을 거닐고 멀리 여행을 떠나고 싶은 충동을 느낀다. 그러나 마음의 충동일 뿐 행동에 옮기질 못한다.

여름의 초록빛과 가을의 오색 등불이 세상을 밝힐 때 노래 부르고 춤을 추며 이리저리 떠돌던 나그네는 이제 두텁게 쌓인 눈에 길이 막혀 걸음을 멈추고 흰빛과 고요 속에 머무른다. 그리움으로 길게 끌어가던 새들의 노랫소리·흩날리던 벚꽃·활기찬 녹음의 합창이 스러져 버린 봄과 여름의 이미지를 창백하게 떠올린다. 그것들 얼마나 아름다웠던가.

은둔의 미학

내 인생 지난날의 많은 것들이 펄럭이며 올라와 빛나다가 꺼진다. 흔히 겨울은 죽음의 계절이라고도 한다. 그러나 나의 겨울은 한 해의 일들을 떠나보내는 계절이고 망각의 시간이다. 나는 죽음 또한 망각의 시간으로 돌아가는 것이라고 생각한다.

자연 생명의 모든 움직임은 무상하고 아름답다. 나목은 죽은 게 아니고 땅속 깊이에서 내년 봄의 신록을 위한 영양분을 축적하면서 끊임없는 생명의 활동을 계속한다. 다만 음양의 법칙을 따라 만고의 성쇠를 되풀이하고 있을 뿐이다.

모든 사람은 자기 혼자일 뿐이다. 깨달음도 자신의 본성을 되찾는 일도 자신이 할 수밖에 없다. 이때 춥고 눈 내리는 겨울은 그 자체로 하나의 각성제가 된다. 진정한 자아를 되찾는 일은 혼자 해야 하는 고독하고 깊은 성찰이 요구되는 고단한 여정이다.

겨울의 나목들 또한 이 같은 고단한 여정을 가고 있는지도 모른다. 그 나무들 종(種)의 번식을 위해 내년 봄 새순을 틔우고 여름의 성장을 거쳐 가을 열매로 씨앗을 마련해 자신의 본래면목을 끝내 지켜내려는 노력을 이 겨울에도 멈추지 않고 있다.

나는 겨울의 나목을 좋아한다. 눈이 내리고 또 내린다. 마루에 앉아 창문을 통해 정자 옆의 겨울철 나목이 된 고목 회화나무를 날마다 벗한다. 아름드리 고목이라 가지도 아주 굵직하다.

회화나무는 먼 옛날부터 흔히 선비들이 곁에 심고 가꾸어 온 나무다. 영어로도 '학자수(scholar tree)'라 한다. 지금도 창덕궁 돈화문 안·조계사 마당에 고목 학자수(學者樹) 회화나무가 있고 서울의 성균관과 조선시대 각 지방 유명 서원·향교 등 유서 깊은 문화 유적지에는 한두 그루의 회화나무가 있다. 옛날 양반 마을에서는 마을 수호신으로서의 당산나무 역할을 하는 경우도 있었다.

나의 시골 생가 회화나무는 선대의 높은 고관대작을 지낸 상징도 아니고 선비의 집임을 자랑하는 것도 전혀 아니다. 내가 그냥 50여 년 전 '선비연(然)'하고 싶어 묘목을 구해다 심어 키운 것이다.

중국의 고대 주나라 때는 마당의 회화나무 세 그루 아래서 삼정승이 나란히 앉아 정사를 집무했다고도 한다. 우리나라에서는 양반들의 별서(別墅 : 별장)에 심어 그 녹음을 차양막으로 삼아 봄, 여름, 가을까지 그 아래 모여서 자리를 펴고 아회(雅會 : 시회)를 열기도 했다.

나의 정자 옆 회화나무는 전혀 이런 풍류나 관록의 상징성을 갖고 있지 않다. 그냥 정원수의 하나로 심어 키웠을 뿐이다. 내 정원의 겨울철 나목을 대표하는 회화나무는 그저 취향적인 감상의 대상 정도다. 나목의 모습이 크고 뚜렷해서 좋다. 회화나무 나목을 바라보는 동안 침잠해 있던 고독을 잊고 무언의 대화를 나눠 본다. '자네는 죽은 게 아니라 생명의 모습을 잠시 바꾸어 쉬면서 부활의 생명을 준비하고 있겠지'라고 말을 건넨다.

은둔의 미학

# 07

# 나무

나무는 균근(菌根)을 통해 상호 의존하며 공생한다. 나무의 영양분은 균근을 통해 이 나무에서 저 나무로 이동할 수 있으며 그들끼리 이렇게 물질적으로 영원한 관계를 형성하고 이 관계를 통해 물질과 정보를 공유한다.

나무들은 이처럼 마치 웅덩이의 붕어들이 물이 마르면 서로가 거품을 뿜어 몸을 적셔 주듯이 서로 필요한 영양분을 공급하는 환경을 만들어 살아간다. 나무의 이 같은 상생 협업기능은 극에 달한 사회적 불평등과 과열 경쟁·과대 평가된 개인주의 시대를 사는 우리에게 상생의 지혜와 영감을 준다. 균근이란 균류(菌類)가 기생 또는 공생하고 있는 뿌리를 말한다. 균근에는 균류가 주로 뿌리의 외부에 붙은 외균근과 내부 조직에까지 번식하고 있는 내균근이 있다. 참나무가 전자에 속하고 소나무는 후자에 속한다.

집 주변 삼면을 소나무가 둘러싸고 있다. 간혹 참나무도 있는데 간벌해내고 있다. 집 주위 소나무들은 수령이 100년을 넘은 것도 있고 대부분 대목들이다. 나는 어려서부터 소나무를 눈에 질리도록 보고 자라서 흔한 나무 정도로 지나쳤고 가을에 노란 솔가루가 떨어지면 색동 비단길을 걷는 기분으로 밟고 다녔다. 이제야 책을 읽어 나무의 생태에 대한 기초 지식을 터득하니 집 주위 노송들이 예사롭지 않게 보인다. 지난날에는 흔한 나무로 여겨 땔감으로 베어다 불 때고 길가에 걸리면 잡풀 베듯 쉽게 톱으로 베어냈다. 소나무들을 쉽게 아무 생각 없이 베어버리면서 일말의 '측은지심'도 없었다. 지금은 생각이 전혀 다르다. 흔히 '사람은 만물의 영장'이라 하여 인간의 편리와 행복을 위해 지상의 다른 존재들을 마구 정복하고 훼손한다. 그 결과는 생태계 파괴와 환경 오염을 일으켜 인류의 생존을 위협하는 단계에까지 이르렀다. 세상의 모든 존재는 나름의 존재 이유를 가지고 있고 톱니처럼 엉켜 있다.

오늘의 현대문명은 인간을 위해서는 열대림을 불태워 목장을 조성하고 산허리를 갈라 고속도로를 건설하는 게 발전이고 근대화라고 자화자찬한다. 내가 소나무를 쉽게 베어버린 것도 이같은 현대문명의 학습을 받고 나무의 소중함을 전혀 몰랐던 '무식'의 소치였다.

인간이 만물의 영장이라는 자만심은 하느님이 사람을 창조할 때 '하느님의 모습(Image Dei)'으로 만들었다는 서구 기독교 교리가 그 시원이 아닌가 싶다. 이는 곧 지상의 인간은 하느님의 대리자이고 신적인 존재라는 의미로 확대돼 '영장'으로 군림하게 된다.

나무는 세상을 마주 보고 세상에 적응하고 세상 속에서 영속한다. 또 자신의 한계를 뛰어넘어 자신을 밖으로 끌어내는 내면의 약동에 순응하며 변화한다. 나무가 둘로 분열되면서 무성생식으로 복제되는 것은 더 이상 자신을 자기 안에 가두지 않고 내부의 미는 힘에 순응함을 의미한다. 뿌리에서 나오는 흡지(吸枝)는 모체에서 몇 미터 떨어진 채 모체와 똑같은 형상을 하고 솟아나 자란다. 흔히 이런 흡지의 탄생을 '새끼를 친다'라고도 한다.

내 텃밭 밭둑에 수령 백 년이 넘은 참죽나무가 한 그루 있다. 흡지들이 7~8m까지 여기저기 솟아 밭둑을 가득 메우고 있다. 박태기 나무·홍목련·사과나무 등에도 주위에 흡지들이 수없이 돋아 새끼를 친다. 정자 옆의 오죽과 목수국도 흡지 번식을 하는데 뿌리에서 돋아나는 새끼 번식이 아주 왕성하다. 나는 이 흡지들을 전정가위로 잘라 주거나 흙을 묻어 제압하기 바쁘다. 그런데 곰곰이 생각하니 무성 번식한 그들 나무 새끼를 잘 떠다가 심어 키워야 할 것 같다. 물론 모체인 어미나무의 성장에 장애가 되고 급기야는 어미나무를 죽게도 하지만 새 생명을 키워주는 게 우선해야 할 생명존중이 아닌가 하는 생각이다.

나무는 우리의 논리적인 사고에 변화를 주고 혼란에 질서를 부여한다. 우리는 나무의 여정에서 돌발적인 상황·성공하지 못한 도전·공간 속으로 잠기는 모습을 본다. 갑작스럽게 훼손된 유동성을 버텨내는 나무의 저항력은 참으로 놀랍다. 아름드리 소나무나 괴목의 뿌리들을 모두 잘라내고 분을 떠서 옮겨 심어 살릴 때 그 나무가 보여주는 저항력과 생명 의지는 놀랍기만 하다. 분재의 경우 모양을 내겠다고 나무를 비틀고 잘라내는 인간의 가학적 고문(?)을 꿋꿋이 버텨내며 자란다.

헤르만 헤세(1877~1962)는 "나무는 언제나 내 마음을 파고드는 최고의 설교다"라고 했다. 나무는 자신 말고는 다른 무엇이 되기를 갈망하지 않는다. 자기 본연의 법칙을 실현하는 일, 즉 자신의 형태를 만들어내고 자신을 표현하는 일에만 힘쓴다. 이런 것이 바로 고향이고 행복이다.

보이는 현실(줄기·가지·잎)과 보이지 않는 현실(뿌리)을 모두 가진 나무는 땅의 '물질성'과 하늘의 '정신성'을 연결한다. 나무는 이러한 상징성 때문에 숭배의 대상이 돼 마을 수호신 역할을 하는 당산나무가 되기도 한다. 나무 숭배는 범신론적 숭배라기보다 하늘과 땅을 연결하는 나무의 상징적 힘을 숭배하는 것이라고 봐야 한다.

프랑스 철학자 로베르 뒤마는 "나무는 우리의 사고를 구조화하고 활력 있게 만드는 유추의 저장고이고 논리적 사유의 기반"이라고 했다. 근대 합리주의 철학의 창시자인 데카르트는 나무의 뿌리를 형이상학으로, 몸통을 물리학으로, 가지를 여러 학문으로 여기면서 서양의 철학을 나무로 묘사했다. 그의 사유는 나무의 형상을 따라갔고 나무의 이미지는 자연스럽게 점진적 사유의 기반이 됐다.

나무는 동서고금에서 여러 방면에 보편적으로 쓰이는 상징이다. 나무는 우리의 정신을 영적이고 예민한 측면으로 안내하며 이성의 모델 역할을 한다. 나는 이제라도 나무를 하찮게 여겨온 과거를 반성한다.

# 08　소나무

나는 소나무를 좋아한다. 특히 소나무의 수형(樹形)에 관심이 많다. 정원에 종류별로는 재래종 조선 소나무·황송·금송·반송·사피송(蛇皮松) 등이 있고 수형으로는 내 나름의 이름을 붙인 비룡송(飛龍松)·부앙송(俯仰松)·ㄱ자송(문가리개송)·ㄷ자송 등이 있다. 수령이 모두 30년 이상이다. 산에서 캐 옮긴 비룡송·부앙송·ㄱ자송·ㄷ자송 등은 50~80년의 수령을 살아온 소나무들이다.

　나무들의 오묘한 여러 가지 굽은 수형은 햇볕을 차지하기 위해 몸부림치다가 살아남은 궤적이다. 그래서 귀한 대접을 받고 감상 포인트가 된다. 요사이는 억지로 인위적인 소나무 수형을 만들어 '와불(臥佛) 소나무'니 '파라솔 소나무'니 하는 기형을 만들어 비싼 값을 받고 거래하기도 한다. 그런 수형은 사람들의 허위 의식이 만들어낸 사치품이다. 내 정원의 소나무 수형은 순수 자연산이다.

　모양을 낸다며 심지어는 굵은 철삿줄로 가지를 동여매고 대나무를 쪼개 보조목을 만들어 자연스러운 가지들을 구금시켜 분재처럼 키우는 사람들도 있다. 이는 잔인한 식물 학대일 수 있고 눈속

임의 조작일 뿐이다. 부딪쳐 온 풍상의 궤적이 남긴 오묘한 수형만이 귀할 수 있다. 마당의 차고 옆에 뒷산에서 옮겨 심은 비룡송은 내가 '뱀띠'이기 때문에 내 출생의 12간지 뱀을 상징하는 의미를 부여해 아주 아끼는 소나무다.

용띠와 10여 일 차이로 뱀띠가 돼 태어났지만 용은 상상의 동물일 뿐이고 속설에는 이무기라는 뱀이 용이 된다고도 하니 뱀보다는 용이 낫고 나르는 용이 더욱 그럴듯해 '비룡송'이라 이름했다.

내가 소나무를 좋아하는 것은 공자가 찬양한 "한겨울이 돼야 소나무와 잣나무의 푸르름이 상징하는 절개와 높은 기상을 알 수 있다(歲寒然後 知松柏之後凋也)"는 소나무의 절개나 선비들이 읊조려 온 '세한삼우(歲寒三友 : 겨울의 세 벗-소나무·대나무·매화나무)'의 하나라는 이유 때문만은 아니다. 내 나름의 미학적 감상과 소나무가 상징하는 영원성, 심미를 자극하는 갖가지 수형이 소나무에 대한 매력 포인트다. 책에서 본 바로는 유럽의 모두셀라라는 세상에서 가장 오래된 현존하는 소나무는 추산 수령이 무려 5천 67년이라고 한다. 5천 년이라는 세월은 인간 수명의 기준으로 보면 '영원'에 가까운 시간이다.

나무는 인간의 육체와 세상의 관계를 상징하는 훌륭한 표상이다. 프랑스 혁명에서는 의도적으로 살아있는 나무를 상징으로 이용했다. 혁명이 나무에 중요한 의미를 부여하면서 혁명 그 이상의 의미를 갖게 됐고 상징적으로는 혁명의 '영원한' 안착을 의미했다. 혁명에서 나무는 진정한 자유를 상징하기도 했다. 나무가 땅의 심장부에 박혀 있듯이 민중의 심장 속에 자유가 박히기를 바랐던 것이다. 나무숲은 상징적으로 불의한 사회 규범을 따르지 않는 반항 정신의 피난처를 대표하기도 한다. 나는 소나무에게 이러한 나무의 대표성을 부여하고 싶다. 이것도 내가 소나무를 좋아하는 이유의 하나다.

소나무가 새롭게 세인의 이목을 끌면서 각광 받게 된 것은 1980년대부터다. 재목이나 땔감으로 사용되면서 흔하디흔한 나무로 대접받던 소나무가 정원수·가로수로 이식돼 화려한 미관을 자랑하면서 많은 사람의 심미 감각을 자극했고 귀공자로 부상하기 시작했다. 이 같은 소나무의 재발견은 전적으로 삼성그룹 창업주인 고 이병철 회장의 아이디어와 과감한 실행에서 비롯됐다.

이 회장은 어느 날 소나무를 정원수로 하면 좋을 것 같다는 발상을 하고 곧 실행에 들어갔다. 그때까지는 소나무 이식은 불가능하다는 고정관념이 강했다. 당시만 해도 장비가 시원치 않았고 옮겨올 수 있는 운송 수단도 신통치 않았다. 그러나 그의 불굴의 모험 정신이 이를 아랑곳하지 않고 실행에 옮겨져 대성공을 거두자 소나무 정원과 소나무 가로수가 크게 유행했다. 소나무를 고급 정원수로 만들어 그 아름다움을 새삼 일깨운 고 이병철 회장의 '심미 인격'은 거듭 감탄할 일이다.

소나무의 아름다움에 대한 내 심미안(審美眼)도 이때 상당한 자극을 받은 바 있다. 이때까지 우리나라 정원수의 고급수종으로는 일본 향나무 가이스카나 다마이부키가 대종을 이루고 있었다. 폄하하면 일제 잔재라 할 수 있다.

소나무가 정원수로 각광을 받으면서 향나무는 이슬처럼 사라지고 값도 폭락했다. 소나무의 아름다움에 대한 사람들의 무의식적인 심미 감각이 빠르게 긍정적으로 뿌리내렸다. 문화와 역사 기록으로도 남을 만한 일이었다. 나는 소나무가 자연스럽게 정원수의 왕으로 등극하는 것을 보면서《노자》의 다음 구절을 떠올렸다.

"귀함은 천함으로 뿌리를 삼는다(故貴以賤爲本)."

나는 소나무를 분명 흔하디흔한 천시 받는 누추한 나무로 보아 넘겼다. 소나무의 아름다움은 바로 그 누추함과 비천함을 뿌리로 해 갑자기 어느 날 섬광처럼 떠올랐다. 나의 심미 감각이 그동안 인지 착란을 일으켜 미추(美醜)라는 분별이 근원으로 돌아가면 결국 '하나'라는 노자의 설법을 그저 머리로만 달달 외우고 있었던 것이다.

노자의 설법을 조금 더 부연하면 "그래서 지엄한 왕이 자신을 과인(寡人 : 모자라는 사람)·불곡(不穀 : 쭉정이)이라 낮추어 부른다"라고 했다. 이는 겸손의 뜻보다는 귀천·미추 동원(同源)의 철리와 만인 평등을 설파하고 있다고 풀이할 수 있다.《노자》는 이어 "높음은 낮음으로 바탕을 삼는다(高以下爲基)"라고도 했다. 정말 소나무 정원수의 등장은 유쾌한 충격이었다.

# 09

# 나무한테
# 배운다

---

나는 근래 나무들에게서 많은 것을 배우고 있다. '만물의 영장' 대우를 받아온 나는 나무를 별 볼일 없는 존재로 여기면서 지나쳐 왔다. 이제야 나무도 당당한 존재 이유를 갖는 자연의 일부로 인간과 대등한 만물 평등의 존재임을 새삼 깨닫는다. 정원수들을 가꾸면서 거듭 체감한다.

나무도 가뭄을 탄다. 과거에는 무관심해 일부 꽃나무가 가뭄을 못 이기고 말라 죽기도 했다. 그러나 지금은 나뭇잎이 수분 부족으로 시들면 얼른 지하수에 호스를 이어 물을 준다. 몇 시간 후면 잎에 생기가 돌고 나무가 싱그러워진다. 흔히 말하는 정원 관리 차원이기도 하지만 나는 이때 나무의 생명에 대한 깊은 애정과 돌봄 차원의 마음을 느낀다.

여기서 나는 자연의 일부인 나무도 나와 동등한 존재임을 실감한다. 인간도 우주적 차원에서 보면 자연의 일부일 뿐이 아닌가? 사람은 목마르면 물을 마신다. 당연히 나무도 목마르면 물을 마셔야 한다.

누가 나무에게서 무엇을 배우느냐고 물으면 나는 다음과 같이 말한다.

첫째는 유연성이다.

나무는 고정관념이 없다. 인간은 고정관념에 빠지는 경향이 있지만 나무는 형태와 장소·환경에 유연하게 적용하고 고정된 틀을 고집하지 않는다. 심지어는 인간이 인위적으로 비틀고 잡아매서 모양을 만드는 '분재'와 같은 상황에서도 적용하면서 견뎌낸다.

나무는 시간과 공간에서 뛰어난 적응력을 발휘한다. 나무의 유연성은 가히 '유연성의 세계'라 할 만큼 완벽하다. 예를 들면 종자의 분산은 시간과 공간에 유연하게 적용하는 나무의 뛰어난 능력을 보여준다. 소나무 씨앗인 솔방울의 경우 가파른 언덕이나 길가에서도 발아하여 성장한다. 나무의 씨앗은 바람과 새의 부리·물의 흐름 등에도 자신을 맡기면서 공간과 시간에 적응하는 유연성을 발휘한다.

새들이 내 정원의 황철쭉과 주황철쭉 씨앗을 물어다 산과 묘지 등에 떨어뜨린다. 묘지 잔디밭과 산골짜기에 새들이 떨어뜨린 씨앗이 발아하여 훌륭한 묘목으로 자란다. 나는 이렇게 장소에 구애받지 않고 발아한 묘목들을 정원으로 이식해 번식시킨다. 또 나무를 캐서 옮길 때 갑작스럽게 잘려 나간 뿌리의 훼손된 유동성을 유연하게 버텨내는 저항점을 보면서는 나는 환자의 수술 후 회복을 보는 '쾌유'의 기분을 느낀다.

둘째는 자립성이다.

식물은 '독립영양생물'이다. 스스로 먹고살 것을 만들어낸다. 반대로 인간을 비롯한 동물은 '종속영양생물'이다. 무언가를 잡아먹어야 살 수 있다. 동물들이 가장 쉽게 영양분을 섭취할 수 있는 대상은 바로 독립영양생물인 식물이다. 사람이 아무리 소고기를 좋아한다 해도 소가 풀을 먹지 못하면 소는 없을 터다. 우리는 모두 식물에 기대어 생존한다고 할 수 있다.

인간은 생존에 절대 필요한 영양분인 단백질을 주로 육류나 계란 등에서 얻는다. 하지만 초식 동물과 곤충들은 단백질 공급을 모두 식물로부터 받는다. 그러나 식물은 인간과는 달리 단백질을 구성하는 여러 가지 아미노산을 모두 스스로 만들어낸다. 나무는 어떠한 도움도 받지 않고 햇빛을 원료로 삼아 아미노산을 합성하고 이를 단백질로 만든다. 이렇게 만들어진 단백질은 대부분 광합성 단백질이다.

나무는 태양 에너지의 일부를 모으고 저장해 유기물의 형태로 공급한다. 인간은 기나긴 진화의 여정에서 이러한 나무숲의 유기물 공급과 유대하면서 융화해 왔다. 프랑스 식물생태학자 자크타상은 저서 《나무처럼 생각하기》의 결론에서 "인간은 나무처럼 자연의 질서 속에서 살아가는 지혜를 익혀야 한다"면서 "우리에게 많은 것을 알려주는 나무의 말에 귀를 기울이고 안내자로 삼아야 한다"라고 했다.

셋째는 지식보다는 생명을 존중한다는 점이다.

나무는 사랑하고 성찰하면서 오직 성장과 생명에만 집중한다. 최근 잔혹한 살인 사건이 꼬리를 문다. 지난날에는 살인 사건이 큰 뉴스로 대서 특필됐지만 지금은 사람을 파리 죽이듯 하는 매우 엽기적이고 패륜적인 사건이 잦다. 원래 인류 역사는 자연 정복의 역사라는 측면이 없지 않긴 하지만 이제는 자연 정복이 아니라 '살인의 역사(?)'로 기록될지도 모를 공포를 느끼게 한다.

인간의 신체 구조는 나무와 닮은 데가 많다. 우리의 폐 기관지나 혈류와 림프 계통에서도 '나무'를 발견할 수 있다. 그 구조와 작용이 같다. 나무는 복잡한 형상과 액체 같은 몸짓으로 자신을 드러낸다. 그런데 우리의 눈에는 슬프게도 이 몸짓이 순간적으로 경직된 것처럼 보인다. 나무의 자유로운 유동성과 몸짓은 우리의 감각을 초월하고 있다. 우리는 사고를 구조화하고 유연하게 만들기 위해 나무의 형상에서 영감을 얻을 수 있다. 우리 사고가 논리·분류·계통 발생·역학·연금술·정보 과학·학문·진보 등이 총 망라된 나무 구조로 되어 있다는 데 놀랄 필요는 없다. 우리가 뿌리나 몸통이 아닌 나뭇가지의 분화처럼 지식의 가지들을 탐험하는 학문 경향도 나무를 닮았다.

"나무는 지구의 온난화를 약화시키는 훌륭한 우리의 원군이다. 때문에 문화적·상징적·정신적 이유뿐만 아니라 경제적·사회적·환경적 측면에서도 나무와 연대하고 융화해야 한다. 나무는 여러 측면에서 인간 사회에 지속 가능한 존재 방식을 시사한다."

유엔이 2015년 모두의 번영을 목표로 제정한 선언문 〈지속 가능한 발전〉에서 밝힌 것이다. 아가페적인 사랑으로 인류에게 산소를 공급하고 생명을 지극히 존중하며 살아가는 나무의 존재 방식은 우리의 영원한 스승이다. 나무에게 배울 것이 참으로 많다.

# 5부

## 귀원전거 歸園田居

전원으로 돌아오다

전기 매화초옥도, 국립중앙박물관

# 들어가는 글

전원과 은일(隱逸)은 우리 가슴 속 깊이 자리하면서 떠나지 않는 영원한 고향이다. 우리는 육지와 바다로 향하는 무수한 여정에 내던져져 온갖 위험을 무릅쓰고 안착할 장소와 애착을 가질 만한 대상을 찾고자 한다. 그러나 이 여정은 쉽지 않은 고난의 행로이고 성공할 확률도 높지 않다.

고고한 철학적·종교적 초월은 아니더라도 잠시나마 사물로부터 해방돼 자유스럽고 유쾌한 마음을 갖는 '호연지기(浩然之氣)'를 누리기만 해도 다행이다. 미국의 전위 음악가 존 케이지는 "새벽에 홀로 깨어있으면 소리 한 점 없는 침묵도 잡다한 소음도 다 훌륭한 음악이다"라고 했다. 말은 쉽지만 '홀로 깨어있기'란 정말 어렵다. 그래서 우리는 방편으로 전원생활을 택하고 산사를 찾아간다.

근대 과학의 수호성인인 프랜시스 베이컨은 "인간이 자연을 정복하고 제압할 수 있는 힘을 갖게 되며 우주에 대한 지배력을 확립하고 확장하는 것이 인류의 목표가 될 것"이라고 예언했고 20세기 중반까지 그 예언이 위력을 발휘했다. 베이컨의 과학은 지구 생태계의 파괴와 세계 8대 부호가 소유한 부가 인류의 절반인 35억 명의 부를 합친 것과 같다는 정치·경제적 양극화 문제 등으로 새로운 21세기 과학과의 교체가 불가피한 상황이다. 이제 베이컨의 과학과 21세기 과학의 교체는 젊음과 늙음의 아름다운 교체가 자연의 섭리인 것처럼 순리적으로 이루어질 수밖에 없다는 게 많은 세계 지성들의 견해다.

21세기 과학은 과도한 부의 축적을 옛 은사·선비들의 '찬란한 가난'으로 바꾸고, 사람을 위해 세상이 만들어졌다는 세계관을 거꾸로 바꾸는 것이다. 새로운 과학을 한마디로 요약하면 야생으로 돌아가는 것이다. 수사적인 표현을 빌리면 '생태계 복원'이다. 생태계의 회복력을 더 이상 해치지 말고 북돋우는 환경을 만들어야 한다.

우리는 여기서 전원생활을 재해석해 살아가는 길을 생각해 볼 수 있다. 생태계 복원은 각 분야에서 종합적이고 복합적으로 이루어져야 한다. 전원생활의 정신적 핵심은 '생명애(生命愛) 의식'이다. 생명애는 곧 자연과의 연대다. 우리가 생명체들과 동류의식을 가지고 모든 생명체들의 생존 투쟁에 깊이 공감할 때 우리 자신의 미래도 보장될 수 있다. 이제 기후 온난화와 열대림 파괴 등이 그들과 우리 모두를 막다른 골목으로 몰아넣고 있다. 오늘의 각 세대는 실내로 들어가 가상 현실 속 생활을 즐기는 가운데 자연은 우리의 일상적 경험에서 점점 멀어지면서 사라져가고 있다.

지구의 종말을 감지하는 이 순간 우리는 집으로 돌아가는 길을 찾기 시작했다. 오늘에야 지구 생명력과 하나가 되는 생명애 의식을 자각한다. 이제 인류는 타 행성으로 도망가지 않는 한 지구상의 다른 생명체들과 함께 멸종하리라는 게 많은 사람들의 예언이다.

분에 넘치는 세상 걱정을 한 것 같다. 그럼에도 인류의 이기심이 파국을 향해 치닫고 있다는 생각이 불쑥 머리를 스친다.

# 전원

---

## ┃ 전원

전원이란?

사전적 풀이로는 ① 논밭과 동산 ② 시골·교외를 뜻한다.《국어대사전》 나는 '전원'이라는 단어는 이보다 훨씬 넓은 광의의 스펙트럼을 가지고 있다고 본다. 전원에는 ① 시골 ② 농촌 ③ 자연 ④ 산수 ⑤ 운수(雲水) ⑥ 느림의 미학 ⑦ 의사(擬似) 이상향 등과 같은 여러 의미가 함축돼 있다는 생각이다.

　　전원생활은 자연에서 인간적 삶의 가능성을 찾아보고자 하는

저자의 고향집 정자 취옹정

데 그 목적이 있다. 이는 고대 은사들의 은둔적 삶에까지 거슬러 올라가는 오랜 역사를 가지고 있다.

우리나라도 근래 선진국 대열에 들어서면서 전원주택이 대유행이다. 지방 소도시까지도 전원주택 붐이다. 별장의 의미까지 스며 있는 전원주택은 이제 많은 은퇴자들의 거처로, 귀농·귀촌·귀향자들의 보금자리로도 관심을 모은다.

삶에서 잠시라도 근심을 해소하는 것은 천만금의 가치가 있다. 전원은 혼란스러운 현실의 닫힌 공간과는 달리 무한의 열린 공간으로서 끊임없는 생명력이 확보되어 있는 장소다. 특히 봄날의 전원은 썩고 병든 세계와는 단절된 별개의 공간이다. 농촌의 전원세계는 생명의 소생과 불임의 치유가 가능한 희망의 세계다. 결단코 오지 않을 것 같던 봄이 오고 같은 인간 삶의 터전이면서도 도회와는 달리 정다운 활기가 넘친다. 봄날의 전원에는 아름다운 화해와 사랑의 세계가 펼쳐진다.

**土膏欲動雨頻催**(토고욕동우빈최)

**기름진 땅 꿈틀거리고 비가 재촉하니**

**萬草千花一餉開**(만초천화일향개)

**천만 가지 풀과 꽃이 금방이라도 피어나려 하네**

송(宋) 범성대(1126~1193)의 〈춘일전원잡흥(春日田園雜興 : 봄날의 전원잡흥)〉에 나오는 시구다. 대지·비·화초 같은 자연은 인간문화에 착색되기 이전의 순수 자연의 모습이다. 인간도 다만 그 속에 깃들어

지내는 자연적 존재로서의 모습을 지닐 뿐이다. 활력이 넘치는 전원에서의 삶은 온갖 생명들의 화해와 어울려 근심 없는 환희의 나날을 보낼 수 있다.

전원[自然]은 인간이 나서 돌아가는 영원한 원초적 고향이다. 그러기에 떠나면 매양 그리워지고 돌아와 안기면 편안해진다. 귀를 통해 듣는 계곡물 소리로 진념(塵念)을 날려버리고 눈을 통해 보는 산빛으로 번뇌를 식히는 산수 간의 생활! 이것이 바로 티끌 세상 속에 살면서 정신적으로 현실을 초월하는 전원생활이다.

조선조 당시 시·서·화 삼절(三絶)로 명성이 높았고 문신이었던 인제 강희안(1419~1464)은 저서 《화암기(花菴記)》에 자신의 전원생활을 다음과 같이 기술했다.

**"기이하고 고아한 꽃은 스승을 삼고, 맑고 깨끗한 꽃은 벗을 삼고, 번화한 꽃은 손님을 삼는다. 모든 기쁨·성냄·걱정·즐거움과 앉고 눕는 것을 이들 꽃들에 붙여 자아를 잊고 늙음이 다가오는 것을 잊어버리는 경지에 이르러 갈 뿐이다."**

## ┃ 시골

일반적으로 시골이라는 공간은 인위적인 가식이나 모순 같은 것이 없는 순수한 공간이며 인간 '마음의 집'과 같은 곳으로 인식된다. 그래서 그곳에는 안락함과 편안함과 기쁨이 가득 차 있다.

근대 체험과 서구적 교양을 갖춘 사람들에게 시골은 의사(擬似) 유토피아다. 시골의 따뜻한 대화와 물질적 궁핍의 초월은 바로 도시인들의 깊은 향수다. 도시화 이전 인구의 대부분은 시골 태생이었기에 이 같은 시골에 대한 향수는 진한 '고향 사랑'으로 내면 깊숙이 자리하고 있다. 그래서 베토벤의 교향곡 6번 〈전원(Pastoral)〉은 지금도 많은 사람들이 시골 전원을 음악으로 즐겨 듣는 클래식이다.

동서양을 막론하고 시골은 인간의 원초적 고향으로 그립고 애틋한 감성을 갖게 하는 어머니의 태반이며 달려가고픈 낙원이다. 시인 정지용의 시 〈향수〉는 "그곳이/차마 꿈엔들 잊힐리야"라는 애절한 시구로 고향에 대한 향수를 읊조렸다.

시골은 한낮에도 새소리·벌레소리·바람소리밖에 없는 침묵의 공간이다. 여기서는 소리 없음(無聲)이 소리 있음(有聲)을 이기고 달 뜨기를 기다리는 마음과 임 오기를 기다리는 마음이 한 통속이다. 시골 침묵의 공간에는 남조(南朝) 시인 왕적이 〈입약야계(入若耶溪 : 약야 계곡에 들어서니)〉에서 읊조린 바 있는 "매미 울어 숲은 더욱 고요하고 새들 노래해 산은 또다시 그윽하다(蟬噪林逾靜 鳥鳴山更幽)"는 정중동·동중정의 경계가 펼쳐진다.

전원은 아무 구속 없이 자유자재로 유유자적할 수 있는 해방공간이며 하나의 정신적 이상향이다. 시골은 장자가 이상향으로 설정한 유라고 할 만한 어떤 것도 없는 '무하유지향(無何有之鄉)'일 수도 있다. 여기서는 왕후장상 같은 높고 높은 벼슬도 화려한 궁전도 아무 쓸모가 없다. 장자는 이같이 유유자적하며 노니는 모습을 '소요유(逍遙遊)'라는 말로 표현했다. 즉 마음을 속세간(俗世間) 밖에서 유람하게 한다는 뜻이다.

도시화하는 사회의 변두리로 내몰려 쪼그라든 농업의 터전인 시골은 이제 거기에 살지 않는 사람들에게 하나의 '환상'이 되었다. 현대 도시인들은 시골을 찾아 신선하고 자유로운 공기 속에서 고독을 즐김으로써 일상생활의 말 없는 가식으로부터 해방된다. 시골 경제활동의 중요도가 줄어드는 것과 반비례해 전원의 문화적 중요도가 높아졌다. 이제 시골의 경제적 중요도는 왜소해졌지만, 그 자연적·문화적 중요도는 날로 확대되고 있다.

영국 시인 존 쿠퍼 포이스(1872~1968)는 "생활 속에서 사회를 견딜 만하게 만들어 주는 것은 '내적 고독'을 가꾸는 일뿐이다"라고 했다. 포이스는 여기서 중국의 노장사상까지 불러냈다. 노장사상이 포이스를 매료시킨 포인트는 자신과 자신이 아닌 것의 경계를 초월해 자연과 완전한 조화를 이루고자 했다는 점이었다. 그는 저서 《고독의 철학》에서 근대화를 "첨단 도시들의 막강한 괴물화와 장중한 공포"라고 비판했다.


二見封候萬戶(이현봉후만호)

두 번 알현으로 만호식읍 대제후로 봉해지고

立談賜璧一雙(입담사벽일쌍)

잠시 담화하는 사이에 고리옥 한 쌍을 하사받은들

詎勝稱耕南畝(거승우경남무)

어찌 남향의 논밭 가는 것을 능가하겠으며

何如高臥東牕(하여고와동창)

어찌 동쪽 창가에 고고히 누워 있음만 하겠는가


시불(詩佛)로 칭송된 당(唐) 왕유의 시 〈전원의 즐거움(田園樂)〉이다.

논밭 일구어 식량을 마련하고 밝은 동쪽 창가에 누워 쉬는 전원생활의 즐거움과 자유로움이 제후나 고관대작이 되는 것보다 백배 즐겁다는 것이다.

## ▎ 농촌

우리가 농촌이나 농민의 모습에서 가장 먼저 떠올리는 것은 전원적 분위기다. 좀 더 구체적으로 말하면 순박함과 무채색의 이미지일 것이다. 그다음은 가난과 가난에서 파생되는 여러 가지 모습의 고난이다.

농촌의 삶은 평생의 즐거움과 근심을 모두 하늘에 맡기고 산수 간에서 평화롭게 산다. 한밤중 흰구름이 흩어진 뒤에 둥글고 밝은 달이 창문 앞을 찾아오면 반갑게 맞이하고 새벽이면 외마디 닭 울음소리에 잠을 깬다.

농민의 후덕하고 선량한 품덕(品德)은 자연스러운 초연함을 느끼게도 한다. 지금은 세태가 많이 변해 농촌의 풍광이 옛처럼 밝고 훈훈하지는 않지만 한 세대 전만 해도 농민들의 초연함이 아주 선명했다.

莫嗔老婦無盤釘(막진노부무반정)
**노부인 쟁반에 안주 없다 탓하지 말라며**
笑指灰中芋栗香(소지회중우율향)
**재 속에 묻힌 토란과 밤 향기를 가리키네**

두보의 시 〈남업(南鄴)〉에 나오는 시구다. 겨울이라는 계절에서 느끼는 썰렁함이나 고통 같은 것을 저편에 접어둔 겨울날 농촌 전원에서 느낄 수 있는 흥취다.

　나는 이런 시 속의 겨울로 빠져들어 옛 농촌 전원 풍경을 어렵지 않게 새삼 떠올리면서 나름의 흥취를 느낀다. 시골 늙은이 막걸리 한 잔에 군밤 안주 한 알이면 족하다.

## ┃ 자연산수

전원생활은 자연을 매개로 하여 초현실적 은둔의 세계로 들어가려는 현실 초월의 한 방식이다. 전원은 곧 자연이다. 산수와 백운 등이 전원에서 늘 함께하는 대표적인 자연의 물상들이다. '산수'라는 말은 인간의 미감을 자극하는 대상으로서의 자연을 뜻한다. 인공적 냄새가 나지 않는 순수한 자연의 모습을 흔히 산수라는 말로 표현한다.

　노장사상에 따르면 자연은 사람 생명의 근원이다. 따라서 노장철학은 자연에서 인생의 원칙을 찾아낸다. 장자는 "천지[自然]는 큰 아름다움을 가지고 있지만 스스로는 말하지 않는다(天地有大美而不言)"라고 했다.(〈지북우〉편) 그러나 천지는 비록 말은 않지만 우리를 위해 끊임없이 계속 지혜를 알려준다. 그래서 장자는 자연을 향해 "나의 스승이시여! 나의 스승이시여(吾師乎 吾師乎)"라고 찬탄했다.(〈대종사〉편)

　장자는 자연의 원시적 본성으로부터 멀리 떨어질수록 더욱 부자유스럽게 되므로 자연으로 회귀하여 자연과 일체가 돼 육체적 자아를 넘어선 '무기(無己)'의 경지에 도달해야만 비로소 진정한 정신적 자유를 실현할 수 있다고 생각했다.


畢竟西湖六月中(필경서호유월중)

은둔의 미학

마침내 서호는 6월

風光不與四時同 (풍광불여사시동)

경치는 사계절마다 다르네

接天蓮葉無窮碧 (접천연엽무궁벽)

하늘에 맞닿아 있는 연잎 한없이 푸르르고

映日荷花別樣紅 (영일하화별양홍)

햇살 비친 연꽃은 저마다 붉다

송(宋) 양만리(1124~1206)의 〈새벽에 정자사 나와 임자방을 전송하다(曉出淨慈寺送林子方)〉라는 시다. 양만리의 대표작 중 하나인 이 시에는 자연을 매개로 초현실적 은둔의 세계로 들어가려는 강한 의지가 배어 있다. 역사 인물이나 고사보다는 보편적 자연 이미지들을 시 속에 그대로 이용함으로써 감각의 흐름을 왕성하게 하면서 개개인의 상상력으로부터 보편성을 인정받으려 했다는 점이 높은 평가를 받는다. 바로 하늘에 닿아 있는 푸른 연잎이 초월의 세계로 들어가는 징검다리다. 저마다 각기 다른 붉은 빛, 즉 자성(自性)을 가지고 징검다리를 건넌 인간들을 하늘은 기꺼이 받아들인다. 바다는 모든 색깔의 강물을 받아들이지만 자기 고유의 색깔을 결코 잃지 않는다.

## | 느림의 미학

흰구름과 개울물은 전원의 특징적 풍광이면서 대표적 상징이기도 하다. 백운이야 어디인들 없으랴마는 전원의 동구와 동산을 가로지르며 오가는 느직한 흰구름의 한가로움, 운한(雲閑)은 전원이라는 공간의 무심과 느림의 미학을 상징하는 데 모자람이 없다. 어디에도 집착하지 않고 전혀 앞다투려는 어떤 경쟁도 없이 평화롭게 흐르는 전원의 실개천 물은 우리로 하여금 치열한 '경쟁의 비극'을 되돌아보게 한다. 구름은 자유·부주(不住)·무애·무심을 상징한다. 구름은 특히 한가로움과 '느림의 미학'을 대표하는 상징어이기도 하다. '한가로움'은 번뇌 망상이 없는 본래의 마음자리를 달리 표현한 말이다.

물은 부단(不斷)·유연·대도(大道)·무경쟁·원융 등을 상징한다. 물은 어디에도 집착하지 않고 계속 흘러간다. 또 물의 흐름은 앞과 뒤가 정연한 채 서로 앞서가려는 일체의 다툼이 없다. 그래서 경쟁의 비극이 없다.


浮雲入洞曾無累(부운입동증무루)
**뜬구름 고을에 들어 누된 적 없고**
明月當溪不染塵(명월당계불염진)
**밝은 달 물에 진다고 티끌 묻으랴**


고려 문종 때 문신 곽여(1058~1130)가 이거사에게 준 시 〈증청평이거사(贈淸平李居士)〉에 보이는 시구다. 어려운 세상 어느 곳에 숨어 살든 고결한 마음만은 더럽혀지지 않음을 암유한 명구다. 전원에 묻혀 사는 거사의 고고한 인품이 동구의 백운과 개천에 뜬 밝은 달처럼 느직하고 청정함을 잘 드러냈다.

산업화의 오염과 자동차 배기가스·온실가스 등이 가득한 미세먼지는 문명의 화려함을 담보로 한 살인 가스와 다르지 않다. 자연

은둔의 미학

에 순응해 생체 면역력을 기르는 훈련을 외면한 채 조금 편히 살려는 인간들의 못난 욕망이 자초한 자연 학대(열대림 개발·비닐쓰레기)는 지구촌 생태계의 불임 사태를 불러왔다. 인간의 욕망이 자연이 감당할 수 있는 임계점을 넘고 있다.

그렇지만 인간의 영원한 본래 고향인 전원·시골은 지구가 다하는 날까지 남아서 사람들의 향수와 정감을 감싸안아 줄 것이다. 전원은 인간의 원초적 고향이기 때문에 인류가 멸하지 않는 한 사라질 수 없다.

02 　　　덧없음에
　　　　대하여

————————

## 1) 도연명의 삶

허리가 나직하게 내려앉고 절박한 늙음이 점점 더 고독하고 어둡
고 고요한 길로 나를 이끈다. 몸은 그렇다 치고 마음과 정신이 80
을 넘은 나이인데 아직도 갈팡질팡이다.

　어둡고 고요한 그 길이 즐거움으로 끝날지 고통으로 끝날지는
모른다. 그러나 나는 그 길을 걷고자 하며 또 걸어야 한다. 내 삶이
환하던 때 세상은 온통 친구들로 꽉 찼다. 지금은 안개가 덮이니
아무도 보이질 않는다.

　그래도 내 안에서 외치는 삶의 목소리가 있다. 설사 내가 그 의
미와 목적을 또렷이 알지 못한다 해도 그리고 그것이 나를 즐거운
거리에서 멀리 어둡고 불확실한 곳으로 데려간다 해도 그것을 따
르는 것이 내가 해야 할 일이다.

　갈팡질팡하는 마음속 혼란은 나의 경우 세 갈래다. 하나는 이
태백의 현실 밖 세계인 '술의 세계'를 사는 낙천적인 길이다. 그

는 〈행로난(行路難)〉이라는 시에서 "살아생전 한잔 술을 즐기는 게 낫지/죽어 천년 뒤 이름을 전해 무엇하랴(且樂生前一杯酒 何須身後千載名)"라고 읊조렸다.

다른 하나는 장자의 고고한 '물외(物外)의 세계'를 사는 현실 초월이다. 그것은 '좌망(坐忘)'을 통한 공중 부양으로 군중 속의 고독을 되씹으며 육체적 자아를 잊고 세속적 잔꾀를 버리는 '이형거지(離形去知)'의 삶이다. 마지막 하나는 세상과 자신을 웃어넘기는 여유를 갖는 은둔자적 삶이다. 도연명(365~427)이 이 같은 삶을 대표하는 인물이다.

그는 41세에 물질의 노예가 돼 부림을 당하노라 상할 대로 상한 마음을 달래고자 외딴집 고향의 전원으로 귀향해 은거하면서 친구들 웃음거리로, 술 안주로나 삼고자 한다며 〈음주(飲酒)〉라는 시 20수를 지었다.

미관말직의 벼슬살이로 생계를 꾸리노라 "마음을 육신의 노예로 만들고 말았다"는 그의 '귀거래 탄식'은 유가·도가·불가의 철학을 뭉뚱그려 담고 있는 단장의 절규다.


清晨聞叩門 倒裳往自開(청신문고문 도상왕자개)

이른 아침 문 두드리는 소리 듣고

허겁지겁 옷 뒤집어 입고 나가

問子爲誰歟 田父有好懷(문자위수여 전부유호회)

그대 뉘인가 묻는 내 앞에

얼굴 가득 웃음 띤 농부가 서 있다

壺漿遠見侯 疑我與時乖(호장원견후 의아여시괴)

술단지 들고 멀리서 왔다며

세상 등지고 사는 나를 나무란다

〈중략〉

一世皆尙同 願君汨其泥(일세개상동 원군골기니)

온 세상 사람 다 함께 어울리길 중시하니

그대도 함께 흙탕물을 튀기시구려

深感父老言 稟氣寡所諧(심감부로언 품기과소해)

노인장의 말에 깊이 느끼는 바 있으나

타고난 기질이 남과 어울리질 못합니다

〈중략〉

且共歡此飮 吾駕不可回(차공환차음 오가불가회)

술이나 마시며 즐깁시다 나의 길은 되돌릴 수 없소이다

- 〈음주〉 제9수

궁벽진 곳에 은거하는 연명의 고독은 문 두드리는 소리에 반가워 서 옷을 뒤집어 입으면서까지 허겁지겁 나가 반겼다. 굴원의 〈어부 사〉를 연상시키는 노인장의 충고에는 "굶어 죽는 한이 있어도 본 성에 어긋나는 벼슬살이는 못하겠다"라고 했다.

　나는 '무소유'의 정신을 따르는 자연인으로서의 삶을 설파하고 자 하지 않는다. 그것은 종교인들의 몫이고 길거리에도 흘러넘치 는 유행어다. 도시 생활에 진저리를 내고 은둔하고자 하는 것도 아 니다. 또한 돈이 우려내는 품위와 안락함을 포기하고자 해서도 아 니다. 그저 죽을 날이 가까워졌으니 나잇값을 해보고 싶어서다.

나이 80을 지나니 '덧없음'이 혈관 속을 스멀스멀 기어 다닌다. 알고 지낸 사람들이 어둠침침한 코로나 시절에 세상을 떠나는 것을 보면서 인생무상이 새삼 피부에 와 닿는다. 웬만한 불교책만 펼치거나 고전들을 읽다 보면 제행무상(諸行無常)·인생무상을 수없이 설하고 있다. 또 예로부터 수많은 시인 묵객들이 인생무상의 비가(悲歌)를 읊조렸다.

그렇지만 죽음을 낙천적으로 받아들이는 경우도 많다. 장자는 "죽음은 우리에게 휴식을 제공한다(息我以死)"며 기꺼이 자연의 섭리로 받아들였다. 나는 죽음의 찬가를 부를 만한 위인은 못 된다.

덧없음의 '덧'은 짧은 시간, 순간을 뜻한다. 영원한 것은 없다는 무상을 뜻하는 '덧없음'의 사전적 정의는 ① 세월이 속절없이 빠르다 ② 확실하지 않다, 근거가 없다로 풀이돼 있다.

장자는 "인간의 일생은 천리마가 문틈을 스치고 지나가는 빠름만큼이나 홀연히 가버린다"고 했다.

사람의 삶이란 그저 살아가는 것이다. 인생은 꼭 잘 살아야만 하는 숙제가 아니라는 게 내 생각이다. 바람에 흔들리고 비에 젖으면서 살아온 삶의 놀이는 즐거웠고 헛된 일만은 아니었다고 자위할 수밖에 없다. 그래서 나는 인생이 덧없다는 비가를 목놓아 불러대고 싶진 않다.

이제는 묵혀둔 책을 언젠가 읽으리라는 미래의 가능성까지를 깨끗이 버리고 잊어야 할 것 같다. 남은 생은 도연명처럼 세상과 자신을 웃어넘기는 여유를 갖고 싶다. 마음만 앞서는 건방짐일지 모르지만 겉멋이나마 부려보고 싶다. 우선은 간절한 마음으로 그의 시들을 거듭 읊조려 보면서 나의 '귀거래사'를 써본다. 다행히 시골 생가가 있어 은거할 만한 여건을 가지고 있다.

## 2) 꽃의 생명력

세상은 한시도 정지하지 않고 움직이며 변화한다. 이것이 바로 '덧 없음'이다. 문법상으로는 '덧없다'를 이어 쓰지만 나는 짧은 시간을 뜻하는 명사 '덧'을 띄어서 '순간'을 강조한다. 산다는 것은 매 순간 의 선택을 쌓는 일이다. 우리는 무수한 선택 중 하나의 인생을 산다.

쓰지도 않는 컵이나 보지도 않는 책장에 꽂힌 책을 막상 버리려 하면 꼭 움켜잡고 싶어진다. 아까운 차원이 아니라 미련과 아쉬움 때문이다. 세월도 이와 같은 것이 아닌가 싶다. 세월이 속절없이 빠르다고 탄식하는 것도 지나온 생에 대한 미련과 아쉬움 때문이 아닌가. 아쉬움이 뒤섞여 무엇인가를 잃어버린 것 같은 상실감이 엄습할 때 흔히 인생의 덧없음을 크게 탄식한다.

인생의 덧없음은 특히 만가(挽歌)에서 절절히 울려 퍼진다. 대표적 인 예의 하나로 한위(漢魏) 시기 만가에 뿌리를 둔 〈해로가(薤露歌)〉를 볼 수 있다. 풀잎 위의 아침 이슬과 같이 금시 사라지는 순간적인 인 생의 한은 수없이 쌓이고 쌓여 태산을 몇백 개 만들고도 남는다.

**昨日七尺軀 今日爲死尸**(작일칠척구 금일위사시)
**어제는 7척의 건장하던 몸 오늘은 죽어 시신 되었네**
**親戚空滿堂 魂氣安所之**(친척공만당 혼기안소지)
**친척들 괜스레 집안 가득해도 넋과 기운 어디로 간단 말인가**

명나라 문인 유기(1311~1175)의 〈해로가〉다. '해(薤)'는 백합과의 다

년생 초본인 염교를 말한다. 가을에 자주색 꽃이 피고 잎이 꽤 길다. 〈해로가〉는 상여가 나갈 때 영구를 끌면서 부르던 노래다. 제나라 전횡이 섬으로 들어갔다가 한고조 유방의 부름을 받고 나오던 중 낙양을 목전에 두고 자결해버리자 사람들이 그의 넋을 달래고자 부른 다음의 만가가 그 시원이다.

> 염교 잎 위 아침 이슬
> 어이 쉬 마르는가
> 이슬이야 마른대도 내일 아침 다시 내렸다 지리라
> 사람 죽어 한번 가면 어느 때나 돌아올고

세상 덧없음의 노래는 가톨릭 성가에도 나온다.

> 풀잎 끝에 맺힌 이슬방울같이
> 이 세상의 모든 것 덧없이 지나네
> 꽃은 피어 시들고 사람은 무덤에
> 변치 않을 분 홀로 천주뿐이로다
> - 〈가톨릭 성가 27장 1절〉

가을날. 서리가 내리고 낙엽이 떨어진다. 이제 늙은 나도 펄럭이며 떨어져 내리라는 경고인 것 같다. 삶을 주체하지도 못하면서 죽음을 떠들고 싶진 않다. 그렇다고 환경 파괴·빈부 격차의 비판을 염세주의적 착각이라고 호통을 치며 풍요의 찬가를 부르기도 싫다.

변화가 곧 무상이고 오늘이 가고 내일이 오는 것이 바로 영원이다. 지금 나에게는 저 옛날의 많은 것들이 펄럭이며 올라와 빛나다가 꺼진다. 변화와 시간 말고 지상에 영원한 것은 없다.

여름의 녹음과 가을의 단풍 없이는 아름다움도 없다. 무상함의 경고를 들이마신다. 아름다움과 죽음, 쾌락과 무상함이 서로를 얼마나 요구하고 제약하는지 경이로울 뿐이다. 늙고 병들고 죽는 것은 곧 변화고 시간의 흐름이다. 다시 말해 생로병사는 곧 '영원'이다. 이렇게라도 생각해 보고 몸에 익히려 애쓰면 죽음이 조금은 편안해질 것 같다. 그래서 책을 읽어보고 글을 써보기도 한다.

나는 이제 적게 소유하고도 만족할 줄 아는 삶을 살고자 한다. 그러한 삶의 하나로 시골 생가의 조그마한 정원에서 피고 지는 온갖 꽃들의 아름다움을 큰 풍요로움으로 삼는 노년의 삶을 살고 싶다. 더 많은 화목(花木)들을 심고 초본과 구근 꽃들을 가꾸어 볼 참이다. 꽃은 사람의 감정을 고양하고 풍요롭게 한다. 또 꽃은 우리에게 아름다움을 일깨운다. 정원에 꽃을 가꾸는 것은 아름다움을 들여오고자 함이다. 우리는 아름다움이 제공하는 활력 속에서 더욱 살아 있음을 느낄 수 있다. 아름다움은 시선을 붙들고 의식을 채우며 자아와 세계의 경계를 변화시킨다. 꽃을 보며 느끼는 아름다움의 시간이 금방 지나가도 그 아름다움은 우리 정신에 훨씬 오래 흔적을 남긴다.

꽃은 인류가 조상들에게 바친 최초의 서사시였다. 삶과 죽음이 분리되는 인간의 실존적 곤경은 인생의 의미가 무엇인가라는 질문을 던진다. 꽃의 생명력은 인생의 죽음 앞에서 파편화된 공포를 막아주는 일종의 보호막 역할을 해 준다. 아름다운 꽃이 죽으면 열매

은둔의 미학

가 맺고 그 씨앗에서 더 많은 꽃이 만들어진다. 이처럼 꽃들은 금세 지지만 이어가는 영속성을 지니고 있다. 내가 꽤 오래전부터 정원에 꽃을 가꾸어 오면서 습득한 자연의 가르침이다.

## 3) 사람은 땅을 본받는다

칼 구스타프 융(1875~1961)은 아무리 현대를 살아도 우리의 내면에는 원시의 조상이 잠재된 원천으로 자리한다고 믿었다. 그는 "현대인은 인류라는 나무에 열린 최신의 열매일 뿐"이라고 말한다. 감자 재배로 큰 즐거움을 얻었던 융은 "모든 인간은 자기 텃밭을 가지고 본능을 되살려야 한다"라고도 했다.

자연에 들어가 몰아를 경험하는 것이 아니라 (융은 이를 악몽 같은 도피의 행태로 보았다) 흙과 함께 흙의 생명을 직접 호흡하는 것이 곧 자연으로부터의 고립을 해결할 수 있는 인간의 길이라는 것이다. 인간은 텃밭의 파종·수확과 정원의 잡초 뽑기 등을 통해 자연과의 본질적인 관계로 돌아간다.

땅(흙)은 생명의 원천이다. 사람뿐만 아니라 동식물·곤충 등도 마찬가지다. 노자는 일찍이 "사람은 땅을 본받고 땅은 하늘을 본받는다(人法地 地法天)"라고 설파했다. 사람은 땅에 어긋나는 짓을 하지 않아야만 온전하고 안전할 수 있고 땅은 하늘(우주 섭리)을 따라야만 생명을 온전하게 생성해낼 수 있다는 것이다. 흔히 말하는 '흙에서 나서 흙으로 돌아간다'라는 말이나 불가의 "생은 한 조각 뜬구름이 이는 것이요, 죽음은 한 조각 뜬구름이 사라지는 것(生也一片浮雲起 死

也 一片浮雲沒)"이라는 설법도 같은 문법의 논리다.

흙은 우리 존재의 어둡고 모성적이고 투박한 바탕이다. 나는 이제야 뒤늦게 흙으로 돌아가 상추·쑥갓·아욱을 파종하고 정원의 잡초들을 뽑는다. 그리고 정원의 화목들이 꽃을 피우면 기꺼이 혼자 웃음 띠고 한동안 쳐다본다. 모든 꽃들은 돈을 받지 않고 대가 없는 '아름다움'을 제공한다. 나는 꽃들의 아름다움이 제공하는 활력 속에서 더욱 살아있음을 느낀다. 꽃들이 만개한 봄날의 꽃대궐은 청와대나 자금성이 부럽지 않은 나의 안식처다. 집 앞뒤로 2백 평쯤 되는 엉성한 정원은 물리적인 공간으로서의 정원이면서 내 마음의 정원이다.

정신분석학자 지그문트 프로이트(1856~1939)는 꽃을 사랑했다. 그는 "아름다움의 향유는 독특하고 부드러운 중독성을 느끼게 한다"며 "아름다움이 고통을 막아주지는 못하지만 우리에게 큰 보상이 될 수 있다"라고 했다. 신경과 의사들은 "아름다움의 경험은 두뇌 스캔에서 독특한 패턴의 신경 활성화를 일으킨다"고 한다.

나는 적게 소유하고도 만족할 줄 아는 삶을 꽃의 아름다움을 감상하는 것으로 실천한다. 어릴 때부터 봄날 흙 속에서 솟아오른 파란 상사화 새싹 옆에서 무슨 의미를 품은 것도 없이 기쁜 마음으로 그저 바라보곤 했다.

할아버지께서 기거하는 사랑채 마루 아래의 뜰에 꽃매화와 꽤 오래된 여러 개의 꽃나무대가 몇 아름 둘레로 퍼져 있는 산당화가 있고 개나리 옆에 상사화가 있었다. 5월에 만개하는 산당화에는 벌과 나비들이 수없이 드나들었다. 아버지께서 60여 년 전 옆에다 집을 새로 짓고 옮길 때도 그대로 두었는데 내가 2003년 헌 집을 헐어내고 정원을 만들 때 꽃매화는 유실되고 산당화 세 주와 상사화 네 포기는 잘 옮겨 지금도 아주 왕성하다.

중·고등학교 때는 백부댁의 황철쭉을 휘묻이해 뿌리 내린 묘목을 옮겨 심고 일가 어른 댁의 큰 자목련 나무 옆의 새로 돋아난 2세 묘목을 떼어다 심기도 했다. 그 자목련도 지금은 고목이 됐지만 아직 살아 있다. 아버지께서도 나름으로 산속의 야생화나 화목을 캐다 심었다. 대학을 졸업하고 태안고등학교 선생으로 잠시 재직할 때는 학부모 댁에서 후박나무 묘목을 얻어다 심기도 했다. 1968년 중앙일보에 입사하고는 동대문 시장 길가의 묘목 시장에서 때때로 묘목을 사다 심었다. 그때 사다 심은 황철쭉과 주황철쭉은 지금 2백여 주로 번식돼 봄철이면 장관을 이룬다. 황·주황 철쭉은 현재로는 보기가 드물고 내 정원의 것들만큼 큰 것은 아직까지 나로선 본 바가 없다.

나의 생가 조그만 정원에는 나름의 희귀한 수목과 기화요초가 제법 있다. 어릴 때 화초와 화목들을 그냥 좋아한 것은 어떤 의미를 갖거나 특별한 취향도 아니었다. 지금에야 나무와 꽃에 대한 의미를 나름으로 익히고 내 마음의 '부(富)'로 여기면서 자랑도 한다. 나의 화목에 대한 취향은 아마도 '철들자 죽게 되는 것' 아닌가 하는 생각이다. 그냥 노년의 벗으로나 삼아야 할 것 같다.

세상의 풍요로움은 매일같이 우리 곁을 스쳐 지나간다. 꽃들은 철따라 매일 피고 빛을 발하면서 즐거운 웃음과 향기를 보낸다. 우리는 그 향기를 넉넉히 마시고 때로는 기뻐한다. 기쁨은 고달픈 노력을 안 해도 온다. 절대로 돈으로는 살 수가 없다. 돈으로 명품을 산 기쁨은 마음이 물질의 노예가 된 서글픈 일이다. 꽃향기를 보고 마시는 기쁨은 세상의 풍요로움과 아름다움을 마음 넉넉히 받아들이는 자의 몫이다. 흙의 향기를 돈 주고 살 수는 없다. 왜냐하면 흙과 꽃의 향기는 값이 매겨져 있지 않기 때문이다. 오직 거저 주는 자연의 선물일 뿐이다. 꽃향기를 담아가는 꿀벌이 있다고 한다.

열대 우림에 사는 에우글로시니 벌 수컷은 곤충계의 조향사(造香師)로 방문하는 모든 꽃의 향기를 엉덩이의 향수단지에 저장해 자신의 고유한 향기를 만든다는 것이다. 에우글로시니 벌이 모은 향기는 매혹적이면서 짝을 찾는 데 도움이 된다고 한다.

03 ## 당마루

이 장의 글 제목은 전원시인 도연명의 연작시 〈귀원전거(歸園田居)〉
를 우리말로 옮겨 사용한 것이다. 내가 연명을 흉내 낸다고 비웃고
조롱해도 좋다. 또 사이비 '가짜'라고 비평해도 개의치 않겠다. 내
가 동경하고 마지막으로 그렇게 살아보고자 하는 삶이니까.

나 이제 잊고 있던 고향을 향해 간다. 저 골짜기로, 저 개울가로,
저 시장 바닥으로. 아버지 집으로, 조상들이 쉬고 있는 그곳으로.

집 안마당 텅 빈 공간에 서서 달빛 너머의 낙원, '허구 안의 구원'
을 찾고 싶다. 사랑 마당으로 나가선 어린 날의 제기차기, 자치기
를 하면서 뛰놀던 기억을 되살려 본다. 이제는 뭘 좀 알게 됐다는
감성으로 어릴 때 안개에 덮여 희미한 검고 낯선 빛으로만 보아 넘
기던 계룡산을 바라본다.

새삼 계룡산을 바라보는 것은 상상력의 근육을 키우고자 하는 내
나름의 방법이다. 상상력을 키우려면 뇌에 자극을 주어야 한다. 사물
을 관조해 떠올리는 상상력은 공중에 떠다니는 허황된 생각이 아니
라 삶의 본질을 번개처럼 깨닫게 하는 우주의 목소리다. 나는 한여름

에 파란 이끼옷을 두텁게 입고 있는 정자 옆의 아름드리 고목 회화나무의 계절에 따른 형태 변화에서 영혼의 본질인 '영원성'을 관찰한다.

가을 되면 나무의 잎이 낙엽 져 떨어진다. 나무 자신은 그것을 느끼지 못하는 듯하다. 가을비가 오고 서리가 내리면 회화나무는 천천히 움츠러들면서 내밀하고 깊은 곳으로 점점 더 깊이 들어가는 것 같다. 그러나 나무는 죽지 않는다. 기다린다.

우리는 영혼이 뜻하는 영원성을 알지 못한다. 우리는 그것이 어떤 것인지를 통상 사랑의 힘·창조의 힘으로 느낄 뿐이다. 영혼의 영원성은 나무의 낙엽과 이듬해 봄 부활하는 새잎이 영원토록 되풀이되는 것과 같은 것이 아닐는지…. 나는 마당 가운데 서서 이런 생각을 해본다.

당마루. 나의 어릴 적 기억이 가장 생생한 장소다. 직선거리 3백 미터쯤 되는 동구(洞口)의 조그만 산마루다. 그곳에서 왼쪽으론 선유동(仙遊洞)이라는 동네가 있고 조금 들어오면 바른쪽에 큰말(大村)이라는 마을이 있다. 내 생가는 큰말로 들어가는 삼거리에서 왼쪽으로 2백 미터쯤 올라오면 삼태기처럼 들어앉은 '서당'이라는 3가구가 살던 산골이다. 지금은 내 생가만 외딴집으로 남아 있다.

당마루는 동네 수호신 역할을 하는 당산(堂山)의 산등성이 능선을 가리킨 호칭인데 그 산밑에 굿당이 있거나 무당이 살고 있었을지도 모른다.

큰말이라는 동네의 야트막한 고개에는 내가 대학을 다닐 때까지도 성황당이 있었다. 미루어 짐작컨대 먼 옛날 제정일치 시대의 원시 종교였던 무속의 뿌리가 엉켜 있는 지명인 것 같다.

'당마루'는 나의 어린 날 머리에 가장 깊게 각인된 곳이다. 왜냐하면 어릴 적 할아버지가 가끔 공주 읍내 5일 장에 나가신 날 오후면 당마루를 돌아 읍내에서 돌아오시는 할아버지를 눈이 빠지게 기다렸다. 그 이유는 손주 주려고 사 오시는 신문지 봉투 속의 사탕을 받아먹기 위해서였다. 아들과 따님들이 준 용돈을 쌈지에 깊이깊이 간직했다가 장날 읍내에 나가시면 꼭 무지개 색동 사탕 한 봉지씩 사 오셨다.

저녁때가 되면 수없이 들락거리며 마당 가에서 할아버지가 오시나 하고 당마루를 뚫어지게 쳐다봤다. 할아버지만 나타나면 죽을힘을 다해 달려가 사탕 봉지를 받아 가져왔다.

당마루는 계룡산과 함께 한눈에 들어온다. 마치 병풍처럼 펼쳐져 있는 계룡산은 지금도 그대로다. 당마루도 아직은 옛 모습이 남아 있지만 불원한 장래에 시가지로 개발돼 사라질 것 같다. 계룡산은 옛 모습 그대로인데 내가 이제 할아버지로 변해 있다.

지금 집 주변에는 할아버지 때부터 있던 나무가 몇 그루 남아 있다. 참죽나무와 잡감나무가 그것이다. 참죽나무는 꽤나 큰 나무가 돼 새끼를 수없이 치면서 텃밭 둑에 서 있다. 잡감나무는 쏙소리감이 열리지만 전혀 먹을 게 못 되고 너무 왕성하게 커서 윗부분을 잘라내고 고향 집 랜드마크로 보존하고 있다.

나이 80을 넘긴 지금에야 남아 있는 고향 집 주변의 풍광을 다시 없는 친근한 친구로 여기며 회상해 보았다. 이제야 고향을 진심으로 사랑한다. 내 마음의 행복이 바로 이곳의 생가 지붕과 나무들에 깃들어 있다고 생각한다.

04 # 모란

형형색색의 모란꽃들 푸른 하늘과 달아나는 구름 사이로 장밋빛 거품처럼 맑게 빛난다. 그 향기 아주 강하다. 코를 간지럽히는 정도를 넘어 찌르는 듯하다. 거실 옆 손바닥만한 잔디밭 가에 20여 주, 안마당 가에 10여 주가 있다. 그중에서도 세력이 왕성한 토종 흙모란과 백모란의 향이 특히 강하다. 만개하면 집 안이 온통 그

저자의 시골집 잔디밭 모란

향기로 꽉 찬다. 대부분은 일본에서 수입해 판매한 각종 색깔의 변종들을 사다 심은 것이다. 모란은 천리향과 함께 나의 정원에서 가장 강한 향기를 발산하는 꽃이다.

모란을 가꾸기 시작한 지 30여 년이다. 모란을 좋아해 봄철의 중국 여행에서 모란의 고장으로 유명해 시화(市花)가 모란이기도 한 낙양에 들렀다가 모란 씨앗을 잔뜩 사서 애지중지 메고 다니는 가방에 넣어서 가지고 다녔다. 그런데 아뿔싸! 인천 공항까지 잘 가지고 왔는데 공항에서 집으로 오는 도중 가방째 분실하고 말았다. 오랫동안 못내 서운해 했다.

나에게 공짜로 주어지는 자연의 선물인 모란의 향과 색깔을 마음 넉넉히 받아들인다. 원래 세상의 풍요로움과 아름다움은 그것을 받아들이는 자의 몫이고 재산이다. 조그만 정원이 나에게 무료로 보내주는 자연의 선물은 모란 외에도 많다. 매화·산딸·사피송(蛇皮宋)·황철쭉·목수국·상사화(相思花)·흰꽃목백일홍·산당화·천리향 등등….

보름달 고독한 축제를 벌이려 성긴 소나무 사이로 떠올라 그림자들로 안마당·바깥마당 텅 빈 공간에 혼을 불어넣는다. 나는 마당에 나가 조각 구름배(舟)들 사이에서 혼잣말로 내 영혼의 초상화를 그려본다. 영혼은 절박한 걸음으로 달려가 스스로 젊다 느끼고 넘쳐흐르는 삶으로 돌아가기를 열망한다. 그러나 늙어 차가워진 오늘의 둔탁한 종소리는 별들에게까지 울려 퍼지면서 뜨거웠던 청춘을 불러보지만 아무런 되울림이 없다. 들어와 창문을 닫고 베개 베고 누워 잠들기를 기다린다. 어린 시절 배가 아프다고 하면 뜨거운 물에 설탕 한 숟가락 탄 백비탕(白沸湯)을 먹이며 배를 쓰다듬어 주던 어머니의 약 처방 같은 것이었지만 아픈 배가 가라앉는 기분이긴 하다.

집을 고칠 때 큰 기대를 갖고 별채에 서너 평 남짓한 황토방을 만들었다. 화장실 겸 샤워실도 갖추고 있는 독립된 별채다. 그러나 지금은 거의 사용하질 않고 비워두고 있다. 가끔 텅 빈 방을 환기하느라고 드나들 뿐 손님이나 와야 침실로 사용한다. 그런데 텅 빈 황토방을 드나들 때마다 이상한 광채와 꽉 찬 허무를 느낀다. 창문이 세 개나 돼 탁 트인 기분이면서도 무엇인가가 숨 막힐 정도로 꽉 차 있는 기분이다.

도연명은 연작시 〈귀원전거〉에서 두 번이나 '허실(텅 빈 방)'을 읊조렸다.

제1수(首)에서는 "빈방엔 한가로움이 가득하다(虛室有餘閑)"라고 했고 제2수에서는 "빈방에는 세속의 생각이 끊기었다(虛室絶塵想)"라고 했다. 연명의 허실은 전혀 무의미한 쓸모없는 공간이 아니라 한가로움과 번뇌 망상이 다 소진된 청정무구한 공무(空無)의 세계다. 그는 제4수에서는 끝내 "인생은 환상과도 같아 결국엔 무로 돌아간다"라며 헐떡이던 숨을 멈추고, "산골짜기 물은 맑고 얕아 이내 발 씻기에 좋구나"라는 제5수의 끝 구절로 연작시를 마감했다. 연명은 〈방참군에게 답하다〉라는 5언시에서는 "이렇게 조용히 사는 게 즐겁다오(樂是幽居)"라는 말로 현실 속에서 현실을 초월하는 삶을 살고자 했다.

내가 빈 황토방을 드나들며 허환(虛幻)에 가위 눌려 헛것을 보고 머리가 돌았을 수도 있다. 그러나 나는 빈방에서 흰빛 광채가 번뜩일 때 내 삶의 허상을 보았고 궁벽한 곳의 시골 생가가 바로 내가 여생을 보내야 할 곳임을 인지했다.

은둔의 미학

# 05    정원

나는 정원이라는 안식처에서 온화하고 아름다운 자연에 둘러싸인
다. 그래서 죽을 때 정원을 바라보면서 숨을 거둔다면 제일 좋겠
다. 정원이라는 자연은 나에게 모든 격정과 번뇌를 식혀 주는 진정
효과를 가져다준다.

정원은 죽음에 대해 영속적인 위안을 주기도 한다. 해마다 봄이
온다는 사실은 언제나 믿을 수 있고 봄이 오면 온갖 꽃들이 다시
피고 죽음에 묻혔던 씨앗이 싹을 틔운다. 정원에서 생명의 부활을
느낌은 나의 죽음이 끝이 아니라 겨울 동안 쉬었다가 싹을 틔우는
씨앗과 같다고 생각할 수 있기 때문이다.

정원은 수목과 화훼·채소·과수 등을 가꾸는 원예까지를 포함한
넓은 스펙트럼의 개념을 갖는다. 내 경우는 육체적 평형감각을 이
루는 데 도움을 주는 물리적 공간이면서 정신적 안정을 가져다주
는 '마음의 정원'이다.

자연 세계의 아름다움은 우리에게 생명을 불어넣는다. 골동품의 아름
다움은 정적인 소유고 거기에 생명을 불어넣으려면 의미를 부여해야 한

다. 그러나 정원의 자연은 계속 자라면서 역동적인 생명력을 선물한다.

중국 선불교 답사 취재 중 궁벽진 산골까지 들어갔는데 시골 묘지의 경우 봉분 위에 나무를 심은 예가 많았다. 죽은 사람을 기억해서 나무를 심는 일은 죽음의 심리학을 연구한 영국 정신과 의사 로버트 리프턴에 따르면, 강력한 '상징적 생존'의 의미를 갖는다. 시간이 지나면 기억은 희미해지지만, 나무는 계속 성장한다. 나무는 망각에 맞서는 보증 장치처럼 뿌리를 깊이 내린다. 이는 생의 영속성을 자연의 영속성에 기탁해 불생불멸의 염원을 성취하려는 상징적 생존의 실현이다. 근래 유행하는 수목장도 이런 의미가 있다고 할 수 있다.

정신분석학의 창시자 지그문트 프로이트(1856~1939)는 죽기 전의 1년을 정원의 4계절을 보고 싶어 했고 실제로 실행했다. 그는 정원의 4계절을 바라보면서 이렇게 말했다.

**"거실에서 넓은 유리창을 통해 정원을 바라보는 즐거움. 이때 반(육체)은 안에 있고 반(정신)은 밖에 있는 두 개의 세계를 동시에 경험한다."**

죽음에 위안을 주는 정원의 효능은 멀리 기원전 고대 이집트에까지 거슬러 올라간다. 고대 이집트 무덤의 벽화에 정원 그림이 있다. 죽은 자가 저승으로 가는 길목의 안식처이자 원기를 보충하는 장소의 상징이다. 그림의 중심에는 물고기가 가득한 연못이 있고 그밖에 대추야자·무화과·석류나무가 그늘을 드리운 산책로·포도

넝쿨·꽃들이 있다. 흙을 만지며 일하는 원예 활동은 사람에게 실존적 의미의 원천이 된다. 고대 이집트인들은 이미 이러한 실존철학을 익히 알고 있었던 듯하다.

유명한 이집트의 미라도 시신을 껍질에 담긴 씨앗처럼 남겨둔 것을 상징한다. 이런 상징을 강화하기 위해 무덤 안에 진짜 씨앗을 뿌리기도 했다. 1920년대 발굴된 투탕카멘의 무덤에서는 7~8cm 까지 자랐다가 시든 보리싹들이 나왔다.

정원이 우리에게 선물하는 효능은 여러 가지가 있다. 나는 2백 평 남짓한 정원에서 정원수와 꽃·채소 등을 가꾸면서 그런 효능의 일부를 체험한다. 형이상·형이하학적인 정원의 효능 몇 가지를 적어 둔다.

1. 정원은 우리를 원래의 생물적 리듬으로 돌아가게 한다.

나는 정원에서 속도를 늦추게 되고 좀 더 사색적인 정신 상태에 들어간다.

식물의 속도는 인간 생명의 속도이기도 하다. 지금의 패스트푸드·스피드 데이트·원 클릭 주문·당일 배송 시대에는 어떤 요구든 빨리 충족될 수 있다. 넘쳐나는 게시글·이메일·트위터는 너무나 많은 정보를 흡수하라고 한다. 사람들은 무엇이 적절한지 판단하기가 어렵다. 경험을 이해하거나 소화하기는커녕 기억할 시간도 부족하다. 우리의 개별적 또는 집단적 기억은 점점 구름 속으로 아웃소싱되고 있다. 인터넷에서 보내는 시간은 순식간에 지나간다. 그 일은 주의 집중이 필요하지도 않고 기억을 저장하지도 않기 때문이다.

기억은 시간의 흐름보다 장소와 훨씬 긴밀한 관계를 갖는다. 무슨 일이 언제 일어났었는지는 잘 기억하지 못해도 어디서 일어났는지는 확실히 기억한다. 장소가 기억 시스템에서 색인 카드처럼 작동하는 데는 인간의 진화적 이유가 있다. 야생에 살던 우리 조상들은 지형을 파악해서 식량 자원의 소재지를 기억해야 했기 때문이다.

정원이라는 장소의 일들은 그래서 우리의 기억 시스템에 오래 저장돼 잊히지 않는다. 그리고 정원의 나무나 채소는 아무리 시비를 해도 나름의 느긋한 성장 속도를 유지하면서 자란다. 어린 상추 잎이 하루 아침에 커서 쌈으로 먹을 수 있게 되지는 않는다. 오늘의 속도전 시대가 반조해 보아야 할 식물의 생명 리듬이다.

2. 정원은 우리에게 순환적 서사(敍事)를 선물한다.

정원에 계절이 돌아오면 우리는 순환 감각을 느낀다. 계절의 시간적 구조에는 다음의 기회를 갖게 하는 '위안'이 들어 있고 친절하게 '배움'도 허락한다.

올해 무엇인가를 실패해도 배워서 내년에는 시행착오를 범하지 않고 다시 시도할 수 있는 충분한 시간 여유를 준다. 올해의 실수를 내년엔 되풀이하지 말라는 위안과 실수로부터의 배움을 허락하고 충분한 시간적 여유까지 주니 고마울 따름이다.

3. 정원 일은 반복적인 것이 많아서 리듬감을 얻는다.

정원을 가꾸는 일은 정신·신체·환경이 삼위일체가 되어야 조화롭게 기능할 수 있다. 특히 정원 일을 할 때의 몰입 상태는 여러 차원에 큰 회복력을 갖게 한다. '몰입상태'는 부교감 신경을 강화하고 엔도

르핀·세로토닌 같은 다양한 신경 전달 물질의 수치를 높여 주어 두뇌 건강을 증진시킨다. 그 결과 쾌적하고 이완된 집중이 가능해진다.

'몰입상태'는 정신적 만족을 가져다준다. 1980년대 심리학자 미하이 칙센트가 처음 소개한 이 개념은 과로나 스트레스로 인한 육체 또는 정신적 탈진, '번아웃(burnout)'을 치유하는 효과가 있다.

나는 정원 가꾸는 일에 흥미를 가지고 있다. 잡초를 뽑아주고 전지를 하고 시비도 한다. 그런 일을 할 때면 정원의 나무나 꽃들이 다치지 않도록 주의를 집중하고 기꺼이 일에 몰입한다. 리드미컬한 일이라고 해서 모두 몰입상태가 생기는 것은 아니다. 흥미롭지 않고 즐거운 마음이 없으면 정신이 잡념에 빠질 수 있다. 미하이 칙센트는 "기술 수준과 일의 수준이 잘 맞아서 일이 너무 쉽지도 어렵지도 않을 때 몰입 상태가 생겨날 가능성이 높다"라고 했다.

이제 정원수 전지나 화목을 옮겨 심고 가꾸는 일이 나의 취미가 됐고 기초적인 요령도 터득했다. 책도 좀 읽어서 정원·원예 가꾸기 요령을 머리에 입력했다. 과학 기술을 빌리지 않고 손과 몸으로 일하면 매개물 없이 물질 세계와 직접적인 관계를 맺고 스스로 속도를 설정하고 조절할 수 있다.

또 어떤 일에 몰두했을 때 자신을 잊어버리는 망아(忘我)·상아(喪我)의 즐거운 느낌을 체험할 수도 있다. 정원에 관심을 갖고 가꾸기 시작한 지 50여 년 만에 겨우 초보를 면한 단계다.

# 06  원예

원예가 전 지구적 사회운동으로 번지고 있다. 우리나라도 서울의 경우 최근 각 구청이 아직 개발의 손이 미치지 않은 공지(空地)인 국유지나 시유지를 5~6평씩 쪼개 주민들이 채소를 가꾸어 먹을 수 있는 '쪽밭'을 만들어 무상 임대해 주었다. 이 꼬마 '도시농장(?)'이 바로 원예의 사회운동화를 보여주는 사례의 하나다.

오늘을 사는 현대인들은 산업화가 남긴 황폐화에 맞서 흙을 찾아 스스로를 지탱하고자 한다. 도시화·산업화가 우리를 내뱉을 때 우리가 자리할 수 있는 곳은 자연일 수밖에 없다. 정신분석학자 에리히 프롬(1900~1980)은 "흙과 동물·식물은 아직도 인간의 세계다. 인간이 이들과의 유대에서 벗어날수록 자연 세계와 더 분리되고 새로운 방식의 도피적 분리를 찾게 된다"고 했다. 대여섯 평의 쪽밭에서 흙을 만지며 상추를 심고 쑥갓을 심어 가꾸고자 하는 도시인의 열망은 생산적인 원예로 경제적 수익을 도모하려는 게 절대 아니다. 흙으로 돌아가려는 인간 본능의 부활이며 생명체의 본성이다. 우리는 흔히 '흙에서 왔다 흙으로 돌아간다'는 말을 되뇐다.

인간의 삶은 종래에는 자연 회귀로 끝난다. 거창하게 말하면 자연으로부터 왔다가 자연으로 돌아간다.

기원전 1400년경으로 추정되는 한 이집트 무덤의 비명은 "내 영혼이 내가 심은 나뭇가지들 위에서 쉬기를"이라고 했다. 또 다른 이집트 룩소르 서안의 '포도원 무덤' 비문에는 "그의 죽은 몸이 저승에서 씨앗처럼 싹트게 해 주소서"라고 쓰여 있다. 이 무덤의 주인공은 도시 정원의 감독을 맡았던 귀족 세네페르로 밝혀졌다. 모두 다 나무·씨앗 같은 자연의 생명 주기에 인간 생명의 염원을 기탁하고자 했던 것이다. 의식적이든 무의식적이든 인간은 자연의 일부로 살 수밖에 없다.

원예는 화훼·채소·과수를 가꾸는 일을 말한다. 원예는 원래 정원이라는 개념에 포함된다. 원예는 일종의 시·공간적 치료다. 원예라는 야외 작업은 우리의 정신적 공간 감각을 확장시킨다. 또 식물의 성장 주기는 우리와 시간의 관계를 변화시킨다.

옛 상처에 집착하면 과거가 현재를 지배하고 내면만 들여다보면 모든 일이 나에게만 일어나는 것처럼 느껴진다. 느긋한 정원의 계절 변화는 현존하는 우리의 삶에 '느긋한 시간'을 경험하게 한다. 아무리 조급해도 상추는 일정한 시일을 경과해야 쌈으로 먹을 수 있다. 우리는 상추쌈 먹을 것을 느긋하게 기다려야 한다. 이것이 느긋한 시간의 경험이다. 우리 정신이 원예에서 얻는 혜택이다.

느리게 바라보고 느리게 듣는 일은 에너지와 생기를 준다. 현대 생활 방식은 이런 기회를 주지 않고 빨리빨리 서둘러 성과를 내도록 내몬다. 이때 정원을 돌보고 남새밭의 소채를 가꾸는 일은 긴

장·분노·혼란의 수치를 줄이는 데 도움이 된다. 녹색 신체운동의 권위자인 줄스 프리터 교수의 연구 결과에 따르면, "일주일에 한 번 농장에서 30분만 보내도 기분과 자존감이 의미 있게 된다"고 한다. 뿐만 아니라 환경 심리학자들의 연구에 따르면 "녹색 식물과 꽃들은 신뢰와 안도의 감정을 촉진하는 것"으로 밝혀졌다. 이른바 '플라시보(placebo)효과'라는 것이다. 정원과 꽃은 어머니의 모정과 같은 돌봄을 제공해 마음과 육체를 기쁘게 하는 효과를 발휘한다는 것이다. 정원과 원예는 기분을 고양시키고 진통을 가라앉히는 진정작용을 하는 내인성(內忍性) 엔돌핀을 실제로 방출한다고 한다.

《식물 변태론》을 쓴 괴테는 "꽃은 화려하고 외향적이며 향기로울 뿐만 아니라 세상에 흘러들어와 인간을 도취시키는 무한한 매력을 가졌다"고 했다. 활짝 핀 꽃의 개화는 식물과 우주의 소통이며 세상과 식물의 궁극적인 조화이기도 하다.

내 정원은 소나무를 비롯한 각종 정원수와 꽃나무가 있고 20여 평의 남새밭 둘레로는 대추·밤·감·복숭아 등의 과수가 있어 원예를 포함한 정원의 구성을 대강 갖추고 있다. 일부러 계획한 것은 아니고 하다 보니까 그렇게 된 것이다.

지금 이 정원은 내가 지난날 기시감(旣視感)을 가지고 지나쳤던 것을 뒤늦게 배우는 노년의 '학당'이다. 정원이라는 학당에서 많은 것을 배우고 익힌다. 밖의 남새밭에서는 흙을 만지고 집 안의 거실에 앉아서는 책을 읽어 정신세계의 영역을 마음껏 소요한다. 졸리면 낮잠도 자고.

# 07　남새밭

해거름에 호미를 들고 남새밭으로 나간다. 상추밭의 잡초를 뽑아주기 위해서다. 상추를 잘 키워 내가 좋아하는 통째로 뽑은 어린 상추의 주먹쌈을 먹고 싶은 욕심에 입맛을 쩝쩝 다신다. 아내는 부엌에서 저녁 준비를 시작했다. 아직 상추가 쌈으로 먹을 만큼 자라질 않아 입맛만 다셔 볼 뿐 오늘 저녁에 주먹쌈을 먹기는 불가능하다. 풀을 뽑고 물만 잘 주면 일주일 후엔 주먹쌈을 먹을 수 있을 것 같다. 남새밭은 정원 안에 있고 부엌 뒤의 보일러실 바로 옆이라서 주방 창문만 열면 아내와 대화도 할 수 있고 얼굴도 마주할 수 있다.

상추밭의 잡풀을 뽑기 시작한다. 어린 상추는 마치 갓난아기처럼 여리고 맑다. 자연의 속도는 봄과 초여름이 가장 활기차다. 씨앗을 싹 틔워 자라고 있는 어린 상추는 갓 태어난 적자(赤子)처럼 조심스럽게 다룰 수밖에 없다. 잡풀을 뽑다가 조금만 건드려도 어린 상추가 가녀린 뿌리채 뽑힌다. 잡초 뽑은 자리를 밟아주고 너무 밀집된 부분은 솎아내주어야 한다. 어린 상추가 발에 밟히지 않도록 조심해야 하고 밀집 부분을 솎아낼 때는 핀셋으로 가시를 집어

내듯이 세심한 주의를 기울이면서 침착하고 느긋해야 한다.

남새밭의 치솟아 올라온 잡초들을 보기만 해도 때로는 피로해질 때가 있다. 그렇지만 싱싱하게 자라나는 새 생명들을 보면 피로가 싹 가신다. 더욱이 신선한 상추쌈을 먹을 생각을 하면 육체적 고단함을 잊는다.

씨앗이 싹터서 자라나고 있음은 씨앗이 가진 새로운 가능성의 즐거움을 맛보게 한다. 씨앗 안에는 미래가 설계되어 있다. 내가 뿌려놓은 상추 씨앗은 어떤 일이 일어나든 싹을 틔워 이렇게 자라났지 않은가!

잡초가 너무 빠르게 자라면 나는 "조금 속도를 늦추면 안 되겠니? 일주일 후에 내려올 테니 그때까지 여유를 줄 수 없겠니?"라고 말해 본다.

시골에 상주하지 않아 서울에서 내려와야 잡초를 제거할 수 있기 때문이다. 그러나 이내 속도를 낮추어야 하는 것은 '나'라는 것을 깨닫는다. 잡초들은 지금 한창 활기 있는 계절을 누려야 할 때다. '메뚜기도 오뉴월이 한때'라는 말이 있다. 풀들도 한때의 계절을 누려야 하지 않겠는가. 그렇다면 오히려 내가 풀이 자라기를 기다려 주어야 하는 게 아닐까. 잡풀 뽑기가 싫어서 풀에게 내 욕심만 챙기려는 간곡한 애원(?)을 했던 내 뒤통수가 부끄럽다.

과분한 행동에 에너지가 소진되거나 사건의 빠른 진행에 압도당했다면 차분한 상태로 돌아갈 필요가 있다. 감정은 시간의 결과를 변경시킨다. 그때서야 비로소 우리에게 벌어진 일을 돌아보며 이해하고 깨달을 수 있다. 나무를 키우고 채소를 가꾸는 일을 통해 정서적 스트레스를 풀고 느긋한 여유를 누릴 수 있다. 남새밭 잡풀 뽑는 일을 하면서 체득한 바다.

땅거미가 지고 초승달이 떠올랐다. 아직 일이 끝나지 않았다. 마음이 급하다. 아내가 창문을 열고 저녁 밥상을 차렸으니 들어와 식사하라고 한 지도 이미 10여 분이 지났다. 남은 부분을 마저 끝내야겠다는 생각인데 대충 거칠게 해버리고 끝낼 일도 아니어서 난감하다.

이럴 때 딱 손을 떼고 내일 하면 되는데 사람 욕심이 그렇질 못해 기어이 끝내려고 바둥거린다. 고치기 힘든 나의 습성이다. 주위의 많은 사람들도 그렇긴 하지만 번번이 다음부터는 그렇게 하지 않아야겠다고 다짐하면서도 실행이 안 된다.

아내의 두 번째 독촉이다. 옥타브가 다소 높아진 음성이다. 밥 다 식고 국 다 식는다고 그만하고 빨리 들어와 식사하란다. 하는 수 없이 일을 멈추고 아내의 어명을 따라 호미를 들고 집으로 들어왔다.

몇 시간 일하느라 몸과 신경을 썼더니 밥맛이 꿀맛이다. 아내에게 다음 주에 오면 주먹쌈을 실컷 먹을 것 같다며 상추밭 잡풀 제거한 일을 은근히 뽐냈다.

내가 어릴 때는 사람들이 흔히 채소 심는 텃밭을 '남새밭'이라고 했다. 그런데 지금은 북한에서 남새밭이라는 말을 통용하고 남한에서는 채소밭이라고 해 마치 북한말처럼 좀 어색하게 들린다. 채소밭은 '채전(菜田)'이라는 한자어를 푼 것이고 남새밭이 순수한 우리말인 것 같은데 말이다. 채소밭 잡풀을 뽑는 데서 무슨 큰 깨달음을 얻기라도 한 듯이 중언부언했는데 내가 하는 일에서 어떤 의미를 찾고자 하는 습성 때문이다. 전원생활이 갖는 나름의 의미를 정리해보고 싶어서이기도 하다.

# 08  씨앗

칼 구스타프 융(1875~1961)은 감자를 재배하면서 큰 즐거움을 얻고 "모든 인간은 자기 텃밭을 갖고 본성을 되살려야 한다"고 했다. 텃밭의 파종·김매기 등은 인간이 흙과 관계를 맺어 자연과 하나되는 몰아(沒我) 지경에 들어가는 하나의 통로이기도 하다. 흙은 인간의 고향이다. 그래서 우리는 흙을 밟고 만지면서 살 수밖에 없다. 죽어서는 흙에 묻히고.

밤사이에 약한 서리가 내리는 일기가 완전히 끝난 후 남새밭에 씨앗을 뿌린다. 노지(露地) 재배의 경우 틔운 어린싹이 서리를 맞으면 죽어버리고 말기 때문이다. 그래서 다소 시기가 늦더라도 노지 채소의 독특한 맛과 향기를 즐기기 위해 이렇게 자연환경에 순응하는 파종을 한다.

이랑을 만들고 둑에 얕게 고랑을 타서 씨앗의 발아 여건을 갖추어준다. 씨앗은 맨손으로 뿌린다. 이때까지는 작업용 목장갑을 끼고 작업을 했지만 씨 뿌리기는 고르고 세밀해야 하기 때문에 맨손 작업을 해야 한다. 고랑에 상추·쑥갓·아욱·근대·시금치 등의 씨앗을 맨손으

은둔의 미학

로 주의 깊게 골고루 뿌린다. 혹시라도 씨앗이 너무 많이 뿌려지면 손으로 흙과 함께 덜어내서 아직 씨앗을 뿌리지 않은 곳으로 옮겨 준다.

이때 맨손이 흙을 접촉한다. 그 감촉이 장갑을 끼고 흙을 만질 때와는 전혀 다르다. 맨손으로 만지는 흙은 알몸의 허벅지를 만지는 기분이다. 장갑을 끼고 흙을 만질 때의 옷 입은 다리를 만지는 것과 같은 밋밋하고 뻣뻣한 감촉과는 전혀 다르다.

흙을 만지며 일하는 원예 활동에서 나는 사람의 실존적 의미의 원천이 이게 아닌가 하는 생각을 한다. 남새밭에서 일하는 '지금 여기'의 나는 시간과 공간의 제약으로부터 아주 자유롭다. 씨앗을 뿌리는 동안은 시간 감각이 정지된 상태로 일에만 열중할 뿐 지금이 몇 시인가를 생각지 않는다. 공간적으로도 내가 남새밭에 갇혀 있는 게 아니라 넓디 넓은 우주의 한가운데 있는 기분을 느낀다. 우리의 실존은 이렇게 시간과 공간의 제약을 벗어나 완전히 자유로운 존재인 것이다. 이것이 바로 실존의 원래 모습이고 실존의 의미가 아닌가 싶다. 따라서 원예는 자신만의 철학을 탄생시키는 엄청난 의미를 가질 수 있다.

씨앗을 뿌리고 나서는 다시 작업용 목장갑을 끼고 쇠갈퀴로 고랑을 엷게 긁어서 덮어 준다. 며칠 후 새싹이 나올 날을 기다리며 남새밭 일을 끝마치고 목장갑을 쓰레기통에 버린다. 씨를 뿌려 새 생명을 잉태시키고 무생물이긴 하지만 목장갑을 장송했다. 버려지는 목장갑을 애도한다. 옛날 같으면 빨아서 다시 사용해도 될 테지만 풍요로운 오늘의 삶에서는 일회용으로 버리는 게 일상화돼 있다.

고고학자들은 씨앗의 재생이 인간의 부활 가능성의 개념을 정립하는 모델이 됐다고 한다. 씨앗은 봄이 되면 소생한다. 사람도 씨앗처럼 다시 소생할 수 있다는 소망은 씨앗을 본보기로 한 것이다. 이집트의 미라도 씨앗을 모델로 한 소생과 영생의 기원이라는 것이다. 씨앗은 어떤 학설이나 특별한 비법을 설교하지 않는다. 개별적인 것에는 전혀 무관심하면서 삶의 근원적인 법칙을 이야기할 뿐이다. 뿌린 씨앗이 싹을 틔워 성장하는 것을 보라. 자신의 성장이나 노화에 대해 무관심한 채 세월의 흐름에 맞추어 살아가다가 스러져 갈 뿐이다. 인간의 삶도 그런 것 아닌가. 별난 짓 해봐야 이같은 생의 근원 법칙을 벗어날 수 없다.

씨앗이 우리의 삶에 선물하는 도움을 살펴본다.

하나는 씨앗을 파종하고 모종을 가꾸는 일을 통해 정서적 스트레스를 방출할 수 있다. 모종·나무·돌멩이의 생명 주기는 우리 인간과는 비교가 안 될 만큼 짧거나 길다. 그래서 정원과 텃밭의 원예에서 경험하는 시간의 스펙트럼은 시간의 무상과 죽음의 공포를 치유하는 역할을 한다. 하루를 살아도 일생이고 백 년을 살아도 일생이다. 하루가 영원일 수도 있고 천년이 하루일 수도 있다. 본래 종교적 영원의 개념은 시간을 따지지 않는다. 오직 무시무종(無始無終)일 뿐이다.

다른 하나는 씨앗을 뿌리고 가꾸는 일에서 생명이 유지되는 현실, 즉 생명의 연약함과 찰나성을 직접 접촉할 수 있게 해 준다. 씨앗도 채소도 인간도 땅의 창조물이다. 아무리 훌륭한 사람의 일생도 영원에서 보면 '찰나'일 뿐이다. 흙을 만지며 행하는 원예활동에서의 느낌과 사색은 각자가 다를 수 있고 다양한 스펙트럼을 갖는다.

나는 여기서 《장자》 〈대종사〉편을 떠올려 본다. 〈대종사〉편은

도(道)에 대한 찬미의 노래다. 달리 말하면 자연에 대한 찬미다. 그 노래는 자연의 위대함을 찬미하면서 인간의 미미함을 노래한다.

나는 부질없는 유위(有爲)지만 조그만 정원을 만들어 플렌테리어(Plant+interior)하고 때로는 몸을 혹사시키면서 수목과 화목·꽃들을 가꾼다. 그리해 놓고 장자의 자연 찬미를 흉내 낸 노래를 부른다. 비록 무기력한 비가(悲歌)일지라도 흥겹게 그 노래를 부르다가 숨을 거두고 싶다.

# 연꽃

나는 연꽃을 좋아한다. 여름철 연꽃은 나에겐 '계절의 여왕'이다. 내가 연꽃을 좋아하는 이유는 그냥 아름답기 때문이다. 조금 격을 높여 말하면 나의 심미 감성을 충분히 만족시켜 주기 때문이다. 내가 연꽃을 좋아하는 이유에 종교적 신앙심이나 식물학적 관심 같은 것은 전혀 붙어 있지 않다.

양수리 연꽃밭

은둔의 미학

꽃의 아름다움은 삶에 대한 사랑을 새삼 일깨워 주는 힘이 있다. 이른바 꽃의 치유력이다. 연꽃은 꽃 중의 '군자'다. 여름철 짙푸른 연잎은 선비의 갓태양처럼 드넓고 청초하다. 물을 부으면 방울져 굴러떨어진다. 더러운 물은 물론 맑은 물까지도 굴러 떨어뜨린다. 단아한 연꽃의 자태는 정숙한 요조숙녀의 몸가짐을 연상케 하고 희거나 연분홍이 대종을 이루는 꽃 색깔은 은근한 매력을 한껏 드러낸다. 개화 전의 꽃봉우리는 만져보기조차도 아까운 귀티가 의연(毅然)하다. 하얀 모시 치마저고리에 방구부채를 들고 서 있는 귀부인 같기도 하다.

나는 여름이면 한 번은 연꽃밭을 찾는다. 내 고향 공주에는 시청에서 하천 부지에 연꽃밭을 만들어 놓았고 부여에도 큰 연꽃밭이 있다. 전남 무안의 백련지도 가본다. 서울에서는 양수리 연꽃밭을 자주 간다. 양수리는 강가까지 연꽃밭이 펼쳐져 있어 장관이다. 양산 통도사 같은 사찰은 산골짜기 조각 논을 정지해 큰 연꽃밭을 만들어 놓았다.

고대 이집트인들은 꽃을 신의 전령으로 여겨 신전을 꽃으로 장식했다. 신전을 채우는 꽃들 가운데 가장 신성한 꽃은 연꽃이었다. 고대 이집트에서는 연꽃이 '재생의 비밀'을 간직하고 있다고 여겼다. 그들은 달콤하고 강렬한 연꽃의 향기가 관능 세계와 영적 세계를 연결하는 다리로서 정신을 더 높은 차원으로 데리고 간다고 믿었다.

아름다운 꽃은 기분에 영향을 주면서 우리에게 이완감을 안겨준다. 지그문트 프로이트는 "꽃을 바라보는 동안은 현대 물질문명에서 벗어난다는 느낌과 일상의 걱정을 막아주는 듯한 감정을 느끈다"고 했다. 그의 저서 《꿈의 해석》 곳곳에 은방울꽃·벚꽃·카네이션·튤립·장미 등의 꽃 이야기가 많이 나온다. 그는 27살 때 약혼녀에게 보낸 편지에서 "저는 꽃다발의 답례로 키스를 받기 위해 정원 일에 자원할 수 있습니다"라고 썼다. 그는 "성생활의 가장 내밀할 뿐 아니라 가장 추악한 디테일도 사람들의 생각이나 꿈에서는 꽃들처럼 외면적으로 순수해 보이는 암유(暗喩)로 나타날 수 있다"고 설명했다. 구약 성경의 〈아가(雅歌)〉에 나오는 처녀의 정원도 그 같은 상징의 하나라는 것이다.

프로이트는 "꽃에는 격렬한 감정도 갈등도 없다"고 했다. 이 같은 꽃의 단순함은 환자들의 갈등과 격렬한 감정을 풀어내는 치료 역할을 한다. 환자 위문에 꽃을 보내는 것은 이 같은 의미가 있다.

연꽃은 그림을 통해서도 우리 곁에 자주 다가온다. 예로부터 연꽃은 동양화의 단골 소재였고 수많은 묵객(墨客)들이 여러 형태의 연꽃 그림을 그렸다. 연꽃 그림에 기탁하는 우의(寓意)는 근검 절약과 형제애다.

가장 단순한 구도로는 연뿌리만을 그리거나 여름 연꽃 아래 겨울 철새인 원앙을 그리는 것에서부터 병풍으로 그린 큰 그림까지 다양하다. 원앙새와 함께 그린 연꽃 그림은 여름과 겨울이라는 시제(時制) 불일치를 묵인하는 화법으로 '귀자생련(貴子生蓮)'을 뜻한다. 즉 귀한 아들을 상징하는 원앙새와 싱싱한 생화 연꽃이 어우러져 부귀다남을 우의한다. '귀자생련'의 글자를 거꾸로 도치하면 '연생귀자(蓮生貴子)'가 돼 귀한 아들을 계속해 낳는다는 뜻이 된다. 이 때 연꽃 연(蓮) 자는 독음이 같은 이을 '연(連)' 자로 바뀐다. 옛 농경 문화 시대는 자식을 많이 두는 것이 부와 직결되는 경작 노동력의 증강이었고 특히 후일 제사를 받드는 사내아이는 사후 '복지'를 도모하는 일이기도 했다.

연꽃 그림의 화의(畫意)는 근검절약하며 사는 것이 부자가 되는 길이고 자식들에게 모범을 보이는 일임을 일깨우려는 것이다. 연꽃 병풍의 경우 대체로 위에는 화려하게 꽃을 피운 생련(生蓮)이 있고 아래에 피라미·부평초·잉어·원앙새·기러기·갈대·여뀌 등이 그려져 있다. 이치상 절기에 맞지 않는 동식물이 이처럼 어우러진 연꽃 병풍은 '어릴 때(피라미)의 타향살이 고생(부평초)을 극복하고 배움에 힘써 과거 급제(잉어)해 출세하고 귀한 자식을 낳아 편안한 노후를 보낸다'는 우의를 담고 있다.

연꽃 그림은 연의 생태에 착안한 뿌리가 굳으면 가지가 번성한다는 '본고지영(本固枝榮)'을 우의의 바탕으로 한다. 즉, 뿌리는 더럽고 탁한 진흙 속에 몸담고 있지만 거기서 나온 잎과 꽃은 깨끗하고 화려하므로 '부모가 궂은 생활을 하면서 근검절약하는 치가(治家)를 하면 결코 헛되지 않다'는 것이다.

아주 단순한 그림으로는 연근만을 그린다. 연뿌리에서 얻어낸 우의는 연뿌리가 겉으로 보기엔 잘록잘록 끊어져 있으나 그 속의 구멍은 계속 관통해 있다. 이는 형제가 비록 몸은 달리해 태어났지만 그 사이엔 끊을 수 없는 정이 흐르고 있다는 뜻으로 풀이된다. 우리가 연근이라고 부르는 부분이 사실은 땅속줄기에 해당하고 잘록한 부분에 나 있는 털 같은 것이 실제 뿌리다.

우리 선조들은 계절의 선후 같은 과학적 사실 이전에 연꽃에서 인생의 의미를 발견해 음미하는 진지한 삶을 살아갔다. 굴러다니는 돌멩이 하나, 이름 없는 길가의 풀 한 포기에도 '격(格 : 품위)'을 부여하고 아호를 지어주며 벼슬까지 내리기도 했다. 충북 보은의 '정이품(正二品) 소나무'가 살아 있는 예다. 목전의 이익에만 급급한 우리가 다시 찾아서 간직해야 할 귀중한 유산이다.

불교를 상징하는 꽃으로 자리를 굳힌 연꽃 이야기는 석가모니가 영산회상 법문에서 꽃 한 송이를 들어 보인 무언 법문으로까지 거슬러 올라간다. 이때 가섭이 부처님의 무언 법문에 미소를 지어 답함으로써 이심전심의 정법안장(正法眼藏)과 열반묘심을 전수했다. 후일의 불교 선종에서 이를 근거로 한 교외별전·불립문자(경전 밖에 전해오는 깊은 불법 진리는 문자로 밝힐 수 없다)를 종지(宗旨)로 정하면서 '염화미소(拈花微笑)'라는 화두와 연꽃의 불교 상징화가 굳혀졌다. 부처님이 든 꽃은 그냥 불특정의 꽃 한 송이였는데 후대에 '연꽃'으로 특정됐다.

# 고향 가는 길

# 10

고향 가는 길은 항상 감동적이고 정겹다. 태어난 태(胎)의 자리가 아직도 선연하고 조상들의 기침 소리가 들리기 때문이다. 자주 내려가고 꽤 많은 시간을 머무는 고향인데도 갈 때마다 새롭게 느끼는 감정이다.

치열한 생존경쟁의 틈바구니에서 외롭고 상처받은 삶을 고향의 품에서 잠시나마 위로받고 싶기도 하다. 나이가 든 늙은이의 감성으로는 자연과의 교감을 통한 마음의 평정을 누리고 싶은 간절한 욕심도 있다. 특히 추석 명절 성묘를 갈 때는 들판의 누렇게 익은 벼의 풍요로움을 만끽함으로써 마음의 배가 한껏 부르기도 하다. 전원에 들어서면 자연에 순응해 생체 면역력을 키우는 훈련을 하고 있다는 기분이다.

고향을 찾는 마음은 도회(都會)의 욕망을 잠시 내려놓은 성찰의 시간이기도 하다. 고향 집 마루나 정자에 누워 있는 시간은 마음의 눈으로 아름다운 영혼을 가진 자신을 되찾는 시간이다.

내 고향 집에는 안마당을 들어서는 대문 역할을 하는 큰 향나무

두 그루가 있다. 아침저녁으론 온갖 새들이 모여드는 놀이터이면서 열매와 기생하는 벌레들을 잡아먹는 식량 창고이기도 하다. 늙을수록 품위를 더하는 것은 단연 나무가 으뜸이다. 물론 골동품도 나이가 들수록 귀하긴 하지만 본래의 성품에 품위를 더 보태지는 않는다. 나무는 늙으면 고목으로서의 품위가 멋지고 고색창연한 회고의 감회를 갖게 한다.

성묘를 마치고 돌아오면서 정원을 한 바퀴 둘러본다. 심장에 들끓던 정열도 이제는 다 식었다. 지성의 열풍 지대에서 서성거리던 방황도 끝났다. 지금은 진리의 갯가에서 조개 껍질을 줍는 노인으로 고전이나 뒤적이고 한시나 읊조려 본다.

마루에 앉아 정자 옆의 고목이 된 회화나무를 바라본다. 나무처럼 늙고 싶다면 나무처럼 살아야 한다. 생을 찬미하고 기쁨을 소리치며 사는 나무들의 생에 대한 자세가 나에게 땀나는 부끄러움을 안긴다. 환희와 열광의 물결 속에서 주어진 생을 사는 나무의 푸른 마음 앞에서 허덕이는 인간 벌레인 내 모습이 한없이 초라하다. 추석 다음 날 정원의 잡초를 뽑고 나서 흐르는 땀을 닦으며 느끼는 수치심이다.

넥타이를 안 매도 좋은 반(反) 문명인으로 흙을 만지고 풀을 뽑는다. 자연으로 돌아간다는 게 이런 것 아닌가. 내년 봄 꽃들의 향연이 펼쳐지는 날이 벌써부터 기대된다. 매화·산수유가 지고 난 후 살구꽃·벚꽃이 만개하는 날 꾀꼬리 노랫소리가 골짜기 언덕을 미끄러져 굴러 내려올 때 내 고향 자연의 품 안에 누워서 풀피리를 불겠다.

당나라 시인 백거이(772~846)는 〈비파행〉에서 퇴기(退妓)의 멋진 비파 연주를 듣고 "간간이 들리는 꾀꼬리 노래가 꽃 무더기 아래를 미끄러져 굴러가는 듯하다(間關鶯語花底滑)"라고 했다.

또 "붉게 핀 살구꽃 무더기가 봄날의 환희를 속삭이느라 시끄럽다"라는 시구도 있다. 가을인데 내년 봄의 꽃 피고 새우는 정원을 기다려 보았다.

사람들은 흐르는 시간을 잡아매어 영원을 구가하고자 한다. 시간을 아껴서 의식적으로 여행을 다니고 쇼핑을 하고 돈을 모은다. 이런 마음에는 죽음을 두려워하는 공포가 밑바닥에 깔려 있다. 시간을 아끼면 죽음의 시간을 맞이하지 않을 수 있을 것 같은 생각 때문이다.

삶도 죽음도 다 같이 시간 안에 함께 있다. 그렇다면 죽음의 시간을 극복할 수 있는 방법은 시간을 정지시키는 방법밖에 없다. 나 자신이 누구인지, 어디서 뭘 하고 있는지를 의식하지 못할 정도로 자신이 하고 있는 일에 몰입하면 시간의 흐름을 잊게 되고 시간이 정지된다. 남새밭 잡풀을 뽑을 때, 정원수를 전지할 때, 독서삼매에 들었을 때, 연인과 사랑을 속삭일 때의 시간은 영원히 정지된 시간이다. 영원은 이같이 시간의 흐름을 잊는 것이다. 이때의 시간은 순간이 영원이고 영원이 순간이다. 순간과 영원을 구획 짓는 경계가 없어진다. 인간이 자신의 죽음을 예상하고 두려움을 느끼는 것은 피할 수 없는 운명이다. 우리는 죽음을 외면하거나 피하려는 대신 자신이 하는 일에 몰입해 죽음을 매번 연습할 수 있다. 장자가 〈제물론〉의 첫머리에 제시한 '오상아(吾喪我)'도 이런 것이다. '오(吾)'는 참나·진아이고 '아(我)'는 육체적 자아·가아(假我)이다. "나는 이제 내 육체적이고 이기적인 자아를 죽여 장사 지내 버렸다"는 장자의 포효는 시간의 초월·극복을 선언한 것이다.

　우리는 어떤 일에 몰두했을 때 자신(육체적 자아)을 잊어버리는 즐거운 느낌을 체험할 수 있다. 낚시·바둑·독서·영화 감상 등과 같은 취미 생활에 빠져 있을 때 자신을 잊고 시간이 정지한 느낌을 누구나 쉽게 체험할 수 있다.

# 11    전지

정원의 나무들을 전지(剪枝)하는 것이 옳으냐, 자연 그대로 두는 것이 옳으냐 이것이 문제로다. 셰익스피어의 《햄릿》을 패러디한 문법으로 좀 과장해 본 것이다. 물론 나의 정원 전지 문제는 부왕을 독살한 숙부와 어머니에 대한 복수를 다짐하고 애인 오필리아를 버리기까지 하면서 "사느냐 죽느냐" 하는 문제에 봉착했던 햄릿의 고뇌에 비유될 만한 문제는 결코 아니다. 그냥 견강부회한 패러디다.

지난봄 몇 해 동안 방치했던 정원 나무들 전지를 10여일 간 혼자 했다.

반송·철쭉·소나무·향나무·매실나무 등을 아마추어 솜씨로 대강 전지했다. 나무들이 사람보다 사랑을 더 잘 아는 것 같다. 가운데에 솔잎이 쌓여 마치 음식을 먹고 체한 듯 거북해하는 반송들의 솔잎 털어내기와 빽빽한 줄기들을 솎아내 바람을 잘 통하게 해 주었다. 반송들이 나를 진심으로 반기는 듯 했다. 옛 선비들이 '옥비(玉妃)'라고도 했던 매화 꽃망울들은 입술을 내밀며 키스를 해달라고 한다. 그런데 그 꽃망울이 다닥다닥한 가지를 전지한답시고 무자비하게 잘라내야 했다. 차마 전지가위로 매화나무 가지를 싹둑

자르기가 머뭇거려졌다.

흔히 "마누라는 가꾸는 만큼 예뻐진다"고들 하는데 나무도 그렇다. 잡초를 제거해 주고 햇볕과 바람을 잘 통하게 해주면 건강하게 잘 자란다. 나무는 사람보다 더 정직하다. 정성을 쏟아붓는 만큼 자라고 예뻐진다. 햇볕과 바람의 길을 터주기 위해 가지를 솎아내는 것은 '구조 조정'이다. 인간 세상에도 구조 조정이 필요하다. 특히 기업 경영의 경우 반송의 가지치기 같은 구조 조정이 절실할 때가 많다. 반송은 가운데 밀집한 가지들을 잘라내도 푸른 비명을 지르며 희생을 기꺼이 감수한다.

지난해 새로 난 순들 가운데 우뚝한 대장순을 자르기도 한다. 그래서 둥글게 봉우리를 만든다. 그래야 나머지 순들에게 영양분이 골고루 간다.

여기서 나무 전지에 대한 고뇌를 마주하게 된다. 전지를 해 놓고 보면 마치 길게 자란 머리를 깎아낸 이발 후의 상쾌함과 예쁨을 느낀다. 그러나 과연 이것이 올바른 '심미안'의 안목일까 하는 반문을 하게 된다. 혹시라도 우리의 심미 인식이 잘못 뒤집혀 있는 것은 아닌지….

어찌 보면 지구의 주인은 나무들이며 우리 인간은 잠시 스쳐 가는 소풍객들인데 사람이 자신의 눈높이로 자연을 재단하는 나무 전지는 나무를 원형대로 자라게 하는 것만 못한 것일지도 모를 일이다. 실제로도 나무 시장에서 나무의 값은 곧 세월의 값이다. 원래의 자리에서 연륜을 더하며 자연스럽게 자란 수형(樹形)과 풍상의 시련을 이겨낸 굴곡이 나무의 귀중한 자산이고 값어치다.

그래서 곡(曲)이 많은 소나무를 명품으로 치고 기형의 수형이면 비싼 값을 받는다. 인위가 가해진 전지로 예쁘게 단장된 화목(花木)을 아름답다고 심미하는 우리의 안목은 여기서 자기모순에 빠지고 만다.

　일상 속에서도 이 같은 심미 인지 기능이 도착된 경우를 흔히 본다. 소품종 대량생산 체제에서 기계에 찍어낸 하나같이 똑같은 찻잔을 고급 명품으로 받아들이고 다품종 소량생산 체제의 각기 모양이 울퉁불퉁 다른 핸드메이드 찻잔을 불량품 취급하는 심미안이 그 대표적 사례의 하나다. 지금은 다양한 개성적 취향에 맞춘 다품종 소량생산의 핸드메이드 제품이 명품 취급을 받지만 얼마 전까지만 해도 소품종 대량생산의 획일적인 제품을 고급스럽다고 여겼던 게 사실이다. 아직까지도 가치 판단의 도착 현상을 보이고 있는 것이 채소·과일 같은 농수산물이다. 유기농 채소를 갈구하는 선택 의지를 강하게 가지고 있으면서도 농약을 주지 않아 벌레가 파먹은 구멍이 있는 열무·배추나 잎에 희끗희끗한 무름병이 나 있는 대파는 상품 가치가 없는 불량품 취급하면서 전혀 구매하지 않는다. 벌레 구멍이 있는 채소가 진짜 유기농 채소다. 유기농 채소를 원하면서도 심미안이 뒤집혀 농약 세례를 받은 구멍이 없고 잎이 새파란 열무나 대파를 선호한다.

　나무 성장통이라는 게 있다. 나무의 전지가 필요한 이유이기도 하다. 특히 반송의 경우 유의해야 한다. 나무가 자랄수록 안으로 깊어가는 무게 중심 때문에 살아남기 위해서는 제 팔을 스스로 부러뜨리지 않을 수 없는게 바로 나무의 성장통(痛)이다. 겨울의 폭설이나 여름의 긴 장맛비가 내리면 성채같이 둥그렇게 수형을 잡아 키우기 마련인 반송은 눈과 물의 무게를 이기지 못하고 가지가 찢어질 수 있다. 그래서 전지할 때 통풍을 위해 가운데를 비워주는 가지

치기를 하는 것도 이 같은 나무의 성장통을 예방하는 일이기도 하다. 과유불급(過猶不及)의 한계를 넘으면 근본이 무너질 수도 있는 자연의 섭리가 바로 반송의 성장통에서도 또렷이 볼 수 있다.

나무를 전지하다가 모르고 있던 것을 하나 발견했다. 엄나무가 너무 번창해서 가지 치기를 했다. 10년이 넘은 줄기와 가지에는 자신을 보호하려고 촘촘히 나 있던 뾰족한 가시가 흔적만 남고 감쪽같이 사라지고 없었다. 이제는 스스로 지킬 수 있으니 그런 가시가 필요 없게 된 것이다. 물론 시간이 지나면서 퇴화한 것일지도 모르지만 생물인 나무의 '자의식'이 불필요하다고 의식해 떨구어버린 것이라고 생각하고 싶다.

나무에도 신경이 있다. 워싱턴대 오리언스 교수팀의 연구 결과에 따르면 나무들도 서로 유충의 침입 같은 상황을 신호로 전달한다는 것이다. 텐트나방 유충에게 잎이 먹힌 버드나무의 경우 다른 잎들에게서는 유충 입맛에 맞지 않는 타닌 같은 화학물질이 발견됐다는 것이다. 이는 벌레 먹힌 잎이 다른 잎으로 '먹혔다'는 신호를 전달했던 것이다. 그 신호를 받은 잎들이 타닌이라는 방어 물질을 만들었다. 식물들의 소통은 이렇게 무언으로 이루어진다. 식물의 정신세계를 연구하는 '식물신경생물학'이라는 새로운 분야가 생겨 식물도 동물과 같이 뇌·신경 등이 있다고 주장했다. 식물의 정신세계는 여러 연구 결과 곳곳에서 읽히고 있다.

정원의 나무 전지를 해야 옳으냐? 하지 않아야 옳으냐?

결단을 내리지 못하고 있다. 천리포 수목원의 경우 자연주의에 입각해 나무 전지를 일체 하지 않고 자라게 한다. 일리가 있다. 그런데 좁은 정원의 경우 자연 그대로 두면 공간 밀집으로 나무들이 고사하고 만다. 산야의 나무들은 충분한 공간을 확보하고 있어 스스로 삭아내리는 '자동 전지'를 한다. 전지를 하느냐 마느냐가 내게는 햄릿의 고뇌(?)다.

은둔의 미학

# 6부
## 전원만필

양해 발묵선인도, 대만 고궁박물관

# 들어가는 글

전원생활은 한마디로 자연에로의 회귀다. 자연은 인간이 태어났다가 돌아가는 영원한 원초적 고향이다. 그러기에 떠나면 매양 그리워지고 돌아와 안기면 편안하다. 관직·직장 생활로부터의 탈출을 강하게 시도하며 긴장에서 벗어나려 하지만 실제 현실에서는 어렵다. 그저 한잔 걸치고, 꿈과 취기(醉氣)를 통해 머릿속으로, 마음속으로 공간 이동을 시도한다.

선승과 시인은 무한대의 공간에 안주하면서 그곳을 존재의 모태(母胎)로 인식하곤 한다. 선비는 세속을 떠난 삶에서 세월을 잊는 것을 동경한다. 그렇지만 형태뿐인 세속을 떠난 삶을 사는 은둔자의 심경으로는 완전히 세월에 대한 상념을 끊을 수 없다.

남아공 대통령 넬슨 만델라는 80%가 넘는 지지와 주변의 만류를 뒤로 하고 5년 단임 임기로 물러나면서 다음과 같은 이임사를 남겼다.

**"이제 고향으로 돌아가 나를 키워준 계곡과 언덕 시냇가를 거닐고 싶다."**

도연명의 〈귀거래사〉를 듣는 기분이다. 도연명은 전원으로 돌아가면서 그 즐거운 마음을 다음과 같이 읊조렸다.

> **"오직 자연의 섭리를 따라 돌아갈 뿐 하늘의 뜻을 기꺼이 받드니 무엇을 의심하고 주저하랴(聊乘化以歸盡 樂夫天命復奚疑)."**

천명의 '명(命)'은 거역할 수 없는 것, 절대적 권위 등을 뜻한다. 그는 전원으로의 회귀를 하늘의 명으로 기꺼이 수용했다. 그는 전원으로의 회귀가 하늘이 명하는 티끌 세상의 사회적·역사적 제약으로부터의 '해방'이라는 크나큰 선물이라고 생각했다. 그런 자부심에서 "쌀 다섯 말 월급 때문에 어찌 허리를 굽힐소냐(爲五斗米折腰)"라는 절규를 토하기도 했다. 그는 끝내 궁핍한 전원생활로 굶주림과 추위에 떨었지만 세계적인 전원시(田園詩)를 남겨 오늘에도 절창되고 있는 뛰어난 전원시인으로 남았다.

가난과 궁핍은 전원생활의 미학이기도 하다. 전원에서 얻고자 하는 것은 물질적 풍요가 아니라 정신적 풍요다. 지나친 물질적 풍요는 전원생활의 맑은 정신에 자칫 병이 될 수도 있다. 자공이 문병을 온 원헌에게 말했다.

> **"내가 들으니 '재물이 없는 것을 가난이라 하고 배운 바를 실천하지 못하는 것을 병들었다' 한다 합디다. 나는 가난할 뿐이지 병든 것은 아니오."**《장자》〈양왕〉)

은둔의 미학

# 01 산수의 세계 –
## 금강산 물

---

산수(山水)는 그 속의 인간들까지 저절로 정화되도록 한다. 맑고 깨끗한 산수의 기운으로 정화된 인간은 산수의 일부가 돼 조화를 이루어 그 안에 깃들 수 있게 된다. 현실로 되돌아와서도 티끌 세상에 묻히지 않고 꿋꿋한 자신감을 갖게 된다. 산수와 조화를 이룬 인간은 깨끗한 산수와 하나가 되는 경지에 이르게 된다. 이것이 바로 산수와 인간이 만나서 이루는 교감이다.

**금강수(金剛水)**

수련  一泉金不換 虛往實歸人(일천금불환 허왕실귀인)

샘물 하나 황금과도 바꿀 수 없네

빈손으로 가서 가득 채워 돌아왔네

〔함련과 경련 생략〕

미련  各自充其量 蕩然掃六塵(각자충기량 탕연소육진)

각자 마음껏 마시고

세상 티끌 한꺼번에 쓸어냈네

면암 최익현(1833-1906)이 금강산 유람 중 읊조린 시다. 면암이 누구인가? 구한말 지부상소(持斧上疏)까지 올리며 우국충정의 항일투쟁을 벌이다 순국한 유생(儒生)이다. 그는 유가의 입세주의가 뼛속까지 파고든 기호학파의 유학자였다. 그러한 그도 금강산 유람에서 노·장과 불가의 자아 세계에 일시 탐닉했다.

자신을 비우고 맑고 깨끗한 금강산 절간의 생수를 영혼 속 가득히 채워 가지고 온 면암. 그는 산수의 정기로 재충전됐다. 속세에서 묻혀간 티끌을 금강산 샘물로 싹 씻어낸 정화를 통해 새롭게 태어났다. 여기서 물은 바라보는 대상에서 마시는 대상으로 바뀌어 금보다 더 귀한 생물의 생명을 지탱시키는 보배가 됐다. 면암의 시는 금강산 샘물로 세속 먼지에 더럽혀진 몸과 마음을 씻어냄으로써 새롭게 태어난 불가적 해탈과 도가적 초월을 그림처럼 보여준다.

계곡물이 산하를 정화하고 그 신성성(神聖性)을 떠받치며 선계의 경지로까지 끌어올리는 역할을 한다면 맘껏 마시는 절간의 생수는 속세에 찌든 인간의 폐부와 정신을 정화시켰던 것이다. 면암이 비록 일시적이었다 하더라도 금강산 산수에서 얻은 정신적 정화는 산수의 세계가 인간에게 얼마나 큰 영향을 미치는가를 새삼 느끼게 한다.

산수는 인간을 맑고 깨끗하게 정화시켜 주면서 자연적 시간과 초월적 공간을 제공한다. 산수 체험은 변함없는 질서와 아름다움을 간직하고 있다. 그리고 인간을 그 경지로 이끌어 동화시키면서 사람의 폐부까지 맑게 하고 산수와 일체가 되게 한다. 여기서 산수 체험은 예술적·철학적 경지로까지 승화된다.

# 산수의 세계 – 어부

어부(漁父)는 시가에서 영욕을 세속 경계 밖에 둘 줄 아는 은자를 상징한다. 한자 어부에 보통 사내·남편·지아비를 뜻하는 '부(夫)' 자를 쓰지 않고 남자의 미칭(美稱)·늙은이·아버지를 뜻하는 '부(父)' 자를 쓰는 것도 이 같은 상징성 때문이다. 농부의 경우는 '부(夫)' 자를 쓴다.

당(唐) 나업의 시 가운데 아래와 같은 구절이 있다.

**人間若算無榮辱**(인간약산무영욕)
**인간 세상에 영욕 없다면**
**却是扁舟一釣翁**(각시편주일조옹)
**일엽 편주의 어부면 족하리라**

그러나 오늘의 어부나 낚시꾼은 돈을 벌려는 직업적 욕심, 시간을 보내는 취미 활동 같은 세속적인 의미가 강하다. 옛날의 어부는 통상 은사(隱士)의 모습으로 묘사되기 일쑤였다.

莫謂漁入但釣垂(막위어입단조수)

말없이 고기잡이 낚시만 드리우니

渭翁桐老照天秋(위옹동로조천추)

위옹 동강의 노인은 천추에 빛나네

면암 최익현의 시 〈어부〉 제2수의 기구(起句)와 승구(承句)다. 흑산도 유배 시절에 지은 시다. 시안(詩眼)인 '동강의 노인(桐老)' 고사가 은사의 기백을 보여주어 감동을 불러일으킨다. '위옹'은 옛날 위수에서 낚시를 했던 강태공 여상을 가리킨다. 그는 70세를 바라보는 나이에도 3일 밤낮 계속 낚시를 했는데 주(周) 문왕에게 등용됐다.

고사 내용은 후한 광무제가 죽마고우였던 친구 엄광을 궁궐로 초청, 하룻밤 친구의 예로 극진히 대접했다. 만취한 엄광은 황제의 권유로 같은 침실에서 잠까지 잤다. 취기가 얼큰했던 엄광은 광무제의 배 위에 다리를 올려놓고 코를 골며 잤다. 다음날 아침 황제가 벼슬을 권유하자 단호히 거부하고 은거하는 부춘산으로 내려와 동강에서 낚시를 하며 지냈다.

강과 산의 푸르름은 영원한 것, 또는 영원해야 함을 표상한다. 그러한 영원성을 일시적으로나마 가로막는 유일한 존재는 구름뿐이다. 그러나 가는 듯 조는 듯 떠 있는 흰구름의 운한(雲閑)은 일체의 잡념과 망상이 없다.

허유보다는 스케일이 작은 은사 문화의 곁가지 하나를 보자. 역시 '8대 일화'의 하나다. 진(晉)나라 때 임해에 살았던 은사 곽우의 이야기다. 임금을 살해하는 쿠데타로 집권한 장천석이 측근 개공명을 보내 출사(出仕)를 청했다. 곽우는 마침 하늘을 날던 기러기를 기리키며 "저 기러기를 어찌 새장에 가둘 수 있겠는가?"라고 하고는 자취를 감추어 버렸다. '임해지홍(臨薤指鴻)'이라는 고사다. 역사적인 은사들은 재상 자리쯤은 눈썹도 까딱하지 않는 영욕의 초월이 몸에 깊이 배어있다.

03      역관역은
        (亦官亦隱)

山中何所有(산중하소유)

산 중에 무엇이 있느냐 하시네

嶺上多白雲(영상다백운)

고개 위 흰구름 많기도 하지요

但可自怡悅(단가자이열)

다만 혼자서 즐길 뿐

不堪持贈君(불감지증군)

임금님께 가져다 드리진 못합니다

위진남북조 때 재상을 지낸 도홍경이 양나라 고조가 출사를 청하
자 정중히 거절한 답시(答詩)다. 마음을 비우고 무위자연에 노니는
은둔자의 당당한 자부심으로 임금의 출사 요청을 거부한 시다.

　　은사들 중에는 도홍경이나 백거이처럼 벼슬길에도 나가고 전원
을 거닐며 유유자적하기도 하는 관리와 은사를 자유롭게 넘나드는
'역관역은(亦官亦隱)'의 부류도 있었다.

은둔의 미학

높은 벼슬아치들 중에는 역관역은의 삶을 사는 경우가 많았다. 벼슬에서 물러나면 낙향해 청산의 꽃길을 거닐며 전원생활을 했다. '낙향(落鄕)'은 고향보다는 타향의 한적한 시골을 택하는 것이 관례였다. 왜냐하면 재상을 지냈는 데도 옛 고향으로 돌아가면 어릴 때 개똥이·말똥이 같은 천한 아명을 가져야 장수한다는 속신(俗信)이 살아있어 동네 어르신들이 재상을 보고도 "저 누구 집 개똥이 아니냐"라고 하는 등 예우를 받지 못하기 때문이다. 타향으로 낙향하면 깍듯한 예우를 받는다.

역관역은의 은둔자로 명성을 떨친 사람 중의 하나가 당나라 왕유다. 우승(우의정)까지 지냈던 그는 망천의 전원생활 중 주옥같은 시와 명화를 남겼으며 두보·이백과 함께 성당 3대 시인의 하나였다. 소동파는 "왕유의 시와 그림은 시 중에 그림이 있고 그림에는 시가 들어 있다(詩中有畵 畵中有詩)"는 유명한 평을 남기기도 했다. 왕유는 동양화에서 높은 평가를 받는 수묵산수화의 비조일 뿐만 아니라 산수시의 대가로도 명성을 떨쳤다. 그는 관직보다는 시와 그림에 더 큰 족적을 남긴 역관역은의 대표적 사례다.


空山不見人(공산불견인)

텅 빈 산 사람 보이지 않고

但聞人語響(단문인어향)

단지 두런거리는 소리만 들릴 뿐

返景入深林(반경입심림)

석양빛 숲 속 깊숙이 들어와

# 復照靑苔上 (부조청태상)
## 다시금 푸른 이끼 위를 비치네

왕유의 〈녹채(鹿柴)〉라는 유명한 산수시다. 녹채는 그가 은둔하던 장안 종남산 망천의 한 골짜기 이름이다. 그는 고요한 이 골짜기를 거닐다가 주위 경관을 관조하는 순간, 그 순간 속에서 '영원'을 획득했다. 그러니까 녹채의 풍광에서 유무한일여(有無限一如)의 생명 속으로 진입해 고요를 깨닫는 즐거움을 만끽했다. 석양빛을 통해 청태의 차고 푸르름과 사람이 보이지 않는 공적(空寂)은 순간적으로 소실되면서 생동하는 생명(존재의 실상)을 찾았다. 여기서 낙일(落日)의 석양빛 '반경'은 정신적 성숙을 상징한다.

원래 '역관역은'은 관리와 은사의 삶을 동시에 누린다는 의미다. 즉 몸은 관리로 조정에 있으면서도 정신은 '강호'를 거니는 삶을 사는 것이다. 당나라 백거이가 이 같은 역관역은의 삶을 산 대표적 은사다.

# 04

# 사이비
# 은사

———————

나는 사이비 은사(隱士)다. 청산에 꽃길 그대로 있어 백발에 취해 가끔 고향 생가를 드나드는 것뿐이다. 은사가 갖추어야 할 영욕의 초월도 빈자의 미학도 세속 초연도 원초적 감각도 없다. 그러나 마음은 은자를 동경한다.

많은 사람들이 예로부터 출세하지 못하면 으레 은사·야인을 자처하면서 백우족(白羽族 : 백구, 백로 등)을 벗하여 은둔하고자 했다. 그리고는 허심한 듯, 담담한 듯 세속 시름을 잊고 강산을 완상했다. 이때 해오라기·갈매기 등의 고결한 자세를 한껏 찬양함으로써 자신의 한정(閑情)을 그들에게 가탁했다. 이런 은둔자·낙향자들은 그래서 정자 이름도 '반구정(伴鷗亭)'이라 지었다. 일반적으로 크고 흰 새의 우아한 자태에는 고귀하고 청초함이 내재해 있다.

〈뉴욕타임즈〉 칼럼니스트 토마스 프리드먼이 칼럼에 썼던 보츠와나 야생 생태 다큐멘터리 촬영감독 맵 아이보스 씨의 인터뷰를 다시 인용해 본다.

"원초적 감각이 살아나도록 자연 속에서 충분한 시간을 가지면 깨닫는 게 있습니다. 인간이 공유한 이 세상의 사막과 초원 덤불과 나무·생명체 소리와 동물 움직임 등과 어떤 관계와 의미를 갖는지 알 수 있어요. 과거엔 인류도 이 테두리 안에 있었죠. 하지만 산업혁명 이후 기술이 진보하고 인간이 도시에 살면서 '걸러진 자연'만 접하기 시작했습니다. 결국 자연의 상호관계도 문명의 생태계만큼 빠르게 지워졌죠."

프리드먼의 칼럼은 2009년 9월 한 국내 신문에도 번역, 전재된 바 있다.

## | 요화백로

강호의 야인인 척 은사인 척하지만 속마음은 출세와 소유를 탐하는 사이비가 옛날에도 적지 않았다. 은사의 개념은 광범위하다. 위로는 현인(賢人)과 동격으로 추앙되고 노·장의 지인(至人)·진인(眞人)도 은사의 범주에 넣을 수 있을 것 같다. 흔히 '도인'이라고 하는 사람도 은사라 할 수 있고 요즈음 같으면 전원생활자도 은사라 칭할 수 있지 않을까 싶다.

고려시대 유명한 시인이며 대학자였던 이규보(1168~1241)는 속물적인 사이비 은사를 해오라기(백로)에 빗대 〈요화백로(蓼花白鷺)〉라는 시로 신랄하게 야유했다.

前灘富魚蝦(전탄부어하)
앞 여울 물고기 새우 많아

有意劈波入(유의벽파입)

**물 가르고 들어가 잡아먹으려다**

見人忽驚起(견인홀경기)

**사람 보자 기겁해 펄쩍 날아**

蓼岸還飛集(요안환비집)

**여뀌꽃 언덕으로 되돌아간다**

翹頸待人歸(교경대인귀)

**목 늘이고 사람 가기 기다리다**

細雨毛依濕(세우모의습)

**가랑비에 깃털 옷 흠뻑 젖네**

心猶在灘魚(심유재탄어)

**마음은 여울 고기 생각 뿐인데**

人道忘機立(인도망기립)

**사람은 세상 시름 잊고 서 있기만 하네**


백운 이규보는 시·술·거문고를 좋아해 '삼혹호선생(三酷好先生)'이라 불렸고 《동국이상국집》이라는 저서를 남기기도 했다. 시 제목인 〈요화백로〉는 흰색의 여뀌꽃 속에 숨은 백로라는 뜻이다.

진정한 은사는 뜻이 초연하여 속세와의 인연을 끊은 듯하고 만물의 표상으로 우뚝 서며 바람과 기운을 부려 노니는 듯하다. 그러나 사이비 은사는 고기를 잡으려다 사람에게 들켜 언덕의 흰 여뀌꽃 속에 숨어 사람 갈 때를 기다리는 탐욕과 간계가 가득한 백로와 같다는 것이다. '여뀌꽃 속의 백로'는 백로의 색과 꽃 색이 같아 숨은 백로를 찾아내기 어렵다. 마치 구름 속의 백로·물병 속의 얼음·은쟁반 위의 백설처럼 구분하기 어려운 점을 이용한 '몸을 숨김'이다. 사이비 은사의 은둔은 이같이 간교한 '위장술'이고 끝내는 고기를 낚겠다는 집념을 버리지 못하는 속물적인 기만이라는 것이다. 은둔자의 반려(伴侶)인 백로의 이미지가 여기서는 부정적으로 뒤바뀌어 버렸다.

# 05    백로

중국 낙양에서 1996년 5월 건묵(乾墨) 수묵화 그림 한 장을 샀다. 그림 제목은 〈추풍(秋風)〉이다. 가을날의 백로 한 쌍이 갈대가 꺾어질 듯한 석양의 가을바람이 부는 모래톱 위에서 자세를 가지런히 하고 돌아갈 곳을 생각하고 있는 듯 서 있다. 갈대도 단 두 대뿐이다. 멀리서 비추는 모래톱의 낙일성휘(落日成暉)가 그림의 배경이다. 구도가 아주 심플하다. 구경 삼아 들른 화랑인데 표구도 안 된 것이었다. 그림을 살 마음도 전혀 없었는데 어릴 때 흔히 보던 백로 생각이 나서였는지 그 수묵백로 그림이 마음에 꽂혔다. 값도 아주 싸고 해서 기념 삼아 샀다. 나이를 더한 탓인지 10여 년이 지나 이사를 하느라 펴봤더니 그림의 백로가 마치 우리 부부의 자화상 같은 느낌이 들어 표구해 이사한 아파트 거실에 환경미화용으로 걸어 놓았다.

앞에서 이규보의 〈요화백로〉 시를 인용하면서 백로를 은둔자의 반려·고매한 인격의 상징으로만 알았던 짧은 지식이 부끄러웠다. 까마귀를 한국에서는 '흉조'라 여기지만 일본에선 '길조'로 반긴다.

이처럼 각 지역 문화권의 상징체계는 같은 사물을 놓고도 속신(俗信)에 따라 정반대의 인식 차이를 보인다. 그렇지만 나는 '백로'가 음흉한 탐욕의 상징이 될 수 있음을 미처 몰랐다.

백로에 대한 추억이 새롭다. 농촌에서 자라 어릴 때 백로를 많이 보았다. 중학교 때 교과서에서 "백로야, 까마귀 싸우는 곳에 가지 마라"라는 시조를 배우고는 흔히 보아온 백로를 아주 고상한 인격의 상징으로 여겼다. 바로 밖의 마당 앞에 들이 있어 봄부터 가을까지 백로들이 떼 지어 찾아와 물고기·개구리 등을 잡아 먹느라 분주했다. 밤이면 솔밭의 소나무 위에서 고개를 숙이고 자는데 마치 흰 꽃이 만발한 듯하고 전기가 없던 시골 깜깜한 칠흑의 밤을 밝히는 등불 같았다.

그 흔하던 백로가 농약을 살포하기 시작한 이후 거의 찾아보기 힘들다. 시골 생가를 드나들며 여름철 개구리들의 합창과 반딧불이까지도 듣고 보았지만, 백로는 좀처럼 보이질 않는다.

몇 해 전 꼬리에 검은 털이 있는 큰 백로가 모내기 전의 논에 날아와 먹이를 찾는 걸 보고 신기해 하염없이 서서 먹이 사냥을 끝내고 돌아갈 때까지 바라보았다. 하루종일이라도 보고 싶었다. 그러나 10분도 안 돼 어디론가 날아가 버렸다. 아쉬웠다. 마치 그 자태가 황새 비슷해 큰 매력을 느꼈다. 단 두 마리뿐이

유숙 백련백로도, 국립중앙박물관

었는데 넓은 들판을 꽉 채운 듯했고 한없이 반가운 손님 같았다. 그 백로인지는 몰라도 가을 벼 수확이 끝나 농약 살포가 없자 다시 날아와 먹이 사냥을 했다. 가을 들판의 백로는 금빛 가을바람과 고요함을 즐기는 듯 아주 여유롭고 풍만한 만족감을 만끽하는 듯했다.

우리 동네에서는 백로를 그냥 '황새'라고 불렀다. 지난여름 집 근처의 냇가를 지나다가 웅덩이에서 혼자 먹이를 사냥하는 작은 백로를 보았다. 어찌 반가운지 발걸음을 멈추고 한참 동안 쳐다보았다. 시골 생가에 내려갈 때마다 백로를 만나길 고대한다. 그러나 일 년에 두세 번 만나는 게 고작이고 그것도 떼 지어 오는 게 아니고 한두 마리에 불과하다. 근래 그립던 백로를 만나고부터는 백로가 궁벽진 내 유거(幽居)를 찾아오는 반가운 지음(知音: 친구·지기) 같고 옛 죽마고우 같은 정을 느낀다.

나의 시골 생가 나무 기둥에

萬壑松聲淸入骨(만학송성청입골)
**골짜기 가득한 솔바람 뼛속 깊이 스며들고**
虛窓月色白通神(허창월색백통신)
**텅 빈 창에 비친 달빛 머릿속을 백지상태로 만든다**

이라는 주련(柱聯)이 걸려 있다. 지난날 선시(禪詩)를 읽다가 머릿속에 주워 넣었던 시구다. 몸은 따르지 않지만 마음은 제법 선적(禪寂)을 누리고 싶고 은둔자의 삶을 살고 싶어서다. 백로를 벗 삼고 매화·모란·솔바람·달빛을 짝하며 말년을 보내고 싶은 마음이지만 아직도 대부분의 시간을 서울에서 어슬렁거린다. 가을 들판을 즐기는 내 친구 백로의 자태가 오히려 나의 유거에 어울리는 것 같다. 그 친구야 배불리 먹고 나서는 아무 생각 없이 냇가에서 졸면서 가을 햇볕이나 쬐면 된다. 그러나 나는 옥호를 '유거'라 해 놓고 오만 가지 생각을 하면서 서울과 시골을 번잡스럽게 왕래한다. 에라, 만학유거를 저 백로에게 무료 임대해 주어 버릴까 보다.

백우족(白羽族)을 대표하는 백로는 흔히 해오라기와 혼동해 사용하는데 백조·설객(雪客)·노사(鷺鷥)·사금(絲禽) 등으로 불리기도 한다. 일본 홋카이도와 대만 사이에서 서식하고 주로 민물고기를 주식으로 한다. 해오라기는 백로과에 속하지만 모습이 좀 다르다. 그러나 명칭에서는 통상 백로와 통용해 사용한다.

어릴 때 공연한 심술로 논에서 먹이를 찾는 백로 떼를 소릴 지르거나 돌을 던져 쫓던 기억이 있다. 전혀 악의가 있었던 건 아니지만 80이 넘은 지금에 생각하면 못할 짓을 했던 것 같다. 지금은 백로에게 집이라도 빌려줄 것 같은데 말이다. 물고기를 잡아다 옆에 던져 주어 어릴 적의 잘못을 사죄하고 싶지만 멀리서 사람 그림자만 비쳐도 질겁을 하고 날아가니 안 되고… 방법이야 찾으면 또 있겠지만 그런 성의가 없다.

추풍에 몸을 움츠리고 서서 겨울을 날 곳을 찾아갈 생각에 잠긴 나의 거실벽 액자 속 백로 한 쌍을 다시 한번 쳐다본다. 우리 부부도 겨울을 날 곳을 찾아야 할 것 같다. 만학유거에서 은둔자의 삶을 살면서 가을 들판에 백로가 찾아오는 날 잠시나마 그 반가운 손님과 함께 세월을 낚으며 즐기고 싶다. 그날은 맑은 서리에 단풍잎이 취하고 어슴푸레한 달빛이 억새꽃 속에 숨는 잔칫날이다.

은둔의 미학

06　　　　시정화의

사대부는 담론에서 '시정화의(詩情畫意)'를 논할 수 있어야 한다고 했다. 옛날 사대부들에게 시정화의는 하나의 필수 교양이었다. 공자는 "시를 배우지 않은 사람은 (사대부 담론에서) 할 말이 없다(不學詩 無以言)"라고 했다.(《논어》) 그래서 공자는 아들에게 '시 삼백(《시경》)'을 열심히 공부하라고 일렀다.

　시정화의. 시정이란 시에 담긴 정취(情趣)·시의 혼·시심(詩心)·시사(詩思) 등을 뜻한다. 다시 말하면 시가 뜻하는 바와 그것을 한 폭의 사의화(寫意畫)로 그려낸 의경이다. 시 감상 정도로 쉽게 이해할 수도 있다.

　화의는 회화 작품의 의장(意匠)을 말한다. 그림 속에 담겨 있는 뜻과 미감이다. 시정과 화의는 시와 그림의 핵이다. 옛 선비들은 시·서·화를 분야별로 나누지 않고 하나로 묶어 익혔다. 지금도 지식인(지성인)들 중에 시·서·화를 취미 또는 교양으로 익히는 사람들이 있다.

**詩情秋水淨**(시정추수정)
**시의 정취는 가을 물처럼 맑고**

## 畫意遠山明(화의원산명)
## 그림에 담긴 뜻 먼 산처럼 선명하다

시골 생가 황토방 벽에 걸어놓고 있는 '시정화의' 붓글씨 대련이다. 글씨가 꽤 커서 눈에 확 들어온다.

이 글씨는 신문에 연재하기 위해 1996년 3개월 동안 중국 당·송대 선불교 고찰들을 답사 취재할 때 낙양 백거이 묘원(墓園)에서 기념으로 산 것이다. 백거이는 관직 은퇴 후 향산 거사(香山居士)라는 법호를 사용하며 낙양 향산사에 은둔했다. 이때 향산사 주지를 비롯한 9명의 명사들로 '향산구로공(香山九老公)'을 결사, 자주 모여 시정화의를 논하며 지냈다. 두보·이백과 함께 당(唐) 3대 시인이기도 한 백거이는 임종에 즈음해 여만 선사(향산사 주지) 묘탑 옆에 묻

시정화의 붓글씨 대련, 저자 소장

어달라는 유언을 남겨 묻힌 곳이 현재 '백원(白園)'인 그의 묘지다. 조그만 공원으로 조성돼 있다.

백원을 둘러보고 나오는데 입구에 찌든 인민복 차림의 노인이 붓글씨를 써서 팔고 있었다. 호기심으로 다가가 보았더니 내가 산 '시정화의'를 초서와 전서를 섞어 쓰고 있었다. 커피 한 잔 값 정도를 주고 샀다. 먹물이 마르지 않아 잠시 말린 후 말아서 호텔로 돌아와 의자에 걸어놓고 선풍기를 돌려 건조시켰다. 아뿔싸, 인분 비슷한 냄새가 코를 찌르며 방안에 진동했다. 아마도 먹이 하급품이었던 것 같다. 버릴까 하다가 글의 내용이 좋고 백원을 추억할 유일한 기념품이라 싸가지고 왔다. 이런 일화 때문에 내 황토방의 시정화의 대련을 볼 때마다 기억이 새롭다.

역관역은(亦官亦隱)의 삶을 산 백거이 이야기를 좀 더 해보겠다. 나는 그의 은둔생활이 시정화의를 꽃피운 말년의 '화려한 봄날'이었다고 믿고 싶다. 가을 물처럼 맑은 시정−. 시정이니 연정이니 모정이니 하는 '정(情)'이라는 말은 그냥 듣기만 해도 따뜻하고 편안하면서도 설레는 기분을 느낀다. 시의 정이 가을 물같이 맑다니….

향산 거사는 당 현종과 양귀비의 연정을 노래한 유명한 〈장한가(長恨歌)〉의 끝 구절을 다음과 같은 7언구로 마감했다.

天長地久有盡時(천장지구유진시)
하늘과 땅이 다 끝나는 날에도
此恨綿綿不絶期(차한면면부절기)
이 애틋한 연정은 끝나질 않으리라

노자가 말한 영원을 뜻하는 '천장지구'(《노자》 제7장)는 백거이가 〈장한가〉에 원용함으로써 더욱 유명해졌다. 다하지 못한 '정'은 이처럼 애절한 한(恨)으로 발전해 영원을 뛰어넘는 끝없는 '무한'으로 남는다. 〈장한가〉는 불가의 강창문학(講唱文學 : 《반야심경》을 유행가 〈워싱턴 광장〉의 곡에 얹어 암송하는 것과 같은 가곡화한 경전 암송법) 형식을 원용했다는 평도 있다.

시정도 연정이나 모정같이 다함이 없다고 한다. 이른바 운외지치(韻外之致)·미외지미(味外之味)라는 것이다.

연애편지 쓰던 시절을 회상해 보자. 밤새워 사랑을 노래한 명시구들을 주워모아 편지를 보내고도 깊고 깊은 애정을 다 전하지 못해 다음날 또 애틋한 편지를 보냈다. 문자와 카톡이 대세인 온라인 세대의 여중생 친구들. 낮에 학교서 만나 실컷 수다를 떨고도 모자라 지하철에서, 집에서, 계속 문자를 날리고 카톡을 보낸다. 깊고 멀고 다함이 없는 '정' 때문이다. 시정도 이 같은 정이다. 다만 가을

중국 낙양 백거이 묘원

은둔의 미학

물처럼 맑다는 점이 다를 뿐이다. 기왕에 아는 체를 했으니 〈장한
가〉의 끝 구절 앞 두 절도 덧붙여둔다.

在天願作飛翼鳥(재천원작비익조)
**하늘에선 날개를 붙이고 나는 비익조가 되고**
在地願爲連理枝(재지원위연리지)
**지상에선 두 나무의 가지가 함께 붙은 연리지가 되리라**

비익조는 날 때 날개 한쪽씩을 엇물려 끼고 난다는 부부간의 지극
한 금실을 상징하는 상상 속의 새다. 연리지는 원래 종류가 다른
두 나무가 한 가지로 연결돼 있는 것인데 역시 남녀 간의 두터운
애정을 상징한다. 요사이 부여 부소산성·충북 충주호의 수몰 유적
관광단지 등 곳곳에 소나무끼리 붙은 연리지를 관광 명품으로 내
세워 놓고 있다. 옛날 요정에서는 이런 〈장한가〉 구절을 읊어가며
농담을 나누었다. 그런데 요즘의 유사 업종의 종사자들은 귀가 먹
어 이런 소리를 전혀 못 알아듣는다. 어허, 백원의 썩은 먹 냄새 같
은 이야기를 많이 늘어놨다.

　이제 먼 산같이 밝은 화의를 보자. 원래 산은 가운데 들어가거나
가까이서 보면 산 전체를 볼 수가 없다. 멀리서 보아야 산 전체를
또렷이 볼 수 있다. 소동파는 여산 서림사 벽에 쓴 〈제서림벽(題西
林壁)〉이라는 칠언 절구 시에서 "여산의 참 면목을 알지 못함은 이
몸이 산중에 들어와 있기 때문(不識廬山眞面目 只緣身在此山中)"이라고
읊조렸다. 그림 속의 뜻도 멀리서 보는 산과 같이 밝아야 한다. 가

령 인물화의 화의는 '눈'에 있다. 인물화는 인품이나 성정(性情)을 그려내는 사의화(寫意畵)이기 때문에 그것의 핵인 '눈동자'를 잘 그려야 한다. 그래서 눈에 나타난 '사의'가 먼 산처럼 밝게 또렷해야 한다. '화의원산명'은 바로 이런 것이다. 감상자도 이 점을 십분 유의해야 한다.

노자는 "말에는 반드시 뜻하는 바의 본원이 있고 일에는 주도적인 원칙이 있다(言有宗 事有君)"라고 했다.(《노자》70장) 노자가 말하는 '종(宗)'과 '군(君)'은 모두 뿌리가 있고 근거가 있음을 뜻한다. 이 장(章)의 결론은 "(성인은) 겉에는 갈옷을 입고 있지만 안에는 아름다운 보석을 품고 있다(被褐懷玉)"이다.

거룩한 노자의 말씀에 되잖은 군더더기를 붙여 망상을 해 본다. 백원에서 내가 만났던 남루한 그 노인도 안에 '시정화의'라는 맑고 밝은 보석을 간직했던 건 아닌지…. 당시 그는 낙관 위에 '78세'라고 명기했다. 지금까지 살아계실지….

시정화의의 '종(宗)'을 어떻게 읽어낼까? 참으로 어려운 문제다. 《주역》은 "글은 말을 다 나타내지 못하고 말은 뜻을 다 드러내지 못한다(書不盡言 言不盡意)"고 했다. 장자도 같은 맥락의 언의론(言意論)을 주장했다. "뜻을 얻으면 말은 잊어버려라(得意而忘言)." 물론 《주역》이나 장자의 말은 도와 같은 고도의 절대 진리는 말과 글을 통한 설명이나 개념화로는 이해할 수 없는 언어와 문자 밖의 범주에 속한다는 것이다. 나는 시나 그림 속의 깊은 뜻을 이해하는 것도 불립문자(不立文字)의 세계에 속하는 도에는 훨씬 못 미치지만 나름으로 꽤나 어렵다고 생각한다. 방법은 문리가 트일 때까지 암송하고 통찰하는 것이다. 미외지미(味外之味 : 그 맛 이외의 새로운 맛) · 상외지상(象外之象 : 형상 너머의 형상)의 뜻이 있어야 좋은 시고 명화라고 한다. 시와 그림의 깊은 뜻이 이렇게 글자나 형상 밖의 여운(餘韻)에 있다니 그것을 이해한다는 게 간단치 않다. 시화의 운미설(韻味說)을 보면 시정화의를 논한다는 게 정말 어려운 공부 같다.

나는 감히 말년을 역관역은의 삶을 산 백거이처럼 살고 싶다. 그런데 이루지 못하고 갈 것 같다. 〈장한가〉의 '여한(餘恨)'같이 끝내 남기고 가는 수밖에 없겠다.

07 　　　# 81세의
　　　# 봄

---

## 1) 암향

81세의 봄을 맞는다. 지난 겨울은 심정적으로 무척 지루한 겨울이었다. 아마도 정치·경제·사회 상황 때문이었던 것 같다.

서울 이태원 골목에는 경기 파탄을 곡하는 조화들이 장송곡을 합창하며 줄지어 서 있기도 했다. 그래서인지 유달리 봄이 기다려졌다.

나는 오는 봄을 매화와 함께 맞고자 한다. 설이 10여 일이나 남았는데 신문에는 복수초꽃과 생강나무꽃 이야기가 나오면서 봄 소식을 서둘러 전한다. 노지의 산수유나 매화의 꽃망울 터트릴 날이 아직 많이 남아 있는데…. 사회 생물학자 최재천 박사(이대 석좌교수)는 "산속의 봄은 복수초꽃과 생강나무가 먼저 노랗게 물들인 다음 진달래가 분홍색 점을 찍으며 이어간다"고 한다. 매화는 사군자(四君子 : 매·난·국·죽) 중 수석을 차지하고 고결한 아름다움이 군자와 같음을 뽐낸다. 그래서 한·중·일 동아시아 문화권에서 회화와 시가의 소재가 돼 왔다. 백화 만발하는 봄날의 꽃들 중 나는

은둔의 미학

매화와 모란을 가장 좋아한다. 시골 생가 안팎으로 매화 50여 그루와 모란 30여 주를 가꾸면서 감상한다. 매화의 별칭 중 하나가 '옥비(玉妃)'다. 옥같이 어여쁜 왕비라는 얘기다. 매화는 음(陰)과 고요함을, 모란은 양(陽)과 정열·부귀를 상징한다. 마침 내가 유달리 좋아하는 봄날의 꽃이 이렇게 음양의 짝을 이루니 천리(天理)를 따르는 것 같기도 하다.

조선조 선조 때 영의정을 지낸 아계(鵝溪) 이산해(1539~1609)가 고향인 충청도 보령 해포에 낙향해 지내면서 이런 시를 읊었다.

수련　萬事從來意不如(만사종래의불여)
　　　**세상만사 예로부터 뜻대로 안 되나니**
　　　白頭端合臥田廬(백두단합와전려)
　　　**백발에는 전원에 가서 눕는 게 제격이지**

함련　已譜丘壑生涯足(이암구학생애족)
　　　**산수에 묻혀 사는 그 넉넉함을 잘도 아니**
　　　情恨朝廷記憶疎(정한조정기억소)
　　　**조정이 기억해 주지 않은들 뭐가 아쉬우랴**

나는 아계와 같이 출세도 못했고 시재(詩才)도 없다. 다만 정서적으로 그의 시심에 동조할 뿐이다. 아직 노지의 매화가 개화하지 않았으니 집안의 매화 그림과 휘호를 짝한다. 거실 벽에 성천(星泉) 유달영의 휘호 액자가 걸려 있다. 그 옆에는 수묵 매화 그림이 있고.

**매일생한불매향(梅一生寒不賣香)**

**매화는 일생을 춥게 살아도 그 향기를 팔지 않는다**

성천의 휘호에는 나름의 인연이 있다. 기자 초년병 시절 성천 선생이 정년 퇴임을 하고 서울 여의도에 '서당'을 개설했다고 해서 인터뷰를 하러 갔다. 서울 농대 교수·새마을 중앙회장 등을 역임했을 뿐만 아니라 심훈의 《상록수》 소설의 주인공과도 깊은 인연을 가진 명사인 성천 선생의 인터뷰를 마치고 나니 선생이 휘호를 하나 써주겠다고 자청했다. 고마운 마음으로 '매일생한불매향'을 써주시면 싶다고 했다. 그런데 내 기억이 틀렸다. '매(梅)'자를 '난(蘭)'자로 잘못 썼다. 선생은 즉각 난이 아니라 매라고 고쳐주며 받을 주소를 적어 놓고 가라고 했다. 얼마 후 신문사 주소로 선생의 휘호가 우송돼 왔다. 30여 년이 지나 시골 생가 환경미화를 할 때 표구해 걸었다.

휘호를 걸어놓은 후 그 출전(出典)을 알아보려고 하니 천박한 지식으로는 도저히 불가능했다. 그래서 서예를 하는 노선배에게 물었더니 그도 그 글귀는 잘 아는데 어디서 나왔는지 출전은 캄캄하다면서 자기가 지도받는 원로 스승한테 알아보겠다고 했다. 그런데 그 원로도 모른다는 것이었다. 하는 수 없이 포기했다. 어느 날 한시를 읽다가 조선조 4대 문장가의 한 사람인 상촌(象村) 신흠(1566~1628)의 시에서 휘호의 시구(詩句)를 발견했다. 그날은 하루종일 뛸 듯이 기분이 좋았고 저녁에 한잔 하기도 했다.

**桐千年老恒藏曲(동천년로항장곡)**

**오동나무는 천년을 늙어도 거문고 통의 곡조를 지니고**

梅一生寒不賣香(매일생한불매향)

**매화는 일생을 춥게 지내도 그 향기를 팔지 않는다**

月到千虧餘本質(월도천휴여본질)

**달은 천 번을 차고 져도 그 본질이 그대로이고**

柳經百別又新枝(유경백별우신지)

**버드나무는 백 번을 꺾여도 새 가지가 또 돋아난다**

이야기가 좀 더 이어진다. 상촌의 시를 대강은 이해했다. 그러나
오동나무·매화·달은 그 본질과 지조·절개가 저절로 그러한데 버
드나무는 인위를 가해 꺾는 것일진대 무슨 사연인지를 몰랐다.
누구한테 물어보기도 뭣해 중국 여행길에 한 촌로(村老)에게 시
의 결구를 써 보여 물어보았다. 대답은 간단명료하고 시원했다.
중국의 오랜 농경시대 관습인데 손님이 왔다 갈 때 냇가에까지
나가 송별의 정을 나누는데 버드나무 가지 하나를 꺾어주는 것
으로 아쉬운 이별을 고한다는 것이었다. 이렇게 해서 "매일생한
불매향" 휘호 공부는 대충 끝맺었다. 그런데 또 한 곡조가 남았
다. 몇 해 전 한 신문에 상촌의 시 제3·4구를 쓴 백범 김구 선생
의 붓글씨 기사가 사진과 함께 제법 크게 나왔다. 전시회에 나왔
는데 백범이 마지막에 쓴 휘호였다는 것이다. 지금 이 글을 쓰며
생각하니 그때 내가 구입을 해두었으면 좋았을 걸 하는 생각이
든다. 이제 매화 피는 날을 손꼽아 기다려 그 그윽한 암향(暗香)을
실컷 마셔 봐야겠다.

## 2) 천렵

나는 오는 4·5월 늦봄에 천렵(川獵)을 가고 싶다. 장소는 강릉 경포대. 이런 소망을 갖는 것에는 두 가지 이유가 있다.

첫째, 어릴 때 아버님의 흑백 '천렵기념 사진'이 자꾸만 떠올라서다. 초등학생 때 장롱 서랍에 몇 장의 가족사진과 이 사진이 있었는데 앨범이 있던 시절도 아니고 해서 심심하면 꺼내서 보고 또 보고 했다. 새로 지은 바지저고리에 말끔히 손질한 두루마기를 입은 채로 산속 바위 옆에 팔을 괴고 반쯤 누워서 찍은 사진인데 참 멋있다고 생각했다. 일제강점기 때였고 일개 시골 농부였는데 사진사까지 대동해 그런 사진을 찍었다는 게 신기했다. 무슨 갑부도 아니고 겨우 농사지어 목구멍에 풀칠을 하는 가세(家勢)였던 것 같은데 말이다. 장소는 계룡산이었다고 들었다.

'천렵'이란 원래는 내에서 물고기를 잡는 놀이였다. 그런데 언제부턴가 소박한 농부들의 천렵이 오늘의 야유회 성격을 띤 놀이가 됐던 모양이다. 전이나 떡 같은 음식을 마련하고 집에서 빚은 가양주를 꿰차고 봄철 경치 좋은 곳을 찾아 하루를 즐겼던 것이다. 형편이 안 되는 사람들은 냇가로 나가 물고기를 잡아 끓인 안주에 막걸리를 마시며 즐겼다. 대학을 졸업하고 취직해 떠날 때 정리하느라고 그 사진을 찾아보았으나 어디론가 사라지고 없었다. 그러나 지금도 그 사진의 기억이 생생하다. 직장 생활 동안 야유회도 많이 했고 가족들과의 야유회도 했지만 웬일인지 아버님 시절의 천렵이 자꾸 그립다.

둘째 생가 수리 후 홈시어터를 사서 국악 CD를 듣는데 즐겨 들는 시창(詩唱) 중의 하나가 〈십이난간〉이다. 명창 김월하의 녹음이다. 이 시는 내 나름의 해석으론 강릉 경포호에서 펼쳐진 '천렵'의 풍류를 읊조린 것이라고 생각한다. 시의 작자는 미상이고 《해동가요》·《악학습령》등에 실려있다.

十二欄干碧玉臺(십이란간벽옥대)
**열두 계단 푸른 옥돌 누대에**
大瀛春色鏡中界(대영춘색경중계)
**강릉 앞바다의 봄 풍광이 경포 호수에 반사되네**

綠波淡淡無深淺(녹파담담무심천)
**푸른 파도 맑고 고요해 깊고 낮음 없고**
白鳥雙雙自去來(백조쌍쌍자거래)
**흰 갈매기 쌍을 지어 오고 가네**

四時遊子月中盃(사시유자월중배)
**사시사철 놀이에 빠진 낭자의 잔 속에는 달이 떠 있고**
萬里歸船雲外笛(만리귀선운외적)
**멀리서 돌아오는 배의 고동소리는 구름 밖에 있네**

東飛黃鶴知吾意(동비황학지오의)
**동쪽으로 날아가는 황학도 내 뜻을 알았는지**
湖上徘徊不催告(호상배회불최고)

**경포호 위를 배회하며 돌아가라고 채근하지 않네**

시의 제2구 '대영'은 강릉의 옛 지명이고 '경(鏡)'은 경포대다. 시의 전체 분위기와 의경(意境)은 경포 호수에서 노니는 낭자들의 '풍류'를 한껏 북돋운다. 술잔에 뜬 달과 황학도 무르익는 풍류의 뜻을 알고 어서 집으로 돌아가라고 재촉하지 않고 호수 위를 빙빙 돌면서 박수를 보낸다. 하여튼 기분이 기가 막히게 좋다.

나는 오래전부터 이런 풍류를 내심 한번 즐기고 싶었다. 지금이야 황학도 만리귀선도 없겠지만 경포 호수에서 이 시상(詩想)을 떠올리며 한판 풍류를 펼치고 싶은 낭만적 충동이 가끔 일어나곤 한다. 그래서 뜻 맞는 친구 2·3명과 함께 요사이 유행하는 배갈 연태주나 한 병 꿰차고 강릉행 KTX로 경포 호수에 가서 하루를 즐기고 싶다. 횟집에 들어가 만취한 후 호수가를 거닐면 되겠지. 대학 시절 중국집에서 자장면 가닥 안주 삼아 먹던 배갈도 아버님 시대까지는 못 올라가지만 꽤 오랜 추억을 회상시킬 것 같다.

순수한 공상으로 끝나고 말 것 같기는 하지만 한번 시도해 볼까 한다. 나의 풍류는 여기가 한계다. '니나노판'을 조금 면한 정도다. 그것도 실현성이 희박하지만….

## 3) 낙화

내일 아침 모진 바람 불어오면 곱고 화려했던 꽃들 떨어져 흩날리겠지. 꽃 떨어진 자리엔 열매 맺고 가지에는 푸른 잎이 돋아나고.

낙화(落花). 비화(飛花 : 흩날리는 꽃잎)라고도 하는 낙화를 보면 아쉽고 그립고 서운한 생각이 든다. 젊은 시절에는 봄이 빨리 지나간다는 시간적 아쉬움이 강했는데 이제는 멀리 떠나가는 '공간적 그리움'을 진하게 느낀다. 찬란한 자연의 봄을 생전에 몇 번이나 더 만날까 하는 아쉬움 때문인 것 같다.

이태백은 "봄바람 30일 떨어지는 꽃은 말이 없다(春風三十 落花無言)"했고 노랫가락에도 '화무십일홍(花無十日紅)'이라 하지만 어쨌든 올봄의 낙화에는 아쉬움이 많다. 나는 옛날 선비들의 매화회(梅花會)를 흉내 내 매화가 만발하면 친구들을 불러 검은 쟁반에 각 종류의 매화를 한 송이씩 따다 놓고 꽃의 색깔·모양·향 등을 감상했다. 그리고는 술 한잔씩 들면서 식사도 하고 담소했다. 그런데 올해는 못하고 지났다. 옛 선비들은 분재로 실내에서 키운 '설중매'를 섣달 그믐께 가까운 친구들끼리 모여 감상하면서 제석음(除夕飮 : 송년주)을 마셨다. 매화 분재가 없으면 빌려다가 매화회를 했다. 조선조 영조 때 이름난 문장가였던 동계(東谿) 조귀명(1693~1737)은 〈제석음〉이라는 시에서 다음과 같이 읊조렸다.

梅花會後除夕飮(매화회후제석음)
**매화회 후 섣달 그믐날 술자리**
次第取樂眞無窮(차제취락진무궁)
**차례대로 즐기면서 끝없이 이어가리**

시의 미련(7·8구)이다. 매화회는 선비들이 즐기는 하나의 풍류였다. 오늘날의 송년회 같은 것이기도 했다.

낙화는 한·중·일 동아시아 문화권 시의 전통에서 현실의 고달픔과 고뇌에 찬 갈등을 암시했다. 또 시 속의 낙화는 과거와 현재를 돌이켜 보는 '내면 공간'의 비유로 사용되곤 했다.

**春城無處不飛花(춘성무처불비화)**
**봄날의 성안 흩날리는 꽃잎 떨어지지 않는 곳 없다**

당(唐) 한웅의 명구(名句)다. 시구의 비화[洛花]는 현실의 고달픔과 갈등을 암시하면서 내면적 성찰의 공간을 제공한다.

**春城無處不開花(춘성무처불개화)**
**봄날의 성안 꽃이 피지 않은 곳이 없다**

한국 선불교 중흥조 경허 선사(1846~1912)의 시구다. 한웅의 시구서 '비(飛)'자 한 글자를 '개(開)'자로 점화(點化)했다.

경허 선사는 낙화[飛花]를 개화로 바꿈으로써 미래 지향의 적극적이고 활력에 찬 돈오의 공간을 만들었다. 점화란 선인들의 시문(詩文)에 자신의 창의성을 발휘한 시재(詩才)를 보태 새롭게 만드는 것을 말한다. 글자 한 자를 바꾸는 것으로도 시의 의경과 시정이 전혀 달라질 수 있다. 요즘 말하는 표절과는 전혀 다른 공인된 시작법이다. 두 시구의 '성(城)'은 우주 공간을 상징한다. 시인들은 우주와 같은 무한대의 공간에 안주하면서 그곳을 존재의 모태로 삼는다.

은둔의 미학

이제 왕유의 시를 통해 봄날의 낙화를 감상해 보겠다.

〈조명간(鳥鳴澗, 새 우는 개울가)〉

人閑桂花落(인한계화락)
**사람은 한가롭고 계수나무꽃 떨어지는데**
夜靜春山空(야정춘산공)
**깊은 밤 봄날의 산은 텅 비어 있네**
月出驚山鳥(월출경산조)
**달 떠오르자 놀라 깨어난 새들**
時鳴春澗中(시명춘간중)
**때때로 새들 울어대는 봄날 개울가**

봄날 깊은 밤 고요함 속에서 심령의지(心靈意志)를 가다듬어 모든 욕심을 버리고 마음을 비운 결과 보통으로는 들리지 않는 계수나무꽃 떨어지는 '낙화'의 소리를 듣는다. 이른바 정중동(靜中動)이다. 개울가 새들도 나뭇가지의 위에서 깊은 잠을 잔다. 달이 환히 떠오르자 아침인 줄 알고 놀라 잠을 깨어 다시 지저귄다. 잠 속에서도 달빛을 감지하고 깨어났다. 역시 정중동이고, 동중정이다. 이것이 시가 전개하고 있는 전체적인 정경(情景)이다.

　이러한 '정경'을 마주하면서 우리는 과연 어떤 정감을 느낄 수 있을까. 이 시는 평온하고 조화로운 봄날의 한 장면을 그리고 있다. 땅거미 서서히 내려앉고 난 후의 고요한 밤 계수나무꽃이 가볍게 흩날리며 떨어진다. 달이 소리 없이 살며시 떠오르자 낭랑한 새들의 울음소리가 달빛과 함께 주위의 정적(靜寂)을 깨고 널리 퍼져나간다.

이처럼 대자연은 원초적인 생명의 호흡을 발산하고 우리의 마음은 그것에 조금도 놀라지 않는다. 인간이 마치 대자연과 함께 호흡하는 듯하다. 봄 산이 한 폭의 그림처럼 고요하고 조화로운 가운데 신비하게도 사람을 감동시킨다. 그런데 시인이 무슨 말을 더할 필요가 있을까?

시인은 말한다. 생명이 흘러넘치는 한 폭의 그림을 통해 대자연의 원래 모습을 따른 '영원한 순간'을 응고시켜 그 속에 자신의 신운(神韻)이 깃들게 하면서 삶에서 정말 중요한 것은 '지금 여기'에 있는 작은 것들이라고…. 좀 더 형이상적으로 말하면 '순간 속의 영원'이다. 그림 같은 시 속의 풍경은 은은한 정을 품고 물처럼 부드럽기만 한데 감정을 쏟아붓고자 했던 것은 바로 이것이었다. 우리의 삶이 모두 즐거운 추억일 수만은 없다. 가령 '첫사랑의 키스' 같은 즐거움은 순간 속의 영원한 추억이다. 또 눈물의 이별을 삼키며 임이 넘던 '단장의 미아리 고개' 같은 쓰라린 순간의 추억도 영원할 수 있다. 천리의 운행은 이처럼 한정된 인생의 삶을 '순간 속의 영원'으로 남겨둔 채 끝없이 달려만 간다.

〈신이오(辛夷塢, 신이오 언덕)〉

澗戶寂無人(간호적무인)
**개울가 집 고요하고 사람 없는데**
紛紛開且落(분분개차락)

## 어지러이 꽃이 피고 지는구나

왕유가 자신이 은거하는 망천의 '신이오'라는 언덕을 산책하다가 읊은 시구다.

역시 앞의 〈조명간〉과 같은 시정(詩情)의 성율(시)이다. 꽃이 개화화고 낙화하는 무상(無常) 속에서 '영원한 순간'을 응고시키고자 했다. '순간 속의 영원'이라는 형용 모순어가 우리를 야릇하게 한다. 명대(明代) 시론가 호응린은 "왕유의 이 같은 시들을 읊노라면 일신(一身)과 세상을 모두 잊고 온갖 생각들이 고요해진다. 성율(聲律 : 시)에 이처럼 오묘함이 있을 줄은 몰랐다"고 찬탄했다.

## 4) 봄날은 간다

나는 매화를 사랑한다. 그래서 비화(飛花)돼 바람에 날려 멀리 떠나가는 매화를 보며 아련한 그리움을 느낀다. 내년 이때나 돼야 또 만날 수 있겠지.

그때도 오늘의 얼굴 그대로일까. 꽃 색깔도 향기도 변함이 없을까. 글쎄 육안으로야 쉽게 식별할 수 없겠지만 매화도 사람처럼 얼굴 주름이 더 생기는 변화가 있을지 모를 일이다. 장자의 〈호접몽(胡蝶夢)〉은 모든 사물은 변화한다는 '물화(物化)'를 실감 나게 보여주고 있으니 말이다.

멀리 떠나는 낙화가 나를 그리워하며 봄날의 산고개를 끝내 넘지 못하고 자꾸만 뒤를 돌아다보는 것 같다. 고개를 넘으면 또 봄날의 산[春山]이 펼쳐지는데 말이다. 떠나는 임은 이렇게 아쉬워 영영 고개를 넘지 못하고, 넘더라도 또 돌아다본다. 낙화는 춘산 밖의 행인(行人)으로 영원히 서성이리라.

## ┃ 그리움

사랑하는 매화를 떠나보내고 느끼는 아련한 그리움. 나이 80을 넘기니 마음이 여성화됐나 보다.

**어저! 세상 사람들아, 사람 알지 말았으라**
**알면 정(情)이 나고 정 나면 생각난다**
**평생에 떠나고 그리는 정은 사람 안 탓인가 하노라**

작자 이름이 미상인 옛시조다. 자나깨나 떠오르는 삼삼한 그 모습, 그 음성, 다정도 병인 양 하여 잠 못 들어 하는 상사병(相思病)은 아름다운 병이다. 이를 완화해 주는 유일한 길은 오직 꿈길 속에서 오고 가는 것뿐이다. 나는 시골 생가 거실 옆의 조그만 침대방 벽에 상사병을 앓는 애수로 시름하는 젊은 여인 그림 한 폭을 표구해 걸어놓고 있다. 나는 그림 속 여인의 애절함을 이 봄 매화를 이별하면서 느끼는 나의 그리움으로 대체해 본다.

고운 정이 오가는 아름다운 꿈길-.

얼마나 많은 고금의 사람들이 이 길을 오고 갔던가. 그리하여 '그리움'은 인간의 정서를 홍건하고 따뜻하고 맑게 해 주는 정화작용으로 기여해 왔지 않은가.

그러나 우리는 이제 그리움의 그 절절한 극한 상황을 품어볼 수 있는 시대를 잃어버렸다. 만단정회를 수일 내로 전해주는 만국 우편제도도 지금은 낡은 골동품이다. 이제는 인터넷·핸드폰 사진 전송·녹화·녹음·화상 대화가 있어 언제라도 마주 대해 정을 애태우지 않고 주고받는다.

그리움이 성숙할 겨를이 없다. 설익어 맛이 들기도 전에 해소해 버리곤 하니 아쉽다. 그러니 오늘날은 이승과 저승 사이 말고는 꿈을 통한 그리움의 문학도 아름다운 상사병도 아련한 그리움도 느긋한 기다림도 퇴색해 버리고 말았다. 우리는 이제 진한 그리움의 정화작용도 누릴 수 없는 로보트가 돼 싸늘한 비인간화만 떠받들고 살아야 한다. 나는 아직도 스마트폰이 없다. 카톡도 문자도 하지 않는다. 겨우 전화를 주고받고 문자를 수신해 보는 정도다. 수치스러운(?) 보수 꼴통 같은 이야기를 자랑스럽게 떠벌린 것 같다. 기왕에 이런 지경이니 옛 염정시(艶情詩)·향렴시(香奩詩)를 들추어 흘러간 옛 노래를 더 계속해 보고자 한다.

## | 황진이

황진이는 널리 알려진 바와 같이 서경덕·박연 폭포와 함께 '송도삼절(松都三絶)'이라 자처했던 조선 시대 명기(名妓)다. 시와 창에 능했던 그녀의 시 한 수를 보자.

〈상사몽(相思夢)〉

相思相見只憑夢(상사상견지빙몽)

그리운 만날 길 꿈길밖에 더 없는데

儂訪歡時歡訪儂(농방환시환방농)

내 임 찾아갔을 때는 임 날 찾아오고 없네

願使遙遙他夜夢(원사요요타야몽)

원컨대 임을 꿈에서 만날 때는

一時同作路中逢(일시동작로중봉)

동시에 길 떠나 중간에서 만나보고저

헤어지고 나니 꿈길에서나 만날 수 있는 그리운 임이다. 그러나 꿈은 결코 현실이 아니다. 꿈속에서 임을 만나러 갔더니 임은 날 그리워 만나보고자 떠나서 없네. 꿈속이지만 김빠지고 허망하다. 그러니 앞으로는 동시에 떠나 중도에서라도 만나자는 소원을 남기고 꿈을 깬다. 그리움을 꿈속에서 해소하는 멋진 낭만이다.

## | 이매창

부안 명기 이매창과 촌은(村隱) 유희경(1545~1636)의 염정은 유명한 일화로 전해 온다. 매창은 촌은이 서울로 돌아간 후 소식이 끊겨도 오매불망 못 잊고 임을 위해 수절했다. 그녀의 향렴시 또한 절절한 그리움의 피를 토한다.

〈춘수(春愁)〉

長堤春色草妻妻(장제춘색초처처)

긴 방죽에 봄풀 우거져

舊客還來思欲迷(구객환래사욕미)

옛님 돌아오다 길 헤맬라

故國繁華同樂處(고국번화동락처)

그 옛날 함께 놀던 멋진 곳인

滿山明月杜鵑啼(만산명월두견제)

만산에 달 밝고 두견새 우네


소식도 없는 임이 돌아오길 애타게 기다리며 길에 봄풀 우거져 길
잃을까 근심한다. 그리움에 기다림까지 겹쳐 더욱 애절하다.

촌은도 매창이 그리워 시를 지었다. 촌은의 시는 창자가 끊길 듯
한 애절함이 절절 흘러넘친다.


娘家在浪州(낭가재낭주)

그대 집은 부안이요

我家住京口(아가주경구)

내 집은 서울이라

相思不相見(상사불상견)

그리워도 보지 못하고

斷腸梧桐雨(단장오동우)

오동나무에 비 뿌리면 창자만 끊기노라


아름다운 상사병을 앓고 있는 촌은과 매창의 읊조림은 점잖긴 하지

만 그 그리움은 애절하고 눈물겹다. 공자는 "《시경》의 〈주남〉·〈소남〉의 시편을 공부하지 않으면 담벼락을 마주해 서 있는 것과 같다"고 했다. 〈주남〉·〈소남〉의 내용인즉 노골적인 남녀 정애(情愛)의 시들이 대부분이다. 《시경》의 시들은 모두가 천연의 인정을 발로한 것이라 한다. 남녀가 부부가 되고파 발동하는 상호 연모의 정, 그것은 바로 인륜(人倫)의 시원인 천부의 성정이다.

올봄 매화의 낙화를 보내는 그리움과 아쉬움을 이렇게 써 본다.

은둔의 미학

# 08

# 81세의 여름-
# 농번기

별 의미는 없지만 나이가 좀 드니 지난날을 자꾸 회상하게 된다. 그것도 아주 어린 시절, 초·중 시절의 농촌 풍경·원시(?)의 자연 풍광 등이 많이 떠오른다. 농촌에서 태어나 자랐기 때문이겠지만 "늙으면 어린애 된다"는 속담처럼 먹고 입고 사고하는 것뿐만 아니라 추억도 어린 시절이 오히려 더 생생하게 기억된다.

대학을 졸업하고 물질문명권에 진입해 조직과 제도에 얽매여 살았던 세월의 추억은 순수하지도 아름답지도 않았던 것 같다. 그래서 철없던 어린 시절의 추억이 더 아련하고 선명하다. 성인이 된 이후의 직장 생활이나 사회생활이 유달리 험난했거나 비극적인 것도 아니었고 추억도 많지만 순수했던 어린 시절만큼 각인되질 못한 것 같다. 시골 농촌의 여름은 정말 바빴다. 이른바 '농번기'라고 해서 새벽부터 저녁 늦게까지 열심히 일들을 했다. 농번기의 절정은 '모내기'가 아니었던가 싶다.

## 1) 모내기

모심는 날은 동네 잔칫날이었다. 온 가족은 물론 동네 아주머니들이 동원돼 부엌일을 돕고 일꾼들의 점심밥과 새참(일꾼들이 휴식 시간에 먹는 음식)을 나르는 데 어린 나도 한몫 했다. 우리 집은 나와 내 아우도 일을 돕도록 하려고 일요일을 모심는 날로 정했다. 우리 형제가 하는 일은 뙤약볕 논둑에서 못줄을 옮겨가는 일이었다. 못줄이란 모를 논에 옮겨 심을 때 줄과 간격을 맞추도록 긴 줄에 빨간 헝겊을 20cm 간격으로 매달아 논을 가로질러 띄워가면서 모를 심어 나가는 일종의 표지판이었다. 맨 가의 일꾼이 못줄 감은 말뚝을 직접 옮겨 가며 심기도 했지만 누가 별도로 논둑에 서서 옮겨 주면 훨씬 능률적이었다. 때로는 모단을 옮겨 오는 일도 거들었다. 일꾼들이 지게로 옮겨다 적당한 간격으로 던져 놓고 심었는데 모단을 배열하는 일이나 간혹 조금씩 부족한 경우는 직접 손으로 날라다 주기도 했다. 어릴 때 모심는 날 일을 도왔던 기억이 지금도 생생하다.

모심는 들판의 점심시간은 음식과 대화가 풍성했다. 양은그릇이 보편화되기 전의 그 시절은 밥그릇·국그릇이 모두 조롱박이었다. 갈치·꽁치 조림에 콩나물무침·장아찌·건새우 볶음 등 평소와는 전혀 다른 풍성한 반찬이었다. 계란찜도 있었는데 간신히 한 숟갈씩 먹을 정도의 귀한 반찬이었다.

대화는 온갖 동네의 비밀스런(?) 이야기에 구수한 농담이 오갔다. 나는 집에 들어와 밥을 먹었지만 일꾼들의 밥 먹는 모습이 재미있어서 한참씩 옆에서 구경을 하다가 왔다. 농업이 주산업이었던 '농자천하지대본(農者天下之大本)'의 농경문화가 보여주는 훈훈한 풍경은 정말 순박하고 구수한 숭늉 같은 정다운 모습이었다.

1980년대부터 기계화돼 이앙기 모내기가 보편화될 때까지 두레·품앗이로 못줄을 띄우고 사람이 손으로 모를 심었다. 지금은 산골 논에서도 못줄을 띄우며 모를 심는 예가 없고 들판에 둘러앉아 대광주리에 내온 점심밥을 먹는 농촌 풍경을 볼 수가 없다. 그래서 더 아련한 추억인지도 모르겠다.

## ❙ 삽전가

〈삽전가(揷田歌)〉는 명나라 말 전우 선사가 승려들의 모심고 밭 일구는 노동을 종교적 수행 차원으로 승화시켜 노래한 5천 자에 이르는 일종의 '노동요'다. 문학적·미학적으로도 한번 읽어 볼 만한 읊조림이라고 생각해 그 일부를 소개한다.

> 모든 불자들아,
> 나와 함께 나가서 진흙 논에 어서 모두 모이세
> (諸佛子 同我去 深泥田里 好相聚)
>
> 써레를 끌고 소를 채찍질함은 정말 즐겁네.
> 일을 깔끔히 못하면 전혀 돌아보지도 않을 터
> (拽耙鞭牛 眞快活 拖泥帶水 渾無顧)
>
> 논두렁은 분명해 수로가 통하고
> 흙탕물은 평평하기가 손바닥 같네
> (畦畔分明 水路通 泥水平如 掌面同)

모를 집어다 차례대로 꽂으니
넓고 좁기 가로 세로가 반듯하게 맞는구나
(拈起禾莖 次第揷 寬狹橫竪 須合中)

논 귀퉁이 비뚤어졌어도 모심은 줄 똑바로 하고
가로세로 줄 맞추기를 베 짜기와 같이 하라
(田角斜 禾路直 橫竪成行 如絲織)

논두렁은 여래의 가사와 같고
벼는 범천왕의 빽빽한 그물코일세
(畦似如來 福田衣 禾像梵王 網孔密)

모든 불자들이여, 나와 함께 여기로 오라
때가 되면 계절에 응해야지 순리를 막지 말라
(諸佛子 同我來 及時應節 莫挨排)

벼 한 포기 심으니 한 부처님 나타나고
천 포기 만 포기가 모두 부처님일세
(揷得一莖 一佛現 千莖萬莖 皆如來)

문학적으로는 아주 평이한 노동요다. 노래의 이해를 위해 설명이
필요한 숙어를 풀이한다. '타니대수(拖泥帶水)'는 써레질을 할 때 물
이 옆으로 흘러 뒤죽박죽이 된다는 뜻인데 일 처리가 시원치 못함

은둔의 미학

을 말한다. '복전의(福田衣)'는 복전이란 삼보의 덕으로 존경하는 경전(敬田)과 군왕·부모 은혜를 보답하는 은전(恩田)·가난한 사람을 불쌍히 여기는 비전(悲田)을 뜻하는데 복전의는 여기서 비롯된 승려의 가사를 말한다.

전우 선사의 〈삽전가〉를 인용하게 된 동기를 말하면, 하나는 1996년 취재차 강서성 영수현 보봉향 운거산의 진여선사(眞如禪寺, 일명 운거사)를 찾아가 5시간 동안 머문 일이 있다. 마침 때가 5월 말이라 스님들이 보청[普請 : 승려들이 힘을 합쳐 공동작업으로 논·밭을 경작하는 울력(運力)]으로 논을 갈고 밭을 경작하고 있었다. 이 같은 승려들의 울력은 선불교가 농사일도 곧 참선수행이라는 '농선병행(農禪竝行)'을 청규(淸規)로 제정해 지켜오고 있는 오랜 전통에 따른 것이었다. 계율화한 선불교의 '선농일치'는 사찰의 경제적 자립과 훼불의 명분이 돼온 무위도식을 불식시키기 위한 것이기도 했다. 그러나 청규의 근본정신은 농사일(노동)을 신성시해 하나의 수행 차원으로 승화시키고자 한 것이었다. 또 하나는 이미 우리나라 농촌에서는 기계화돼 보기 힘든 옛날 농법이 그대로 살아 있어 논밭을 소가 끄는 쟁기로 갈고 써레질을 해 모를 심는 풍경이 회상됐기 때문이다. 진여선사는 중국 선불교의 본산 종찰(宗刹)이기도 했다. 취재 당시 얻은 진여선사 소개 책자에 전우 선사의 〈삽전가〉 일부가 들어 있어 신문 연재 후 《답사기》를 책으로 출판할 때 번역해 넣기도 했다. 지금 옛 우리 농촌을 회상하는 글을 쓰려고 하니 〈삽전가〉만큼 모내기를 매끄럽게 묘사할 자신이 없어 다시 한번 인용한다.

## 2) 운정전(雲頂田)

수구초심(首丘初心). 여우가 죽을 때 머리를 자신이 살던 굴을 향하고 죽는다는 말이다. 사람의 경우로 비유되면 고향을 그리워한다는 의미로 쓰인다. 이번 여름은 고향을 회상하는 글을 이어갈까 한다.

운정전(雲頂田)은 앞에서 이야기한 진여선사 스님들이 경작하는 밭이름이다. '구름 위의 밭'이라는 멋진 명칭이다. 원래 운거산은 구름에 덮이는 날이 많아 절 이름도 운거사(雲居寺 : 구름이 기거하는 절)라 했다. 그 유래는 진여선사(일명 운거사)의 자연환경도 환경이지만 소동파 시구 "4백 주의 하늘 위에 떠 있는 구름(四百州天上雲居)"에서 비롯했다.

당·송 8대가의 한 사람이며 방온 거사와 함께 중국 선불교 2대 거

소동파 초상화, 국립중앙박물관

은둔의 미학

사인 소동파는 진여선사의 주지였던 불인요원 선사와 교분이 두터웠고 한때 장기간 이 절에 머물기도 했다. 이런 인연으로 절 이름을 그의 시구에 나오는 '운거'를 따서 운거사로 바꾸었다고 한다. 어쨌든 밭 이름이 정말 멋지다. 나의 고향집 밭 이름은 '도독골 밭'·'뒷골 밭' 등 골짜기 이름을 붙여 불렀다. 지금도 그 이름이 계속 사용되고 있다.

'일하지 않는 날은 먹지도 않는다(一日不作一日不食)'는 청규정신을 따라 지금도 논밭을 열심히 경작하는 운거사 스님들의 이야기를 좀 더 해보겠다.

구름은 높이 솟은 난운령 고개서 흩어지고
구름 위 뜬 하늘엔 녹색이 가득한 논
(雲居高銷亂雲嶺 雲外浮雲綠滿田)

5정의 사찰 언덕밭을 개간한 것이 누구더냐
앉아서 보니 백 두럭의 논이 호천에 솟는구나
(誰是五丁開梵塢 坐看百畝湧湖天)

하늘의 별들이 밤의 가사 그림자에 와닿고
학백로는 아침의 쟁기와 써레 안개를 머금는다
(星河夜接袈裟影 鸛鶴朝喞犁把烟)

하늘 위에서 논갈이 가꾸기를 즐겨 배우니

# 승복과 삿갓 하나 석양 볕에 떠오르네
## (肯學耦耕霄雲上 僧衣一笠夕陽邊)

회산 선사가 진여선사 승려들의 논밭 경작 모습을 7언구로 진솔하게 찬미한 시다. 구구절절이 과장이 없는 사실적 묘사이면서도 농사의 고단함을 시원하게 날려 보내는 서정성을 담고 있다. 문학적 묘사도 상당한 수준이다. 특히 모내기하는 승려들을 천상 세계에 사는 선녀들처럼 묘사한 제3·4구는 대단한 문학적 표현력을 발휘하고 있다. 하늘에 저녁 별이 뜰 때까지 모내기를 하는 승려들의 가사 그림자 위에 선명하게 내려와 박힌 별들의 모습은 하늘과 사람이 하나 된 '천인합일(天人合一)' 바로 그것이다. 엄청난 우주 섭리고 형이상학이다. 이 엄숙한 자연의 이치가 문학적 묘사를 통해 서정성을 자극하면서 아름다운 모습으로 형상화됐다.

농사일만큼 자연 친화적인 산업도 없다. 현대 산업 경제에서는 우선순위가 멀찌감치 밀려나 있는 농사가 시 속에서나마 우리의 감성을 간지럽히고 있음에 나는 감사한다. 농사는 절대적으로 자연의 질서에 순응한다. 근대적인 관개 시설이 있기 전까지의 농사는 하늘의 비가 때 맞추어 내리느냐의 여부에 따를 수밖에 없었다. 논의 경우 천수답(天水畓)·봉천답(奉天畓)은 비가 오지 않으면 모내기가 불가능했다. 그래서 치수(治水)의 문제는 고대로부터 국가 경영의 최우선 과제였다. 지금은 농사 환경이 전혀 달라졌지만 그래도 농업은 흙이라는 자연과 가장 끈끈한 원초적 연분을 가지고 있다. 인간은 아무리 과학 문명을 발전시켜도 하늘, 곧 자연을 떠나 존재할 수 없다. 노자도 자신의 최고 이념적 진리인 "도(道)란 곧 자연(道法自然)"이라고 했다.(《노자》25장)

회산 선사의 시가 형이상학으로는 천인합일·무위자연(無爲自然)에까지 뻗어 나간다는 이야기를 장황하게 했다. 참고로 제3련의 "쟁기와 써레 안개를 머금는다"를 조금 설명해 둔다. '써레'는 논갈이한 흙덩이를 모내기할 수 있도록 평평하게 고르는 평탄 작업을 하는 데 사용하는 농기구다. 나무를 깎아 만든 발(足)을 몸통에 꽂아 쇠스랑을 확대한 것처럼 해서 소가 끌도록 함으로써 논바닥을 고른다. 쇠로 만든 써레도 나와 기계화 전까지 사용되기도 했다. 지금은 완전히 사라져 농업 박물관에나 가야 옛 써레를 볼 수 있다.

써레로 논바닥을 고르는 평탄 작업은 모내기 전 아침 일찍 먼저 해 놓는다. 그래서 써레 작업을 할 때는 잔잔한 물을 마구 헤치기 때문에 물안개가 피어오른다. 학백로가 그 안개를 머금는다는 표현은 아주 서정적인 묘사다.

회산 선사의 시는 모를 심는 생산노동이 자기를 비워내고 사물과 하나 되는 물아일체(物我一體)의 진리를 체득하는 득도(得道)의 수행이 될 수 있음을 설파하고 있다. 그렇다면 필부필부의 농부들도 농사일에서 무의식적인 득도 수행을 하고 있는지도 모를 일이다. 선불교의 승려 노동 권장의 그 출발 동기는 경제 문제였다 하더라도 노동도 곧 수행이라는 전무후무한 수행관을 확립한 점은 자기 합리화를 위한 미화(美化)라고만 치부할 수 없는 큰 의미를 갖는다고 하겠다.

## 3) 선비의 과하(過夏)

비가 내리고 나면 나뭇잎은 평상시보다 푸르름을 더한다. 여기에 미풍이 불어오면 습기에 젖은 잎새들은 더욱 선명해진다. 여름은 일 년 중 비가 가장 많은 계절이다. 비 오고 난 후의 파초는 푸르름을 나누어 창문 비단 주렴을 물들인다. 탁 트인 정자에서의 낮잠도 여름을 지나는 과하(過夏)의 명품이다. 꽃을 감상하고 낮잠을 자다 보면 공(空)과 색(色)이 뒤집히고 마냥 세월이 성큼성큼 흘러간다.

구한말 강직하고 날카로웠던 암행어사 명미당(明美堂) 이건창의 〈만청(晩晴) : 비 갠 저녁〉이라는 시 한 수를 보자.

拓戶鉤簾愛晩晴(척호구렴애만청)
**창문 열고 발 올려 비 갠 저녁 내다보니**

夏天澄綠似秋生(하천징록사추생)
**여름 하늘 맑고 파래 가을 온 듯 선선하다**

已聞巷裏樵車入(이문항리초차입)
**벌써 골목에는 나무 실은 수레 들어왔고**

正憶田間秧馬行(정억전간앙마행)
**논에는 이제 한창 모심는 이앙기 다니겠군**

靑嶂排空回舊色(청장배공회구색)
**푸른 산 허공을 밀치고 옛 빛깔로 돌아왔고**

綺霞沈樹澹餘情(기하침수담여정)
**고운 노을은 나무를 어둠에 묻어 두면서 아쉬운 정을 가라앉힌다**

은둔의 미학

今宵解帶不須早(금소해대불수조)

**오늘 밤은 띠를 풀고 잠을 서둘지 말고**

坐待星河拂滿城(좌대성하불만성)

**성안 가득한 은하수를 마당에 앉아 기다리자**

어릴 때부터 수재로 이름난 명미당 이건창(1852~1898)은 15살에 문과 급제를 하고 고향 강화도를 떠나 한양에서 관리 생활을 했다. 10세에 사서삼경을 모두 암송했던 그는 소년 때부터 문필이 뛰어났다.

시는 여름철 비가 개고 난 뒤의 풍경과 감회를 읊조린 것이다. 하늘이 청명해 마치 가을 같다. 들녘의 논에서는 농부들이 모내기를 한창 서두를 게다. 고향의 여름철 풍경이 떠올랐던 모양이다. 이렇게 상쾌한 기분을 좀처럼 맛보기 어려운 여름날이니 잠을 자지 않고라도 서울 하늘을 뒤덮을 은하수를 꼭 보고 싶다. 시의 내용은 평이해서 별달리 해석을 붙일 게 없다. 명미당의 '과하시'는 보통 선비들도 다 가지는 여름의 시정(詩情)이다. 제3련 공과 색의 변환이 잘 묘사됐고 저녁노을이 지면 나무가 어둠에 잠겨 낮 동안의 모든 세속적 번뇌와 격정적인 감각 활동을 멈추고 밤의 고요 속에서 안정되듯이 사람도 밤의 고요와 함께 본래의 자기로 되돌아가야 한다. 나무를 작별하는 노을의 아쉬운 정도 밤이 되면 가라앉으니 말이다.

명미당 이건창 얘기를 좀 해야겠다. 왜냐하면 내가 중·고교 학생 때 집안 어른들로부터 들은 바가 있어서다. 명미당은 본관이 전주고 전주 이씨 덕천군파다. 나와는 항렬이 조부뻘인데 근세 덕천

군파에서 가장 명예롭게 내세울 수 있는 인물이다. 명미당이 충청
우도 암행어사일 당시 그 관아(도청)는 공주에 있었다. 도청이 대전
으로 옮긴 것은 일제 강점기 때였다. 명미당은 비리 관료로 악명이
높던 충청감사 조병식의 비위를 샅샅이 파헤쳐 고종에게 논핵(論
劾), 파면시킴으로써 명성을 드날렸다.

그는 함경도 안핵사였을 때도 함경도 감사의 비리를 파헤쳐 파
면시켰다. 그래서 고종이 지방 관찰사를 내려보낼 때 "경이 가서 잘
못하면 이건창을 보내 조사하겠다"고 경고했다는 일화도 있다. 내
가 명미당의 행장(行狀)을 유달리 소개하는 것은 우리 집안과의 미
미한 인연이 있어서다. 나는 명미당의 직계 후손이 아니다. 그러나
공주시가 되기 전의 공주군에는 2개 면에 걸쳐 전주 이씨 덕천군파
가 대성촌을 이루고 있었고 덕천군의 묘소도 공주로 이장해 모시었
다. 공주의 이씨 덕천군파도 여러 갈래로 나뉘어 분파돼 있는데 그
중에서도 멀리 족보를 추적해 올라가면 우리 집안이 촌수야 몇십
촌을 넘어 있지만 다른 분파들보다 명미당에 가까운 편이었다. 그
래서 담당 지역이 충청우도였기 때문에 공주를 자주 내려왔던 명
미당의 위세로 지역에서 꽤 행세를 했다고 들었다. "수양산 그늘이
30리를 간다"고 그냥 이건창 암행어사의 명성만으로도 공주 덕천
군파 이씨들의 어깨가 으쓱했던 것이다. 나 개인으로는 명미당 할
아버지한테 미안한 점이 있다. 그 직계 후손이 아주 불행하다.

내가 신문사에 다닐 때 그 손주가 찾아온 일이 있는데 넝마주이
를 하다가 폐병까지 앓았다는 것이었다. 별 도움을 주지도 못했고,
강화군에서 생가를 복원해 놓았다는데 꼭 가보겠다고 벼르기만 하

다가 금년 초에 겨우 찾아가 보았다. 내 선대 어른들이 그분의 그림자라도 업고 행세를 하고 위세를 부렸다는데 말이다.

모든 책과 글은 자기를 자랑하려는 허영과 과장이 정도의 차이는 있지만 다 들어 있다. 나도 명미당 이야기를 쓰면서 혹시라도 먼 조상의 뼛골까지 우려내는 자랑을 하는 것 같아 실은 꺼림칙한 기분이다. 그러나 명미당은 국어대사전에도 나와 있는 등 객관적으로도 자랑할 만한 인물이라고 생각한다. 그의 학문과 문장·정치관 등은 벼슬을 떠나서도 평가를 받는다. 명미당은 겉으로 드러내진 않았지만 '강화 양명학파'의 거물이기도 했다. 그는 공맹의 격물치지(格物致知)보다는 지행합일(知行合一)에 중점을 두었고 "학문의 근본은 심학(心學)이다"라고 주장하는 등 왕양명의 심학을 깊이 천착했다. 그러나 양(陽)으로는 주자학자로 행세했고 양명학은 음(陰)일 수밖에 없었다. 명미당이 심학의 정통 맥을 잇는 강화학파의 중요인물이었음은 근래 유명종 교수의 논문을 통해서도 다시 한번 밝혀졌다. 그의 문학과 문장은 중국에서까지도 대단한 칭송을 받았고 구한말 대문장가 창강 김택영이 고려·조선조 문장가 9명을 선정하는 데도 당당히 이름을 올렸다. '려한(麗韓) 9대 문장가'의 한 사람이라는 영예는 정말 대단한 것이다.

그는 짧은 생애에 반대파의 모함과 무고로 두 번이나 귀양살이를 하기도 했다. 《당의통략(黨議通略)》이라는 저술을 남기기도 한 명미당의 정치관은 심학에 기초하고 있다. 그는 "한 나라의 부강과 흥망성쇠는 오직 군왕의 실심(實心)에 달려 있다"고 주장한다. 정치적으로는 소론(少論)에 속했다. 명미당의 가계는 문한(文翰)의 명가인데 영의정 이경석·명필 이광사·《연려실기술》의 저자 이긍익·시인 이광여 등이 모두 현조(顯祖)이다. 할아버지는 호조판서를 지내고 영의정에 추증된 사기(沙磯) 이시원이고 부친은 군수를 지낸 이상학이다. 이건창의 호는 명미당과 영재(寧齋) 두 개가 있다.

나는 《명미당전집》 영인본을 가지고 있으나 현토가 안 돼 있고 독해할 만한 한문 실력도 못 돼 통독하지 못하고 있다.

## 4) 선비의 한거(閑居)

농촌이나 농민의 모습에서 제일 먼저 떠올리게 되는 것은 전원적 분위기와 순박함·무채색의 이미지일 것이다. 지난날과 같은 사람들의 살가운 정은 이제 거의 사라지고 없지만 그래도 내가 자랐던 농촌의 산천이 반갑게 맞아주고 맑은 공기가 호흡을 편하게 해 준다. 어릴 때 회초리 같던 소나무가 아름드리로 자랐고 논둑, 밭둑이 원형을 그대로 보존하고 있다. 나는 시골 생가에 가면 다음날부터는 마음이 아주 푸근하다. 그냥 산천과 들판을 바라보는 것만으로도 흐뭇하다. 맑은 공기와 새들의 노랫소리에 폐와 귀가 호강을 한다. 폐가 맑아지니까 그런지 담배 맛이 기가 막히게 좋다. 이런 것만으로도 시골 농촌은 나한테 천국(?)이다. 새록새록 살아나는 옛 기억도 스스로를 웃게 하고 콧노래를 부르게 한다. 기왕에 조상 자랑을 시작했으니 앞 장에서 다하지 못한 영재 이건창의 이야기를 콧노래 부르는 기분으로 더 해 볼까 한다.

"오직 내 마음이 내 글의 바탕일 뿐이다. 대저 내 마음에서 발동하고 내 마음에 감응하지만 오히려 내 마음에 만족스럽지 못하면 이는 대단히 섭섭할 뿐이다. 〈중략〉 고금을 통하여 영원한 마음(心)에 근본하여 문장을 짓고 정치도 하고 경술(經術)을 세운다."

영재 이건창의 '성령(性靈)문학론'이다. 마음이 문학·정치·경제 등 모든 것의 바탕이 돼야 한다는 얘기다. 왕양명의 심학(心學)과 일치하는 문학관이다.

원래 왕양명의 심학은 유교의 외투를 입은 불학(佛學)이라는 평을 들었다. '마음'은 불교의 핵심 종지다. 공자─맹자의 유학은 송대(宋代) 주자가 새롭게 성리학으로 집대성하는 과정에서 불학적 요소를 적잖게 흡입했다. 특히 심학적 요소를 많이 흡수했다. 주자 자신이 선불교 승려들과 폭넓게 교류했고 선종 사찰들을 유람하며 시회(詩會)를 여는 등 불교에 호의적이었다. 양명학은 학술 이념이 불교 선학(禪學)을 많이 흡수해 일명 '심학'이라 했다. 우리나라의 양명학은 강화도·송도(개성)를 중심으로 한 '강화학파'가 정통을 이어왔다. 강화학파의 중요인물 중 하나가 영재 이건창이다. 영재는 관료로서의 명성도 높았지만, 학자·문인으로서의 지위가 오히려 더 빛났다고 할 수 있다.

**초하즉사(初夏即事, 초여름의 풍경을 읊다)**

蒺藜花發松花落(질려화발송화락)
남가새꽃 피고 송홧가루 떨어지며

潮減今年雨未慳(조감금년우미간)

조류 줄어든 올해 비가 흠뻑 내렸다

剗剗稻秧正可念(염염도앙정가념)

반들반들 볏모는 정말 사랑스럽고

離離梅子齊堪攀(이리매자제감반)

주렁주렁 매실 열매 일제히 따도 좋겠다

出窠乳燕領襟好(출과유연령금호)

둥지 나온 제비 새끼 목과 깃털 어여쁘고

登箔大蠶頭脚頑(등박대잠두각완)

채반 위의 큰 누에 머리며 꼬리 힘세다

橋上行人有詩意(교상행인유시의)

다리 위의 행인 시심 돋아나

捋鬚不去看靑山(날수불거간청산)

수염 꼬며 자리 뜨지 못하고 청산을 바라보네

초여름 농촌 풍경을 아주 사실적으로 잘 묘사한 영재의 시다. 남가
새꽃·송홧가루·볏모·매실·제비·누에 등 모두가 눈에 선한 지난
날의 농촌 풍물이다. 그러나 지금의 내 시골 생가에는 송홧가루와
매실 정도가 있을 뿐 나머지는 모두 사라졌다. 제비는 40여 년 전
부터 오질 않고 누에도 어릴 때는 키웠는데 이미 누에 치기를 거
둔 지 70년도 넘었다. 남가새꽃은 해변에 분포하기 때문에 원래부
터가 없었다. 그러니까 남가새꽃을 제외하고는 모두 지난날에는
흔히 보던 것들이다. 제일 아쉬운 것은 처마 밑의 제비집에서 입

을 벌리며 어미 제비가 물어다 주는 먹이를 받아먹던 제비 새끼들이다. 논과 밭에 살충제를 뿌려 먹이가 없기 때문에 제비들이 오지 않는다. 정자 처마 밑에 이름 모를 새가 둥지를 틀고 알을 품어 새끼를 까서 나가기는 하는데 영 정이 가질 않는다.

영재 할아버지가 초여름 풍경을 읊조린 것은 1891년경으로 보인다. 그때 영재는 고종 황제로부터 황해도 관찰사 제수를 받고 부임하지 않은 채 면직 상소를 올렸다가 '불부임죄(不赴任罪)'로 고군산열도로 유배돼 귀양살이를 하고 돌아와 고향 강화도에 일시 머물고 있었다. 그는 어사-한성부 소윤(少尹)-승지-공조참판 등의 벼슬을 거쳐 황해도 관찰사로 제수됐다. 그러나 개화에 반대해 일체의 관직에서 물러났고 1895년 민비시해사건에는 통렬한 비판을 했다.

영재는 15세에 문과에 급재해 옥당(궁궐)에 들어가 승정원에 근무했다. 당시 승정원 관리 중 나이가 가장 어렸는데 붓놀림이 나르는 듯 빨라 주위 사람들을 놀라게 했다. 23세 때 청나라 세폐사(歲幣使) 서장관으로 연경에 갔는데 청나라 관리들로부터 시문과 인품을 크게 칭찬받았고 26세에 충청우도 담당 어사가 됐다. 충청도 관찰사 조병식의 파면을 추진할 때 당시 실권자인 민규호가 사람을 보내 무마하려 했지만 단호히 거부하고 직접 고종 황제 앞에 나가 논핵(論劾)해 끝내 파면되도록 했다. 영재는 구한말의 '청백리'로도 유명하다. 명미당 할아버지 자랑은 이만 끝내겠다.

선비들의 과하(過夏)는 농부들과는 달리 한가하다. 낮잠을 자고 시정을 토로하는 한정(閑靜)에 잠겨 시상을 떠올린다.

송(宋) 범성대(1126~1193)의 〈한가로이 초여름 낮잠을 자고 일어나다〉라는 시를 감상해 본다.

梅子留酸軟齒牙(매자유산연치아)

**매실은 신맛 남겨 이빨 약하게 하고**

芭蕉分綠與窓紗(파초분록여창사)

**파초는 푸르름을 나누어 창문 비단 주렴 물들이네**

日長睡起無情思(일장수기무정사)

**해는 길어 낮잠 자고 일어났으되 무료해**

閑看兒童捉柳花(한간아동착유화)

**아이들 버들개지꽃 잡는 것 한가로이 바라보네**

범성대의 시 〈한거초하오수기(閑居初夏午睡起)〉다. 현실을 벗어나 자연으로 돌아가려는 한정한 심경을 엿볼 수 있다. 시인은 매실·파초·유화 같은 자연 경물을 포착하여 시로 형상화시킴으로써 자연과의 친화 또는 몰입을 추구했다. 앞의 명미당의 시 〈초하즉사(初夏卽事)〉도 같은 맥락이다.

낮잠은 시의 소재로 사용되면 상황에 따라 한가로움·절망·암울한 자의식적 고통의 세계를 나타낸다. 대체로 선비들의 낮잠은 한가로움을 뜻한다.

# 81세의
# 가을

## 1) 채국동리하(採菊東籬下)

국화는 가을철을 대표하는 꽃이다. 서리 속에서도 버티는 고고한 절개와 꽃이 져도 떨어지지 않고 대에 그대로 붙어 있는 강인함은 많은 시인 묵객들의 시가와 그림의 소재가 됐다. 그래서 매화·난초·대나무와 함께 사군자(四君子)로 칭송돼 왔다. 특히 황국의 향은 코를 찌를 듯하면서도 천격스럽지 않아 화초로도 일품이다.

어렸을 때 집 담 밑과 마당 가에 황국을 많이 길렀다. 그 향기가 가을 한 철 집안 가득했다. 오가며 맡는 국화 향기가 좋았다. 국화는 퇴화 식물이라 부지런히 분주를 하거나 새싹을 잘라 새로 심어주어야 번창한다. 아버님께서 국화를 부지런히 가꾸는 것은 특별한 취향으로 꽃의 향기를 감상하고 집 주변의 환경 미화를 하려는 것이 아니었다. 이런 것은 부차적일 뿐이고 국화주를 담그시려는 게 국화를 가꾸는 주목적이었다.

추수가 끝나 정미소에 가서 햅쌀을 도정해 오면 담 밑의 국화를 대와 잎·꽃이 함께 있는 그대로 베었다. 우물물에 헹구어 다발로 묶은 다음 무명 주머니에 넣어 술을 담갔다. 아버님이 술을 크게 즐겨 하지 않아 동네 사람들이 오고 가다가 한잔씩 마셔주어 술독을 비우곤 했다. 김치·깍두기 안주로 기껏해야 마루에 앉거나 마당에 선 채 한두 잔씩 마시는 우리 집 국화주는 꽤 인기가 있었다. 나는 술독을 열 때마다 술과 섞인 국화 향기를 꽤 많이 마셨다. 이것이 어릴 때의 국화에 대한 기억이다.

이런 황국의 짙은 향기에 대한 추억이 있어 생가를 수리하고 서울에서 황국을 구해다 심었는데 관리를 제대로 하지 못해 퇴화 식물로 사라지고 말았다.

선비들이 국화를 사랑하는 이유야 많다. 당(唐) 원진은 "꽃 중에서 국화를 유달리 좋아하는 것은 아니나 이 꽃이 다 지고 나면 더는 꽃이 없네(不是花中偏愛菊 此花開盡更無花)"라고 읊조렸다.

나도 선비연(然) 하는지라 국화를 아주 좋아한다. 어릴 때 뭣도 모른 채 그냥 그 향기를 즐겼던 기억과 맛이 좋아 몰래 국화주 한 사발을 들이키고 대취해 쓰러져 혼절했던 국화주에 대한 아련한 추억도 있다. 그래서 이 가을 저 유명한 도연명의 〈음주〉 시 20수 중 제5수(首)의 만고 절창구인 "채국동리하 유연견남산(採菊東籬下 悠然見南山)"을 한번 감상해 본다.


結廬在人境(결려재인경)
**초가집 짓고 마을 근처 사는데**
而無車馬喧(이무거마훤)

수레나 말 시끄럽지 않네

問君何能爾(문군하능이)

묻노니 어찌 그럴 수가 있는가

心遠地自偏(심원지자편)

마음 멀어지면 사는 곳도 외진 곳 된다오

採菊東籬下(채국동리하)

동쪽 울타리 밑서 국화를 따다가

悠然見南山(유연견남산)

무심히 고개 돌리니 남산이 눈에 들어오네

山氣日夕佳(산기일석가)

산기운 해질녘 아름답고

飛鳥相與還(비조상여환)

날던 새들도 무리 지어 돌아오네

此中有眞意(차중유진의)

이 가운데 참뜻이 있나니

欲辯已忘言(욕변이망언)

그 뜻을 말하려다 말을 잊고 만다

내가 가장 좋아하는 구절은 '채국동리하'와 '욕변이망언(欲辯已忘言)'이다. 시의 끝구인 '욕변이망언'은 암송할 때마다 가슴이 울컥하면서 형용할 수 없는 감동을 느낀다. 시의 위 두 구절은 워낙 유명해 널리 절창되고 있을 뿐만 아니라 문학적·미학적·철학적·종교적 측면에서 주석한 해설이 수없이 많다.

나는 오늘 특히 종교적 측면에 역점을 두고 나름 새롭게 해석해 보고자 한다.

도연명은 원래 유생이지만 불가의 여산 동림사 주지 혜원 스님, 도가(道家)의 육수정과 교분이 두터웠고 세 사람이 어울려 '호계삼소(虎溪三笑)'라는 고사를 남기기도 했다. 혜원 스님과는 절친해 불도(佛道)에 관한 글(논문)을 남기기도 했으며 유·불·선 3교에 두루 통했다.

## 2) 물화

도연명이 어느 날 중양절(음력 9월 9일)에 마실 국화주를 담그려 울타리 밑에서 국화를 따다가 무심히 고개를 돌리니 남산[여산]이 눈에 들어왔다. 이때 순간적으로 심령의지가 발동해 그는 남산이 됐다. 이른바 물아일체고 《장자》 '호접몽'의 물화(物化)다. 도연명이 남산이 된 것은 사물의 변화, 만물의 끊임없는 변화에 따른 것이다. 물화는 시에서 의상(意象)의 핵을 획득하는 것일 뿐만 아니라 동시에 우주의 이치를 터득하는 것이기도 하다. 시인이 내면의 의상을 얻는 일은 우주 섭리를 깨달음으로써 이루어진다. 유협은 《문심조룡》에서 "경물(景物)은 그 형상으로 구하고 마음으로는 이치에 조응한다"고 했다. 사공도의 《이십사시품(二十四詩品)》은 "도(道)와 함께 나가니 손대는 것마다 봄이 된다"고 했다. 이 모두는 의상과 형이상학적 도 사이의 관계를 강조한 것이다.

유가의 두보는 "천지는 천리(天理)의 눈이요, 계절의 변화는 백년의 마음"이라고 했다. 도가의 혜강은 "눈으로는 돌아가는 기러기를 전송하고/ 손으론 거문고를 타며/ 우러러 보고 굽어보아 스스로 깨달으니/ 마음은 태현에서 노닌다(目送歸鴻 手揮五弦 俯仰自得 遊心太玄)"고 읊조렸다. 불가의 왕유는 "산하는 천안(千眼) 속에 있고 세계는 법신(法身) 속에 있다"고 했다.

'유연견남산(悠然見南山)'을 보자. 여기의 포인트는 '유연'이다. 유연은 여러 가지로 옮길 수 있다. ① 모든 것을 다 내려놓고 느긋하고 한가롭게 유유자적하는 모습 ② 느긋하게 가라앉은 모습 ③ 우두커니, 한가로이, 천천히 ④ 여유롭게 ⑤ 무심히(무심한 채 자연을 따름) ⑥ 문득 ⑦ 어떤 것에도 구애되지 않은 모습 ⑧ 물끄러미 등등⋯. 나는 이 중 '무심히'를 택한다.

도연명은 일부러 남산을 바라보려고 고개를 돌린 게 아니다. 그렇다면 '견(見)'이 아니라 '망(望)'을 써야 한다. 산이 눈에 들어왔을 때 그는 산을 육안으로 본 것이 아니라 마음의 눈, 즉 심령(心靈)으로 보고 하나의 우주를 발견했던 것이다. 그 우주는 도연명의 심령과 함께 자유롭게 노닐었다. 이를 대략 다음 다섯 단계로 해석해 볼 수 있다.

1. 구체적 형상(남산·비조·산기·일석)에서 현묘한 우주의 이치를 깨달았다.

2. 무심한 도연명의 자아는 남산과 하나 되는 물화의 과정을 통해 의상의 정신을 획득했다. [남산 바라보는 순간은 모든 마음의 티끌이 사라진 허령(虛靈)한 진공의 심령에서 남산이 돼 눈에 들어오는 정경(비조·산기·일석)과도 하나가 돼 우주의 진리를 스스로 깨쳤다.]

3. 이는 바로 노자가 "현묘하고 더욱 현묘하니 모든 미묘함의 문

이로다(玄之又玄 衆妙之門)"라고 한 태현(太玄)에서 노니는 공령한 경계이기도 하다.

4. 물아양망(物我兩忘). 시인의 공령과 우주의 현묘한 이치를 배경으로 그 의미가 더욱 깊어지면서 심미 창조가 영혼 속에서 완성됐다.

5. 물화는 '물과 나를 모두 잊는다(物我兩忘 光境俱忘)'는 공령과 현묘한 우주의 이치를 배경으로 함으로써 그 의미가 더욱 깊어졌다. 이같이 내면의 의상이 생생하게 구현되면서 '심미 창조'가 완성된 깨달음을 형이상학은 운외지치(韻外之致 : 운 너머의 운치)·상외지상(상 너머의 상)·유심태현(遊心泰玄 : 마음이 태현에서 노님) 등으로 표현한다.

심미 창조의 최종 결과는 가슴 속의 의상이 예술 작품 속의 형상으로 나타나야 한다. 공령한 영혼에 담긴 우주의 현묘한 이치라는 의상은 '유연견남산·산기일석가·비조상여환(悠然見南山 山氣日夕佳 飛鳥相與還)' 등과 같은 예술 언어를 통해 형상으로 나타났다.

## 3) 우주 운율

국화 따는 연명의 울타리 밑이라는 공간과 멀리 남산이라는 원경은 심미 정감을 통해 하나로 융합되어 성공적으로 표현됐다.

**| 우주 운율**

심미 정감이 노니는 이 공간에 진정한 기쁨이 있어 말로 표현하고 싶으나 적당한 말이 없다. 답답하다. 이 불립문자(不立文字)의 고도한 형이상학적 초월의 세계가 가지는 진의는 '우주의 운율'을 마음 깊은 곳에서 체득한 도연명만이 완미하고 깊이 있게 표현할 수 있었다. 도연명은 산을 깎고 물을 다스려 만든 자연 원림(園林 : 정원)을 예술의 경지로 표현함으로써 전원시인의 끝없이 높은 지위를 차지했다. 도연명이 사는 곳은 외지고 편벽한 곳이다. 물질적으로 풍요롭지 못하고 지리적으로 멀리 떨어져 사람도 없다. 이런 곳의 가을은 더욱 적막하다. 왕래하는 수레도 없고 시끌벅적한 사람 소리도 없다. 그럼에도 도연명의 심령적 체험은 충만 구족하다. 마음속의 천지는 저절로 크고 마음속의 우주는 저절로 광활하다. 적막한 공간에서 우연히 흥이 나 일어서서 고개 들고 아득히 바라보면서 세계를 꿰뚫고 천추를 통찰했다. 산을 본 것은 바로 '성령의 산'을 보는 것이었다. 누구나 곤란한 처지에 빠질 수 있다. 그러나 통달한 심령이면 그 어려움을 벗어날 수 있다. 통달한 마음은 외부의 어떤 것도 어지럽게 할 수 없다.

두보는 이렇게 읊조렸다.


雲在意俱遲(운재의구지)

**구름도 내 마음 따라 느긋하기만 하고**

水流心不競(수류심불경)

**물 흘러가듯 마음 다투지 않네**


이 시구에 들어 있는 철학적 지혜 역시 사람의 마음을 열어 준다. 우주는 외재적 시공(時空)이 아니라 사람의 심령이 만들어 놓은 세계다.

왕유의 시구를 보자.

**行到水窮處**(행도수궁처)

**물이 다하는 곳에 이르러**

**坐看雲起時**(좌간운기시)

**앉아서 구름이 일어나는 것을 보네**

왕유의 시 〈종남별업(終南別業 : 종남산 별장)〉의 경련(제 5·6구)이다.
물이 다하고 길이 끊어져도 구름 일고 바람 불어와 내가 한 조각
구름이 되고 한 줄기 바람이 된다. 이러한 심령 속에서는 더 이상
어떤 것도 궁하게 할 수 없다. 세계와 내가 하나 되어 갈 때 구름은
가볍게 떠오르고 물은 앞뒤를 다투지 않고 차례대로 흘러가며 마
음도 구름과 물과 함께 휘감겨 흘러간다. 도연명과 두보·왕유의 시
구는 작은 것에서 큰 것을 보는 동양의 지혜를 함축한 명구다. 이
는 심령 초월의 방법이기도 하다.

송대(宋代) 임제종 승려 도찬 선사는 도연명의 "채국동리하 유연
견남산"을 각색한 게송에서 "천지가 하나의 동쪽 담장이고 만고가
한 중양절이다"라고 했다. 넓디 넓은 공간은 모두 여기의 동쪽 울
타리로 되돌아와 있고 무한한 시간은 현재의 중양절 속에 뭉쳐 있
다는 얘기다. 이래서 무한과 영원이라는 시공은 지금·여기에서 해
체되면서 소실돼 버렸다.

일본 하이쿠(俳句) 거목인 마쓰오 바쇼(松尾芭蕉)는 "냉이꽃 한 송
이 담장 울타리 옆에 피었네"라고 읊조렸다. 시간을 돌파한 후 평범
한 일상 속에서 새롭게 느낀 놀라운 깨달음이다. 도연명·도찬·바
쇼의 사로(思路)는 같은 맥락이다. 도연명이 산기·일석·비조 등에서

깨친 우주의 이치도 아주 평범한 일상 속에서의 자연 섭리다. 때가 되니 날이 저물고 새들이 음양의 조화를 따라 짝을 지어 잠을 잘 곳으로 돌아간다. 이제 남산에는 깊은 정적의 밤을 향한 낙조가 비치면서 가을의 냉기가 도는 산기운이 꽉 채워지고 있고. 이런 것들이 다 우주의 섭리고 세계 질서가 아닌가. 동서고금의 인류가 하나같이 안고 있는 고질병의 하나는 평범함을 '우습게 여긴다'는 것이다. 진정한 깨달음은 성인이면서 동시에 평범한 사람의 정신세계다.

장자는 '살아 있는 자신(眞我 : 참 나)'을 확립하여 날아가는 새를 보고 향기로운 꽃향기를 맡고 닭 우는 소리를 듣는다. 자연의 눈으로 보고 자연의 귀로 들으면 버들개지·뜰 앞의 측백나무가 부처고 새소리·바람소리가 천뢰(天籟)다. 진정한 깨달음은 이같이 평범하다. 장자는 이어 천인합일(天人合一)을 다시 역설하면서 일상 밖에 달리 묘한 도가 있는 것이 아님을 강조한다. 여기서 바로 사람이 곧 하늘이고 하늘이 곧 사람이 된다.

도연명의 '채국동리하…' 시구는 동쪽 울타리 밑이라는 '여기'와 남산을 바라보는 '지금'이 바로 우주 공간이고 영원한 시간임을 설파한 법문이고 설교고 강론이기도 하다.

시간을 돌파한 세계는 감각과 사고를 통과하지도 않으며 의식 중에 나타나지도 않는다. 물은 절로 흐르고 꽃은 절로 피고 지며 바람에 흩날린다. 진아의 나 역시 감각·의식·사량(思量)에 매임이 없어 무한히 자유롭다. 이때의 세계는 결코 공(空)이 아니며 단지 나의 생각이 '공'이다. 나는 내 생각으로 걸러내지 않고 오직 공으로 세계를 비춘다. 이것이 바로 공간상의 '눈 앞(目前)'이며 시간상으로 '지금 당장(當下)'이다. 깨달은 후의 '현존재(Da-sein)'는 실존하는 자아로서 주체적인 삶을 살아갈 수 있다.

갈립방은 그의 시론집《운어양추(韻語陽秋)》에서 도연명의 '채국동리하…' 시를 다음과 같이 평했다.

"도연명은 세속의 어지러움을 떨치고 이치의 동굴로 들어가 삼라만상이 진정한 경계가 아닌 것이 없음을 보았다. 이 때문에 남산을 바라보고 참된 뜻이 구비되어 있음을 알았다."

이것이 '산은 산이고 물은 물'인 깨달음의 경계다.


## 4) 욕변이망언(欲辯已忘言)

나는 도연명의 〈음주〉 제5수 마지막 구 "말해 보려 하나 말을 잊고 만다(欲辯已忘言)"를 아주 좋아한다. 이 시구는 노장의 도·기독교의 하느님 말씀·불교의 불법 진리 등과 같은 절대 진리의 세계는 인간의 언어문자로는 다 드러낼 수 없다는 '불립문자(不立文字)'를 아주 멋지게 문학적으로 표현하고 있다.


### | 시공의 초월

인간은 시간에 '존(存)'하고 공간에 '재(在)'한다. 따라서 인간뿐만 아니라 생멸할 수밖에 없는 모든 존재가 정신적으로나마 불멸하는 길은 시간과 공간을 초월하는 수밖에 없다.

**천지가 하나의 동쪽 담장이고 만고(萬古)는 한 중양절이다.**

송대 선불교 임제종 도찬 선사가 도연명의 '채국동리하(採菊東籬下)….' 시를 각색한 게송이고 시평(詩評)이기도 하다. 나는 시평 쪽에 무게를 두고자 한다. 그는 무한한 시간은 모두 현재의 중양 절 속에 뭉쳐 있고 넓디 넓은 우주는 바로 도연명이 국화를 따고 있는 동쪽 울타리로 되돌아와 있다고 말한다. 도연명은 이때 바로 시간의 속박을 벗어나 시간이 없는 경계 속으로 진입했다. 깨달아 들어간 법계는 시간이 없는 경계다. 오묘한 깨달음 속의 찰나와 일반 시간 속의 찰나는 근본적으로 다르다. 깨달음의 시간 속에서는 찰나도 없고 영원도 없다. 왜냐하면 시간이 사라지고 없기 때문이다.

찰나 속에서 영원을 본다는 것은 곧 시간을 초월했다는 얘기다. 오묘한 깨달음 속에서는 찰나와 영원의 구별이 없어지고 하나로 통일된다. 이것이 바로 찰나와 영원이 하나라는 불이법문(不二法門) 이다. 찰나가 영원인 세계에서는 세계가 절로 흥겹게 드러난다. 물이 흐르고 꽃이 피고 산은 산이고 물은 물이며 삼라만상이 각각의 존재 이유를 가지고 화려한 세상을 전개한다.

이러한 순수 체험과 이해를 바탕으로 시간과 공간의 얽매임으로부터 해방돼 지금 살아 움직이는 감각으로 날아가는 새를 보고 닭 우는 소리를 듣고 꽃향기를 맡고 푸른 산을 감상한다. 이때의 새롭게 정립된 나는 정신적으로 죽었다 순수 인식체계를 갖추고 부활한 깨친 사람이고 진인이고 하이데거가 말하는 '현존재(Da-sein)'이다. 자연의 눈으로 보고 자연의 귀로 듣는 산과 물·새소리도 그대로의 사실일 뿐이다. 이것이 산은 산이고 물은 물인 경계다.

《장자》〈제물론〉의 설법을 들어보자.

**"태어나자 죽은 아이 상자보다 오래 산 자가 없고 800세를 살았다는 팽조보다 일찍 죽은 사람도 없다(莫壽於殤子而彭祖爲夭)."**

상식에 반하는 얘기 같지만 이치의 측면에서 보면 올바른 '반상합도(反常合道)'의 말씀이다. 도의 입장에서 보면 극소도 극대가 되고 순간도 영원이 된다. 사물의 자체 입장에서 보면 그 자체로서는 크다거나 작다거나 순간이라거나 영원이라고 결정 지을 수 없다.

왜냐하면 아무리 큰 것도 그보다 큰 것에 비하면 작고 작은 것도 더 작은 것에 비하면 크다. 그래서 가을날 털끝보다 더 큰 것이 없고 태산도 작은 돌덩이 하나에 불과하다고 한다. 따라서 모든 주관적 경지를 벗어나면 대소·장단이라는 인간의 상대적 분별은 본질상으로는 성립되지 않고 전혀 절대적 기준이 될 수도 없다. 이 모두를 그저 '하나'라고 말할 수 있을 뿐이다. 그런데도 우리는 갖가지 분별과 구분이 난무하는 '허상' 속에서 온갖 희로애락을 만들어 내는 우스꽝스러운 존재로 살고 있는 것이다. 여기서 우리는 팽조의 장수와 상자의 단명이라는 분별은 무의미한 채 소멸되고 만다. 팽조의 800년도 유구한 우주의 시간에서 보면 한순간에 불과할 뿐이다. 참고로 불교의 찰나(Ksana. 叉那)는 인간 시계로 계산하면 75분의 1초, 곧 0.013초다.

시간은 일종의 감각이다. 경쟁하거나 싸우지 않고 담백하고 자연스러우며 평화로운 심경 속에서는 일체가 정적 속에 쌓인 듯해 하루가 열흘 같고 심지어 잠깐의 시간이 만년처럼 느껴질 수도 있다. 느즈막이 집 마당을 나가 긴 하루를 보내며 아직 단풍나무에 붉은 잎 매달려 있고 개울물 소리 시원해 시간 가는 줄 모르는 지경이면 하루가 영원처럼 느껴질 수 있다. 명말(明末) 수집가 변영예는 범관의 〈임류독좌도(臨流獨坐圖 : 개울가에 홀로 앉아서)〉를 "산이 고요하고 해가 긴 의미를 담고 있다(山深日長)"고 평했다. '고요'는 세속을 단절시키고 시간을 격리시킨다. 산이 고요하고 해가 긴 경계를 읊조린 명(明) 문인화가 심주(沈周, 1427~1509)의 시 한 수를 보고 가자.

碧山遙隱現(벽산요은현)

**우뚝 선 푸른 산 숨었다 나타나고**

白雲自吞吐(백운자탄토)

**흰구름 스스로 들이마셨다 토하네**

空山不逢人(공산불봉인)

**텅 빈 산 만나는 사람 없어**

心靜自太古(심정자태고)

**마음 고요하니 절로 태고로다**

여기서는 순간이 바로 영원이다. 눈앞이라는 공간을 육안으로 보는 것이 아니라 마음속으로 곧바로 참여한 것이다. 우주의 눈(자연의 눈)으로 잠시 본 '푸른 산'이라는 공간은 순간이 영원으로 승화돼 그 잠시가 '영원'으로 느껴졌던 것이다.

## │ 말을 잊는다

남산으로 물화(物化)한 도연명은 남산[廬山]이라는 '자연'이 돼 그 시공(時空)에서 전개되는 산기운[山氣]·석양[日夕]·날아드는 새[飛鳥] 등이 뜻하는 우주 섭리를 자연의 눈으로 보고 감탄한다. 이러한 우주의 이치를 말로 표현해 보려고 애써 보지만 말문이 막혀버려서 도저히 그 장엄한 자연의 섭리를 말로 다 드러내 보일 수 없어 몸부림만 친다. 이것이 시의 마지막 구절 "차중유진의 욕변이망언(此中有眞意 欲辯已忘言)"이 뜻하는 바다. 고도의 형이상학적 절대 진리는 인간의 언어문자로 다 드러낼 수 없는 불립문자의 세계에 속한다는 언의론(言意論)을 애절하고 간곡하게 표현한 명구다. 시의 '욕변이망언'은 송대(宋代) 엄우가 《창랑시화(滄浪詩話)》에서 말한 유명한 시론인 "말은 다 끝났지만 그 뜻은 무궁무진하다(言有盡而意無窮)"라는 시의 세계를 여법(如法)하게 보여준다.

나는 이 시구를 아주 좋아한다. 언어의 표현을 넘어선, 그저 가슴만 두근거리며 어렴풋이 느껴지는 어떤 높은 경지를 적절히 표현한 명구로는 도연명과 원호문(1190~1257)의 다음 시구가 손꼽힌다.


**此中有眞意**(차중유진의)

**이 가운데 참된 뜻이 있나니**

**欲辯已忘言**(욕변이망언)

**말로 드러내 보려 하나 이미 말을 잊었다**

**- 도연명**

은둔의 미학

眼前有句道不得(안전유구도부득)

눈 앞에 시구가 있지만 말로 표현할 수 없네

但覺胸次高崔嵬(단각흉차고최외)

그저 가슴만 아득히 높아진 느낌일 뿐

- 원호문

원호문의 시구는 태산을 유람하면서 읊은 〈유태산(遊泰山)〉에 나온다. 말문이 막힌 채 그저 가슴만 두근거리는 높은 경지를 도연명과 원호문만큼 절절히 표현할 수 있을까! 도연명의 '욕변이망언'은 암송할수록 멋지고 맛이 깊어진다. 장자의 말로 끝을 맺고자 한다.

> "백 년을 살아도 순간도 살지 못하고 순간을 살아도 영원을 살 수 있는데 하나는 영원이고 하나는 순간이라 한다. 영원과 순간이 일치하는 곳, 성인은 그것을 포착해 체험한다."
> -《장자》〈열어구〉

장자는 "사람이 존재하며 멸망하지 않는 이유는 세상을 벗어나 하늘로 들어가기 때문"이라고 했다. 영원과 순간을 하나로 일치시킨 선가(禪家)의 유명한 화두로는 숭혜 선사의 〈만고장공 일조풍월(萬古長空 一朝風月)〉이라는 공안이 있다. '영원한 하늘 속의 하루아침 바람과 달'이라는 뜻이다. 만고(영원)와 하루아침(순간)이 일치돼 하루아침의 풍월 속에 만고의 푸른 하늘이 뭉쳐 있다.

　사족을 하나 붙여둔다. 고려 삼은(三隱 : 표은 정몽주·야은 길재)의

한 명인 목은 이색의 〈국화를 보고 느낀 소감(對菊有感)〉이라는 시에 다음과 같은 시구가 있다.

過向東籬羞滿面(과향동리수만면)
**우연히 동쪽 울타리로 가니 얼굴엔 부끄러움만 가득**
眞黃花對僞淵明(진황화대위연명)
**진짜 국화를 가짜 연명이 보기 때문이네**

목은은 물아일체의 감오를 느꼈던 도연명의 선심(禪心)을 따라잡을 만한 시정(詩情)을 그려낼 수 없음을 이처럼 탄식했다.

나는 도연명의 시에 나오는 남산[廬山]을 두 번이나 가보는 기회를 가졌다. 강서성 구강의 여산은 중국 최대 호수인 파양호에 접해 있다. 옛날부터 불교·도교의 성지였고 현재도 혜원 대사가 주석하면서 도연명·육수정과 교분을 나누었던 동림사가 그대로 있다. 앞에서 언급한 '호계삼소'는 어느 날 세 사람이 동림사에 모여 담론하고 혜원 대사가 두 사람을 환송하느라 절 앞의 개울 '호계(虎溪)'를 건너니 호랑이가 울어댔다. 혜원은 절대로 호계를 건너 산문 밖을 나가지 않겠다는 서원을 했는데 이날은 흥겨운 담소를 나누다 자기도 모르게 호계 밖까지 나가고 말았다. 그러자 호랑이가 서원을 어겼다고 노해 포효했다는 것이다. 혜원이 이 이야기를 하면서 세 사람이 박장대소를 했다는 데서 '호계삼소'의 고사가 유래했다. 지금도 동림사 산문 앞에 호계라는 실개울이 흐르고 있고 '호계'라 음각한 표지석이 있다.

여산에는 옛날 터에 새로 복원된 백거이 초당(草堂)도 있다.

## 5) 산중의 가을 저녁

여름의 열기가 물러간 서늘한 가을 저녁이다. 차가운 가을밤의 사색적 분위기가 방안 가득하다. 가을의 사색까지는 아니지만 기억이 떠오른다. 어릴 적 황국으로 빚은 가양주를 철없이 마시고 혼절했던 기억이며 도토리묵에 햅쌀밥을 말은 묵밥을 호화로운 외식인 양 맛있게 먹던 것이 어제 같다. 추석빔으로 사준 '석산 나일론 양발' 한 켤레가 그렇게 멋있을 수가 없었다. 지금 생각하면 아주 비위생적인 양말이었는데 그때는 처음 나온 것이라 굉장한 사치품(?) 같았다. 귀뚜라미의 노래가 시끄럽다고 발뒤꿈치를 치켜들고 종종걸음으로 다가가 집어던졌던 일도 있다. 어릴 때 일들이 너무 선명하게 떠오른다. 청장년 시절과 노년의 일들은 생생하질 않다. 어쨌든 사색의 계절이라니 창틀 방충망에 붙어 있는 가을벌레 소리를 들어보자.

　"백발이 3천 장(9,000m)"이라고 과장했던 이태백의 〈추포가(秋浦歌)〉가 이제 예사롭지 않게 귓전을 울린다.


　　白髮三千丈(백발삼천장)
　　**백발이 3천 장이나 길었고**
　　絲愁似個長(사수사개장)
　　**맺힌 근심 또한 이와 같네**
　　不知明鏡裏(부지명경리)

# 밝은 거울에 비춰봐도 몰랐는데

## 何處得秋霜(하처득추상)

## 어디서 이렇게 가을 서리 맞았단 말인가

백발의 늙음을 한탄하는 노래다. 그러나 내가 이 가을밤 회고해 보니 인간 세계의 일들 녹록하지 않았던 것 같다. 실패와 좌절·죽음과 절망·파당과 모함 등이 여름철 푸르름을 일시 가리는 구름처럼 수시로 앞을 가로막았다. 때로는 짙은 안개 속을 헤매기도 하면서 인생 80 고개를 넘었다. 천명(天命)의 도움이었던 것 같다. 6·25 전쟁 시절을 생각하면 잘 먹고 잘 살았다. 고기도 실컷 먹고 좋은 옷도 입어 보았다.

공자는 인생 70을 넘으면 "종심소욕 불유구(從心所欲 不踰矩)"라 했다. '마음 내키는 대로 무슨 일을 해도 법도에 어긋남이 없다'는 얘기다. 완숙한 도인의 경지다. 나는 그보다도 10년을 더 지났는데 어떤가? 아마도 공자 당시는 70이면 '고래희(古來稀 : 아주 드문 예)'였던 때라 80세 이상의 인생 준칙은 제시하질 않았던 것 같다.

공자 말씀을 다시 한번 부연하면 모든 욕심을 떨어낸 노년에 이르면 도량형기와 같은 세상 법도에 한 치도 어긋남이 없이 모범적인 삶을 살 수 있다는 것이다. 공자가 직접 밝히진 않았지만 어떠한 걸림도 없는 삶을 위해서는 반드시 마음을 비우는 전제 조건이 있어야 한다는 점을 덧붙여야 할 것 같다.

나도 이제 머리가 온통 백발이다. 머리는 하얀데 아직도 새치 같은 노욕(老欲)이 있는 것 같아 부끄럽다. 공자까지 끌어들여 깊은 사색과 회고를 하는 것도 천부당 만부당한 일인 것 같다. 설령 마음을 비웠다 하더라도 여전히 눈길을 세상으로부터 떼지 못하고 짧은 삶이 더부살이 같지만, 여전히 깊은 정(情)을 들이마시며 세상을 헤매는 나를 제어할 수가 없다. 인생에서 겪는 삶과 죽음에 대한 감상은 아름답고 환상적일 수도 있다. 그리고 그것은 지금 여기에 살고 있는 우리들 생명의 위안제가 될 수도 있다. 그래서 가을 구경을 해 본다.

구름과 노을의 색상은 화가의 재주를 넘어서고 아름다운 단풍은 자수공의 기예를 기다리지 않는다. 저절로 아름답고 빛난다. 가을날 밝은 달은 소나무 사이로 비추고 맑은 계곡물은 돌 위를 흐른다. 흔히 보고 느끼는 가을 풍경이지만 내일 다시 둥글게 떠오를 달과 천하 명곡인 맑은 물소리를 언제나 그리워한다.

맑은 산수는 인간을 맑고 깨끗하게 정화시켜 주면서 자연적 시간과 초월적 공간을 제공한다. 산수 체험은 변함없는 질서와 아름다움을 간직하고 인간을 그 경지로 이끌어 동화시켜 사람의 폐부까지 맑게 하고 산수와 일체가 되게 한다. 여기서 산수 체험은 예술적 경지로 승화된다. 나는 다행히도 일상생활 중 자연스럽게 산수 체험을 할 수 있는 고향 생가가 있다. 그러나 아직까지는 깊은 체험을 못하고 있다.

오늘 저녁은 왕유의 손꼽히는 유명한 산수시(山水詩) 〈산중의 가을 저녁(山居秋暝)〉을 감상하는 것으로 글을 마무리할까 한다.


空山新雨後(공산신우후)
**빈 산에 내리던 비 이제 막 그친 후**
天氣晚來秋(천기만래추)
**저녁되어 하늘 기운 가을이네**

明月松間照(명월송간조)

**밝은 달 소나무 사이로 비추어 들고**

清泉石上流(청천석상류)

**맑은 샘물 바위 위로 흐르네**

竹喧歸浣女(죽훤귀완녀)

**대숲 떠들썩하니 빨래하고 돌아가는 여인네들**

蓮動下漁舟(연동하어주)

**연잎 흔들리니 내려가는 고깃배**

隨意春芳歇(수의춘방헐)

**어느새 봄꽃은 시들었지만**

王孫自可留(왕손자가류)

**왕손(왕유)은 스스로 머물 만하네**


수련(1·2구)은 비 온 후 산촌의 가을 저녁 풍경을 조망하면서 계절과 시간을 밝혔다.

함련(3·4구)은 산중의 밤 풍경을 구체적으로 묘사했다. 소나무 사이로 달빛이 쏟아져 들어오고 바위 위로 맑은 샘물이 흐른다. 밤이라 물이 보이지 않았겠지만 맑은 물이 달빛을 받아 반짝였을 것이다. 비 내린 후 고요한 산중의 물 흐르는 소리는 더욱 크게 들렸다.

함련은 산중의 경물 묘사[靜]인 반면 다음 경련은 산중 인물 묘사[動]다.

경련(5·6구)은 빨래하고 돌아가는 부녀자들과 고기잡이 배와 어부들의 동적인 움직임을 묘사했다. 모두 산촌에서 사는 평범하고 소박한 사람들이다.

이들의 행동 또한 매일 반복되는 극히 일상적인 것들이다. 산촌에서 살아가는 사람들도 자연의 일부다. 이익을 위해 서로 다투고 권력 때문에 시기하고 모함하는 바깥세상의 사람들과는 달리 순박하게 사는 사람들이다.

경련의 묘사는 아주 탁월하다. 가을밤 시인의 눈에는 빨래하고 돌아가는 여인네들과 고깃배가 보이지 않는다. 다만 들리는 웃음소리와 연잎이 흔들리는 것만 보고 아낙네들의 존재와 배의 움직임을 짐작한다. 특히 함련과 경련은 절묘한 대구(對句)로 유명하다. 3·4구는 비친다[照]와 흐른다[流]는 동사로 끝나는 반면 5·6구는 여인(女)과 고깃배[舟]라는 명사로 끝난다. 또 3구는 보이는 것(시각), 4구는 들리는 것(청각)이고, 5구는 들리는 것, 6구는 보이는 것을 묘사해 '시청', '청시'로 리듬을 타게 했다. 이처럼 시각과 청각을 갈마들게 함으로써 예술적 효과를 극대화하고 있다. 적막한 가을밤 산촌의 경물과 인물이 함께 어우러져 그윽한 분위기를 자아냈다.

미련(7·8구)은 자신의 감회를 나타내고 있다. 지금은 가을이라 화려했던 봄꽃 다 시들었지만 그래도 "이곳에 머물 만하다"고 말한다. 왕손은 시인 왕유 자신을 말한다. 미련은 〈초사(楚辭)〉의 구절을 거꾸로 이용한 것이다. 〈초사〉는 돌아오지 않는 왕손을 위해 "산중은 너무 적막해 오래 머물 수 없으니 어서 돌아오시오"라고 하여 산중 은거하는 왕손을 부른다. 그러나 왕유는 산중 생활이 머물 만하다고 하여 번잡한 세상사 현장으로 돌아가지 않겠다는 심정을 함축적으로 밝히고 있다. 산중 생활에 대한 애정이 경련까지의 산중 경물과 자연스럽게 한통속을 이룬다.

# 10

# 81세의
# 겨울

―――――

## 1) 〈고목괴석도〉

늦가을 산은 석양빛을 거둬들이고 해 저물면 나는 새는 앞선 짝을 쫓아간다. 낙엽이 이따금 고운 빛을 비치며 떠돈다. 들판은 황량하다. 분명 겨울이 왔다. 수확한 토란으로 무를 섞어 토란국을 끓여 맛있게 먹었다.

초연하면서 방관적 태도로 일관하는 농촌의 겨울은 한가하고 고요하다. 토란국만으로는 안 되겠다 싶어 무 시루떡을 한 말 해 왔다. 시루떡에 시원한 무국을 먹으니 겨울날 전원에서 느낄 수 있는 흥취가 제법 살아난다.

어린 날의 전원(농촌) 풍경을 어렵지 않게 떠올리며 김월하의 CD 시창(詩唱) 몇 곡을 듣는다. 시골 늙은이 이미 사람들과 경쟁하길 그만두었으니 저 바닷가 갈매기가 어찌 의심하겠는가.

춥고 어두우니 밖으로 나갈 순 없고 그냥 방 안에 앉아 제멋에 겨워 옛사람들의 그림과 시를 뒤적여 본다.

'소식영허(消息盈虛)!'. 생로병사·정과 동·소멸하고 태어나며 가득 찼다가 텅 비는 현상을 흔히 거창한 말로 자연의 법칙 또는 우주의 질서라 하지 않는가? 겨울은 분명히 산과 들판이 꽉 찼다가 텅빈 '허(虛)'의 계절이다. 이 영허의 소식을 들으면서 눈을 멈춘 곳이 소동파의 그림 〈고목괴석도(枯木怪石圖)〉였다.

전형적인 수묵 문인화다. 원래 소동파는 시·서·화에 대단한 식견을 가진 송대를 대표하는 문인이고 선비였다. 우리나라(고려)에 대해서는 별로 친밀감을 갖진 않았지만 그의 시와 그림은 지금까지도 한·중·일 3국에서 많이 회자되고 있다. 나는 이 그림을 수십 번 보고 또 보곤 했다. 그냥 좋아서였다. 고미술 감상이나 수집 취향이 있는 것도 아니고 더욱이 전문적 식견 같은 건 전무하다. 그러나 이제는 나이도 들고 했으니 뭘 좀 아는 체를 해봐야겠다. 돌팔이 약장수 이야기 같고 선무당 사람 잡는 일일지 모르지만 그냥 떠벌려 본다.

우선 이 그림에 대한 근래의 소식을 하나 소개하겠다. 소동파의 〈고목괴석도〉는 2018년 11월 홍콩 크리스티 경매에서 5천 9백만 달러(한화 670억원)에 낙찰된 세계적 명화다. 일본에서 소장하고 있던 것인데 매입은 중국의 한 기관이 했다. 낙찰 가격도 가격이지만 그만큼 높은 평가를 받는 '일품(逸品)'이라는 데 놀라지 않을 수 없다.

| 기운 생동

〈고목괴석도〉는 고목이 풍상(風霜)에 몸을 사리는 모습을 그린 수묵화다. 그림에 담겨 있는 뜻, 즉 화의(畫意)는 활력의 회복(생명의 약

동)이다. 고목에 무슨 '생명의 약동'이냐고 물으면 안 된다. 그 이치를 이제부터 살펴보자.

'기운생동(氣韻生動)'은 위진남북조 시대 남제의 사혁(생몰 연대 미상)이 논술한 중국에서 가장 오래된 화론(畵論)의 〈육법(六法)〉 중 첫 번째로 제시됐다.

기운의 '기'는 우주정신이자 곧 생명의 약동이다. '운'은 형식 속에 포함돼 있는 음악감으로 아름다움의 극치를 말한다.《주역》으로부터 비롯돼 동아시아 철학과 미학이 중시하는 기(氣)는 사혁에 이르러 '운'과 결합함으로써 특히 회화의 심미 비평 기준 개념의 하나로 정립됐다. 명나라 왕가옥은 기운을 "천지간에 뛰어난 기능"이라고 했다. 〈고목괴석도〉에는 천지 중의 진정한 기운으로 쉼 없이 생겨나는 우주정신이자 생명의 약동이 화면 전체에 꽉 차 있다. '기운생동'은 중국 기철학의 중요 내용으로 흡수돼 우주의 살아 있는 기미를 표현하려는 중요 명제로 발전해 왔다.

우리가 표현하는 모든 대상은 기화(氣化) 세계 속에서 부침하는 '살아 있는 사물'이다. 외견상 살아 있지 않은 것처럼 보이는 바위나

소동파 고목괴석도 – 크리스티 경매, MBC 이동주 기자 기사 중 발췌

돌도 모두 살아 있는 것이다. 선가(禪家)에서는 그래서 돌이나 바위 같은 무정물도 설법을 하고 듣는다는 '무정설법(無情說法)'을 하나의 화두로 참구하기도 한다. 더욱이 예술에서는 고목과 괴석일지라도 예술가의 손을 거쳐 모두 살아 있는 것으로 변화한다. 문화 예술은 세계의 살아 있는 생기와 살아 있는 정신을 드러내야 하기 때문이다.

그림의 고목나무 윗부분이 힘있게 휘감아 돌아간 것이 바로 이와 같은 생동하는 생명력을 드러내 보여준다. 천지는 기로 인해 쉼 없이 생명이 이어지며 예술가의 창작 역시 영원한 생기(生氣)로 인해 윤택해진다. 동아시아 예술은 '기운(氣韻)'을 숭상하여 생생하고도 리듬이 있는 생명의 정신을 추구하고자 한다. 기화의 세계는 생기가 흘러넘치면서 동시에 리드미컬한 독특한 음악 정신을 드러낸다. 기는 우주정신이자 생명의 약동이다. 운은 형식 속에 들어있는 음악감이다. 동아시아 예술은 운을 예술의 최고 경계(境界)로 삼는다. 기는 운을 품고 운은 기의 본체가 돼 끊임없이 생겨나며 리듬을 갖춘다. 소동파의 〈고목괴석도〉는 그림 가운데 시가 들어있는 '기운생동'의 작품이다. 비스듬히 서 있는 듯 누워 있는 듯한 고목나무는 차면 비워지고 비워지면 차는 생멸의 법칙, 곧 '영허의 소식'을 따라 살아날 생명이 약동하는 '화의'를 지닌 우주정신 바로 그 자체다.


## | 대교약졸

노장사상의 측면에서 이 그림을 한 번 들여다보자. "큰 기교는 서툴러 보인다(大巧若拙)". (《노자》 45장)

노자의 '대교약졸'은 동양 미학의 큰 주제이면서 동시에 '인생의 큰 지혜'를 가르쳐 주는 명언이다. 동양인들은 시들어버린 것에서 아름다움을 발견했다. 그래서 마른 넝쿨·시든 연잎·고목·무딘 바위 등을 좋아하고 서예가들의 노년의 경지를 음미하고 문인들의 수졸(守拙 : 서투름을 지킴)을 찬미했다. 자(字)나 호를 짓거나 정자의 이름을 지을 때 어리석고 어눌한 이름 또는 글자를 사용하는 것도 이와 같은 서투름을 숭상하는 수졸의 철학과 관련이 있다. 〈고목괴석도〉는 울창한 나무숲이 아니라 말라비틀어진 고목을 그렸고 예쁘고 투명한 돌이 아니라 추하게 생긴 괴석을 그렸다. 추하고 괴상한 그림인데도 대대로 사람들이 싫어하지 않았다. 그의 제자이자 벗이기도 한 황정견은 일찍이 〈제자첨고목(題子瞻枯木 : 자첨의 고목에 붙여)〉이라는 시에서 "유가와 묵가를 누르고도 진용이 당당하고 글씨는 안진경의 반열에 들어섰다. 흉중에 원래 자신의 언덕과 계곡이 있어 고목이 풍상에 몸사리는 것을 그렸다"고 했다. '자첨'은 소동파의 자(字)다. 황정견이 소식의 그림에는 또 다른 마음속 말이 있고 또 다른 세계가 있다고 한 그 '세계'는 과연 어떤 것일까?

소동파는 그림에 붙인 제화시(題畫詩)에서 자신의 화의(畫意)를 다음과 같이 밝혔다.


散木支離得天全(산목지리득천전)
**산목(山木)은 지리멸렬해 자연의 수명을 누렸고**
交柯蚴蟉慾相纏(교가유료욕상전)
**뒤얽힌 가지엔 구불구불한 유충이 뒤엉키려 하네**
不須更說能鳴雁(불수갱설능명안)

다시 말하지 않아도 거위는 잘 울 수 있어

要以空中得盡年(요이공중득진년)

텅빈 속에서 천수를 다하는구나


소동파의 제화시는 《장자》〈산목〉에 나오는 이야기다. 장자가 제자와 함께 산속을 가다가 못생긴 큰 나무를 보았다. 목수는 옆에 있으면서도 나무를 베지 않았다. 그 까닭을 물으니 "쓸 만한 것이 못 된다"고 했다. 장자는 "그러나 이 나무는 재목이 못 됨으로써 타고난 수명을 다 누린다"고 했다.

장자가 산에서 내려와 친구 집에 머물렀다. 친구가 하인에게 거위를 잡아 대접하도록 했다. 하인이 "한 놈은 잘 울고 한 놈은 울 줄을 모르는데 어느 것을 잡을까요?"라고 묻자 울지 못하는 놈을 잡으라고 했다. 다음날 제자가 "어제 나무는 재목이 못 돼 수명을 다 누렸고 거위는 우는 재주가 없어 죽었는데 선생님은 어떤 경지에서 처신하겠느냐?"고 물었다. 장자는 "중간에 서겠다"고 했다. 꽤 영리한 질문이었다.

산목과 거위는 재목감이 못 되고 울지 못해 둘 다 쓸모가 없는 무용지물이다.

그런데 하나(산목)는 쓸모없음의 쓸모, 이른바 '무용지용(無用之用)'으로 자연 수명을 다했고 하나(거위)는 쓸모없음으로 인해 자연 수명을 다하지 못하고 죽었다. 당혹스러운 모순이다.

장자의 대답은 쓸모 있음과 쓸모없음을 구분하는 분별심을 초월한 허심·무심의 경지에서 자연 대도를 따라 유용과 무용을 가르는 상황

논리까지도 수용하며 자유자재한 삶을 살라는 것이다. 쓸모없음의 쓸
모를 밝힌 '산목우화'는 자주 인용되는 장자 철학의 한 대목이다.

"구불구불한 유충이 뒤얽힌 가지에 뒤엉키려 한다"는 제화시 제
2구는 뒤얽힌 고목과 구불구불한 유충이 화음을 이루는 음악적 효
과와 함께 꿈틀대는 생명을 암시하면서 뒤엉켜 겨울잠을 자고 봄
이 돼 왕성한 생명의 약동을 보일 것이므로 고목의 '부활'을 상징
하는 의상(意象)이기도 하다.

그림의 고목은 활력의 회복을 강조하는 새 생명·성숙·지혜·영원
을 상징한다. 시들어 버린 것에서 생명의 의미를 추구하고 서투름
을 처세의 원칙으로 삼는 노장사상을 여법하게 드러내고 있다. 고목
을 더욱 애처롭게 만드는 '풍상'은 세속·역경·고난·생멸을 상징한
다. 모진 생명을 살아가는 강인한 생명의 동력을 돋보이게 하고 있
다. 소동파는 "겉은 말랐지만 속은 기름져 담박한 듯하면서도 열매
가 나오며 간단하고 오래된 것에서 곱고 무성한 것이 나오며 담백한
데서 지극한 맛이 난다"고 했다. 소동파는 서투름을 처세의 원칙으
로 삼았을 뿐만 아니라 이를 끌어올려 미학의 원칙으로 승화시켰다.
오래되고 서투른 것과 시들고 썩은 데서 새 생명을 추구함은 동양
미학과 예술에서 중요한 원칙이다. 큰 기교는 서툴러 보인다는 '대
교약졸(大巧若拙)'의 서투름은 결코 메마르고 적막하며 소멸하는 것
이 아니고 활력을 회복함을 뜻한다. 서툰 솜씨처럼 보이는 '조선백
자 달항아리'가 높은 미학적 평가를 받는 것이 바로 대교약졸이다.
그림의 고목은 아름다운 조형도 없다. 성성한 가지나 잎도 없다.

하늘을 찌르는 장대함도 없다. '겉이 말랐음'이 뜻하는 내재적 함의
는 그 속이 기름져 풍만하고 충실하고 활발하며 무성하다는 믿음
이다. 왜 그런가?

소동파는 자신의 쇠락에 활력이 숨어 있고, 자신의 수척하고 메마
름(늙음)에 일종의 생기가 숨어 있고, 자신의 추함에 무한한 아름다움
이 내재하고, 괴석처럼 황량하고 괴이함에 일종의 친절함이 숨어 있
음을 말하고 있다. 여기서 고목은 곧 늙은 소동파의 '자화상'이 됐다.

그는 자화상이기도 한 고목 그림을 통해 생명의 최저점에서 새로
운 생명의 이정표가 시작됨을 알리고자 했다. 이 그림의 화의는 '생
명이 가지는 활력의 회복'이다. 그는 "화려함이 극에 달하면 평이하
고 담담한 것으로 되돌아온다"는 말로 노자의 대교약졸을 해석했다.

생명이란 생멸의 과정을 반복한다. 멸하면 살아나고 고요하면
활발해진다. 서투름(拙)은 메마르고 소멸하는 것이 아니라 활력을
회복하는 부활의 과정이다.

유치하고 서툴러야 비로소 교묘해지며 교묘해지면 반대로 유치
하고 서투르게 된다. 근래 한국 화단에서도 초등학생 수준의 서툰
인물·풍물을 곧 잘 그리는 화풍이 유행이다. 당나라 때 회화 비평
기준의 하나로 '일격화풍(逸格畫風)'이 크게 유행했다. 법도에 맞게
정밀하게 그려 채색하는 회화가 아니라 화가 자신의 주관적 마음
(생각)이나 직관적 표현을 주로 수묵을 사용해 간략하고 거친 필선
으로 자유분방하게 그리는 화풍이다. 문인화·선화(禪畫)가 바로 이
런 화풍이었는데 자연에서 얻을 뿐 모방할 수 없고 돈오에서 나온

다. 소동파의 〈고목괴석도〉도 이런 화풍의 그림이라 할 수 있다.

'일격'은 빼어난 그림의 품격을 말하는데 흔히 '일품'이라고도 한다.

## 2) 〈한강독조도〉

우리는 깊은 감동을 주거나 잠시 우리 자신을 벗어나게 해주는 체험들을 애써 찾아다닌다. 그런 체험을 통해 평소보다 더 완전하게 살아 있음을 느끼고 존재가 고양되는 경험을 하기 때문이다.

동지섣달 긴긴밤이다. 눈이 쌓이고 춥다. 늙은 나이라 겨울철 추위를 무릅쓰고 야외로 나가 펄펄 뛰는 살아 있음을 느껴볼 수 있는 체력이 없다.

어릴 때는 눈이 쌓이면 산에 올라 넘어지고 뒹굴며 토끼몰이를 하고 꿩을 쫓아다니기도 했다. 토끼가 지쳐 더 이상 뛰질 못하면 생포했다. 바위에 미끄러져 상처가 나기도 했지만, 토끼를 끝까지 쫓아갔다. 정말 원시적인 사냥이었다. 이제는 이러한 나의 생명 체험을 할 기력이 전혀 없다.

그저 방안에서 뒤척거리는 수밖에 없다. 방안에서 즐길 수 있는 지극한 즐거움은 무엇일까? 명(明) 진계유(1588~1639)가《미공비급(眉公秘笈)》에서 제시한 네 가지 '지극한 즐거움[至樂]'을 뒤져봤다.

"오직 ① 독서 ② 산수 ③ 바람·달·꽃과 대나무 ④ 단정히 곧게 앉아 고요히 말없이 있는 것이 유리하고 무해한데 이런 것들이 지극한 즐거움이다."

한겨울이니 선택지는 ①, ④번밖에 없다. 마침 내자가 친구로부터 '대나무꽃' 사진을 카톡으로 보내왔다고 가져다 보여주어 말이야 들어왔지만 난생 처음 빨간 천연색 대나무꽃을 보았다. 그래서 뜻밖에도 ③번의 대나무, 그것도 희귀한 대나무꽃을 한겨울에 감상하는 복을 누렸다.

깊은 밤 우두커니 앉아 마당에 쌓이는 백설을 쳐다본다. 눈이 이렇게 쌓이면 산에 사는 새들도 날기를 멈추고 길에는 인적이 끊겨 적막강산이 되겠지 하는 생각과 함께 당(唐) 유종원(773~819)의 시〈눈 내리는 강(江雪)〉이 떠올랐다. 겨울날을 읊조린 시로는 내가 가장 좋아하는 시라 금시 암송할 수 있어 한번 읊어 보고는 이 시를 그림으로 그린 송(宋) 산수화의 대가 마원(생몰연대 미상)의 〈한강독조도(寒江獨釣圖)〉를 꺼내 감상했다. 이 그림도 수십 번을 보아 왔지만 오늘 밤 유독 깊은 감회를 느꼈다. 유종원의 시는 졸저《선시》에 소개한 바 있어 마원 그림 소개를 위해 간단히 원문과 번역만 읽어보겠다.

〈눈내리는 강(江雪)〉

千山鳥飛絶(천산조비절)
**모든 산새들이 날기를 멈추었고**
萬徑人踪灰(만경인종회)
**모든 길 인적이 끊겼네**
孤舟簑笠翁(고주사립옹)
**외로운 조각배 도롱이에 삿갓 쓴 어옹**

# 獨釣寒江雪(독조한강설)
## 홀로 눈내리는 강에서 낚시를 하네

마원이 유종원의 시를 소재로 해 그린 그림이 저 유명한 〈한강
독조도〉다.

이 그림은 현재 일본 도쿄국립박물관에 소장돼 있다. 〈한강독조
도〉는 회화사적으로도 유명하지만 그림에 내장돼 있는 화의(畵意)
가 작은 것에서 큰 것을 보는 미학과 활발발한 생명 체험을 깊이
간직하고 있다. 이 같은 '화의'는 동양 철학과 미학·예술 창작의 중
요 포인트이기 때문에 아주 높은 평가를 받는다. 회화사적으로는
간필법(簡筆法)과 먹을 황금처럼 아끼는 석묵여금(惜墨如金)의 수묵
화 풍격을 유감없이 발휘했다.

그림은 고요한 밤·담담한 월색·텅 빈 강 수면에 배 한 척이 가로
놓여 있다. 배 위에는 한 사람이 낚싯대를 들고 몸을 약간 앞으로
구부려 수면을 주시하고 있다. 작은 배의 뒷부분이 약간 들려 있고
옆에는 몇 줄기 부드러운 흔적이 있어 배가 흔들리고 있음을 알 수
있다. 그림은 더 이상 간략할 수 없을 만큼 간략하다. 간필의 극치
다. 단지 작은 배 하나, 몇 갈래 부드러운 선으로 파도를 처리했지
만 전달하는 생명의 활발한 느낌은 풍부하다.

## | 생명의 약동

그림은 단지 도입부에 불과할 뿐 그 뒤에 광활한 세계를 펼친 넓고
깊은 '화의'가 담겨져 있다. 깊은 밤, 사람은 고요하고 차가운 달은

높이 떠 있다. 겨울의 강은 아무 소리도 없는 채 처량한 분위기다. 일체의 소음이 멀리 물러가고 일체의 투쟁이 모두 잦아들었다. 일체의 세상 고뇌가 차가운 밤의 정적 속에 묻혀 버렸다. 둥근 달은 비록 고독하지만 그러나 어부와 서로 의지한다. 차가운 달빛에 반사되는 강물은 고독한 어부에게 일종의 위안이다. 흐릿한 밤의 색깔은 고독한 어부에게 일종의 보호막이 된다.

작은 배가 앞을 향해 나가면서 부딪치는 물소리는 사람과 나누는 대화가 된다. 홀연히 밤새가 날아가며 남기는 울음소리는 밤의 강을 더욱 텅 비고 맑고 고요하게 한다. 왕적이 말한 이른바 "새가 울어 산중은 더욱더 고요해 진다(鳥鳴山更幽)"는 동중정이다. 이 간략한 그림이 표현하고자 하는 것은 물리적 사실이 아니라 심리적 사실, 즉 생명 체험의 세계다. 서너 걸음으로 천하를 두루 돌고 만리 장강을 한 폭의 그림에서 보는 것은 심령의 체험 세계에서는 가능한 일이다. 원나라 화가 오진은 "그림은 지척에도 무궁한 뜻이 있으니 누가 어둡고 침침한 사이의 경영(經營)을 알 수 있을까?"라고 말했다. 어둡고 침침한 사이의 경영은 실제를 그린 것이 아니라 그림 속에 내재하는 생명의 율동이다. 적막한 강은 공간적으로 보면 그리 특별한 것이 없다. 그렇지만 이 그림의 적막한 강은 막 깨달은 화가의 '생명공간'이다.

이 세계는 화가의 생명과 밀접해 있다.

그래서 이 작은 세계(적막한 강)에 특별한 의미가 부여되면서 이 세계는 원만한 생명의 우주가 된다. 오동잎 한 잎 떨어지는 것으로 가을의 소식을 아는 것도, 작은 것에서 큰 것을 아는 것도 심령 상의 생명 체험이다. 작은 꽃 한 송이에서 무한한 춘색(春色)을 느끼는 것도 그와 같은 것이다. 마원의 〈한강독조도〉는 죽어 있는 듯한 야밤의 적막한 공간에서 낚시를 하고 달빛이 비치고 새가 울며 지나가는 생명의 약동을 느끼는 정중동(靜中動)의 세계를 심령적으로 십분 느끼게 한다. 어옹이 차가운 겨울 강에서 낚아 올리려는 것은 물고기가 아니라 고독한 정적 속에 침잠해 있는 진정한 자아, 곧 참나(眞我)다.

## ┃ 겨자씨 안의 수미산

동양 미학은 작은 것에서 큰 것을 보고 체험하는 심미(審美)를 높이 평가하고 예술 창작과 감상의 미학적 표준으로 제시한다. 작은 것을 더없이 큰 것으로 보는 확장법(과장법)은 원래 불교에서 온 것으로 특히 선불교에서 중시하는 '관조법'이다. 대표적인 예가《불안청원선사어록》에 나오는 "겨자씨 안에 수미산을 집어 넣는다"는 개자납수미(芥子納須彌)다. 겨자씨는 세상에서 지극히 작은 씨앗 중의 하나고 수미산은 크기를 가늠하기조차 어려운 상상 속의 크나큰 불교 성산이다. 장자도 "가을날의 동물 털끝보다 더 큰 것이 없다"고 했고, 이태백은 "백발이 삼천장(三千丈 : 9,000m)"이라고 과장했다.

동아시아 예술은 '겨자씨 안에 수미산'을 들이는 것을 중요한 창

마원 한강독조도, 도쿄국립박물관

작 원칙으로 삼는다. 그래서 한 자의 종이에 천 리를 담고 끝없는 바닷물도 한 방울의 거품이며 천지도 한 알의 겨자씨라고 한다. 오동잎 한 잎 떨어지는 데서 온 천하 가을의 소슬함을 미루어 짐작한다. 이는 이성적 추리가 아니라 생명의 감각과 우주의 기화(氣化)로 야기된 깊은 생명의 두근거림이다. 이 두근거림은 가을이 오면서 사람들로 하여금 생명의 순환에 대한 애수(哀愁)를 불러일으킨다. 그것은 한 잎이 떨어지면 다른 잎도 떨어져 가을이 오리라는 계절이 바뀌는 과학적 사실이 아니라 사람을 이 세계 속으로 밀어 넣는 생명의 두근거림이다. 오동잎 한 잎과 함께 사람의 성령 역시 소슬한 가을바람 속으로 밀려들어 간다. 화가는 사람을 감동시키는 필치로 사람들이 체험할 수 있는 생명 세계를 창조해 낸다. 소동파는 그림을 논한 시에서 다음과 같이 말했다.

"나의 붓끝에 모인 미세한 티끌에 끝없는 계곡과 산이 드러나니 붓으로 직접 무한한 산과 계곡을 그릴 필요가 없다. 하나의 미세한 티끌은 바로 하나의 원만한 세계다."

굳이 원림 가득한 춘색을 그리지 않고 한 송이 꽃과 몇몇 잎만 그린다. 혹은 한두 가지에 꽃 몇 송이만 그린다. 이른바 '절지화법(折枝畫法)'이다.

동양 예술은 작은 것에서 큰 것을 보는 하나의 심령적 체험이다. 서양 예술이 특수함 속에서 보편을 표현하는 개괄의 '전형(典型)'과는 다르다. 전형은 무한한 것이 특별한 현상 속에 체현된 것이며 기본 방법은 '개괄'이다. 그러나 동양 예술의 '개자납수미'는 개괄이 아니라 살아 숨쉬는 생명을 느끼는 '체험'이다.

〈한강독조도는〉는 간략한 그림으로 어부의 생활을 개괄한 것이 아니다. 이 그림의 핵심 화의는 사실 밤이나 어부에 있지 않고 낚시 자체에도 있지 않다. 그림이 의도하는 바는 황량함과 고적함을 초월한 '생명 체험'에 있다.

이 그림이 속 깊이 보여주는 것은 한순간에 체험하는 심리적 사실이지 물리적 사실의 개괄이 결코 아니다. 작은 것으로 큰 것을 보는 체험의 세계는 크고 작음도, 많고 적음도, 유한과 무한도 없다. 일체의 양적·수적 추론이나 계량(計量)은 생명의 세계와는 무관하다. 화가가 관심을 가진 것은 순간의 체험을 가장 간략한 형식으로 표현하는 것이었다. 감상자는 그림에 나타난 진실한 생명의 체험에 감동하는 것이지 결코 화가가 그린 문장적 사실(寫實)에 흥미를 갖지 않는다.

작은 것에서 큰 것을 볼 때의 작은 것은 결코 실제로 작은 것이 아니다.

한 떨기 꽃을 사실 그대로 그리기만 하면 그저 한 떨기 꽃일 뿐 무한한 춘색을 기대할 수 없다. 〈한강독조도〉처럼 눈내리는 강 위의 조그만 낚싯배가 깨달은 '진아'를 낚아 올리는 화의(畫意)를 담아야 훌륭한 그림이 된다.

## 3) 파자마

떨어지는 해가 마을 어귀에 걸리고 새소리 끊어지니 낙조도 점차 사라지며 찬 바람이 인다.

땅 위의 시든 풀은 고개를 숙이고 나무 위의 마른가지는 바람에 떤다. 눈을 밟고 날아오른 기러기의 자취도 묘연하다. 하늘 밖으로 사라진 기러기 아무 자취도 없지만 그럼에도 불구하고 자유롭다.

설을 지나고 나니 혹독한 추위는 없다. 적막한 밤이다. 중학생 시절 정월 대보름을 전후해 파자마(pajamas) 바람으로 동네 마실을 다니던 기억이 떠오른다. 그 시절 파자마가 대유행이었다. 갖가지 채색 문양이 염색된 파자마는 당시로는 꽤 화려하고 고급스러워 보였다. 원래 잠옷 또는 실내복이지만 그 시절, 시골 농촌에선 밤 낮없이 동네 정도의 외출이나 야간 마실을 갈 때는 멋진 외출복(?)으로 입고 활보했다.

정월 대보름 전후는 동네 저녁 마실이 대성황이었다. 세대별·성별로 이집 저집에 모여 윷놀이를 하고 화투도 치고 찐 고구마를 동치미 국물과 먹으면서 온갖 만단정회를 밤늦게까지 토로했다. 나는 30~40대 장년층이 모이는 곳으로 마실을 갔다. 주로 동태찌개 내기나 담배 내기 화투를 했다. 물론 나는 학생이고 연령도 상당한 차이가 있어 직접 화투치기에는 참여를 못하고 옆에서 구경을 하면서 훈수나 했다. 하나 중요한 역할을 했는데 신작로 가에 있는 구멍가게에 가서 동태를 사 오는 일이었다. 그날의 내기가 동태찌개로 결정되면 집주인이 미리 돈을 주어서 가게에 가서 동태를 사 오도록 했다.

부속물로는 농사지어 저장해 놓은 무와 대파·집에서 기른 콩나물 정도였다. 화투치기가 끝나면 찌개를 끓여 찐 고구마와 함께 먹었다. 당시 술은 오늘의 소주 같은 대중주가 개발되지 않았기 때문에 아주 귀해 흔하게 마시질 못했다.

고구마는 흔했다. 밤낮으로 어떤 집을 가도 찐 고구마 대접은 했다. 아예 소쿠리째 놓고 먹으라고도 했다. 10가구 정도의 조그만 동네였는데 집집마다 고구마 농사를 했다. 당시 고구마는 쌀이 귀해 식량 대용 역할을 했고 어려운 집은 구황 식품이기도 했다. 고구마 농사는 아마 필수였던 것 같다. 쌀농사는 관개시설의 미비와 종자 개량·비료 등이 충분하지 않아 풍족하지 못했다. 지금과 같은 맛 있고 다양한 종류의 고구마는 아니었지만 그래도 쌀처럼 귀하진 않았다. 통일벼라는 품종 개량으로 쌀 수확이 획기적으로 늘어나자 고구마는 천대를 받아 시골 농촌에서도 거의 사라졌다. 근래 고구마가 영양식으로 부상돼 고급 식품으로 상품화 되는 것을 보고 감회가 새로웠다. 그 당시는 고구마는 상품 가치가 없어 시장에서 거의 거래되지도 않았다.

고구마로 끼니를 때웠던 사람들은 진력이 나고 하도 먹어서 물렸던 것 같다.

나는 보리밥·칼국수 등과 함께 농촌 가난의 상징이었던 고구마의 부활을 보면서 문명의 윤회를 떠올려 보기도 한다.

칼국수도 이제 대중 식사로 각광을 받으며 화려하게 부활했다. 그 당시는 농촌이라도 부자들은 밀 농사를 지어 밀가루를 기계 국수 뽑는 집으로 가지고 가서 기계 국수를 빼다 먹었고 가난한 사람들이 양을 불려 먹기 위해 칼국수를 해 먹었다. 가난한 과거를 회상하는 게 결코 유쾌하지는 않다. 그러나 어렵고 가난했던 지난날의 농촌을 숨기고 싶지는 않다. 왜냐하면 농촌은 오늘에도 우리가 동경하는 '전원'이기 때문이다.

이제 한가한 마음으로 소동파의 시나 한 수 감상하고 잠자리에 들어야겠다. 지난 시절을 회고했으니 소동파가 아우와 함께 과거

를 보러 가다가 민지에서 하룻밤 유숙했던 일을 회고한 시를 다시
한번 들춰 본다.

人生到處知何似(인생도처지하사)

인생길 이르는 곳마다 그 무엇일까

應似飛鴻踏雪泥(응사비홍답설니)

기러기 진흙벌 밟은 것 같네

泥上偶然留指爪(니상우연유지조)

진흙 위에 우연히 발자국 남기고

鴻飛那復計東西(홍비나복계동서)

기러기 날아 어디로 갈까 생각하네

老僧已滅成新塔(노승이멸성신탑)

노승은 이미 열반해 부도탑 세웠고

壞壁無由見舊題(괴벽무유견구제)

무너진 담벼락 옛날 써놓은 시 찾아볼 수 없네

往日岐嶇還記否(왕일기구환기부)

지난날 기구했던 운명 또한 기억하는가

路長人困蹇驢嘶(노장인곤건려시)

길 멀고 사람은 피곤한데 절름거리는 당나귀 울어댔지

소동파가 아우 자유에게 민지에서의 옛 일을 회고해 화답한 시 〈화
자유민지회구(和子由澠池懷舊)〉다.

이 시는 선불교 용어를 쓰지 않고도 선리(禪理)를 설파한 선취(禪

趣) 물씬한 선취시로 높이 평가된다. 문인들의 선취시는 승려들의 선시보다 고차원이다.

왜냐하면 '선취'는 선어(禪語)보다 차원이 높기 때문이다. 선취시란 선의 이취(理趣)를 담고 있는 시를 말한다. 선불교 교의를 불학 용어가 아닌 아름답고 멋진 시적 언어를 사용해 은유적·상징적으로 드러낸 문인들의 시가 선취시다. 선과 시는 서로 상통하는 점이 많아 당·송 이후 선승과 시인들은 폭넓게 교류하면서 선승은 시를 배우고 시인은 선을 익혔다.

동파의 시는 좁게는 인생의 만남과 이별이 무상함을 말한 것이다. 그러나 넓게 보면 저 하늘 밖으로 날아간 기러기의 초월과 무궁한 사리(事理)와 선리(禪理)를 내함하고 있다. 그래서 이 시는 선리를 담고 있으면서 격조(格調)가 높은 시로 평가 받는다. 이른바 말은 다 끝났어도 그 뜻은 다함이 없는 '언유진이의무궁(言有盡而意無窮)'한 여운을 간직한 시다.

이 시의 앞 네 구절은 천의의회 선사(993~1064)의 다음과 같은 게송 구절을 은연 중 인용하고 있다.

雁過長空(안과장공)
**기러기 허공을 날으니**
影沉寒水(영침한수)
**그 그림자 차가운 물에 잠기네**
雁無遺踪之意(안무유종지의)
**기러기 그림자 남기려는 마음 없고**

## 水無留影之心(수무류영지심)
## 물도 그림자 붙잡아 두려는 마음 없다

천의의회 선사가 설파한 선리는 '향상일로(向上一路 : 끝없이 위로 향하는 초월)'이다. 동파의 시도 인생무상을 단순히 한탄하는 차원을 넘어 그 무상을 극복하는 초월을 암시하고 있다. 소동파는 몸이 피로하고 당나귀도 지쳐 울어댔지만 다음날도 또 장도의 과거길을 재촉하겠다는 생명 의지를 불태우고 있다. 시의 미련(7·8구)은 세월의 무상함을 견디면서 꿋꿋이 일어나 또 길을 나서는 사람의 의지가 우리에게 큰 울림을 준다. 이것이 바로 과거를 등에 지고 미래를 지향하는 세상사와의 투쟁 중에서 깨닫는 초월과 불멸이다.

눈을 밟고 날아오른 기러기의 자취가 묘연하다. 사라진 기러기의 자취는 묘연하고 적막하나 그럼에도 불구하고 무한히 자유롭고 광활하다. 기러기는 하늘 밖으로 사라졌다. 기러기가 인간의 시야를 벗어나 사라진 곳이 바로 하늘 밖이다. 인간은 '하늘나라'를 무한 동경한다. 그래서 죽은 자를 하늘나라로 갔다면서 사별(死別)의 슬픔을 '초월'로 승화시키곤 한다.

동파는 "그림의 묘미는 외로운 기러기가 거친 하늘 밖으로 사라지는 데 있다"고 말했다. 즉 유형의 공간이 적막하고 아득히 먼 세계 속으로 사라져 불안정하게 번쩍이며 그림자처럼 어른거리는 데 그림의 묘미가 있다는 것이다.

이 같은 동파의 화론(畫論)은 시에도 똑같이 적용될 수 있다.

하늘 밖은 피아의 구별이 없고 어떤 상대도 없는 나와 세계가 철저히 하나된 절대적 경지이며 흐릿한 전체(혼돈)의 세계다. 바로 초월의 세계다. 기러기가 하늘 밖으로 날아갔음은 그래서 세속 세계에서 초월의 세계로 들어감을 뜻한다. 세상 모습이 꿈속 환상과 같고 물거품과 같고 그림자와 같다. 이는 불교 교리일 뿐만 아니라 동양 철학과 미학, 특히 시와 미술 등의 문화 예술 창작에서의 중요 모티브다. 그래서 동아시아의 회화와 시는 허공을 밟고 그림자를 밟는 것을 즐겨 행한다.

노장과 선불교의 색공(色空) 사상이나 집착하지 않는 사고, 세상을 환영(幻影)이라 보는 관점은 동아시아 예술에 심대한 영향을 미쳤다. 이는 허와 실의 문제일 뿐만 아니라 인생을 대하는 태도요, 세계를 보는 방법이기도 하다.


**"파초는 천둥소리에 귀를 열고 해바라기는 해를 따라간다."**


40여 년 전 양산 통도사에 들러 수안 스님과 차담을 나누다가 즉석에서 지필묵을 꺼내 그림 한 장을 그려 주기에 감사한 마음으로 기꺼이 받았다. 스님의 그림은 해바라기 두 송이뿐인 아주 단순한 그림이었다. 그림보다도 제화시(題畵詩)가 마음에 들어 표구해 시골 생가 식당 벽에 걸어놓았다. 내 생각에는 시의 뒷구절이 '해바라기는 해를 따라 고개를 돌려 태양의 눈으로 세상을 바라본다'고 쓸 것을 길어지니까 줄인 것 같다. 파초가 귀를 열어 천둥소리를 듣는 것은 곧 '천뢰(天籟 : 하늘의 소리·우주의 섭리)'

를 듣는 것이다. 해바라기는 온종일 해를 따라 세계 곳곳을 차별 없이 비추며 꿰뚫는 '태양의 눈'으로 세상을 관조한다는 선리(禪理)를 설한 게 아닌가 싶다. 수안 스님의 제화시 풀이는 전적으로 나의 자의적인 해석이다. 과학과 상식으로는 전혀 있을 수 없는 독법(讀法)이다.

그러나 예술적 공상과 환상으로는 얼마든지 가능한 감상이고 해설일 수 있다. 내 생각으로는 사람이 듣지 못하는 하늘의 음악을 파초가 듣고 사람이 보지 못하는 우주 섭리를 해바라기는 분명하게 관조하고 있는 자연의 섭리를 설한 한 폭의 그림이라 믿고 싶다.


동파의 시는 옛날 과거를 보러 갈 때 유숙했던 절을 후일 지나는 기회에 들러보고 느낀 인생무상의 감회를 아우에게 보낸 편지 같은 내용의 시다.

그러나 그의 시 함련(3·4구)이 뜻하는 바는 명예·출세 등의 자취를 남기고자 하는 인간의 욕망을 기러기의 하늘 밖 초월로써 말끔히 씻어버린다.

노승이 입적했고 벽에 써놓았던 시도 담장이 무너져 간데가 없다. 인간이 남기고자 애태우는 족적도 눈이 녹으면 없어지고 마는 기러기의 눈 위 발자국과 같은 것일 뿐 전혀 집착할 것이 못 된다. 흔히 이를 '허무하다'는 한마디로 탄식한다. 그러나 그 허무를 딛고 초월하면 영원의 세계가 있다.

## 4) 송년

悄悄軒窓念我群(초초헌창염아군)

창가에 쓸쓸히 앉아 친구들 생각하니

推遷時物自繽紛(추천시물자빈분)

계절 따라 풍경 어수선하게 바뀌네

浮生但覺風飄葉(부생단각풍표엽)

덧없는 인생은 바람에 날리는 낙엽

殘歲爭如戰敗軍(잔세쟁여전패군)

저무는 한 해는 전쟁에 패한 군대

氓俗歡聲除舊日(맹속환성제구일)

사람들 묵은해 간다고 환호하지만

故人心緒隔岡雲(고인심서격강운)

심란한 벗의 마음 산 너머 구름이리라

十分盞酒留餘醉(십분잔주유여취)

수안 스님 해바라기, 저자 소장

# 가득 따른 술잔은 취기 어려

## 重讀牀頭樂志文(중독상두낙지문)

## 남겨두고 책상 위 〈낙지론〉을 다시 펼쳐 읽어보네

조선 후기 실학자인 성호(星湖) 이익(1681~1763)의 송년시 〈제세용전운 (除歲用前韻 : 한 해를 보내는 시)〉이다. 성호의 문집 《성호사설》은 천지·만 물·경사(經史)·시문 등이 실려 있는 역저로 높이 평가되는 저술이다.

성호의 송년시를 간략히 총평하면 인생무상을 탄식하면서도 즐 겁게 사는 법을 설파한 〈낙지론(樂志論)〉을 따라 자연과 어울려 작 은 행복에 만족하며 살아가고자 하는 인생론이다. 연말이 되자 주 변은 '송구영신(送舊迎新)'을 외치며 송년회를 열고 마시고 취해 시 끌벅적하다. 어울려 들뜬 기분으로 세밑을 보내는 것도 나쁘지만 은 않다. 그러나 성호는 왠지 세밑이 전쟁에 패한 군대처럼 어수선 하고 인생은 바람에 흩날리는 낙엽처럼 덧없고 허망하고 허무하 다. 아마 친구들도 그런 기분일 것 같다.

술은 가득 따라 놓았지만 훌쩍 마시고 취할 기분이 영 아니다. 여기까지는 인생의 허망을 되씹고 허무를 한탄하는 흔한 식자들의 우수다. 그러나 이런 한탄만으로 인생이 풍요로워질 수는 없다.

그래서 책상 위의 〈낙지론〉을 펼쳐 다시 읽으며 적극적인 인생 행로를 찾고자 한다. 성호의 시를 인생의 허무와 무상·허망을 한 탄하는 데까지만 감상하면 시의(詩意)를 반밖에 이해하지 못한 것 이 되고 만다. 시안(詩眼)인 맨 마지막 구 〈낙지론〉을 다시 읽는 의 도를 꿰뚫어야 한다. 그래야 이 시의의 감상이 100점이 된다. 〈낙지론)은 잠시 뒤 전문을 요약, 소개하기로 하고 인간의 '시간 의식' 문제를 조금만 생각해 보자.

우리는 흔히 '세월이 유수와 같이 흐른다'느니, '시간이 쏜살같이 빠르다'느니 하는 표현을 즐겨 쓴다. 다시 말해 시간(세월)이 움직이며 지나간다는 얘기다.

내가 보기에는 시계의 분침과 시침이 움직이고 달력을 넘기는 사람의 움직임이 있을 뿐 시간은 언제나 그대로의 자리에 있을 뿐이다. 사람과 동물·식물이 생로병사의 과정을 흘러가고 돌과 바위 같은 무정물도 무상한 변화의 과정을 지나가고 있다. 해와 달이 뜨고 질 뿐 시간은 그대로다. 공연히 인간이 시계를 만들고 달력을 만들어 밤과 낮을 구분하고 묵은해와 새해를 분별해 수선을 피우는 게 아닌가 싶다.

원주민 인디언들은 시계와 달력이 없고 낙엽이 지면 옷을 바꿔 입고 해가 지면 잠을 잔다고 한다. 따라서 그들에겐 나이라는 것이 없고 사계절 구분도 없다. 그러니까 그들은 언제 죽어도 '영원'을 산 셈이 된다. 아마도 그들은 사람이 흘러갈 뿐이지 시간이 흐른다는 생각이 없는 것 같다. 시간 자체에서 보면 해가 지고 달이 떴을 뿐이지 밤낮의 구분과 1년은 365일이라는 계산이 있을 수 없다. 시간은 고정돼 있고 사람이 흘러가고 있다면 마치 지구는 고정돼 있고 태양이 움직인다는 천동설 같은 '억측'이 아니냐고 반문할지도 모르겠다. 그러나 '형용 모순'이라 하더라도 나는 사람이 흘러간다고 믿는다.

생로병사가 무엇인가? 사람이 시간 속에서 흘러가는 것 아닌가! 시간은 영원하고 불변이다. 무슨 공간과 시간을 초월하려는 고고(高

古)한 얘기가 아니다. 생각을 한번 돌리면 아주 쉽게 이해할 수 있다.

　그런데 무슨 묵은해를 보내고 새해를 맞는다고 야단 법석인가? 나는 내 생일날을 챙기지도 않고 될 수 있는 대로 평상시처럼 지내려고 애쓴다. 생일날 하루 특별히 차려 먹고 나이 한 살 더 먹는 게 뭐 그리 대수로운 일인가. 생일날 상다리 위에 차린 음식 평소에 나누어 해 먹고 죽을 때 되면 그냥 죽으면 되는 것 아닌가. 물론 나는 원주민 인디언은 아니다. 생각이 그럴 뿐 인류 문명의 틀을 벗어나지 못하고 산다. 어깃장 놓는 궤변을 늘어놓은 것 같긴 하다. 그러나 정신으로나마 문명의 틀이 정해 놓은 시간의 굴레를 벗어나고 싶은 마음은 간절하다.

　성호의 시로 돌아가 보자. 내가 구구한 해설이나 감상을 덧붙일 필요가 없을 것 같다. 성호가 다시 읽은 중장통의 〈낙지론〉을 소개하면 인생의 허망과 허무를 딛고 '생명 의지'를 새삼 다짐한 성호의 송년시 감상은 100점이 되지 않을까 싶다. 즐겁게 사는 법을 논한 중장통(仲長統, 180~220)은 후한(後漢) 말의 정치가고 학자이며 문인이었다.

〈낙지론〉

산을 등지고 냇물 앞으로 흐른다.
도랑과 연못 빙 둘러 있으며
대와 나무들 둘레를 둘러싸고 있다.
마당과 채소밭이 앞에 있고
과일나무들이 뒤에 심어져 있다.

〈중략〉

안방에서 정신을 편안히 해
노장사상의 현묘함을 생각해 보고
정기(精氣)의 조화로움을 호흡
지극한 사람과 같아지기를 구한다.
통달한 몇몇 사람과
도(道)를 논하고 책을 강술하며
땅과 하늘을 내려보고 올려보며
고금의 인물을 평가한다.

〈중략〉

세상을 초월한 위에서 노닐며
천지 사이의 사물을 곁눈질한다.
시대의 책임을 맡지 않고
타고난 명(命)을 영원히 보존한다.
이와 같이 하면 하늘을 넘어서
우주 밖으로 나갈 수 있을 것이니
어찌 제왕의 궁궐을 부러워하겠는가.

원문은 생략했다. 《고문진보》에도 나와 있는 유명한 글이다. 사족을 하나 붙여 둔다. 내 백부(伯父)께서 생전에 중장통의 〈낙지론〉을 병풍용 붓글씨로 써주었는데 아직도 표구를 못하고 그냥 보관하고 있다. 예서체 글씨인데 무슨 명필도 아니고 그냥 시골 선비의 글씨지만 글 내용이 좋아 가끔씩 읽어 본다.

〈낙지론〉을 흔한 '도피적 위안'쯤으로 여길 수 있을지도 모르겠다. 그러나 늙어 사회 활동을 멈추고 나니 더욱 애착이 간다. 끝 구절의 "제왕의 궁궐을 어찌 부러워하겠는가?"는 지금 내가 그만한 기개를 가질 수 있는지를 되묻게 한다. 말로는 쉽게 전원생활을 구가하면서 뽐내볼 수도 있지만 과연 몸과 마음이 그러한 경지인지는 전혀 자신이 없다.

시골 생가에서 맥주 한 캔 마시고 성호의 송년시를 감상하며 세밑을 지낸다. 나이가 좀 들어서인지 지난날의 일들이 떠오르는 회고의 정서가 훨씬 강하다.

# 끝내는 말

이 세상 아닌 다른 세상은 없다. 이 세상 삶 속에서 느끼는 고통은 삶의 외부에 기인하는 것이 아니라 내부의 욕심에 기인한다. 어쨌든 이 세상 삶은 가능한 한 즐겁게 살아야 한다. 인간의 삶은 멀리서 보면 희극이고 가까이서 보면 비극이라고 한다.

삶이 비극으로 보이는 이유는 우리가 의식을 발동해 무엇을 욕망하고 실제의 삶이 그 욕망과 어긋나는 데서 생겨난다. 욕망의 어긋남은 빈부·귀천·미추를 구분하고 차별하는 분별심으로부터 비롯한다.

즐겁게 산다는 것은 우리가 물(物)로부터의 구속을 벗어나 자유를 누리는 것이다. 이때의 자유는 자연·자기·절대를 포괄하는 넓은 개념의 '자유'다. 자유는 곧 자연이다. 자연의 질서는 어떠한 것에도 매이지 않고 스스로 굴러가는 자립적인 독립성을 가지고 있다. 그것이 바로 '절대'다.

여기서 귀향·귀촌하는 자연회귀의 전원생활은 사물에 얽매이지 않는 자유자재한 인간, 통달 무애한 자유인이 되는 한 방편일 수 있다. 동양사상의 경우 그 원류인 《주역》의 양대 이념 '조화와 복귀'가 각각 유가·도가에 계승돼 전자는 근대의 인위적인 합리주의를 주도했고, 후자는 탈근대적인 비합리적 사상으로 발전돼 왔다. 은사문화는 도가의 복귀와 '혼돈'으로 상징되는 자유 이념을 강조한다. 도가의 혼돈은 유가의 질서·조화를 뛰어넘는 대안적(代案的) 의미를 갖는다. 도가의 자유는 곧 자연을 뜻한다. 자연의 운행과 질서·생존 양식을 모델로 삼은 삶이 자유로운 삶이고 즐거운 삶이라는 것이다. 전원생활은 바로 이 같은 노장(老莊)의 자유사상과 같은 맥락이다.

저절로 그러한 바(自然), 인위적이지 않으며(無爲), 어떠한 속박에도 얽매이지 않으며(自由), 모든 대립을 뛰어넘는(絶對) 통달무애의 경지(自在), 이것이 바로 노장과 은사들이 염원한 자유 이념의 핵심이었다. 은사들의 정신적 출세간주의(出世間主義)는 인간 세상의 밖에 마음을 두고 어떠한 의지함도 없이 홀로 서서 사물에 구속되지 않으며 명분과 말을 잊고, 옳고 그름을 떠나고, 남과 나를 하나로 여긴다. '출세간'은 세상의 부귀영화에 마음이 움직이지 않고, 이해득실로 세상일을 평가하지 않고, 초월과 달관을 통해 자연으로 돌아가 무한 자유를 누리는 것이다.

이러한 출세간적 삶은 고해가 아니라 한가롭고 방임적인 신나는 '놀이'다. 마냥 자유로운 놀이에서는 자기가 놀고 있다는 것도 모르면서 논다. 놀이에 몰입해 놀이 안에 있으면서도 놀고 있음을 의식하지 못한다. 이런 놀이가 가장 잘 노는 놀이이고 은둔·은일의 미학이다.

물고기는 물을 전혀 의식하지 않고 물속에서 서로를 잊은 채 즐겁게 논다. 이제 먼 길에서 돌아가야겠다. 자유롭고 한가한 삶의 놀이를 찾아 때로는 지름길로, 때로는 에둘러 돌아가면서 헤맸다.

나는 연못의 물고기들이 물장구를 치며 서로를 잊고 즐겁게 노니는 것을 보고 바로 '이것이구나' 했다.

아는 체하는 한마디를 보탠다.
은둔과 은거·전원생활은 결코 세상을 포기하거나 산속으로 도피하는 염세주의도 피세주의도 아니다. 은일은 인간 본래의 자리로 돌아가 천명(天命)을 따라 참된 주체적 자아로 세속을 떠나지 않고 세속을 초월한 화광동진(和光同塵)의 삶을 사는 적극적인 삶의 한 방식이다.

**嗟哉吾黨二三子(차재오당이삼자)**
**아! 친구들아**
**安得至老不更歸(안득지로불갱귀)**
**어찌 늙어감에도 은거할 줄을 모르는가**

당송 8대가의 한 사람인 한유(768~824)의 시 〈산석(山石)〉의 말후구(末後句)다. 시의 '돌아갈 귀(歸)' 자는 본래의 자리로 돌아감, 곧 은거를 뜻한다. '본래의 자리'란 인간 존재의 근원·뿌리를 말한다.
노자는 "대저 만물은 무성하게 자라났다가 각기 그 뿌리로 돌아가나니 뿌리로 돌아감을 일러 '고요함'이라 하고 이를 일러 명(命)을 회복함이라 한다"고 했다.(《노자》 16장) 노자의 '명'은 천명(天命)을 뜻한다. "사람은 땅을 본받고 땅은 하늘을 본받는다" 했으니 하늘의 명은 곧 도(道)다. '명(命)'은 口(입구)+令(우두머리 령)의 형성자인데 《설문해자》에 따르면 '시키다'의 뜻을 갖는다. 영(令)은 갑골문에서 요령을 흔들며 명령을 하달했기 때문에 요령의 형상 △와 꿇어앉아 명령을 듣는 형상 卩(병부 절)을 합한 것이다.

인간은 하늘이 명하는 대로 따라 살아야 한다. 은거·은둔·은일·전원생활 등은 하늘의 명을 따라 사는 삶의 하나다.

**저자 소개 | 이은윤**

중앙일보에 입사해 문화부장 · 편집국 국장 · 논설위원 · 종교전문위원을
지냈다. 한국불교선학연구원장, 금강불교신문 사장 겸 주필을 역임, 대중들에게
선(禪)을 알리기 위한 강연과 저술 활동을 하였다. 지은 책으로는 『노장으로
읽는 선어록(전2권)』, 『혜능평전』, 『선시』, 『한국불교의 현주소』, 『중국 선불교
답사기』(전4권), 『화두 이야기』, 『왜 선문답은 동문서답인가』, 『너는 어디서 와서 어디로
가는가』, 『큰 바위 짊어지고 어디들 가시는가』, 『격동하는 라틴 아메리카』 등이 있다.

# 은둔의 미학

초판 1쇄 발행 | 2023년 8월 25일

저자 | 이은윤

펴낸이 | 윤재승

펴낸곳 | 민족사

주간 | 사기순

기획홍보 | 윤효진

영업관리 | 김세정

출판등록 | 1980년 5월 9일 제1-149호

주소 | 서울 종로구 삼봉로 81 두산위브파빌리온 1131호

전화 | 02)732-2403, 2404

팩스 | 02)739-7565

홈페이지 | www.minjoksa.org

페이스북 | www.facebook.com/minjoksa

이메일 | minjoksabook@naver.com

ISBN 979-11-6869-032-5 (03220)